气的思想

中国自然观与人的观念的发展

[日] 小野泽精一
福永光司
山井涌
编

译 李庆

经典力量

上海书店出版社
SHANGHAI BOOKSTORE PUBLISHING HOUSE

马王堆三号汉墓出土的西汉帛画《导引图》（局部）

《考古》1975 年第 1 期

《导引图》的摹写图
《考古》1975 年第 6 期

舒脚直反頓申手三遍

捩內春外春各三遍

調氣法第五

彭祖曰道不在煩但能不思衣食不思声色不思勝負不思

曲直不思得失不思榮辱心無煩形勿極而兼之以道引行

氣不已亦可得長年千歲人不死凡人不可無思當以漸遣除之

彭祖曰和神道气之道當得密室閉戶安牀煖席枕高二寸

半正身假卧瞑目閉氣於胸膈中以鴻毛著鼻上而不動經

三百息耳無所聞目無所見心無所思如此則寒暑不能侵

蜂蠆毒蟲不能毒壽三百六十歲此隣於真人也每旦夕起夕陰陽

嘘换之時凡日五更初暖氣至平朝氣至晡申眼闇是上生氣晡至人坐睡倒是

氣下生之時凡日入暝氣至半夜草木氣至物復後生冷

代謝氣至常氣出以名天地陰山澗河海之氣

更迭如往來無一朝夕是天地進息之道也夜之面向午展兩手

孙思邈《备急千金要方》

清光绪四年（1878年）黄学刊江户医学影宋本

西汉彩绘行气入静图陶奁
洛阳博物馆藏（1963 年出土）

甘肃武威出土的汉代木简医书
甘肃省博物馆、武威县文化馆合编《武威汉代医简》，文物出版社 1957 年版

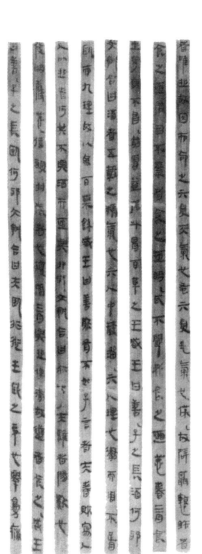

马王堆三号汉墓出土的木简医书

《考古》1975 年第 1 期

重廣補註黃帝內經素問卷第一

新校正云按王氏不解所以名素問之義及素問之名起於何代按隋書經籍志始有素問之名甲乙經序晉皇甫謐之文已云素問論病精辨王叔和西晉人撰脉經云出素問鍼經漢張仲景撰傷寒卒病論集亦引用素問之名著於隋志上見於漢代也所以名素問之義全元起有說云素者本也問者黃帝問岐伯也方陳性情之源五行之本故曰素問元起雖有此解義未甚明按乾鑿度云夫有形者生於無形故有太易有太初有太始有太素也太易者未見氣也太初者氣之始也太始者形之始也太素者質之始也氣形質具而未相離故曰渾淪黃帝問此太素質之始也素問之名義或由此

啓玄子次註林億孫奇高保衡等奉敕校正孫兆重改誤

上古天眞論篇第一 新校正云按全元起注本在第九卷王氏重次篇第移冠篇首今注本在第九卷王氏重次之卷

四氣調神大論

生氣通天論

金匱眞言論

《重广补注黄帝内经素问》
明嘉靖二十九年（1550年）顾从德刻本

數至百巳上閉極微吐之引少氣還閉熱即呵之冷

即吹之能至千數即不須糧食亦不須藥時欲一盞

酒或水通腸耳數至五千則隨處出入有功可入水

卧夫夫服食養生貴其有常真氣既降方有通感豈

有縱心嗜欲而望靈仙羽化必無此事也但仙人至

上功行未滿尚不能致況凡俗人乎但信老人言勤

行之當自知也

墨子閉氣行氣法

老子曰長生之道惟在行氣養神故納新出玄入

玄呼吸生門其身神不使人即長生也玄者有上

下謂鼻中口陰也鼻口陰之門矣老子曰生

不辭來故遣之以道者氣亦謂之生門矣老子曰生

即長生矣故兒精兒寶精則神明神明則長生氣行

之則為道也惜存之則為實也行氣名鍊氣一名長

息其法正偃卧握固漱口嚥之且莫極滿極滿者難還初為

口但出氣徐徐鼻引之五息巳一息可吐也每口吐氣欲止輒一嚥

之時入五息巳一息可吐也不爾者或令頻兒內氣則氣上昇生

《云笈七签·诸家气法》

明万历时张萱清真馆刻本

諸詩亦佳似此等亦是枉費功夫不切自己底事若論為
學治已治人有多少事至如天文地理禮樂制度軍旅刑
法皆是實有用之事業無非自己本分內事古人六藝
之教所以游其心者正在於此其與玩意於空言以校工
拙於篇牘之間者其損益相萬萬矣若但以詩言之則謂
明所次自然之趣矣今又求其後正使能因難而見奇亦
失其自然之理也次其超然自得不費安排處若似不費力然已
篇句句依明和在其超然自得不費安排處以詩言之則謂
豈所以言詩也哉東坡乃爾又為才氣所使又顧要驚俗眼所以
論李杜處便自見可但為才氣所使又顧要驚俗眼所以
不免為此俗下之計耳

答黄道夫

天地之間有理有氣理也者形而上之道也生物之本
氣也者形而下之器也生物之具也是以人物之生必稟
此理然後有性必稟此氣然後有形其性其形雖不外乎
一身然其道器之間分際甚明不可亂也然其性則雖明而
天地之中所謂理也非氣則人受以生者亦不得而見之
作威儀儀度之則其性則雖明而未能見然其理則人受以生
之則是指氣為理今乃以一之真二五之精妙合而凝所謂
言本亦自有分別今乃以一之真二五之精妙合而凝
鬼神之會者氣也曾謂周子曰無極之真二五之精妙合
民有物有則者理也上下千有餘年之間言者非一人記者非一
真者理也所謂精者氣也所謂物者形也所謂
上下千有餘年之間言者非一人記者非一筆而其說之

朱熹在《答黄道夫》中论"理先气后"
明嘉靖十一年（1532年）刻《晦庵先生朱文公文集》

新 版 前 言

李 庆

这是笔者四十多年前的译作。近蒙上海书店出版社好意，拟再出新版。

"气"，在中国文化中，是一个使用范围广泛、频率极高的汉字和概念：日常的客套"您别生气"；生活中的"社会风气"；婚庆节假的"洋洋喜气"；浴血战斗的"一鼓作气"；科学领域的"宇宙大气"；中医学理的"活血通气"；传统儒学的"理气""元气"；文学艺术的"文气""雅气""气格""气韵"；乃至高速路上的"轮胎漏气"，等等，可以说，几乎无所不见。

但是，如冒昧地问一下：这些"气"到底是什么意思？不知是否有人会一时语塞，难以准确回答。

进一步问：为什么在这么多不同领域中，都有"气"的使用？或许就更令人难以作答。

更进一步追问：这些"气"，相互之间有着怎样的关联，这种情况在中国社会生活和文化环境中，是怎样形成的？那么，能回答的人可能就更少了。

那可真有点所谓"一问三不知"了。

中国语言的一个特点，就是模糊性，缺乏清晰的概念界定。这是植根于中国传统文化"天人合一"的一种特性，表现为注重自我和自然的一体性、思维偏重经验感知而缺乏理性辨析。这正是"气"这一概念或者说哲学范畴得以形成的文化土壤和社会历史环境。物我合一，内外一体，在不同历史阶段的社会生活中，人们根据自己的经验感知，使"气"的内涵和外延得以衍生、扩展。

这部著作是对"气"的概念以及有关的思想、社会文化现象进行分

1

析研究的产物。它以时间的进展为主轴，展示了在各个历史时期，不同社会层面、文化领域中"气"的存在。虽然或尚有再进一步补充、商榷的余地，但它独创性地研究了在中国的自然观和人的观念中，"气"的内涵和在不同领域中的具体展开状态等问题，值得重视。

这部著作是 20 世纪 70 年代以后，应迎着中国的改革开放，世界又一次兴起了"中国热"的产物。以汉字为代表的华夏文化，和世界各国，尤其东亚各国，有着密切的联系。有关"气"的思想，渗透、影响到了周边各国。这在日本文化中尤为明显。正是基于此，日本学者在对中国的基本哲理概念，比如理、性、气、公、私等研究的过程中，特别着眼于"气"，可以说在全球的汉学领域，进行了独创性的研究。这是一部严谨的学术论著，并非任情的随笔漫谈。全书收罗广博，材料丰富，注释详明，以便复按；为研究"气"这一概念，建立了理性分析的基础，可作为进一步展开的基石。

这部著作中译本的出版，是我国改革开放后，学术研究面向世界的产物。关于当时出版的经纬，在中译本序中已略有涉及，不再赘述。

眼下全球激荡，风云变幻，倘若我们仍坚持面向世界的改革开放，不妄自尊大、固步自封的话；那么，在让世界准确地理解中国文化的深层要素，理解中国文化的表述方法的同时，我们也应了解世界如何认识华夏文化的一些基本概念，如何看待我们的思维方式。如此双方方能不断加深交流。本书收辑了"气"在欧美，拉丁文字圈，英、法、德语中不同场合的不同翻译，这样就为不同文明圈的文化沟通、交流，提供了理解的通道。

这部书的研究方法，显然受到了当时世界上兴起的范畴学理论（categories; category theory）在语言学、社会科学领域展开的影响。中国古代也有对哲学概念的研究，宋代陈淳的《性理字义》、清代戴震的《孟子字义疏证》，还有清代王建衡的《性理辨义》等著作，分析的角度和研究的方法，和这部书相比较，差异自见。所以，本书在研究方法论的角度，也为我们提供了借鉴。

我想，以上或是本书可以存在的理由。

这部书的翻译出版是三十多年以前的事，当时得到了编著者山井涌、福永光司、户川芳郎诸位先生的赞许和热情鼓励、帮助。出版以后，日本的媒体对此做了采访报道，欧美和国内的许多学者也都加以关注。几十年来，历经多次重印，这次新版，或可为关心此问题的读者，提供一些方便。

四十多年过往，今日回首，记起稼轩词曰："可惜流年，忧愁风雨，树犹如此。"（《水龙吟·登建康赏心亭》）深感确如其言。

本书的作者，即使当时年轻的，都已年过古稀，大多退出了学术研究舞台，不少也已经仙逝。但他们的音容笑貌，时在笔者眼前闪动。在新版之际，笔者根据所知的情况，对他们的现状略作补充，供读者参考，也是对他们的感怀。

在新版的出版过程中，上海书店出版社领导和编辑吕高升、胡美娟，花费了不少精力。记于此，略表由衷感谢，同时也留作存念。

是为新版序。

2022 年 7 月

再 版 前 言

李 庆

这本书的翻译，已经是三十多年前的事，当时，我还刚刚从研究生毕业。一晃，最初出版此书至今也已经二十五年了，其间曾五六次增印，都已售罄。这在笔者翻译时，是始所未料的。

在文史哲领域的不少论著中，可看到引用本书的痕迹，有的赞同，有的参考，自然也有商榷和批判。这种情况，在说明本书具有学术生命力的同时，也显现了中国的人文和社会科学研究的一种新气象。越来越多的学人，都逐渐地认识到，中国的传统文化，不仅仅属于中国，也是人类文明的有机组成部分。在世界各种文明交流日益频繁的今天，哪怕是在最传统或经典的领域，要从事研究，也必须吸收其他国家学者的研究成果，只有这样，才能有真正的创新和发展。这也反映出新一代的学者，在随着这数十年我们国家的发展，已经逐步走出了妄自菲薄、否定一切的焦躁感，开始，或者说已经有了比较开阔的学术视野，逐渐以冷静的学术心态来面对我们的传统文化，平等地来审视中华文明在世界上的地位了。这是一种成熟和自信的表现，当然令笔者感到欣慰。

《气的思想》，作为中国文化研究的基础工程，是日本学者在20世纪70年代集体研究的产物。数十位的学者，为此投入了自己的心血。关于该书的写作目的，研究过程，以及笔者翻译的起因和经过等，在书的"原序""跋"和笔者的"中译本序"中都已经说明。在此我想补充的是，三十多年间，这部书的主要编者山井涌、福永光司等已经去世了。笔者当时和他们联系的信函依然在案前，和他们会见时的音容笑貌依然浮现在脑海，令人不胜伤感。

作者中多蒙赐教的户川芳郎、福井文雅、泽田喜多男、有田和夫、蜂屋邦夫等多已是古稀或近古稀的人了，还有一些学者，笔者虽然没有直接的联系，比如今井宇三郎、镰田茂雄、三石善吉、丸山松幸、加纳喜光、上田弘毅、前川捷三、细川一敏等，但是，对他们的研究，笔者也还是关注的。 还有当时比较年轻的一代，如麦谷邦夫、关口顺、大岛晃、土田健次郎等，现在在日本的中国哲学思想研究领域中，都发挥着相当的作用。 这些学者，可以说都是日本的中国思想史或相关领域的重要人物，在各自的研究领域中，有着自己的成就。

在这本书撰写时，日本学界还没有深入研究的有些思想史领域，在这三十多年间，已经有了进一步的展开，比如，对先秦时代这数十年中国大量出土的简牍的思想史研究；对汉魏六朝时代的宗教的研究；对宋明理学，特别是一批年轻的学者对北宋时期"道学"的研究，对朱熹学派的形成的研究，对朱子学和明代王阳明学的关系，对阳明学展开的研究；乃至对清代考据学，近代中国思想的演变的研究等等，都已经涌现出了不少新的成果。 这些成果，从某种意义上说，也都和这本书的主题——中国的自然观和人的观念有关。 而在上述那些领域中活跃的学者，也多少和这本书的作者们有着一定的关联：或是他们的师友，或是他们的弟子，有的甚至就是这些作者本人。 因而，不仅这本书的内容，对我们还有参考的意义，而且如果以此书为基点，在上述的各个领域进一步展开下去，我们对整个日本学术界的中国思想、哲学和宗教史的研究状况，就可以有更进一步深入的认识。 我想，这也是本书再版的意义所在。

就研究的方法论而言，这部著作，有着明显的阐述学和"范畴"研究的色彩。 也就是通过对一个点的阐述，来展现整个思想乃至文化历史的画面。 这在三四十年前，无疑有其先进性，不少中国和其他国家的学者，都受到过启发。 因而在这三四十年间，国内外的研究者，用这样的方法进行研究的，为数不少。 当然，这样的研究方法并非是唯一的。 事实上，日本学界现在也有不少学者又重新重视起传统的方法——对学派或专书的研究，当然，也还有突破传统方法的更新颖的探索。 这部书之所以能有比较长的学术生命力，在笔者看来，方法的新颖固然是一个重要因素，而更重要的是，作者们切实付出了研究的心血。 因为无论用何种方法，首先都必须老老实实去进行开拓耕耘，才会结出实实在在的果实。 只是用舆论吹起来的学术泡沫，是无法长久炫耀的。

在再版时，鉴于笔者目前的实际状况，对译文基本未作修改，只是对原来版本中的一些错字和明显的误讹，做了一点订正。

中日之间的学术文化交流，中国和世界各国，和世界各个文明间的文化交流，源远流长。 回首近四十年来的学术生涯，笔者深感，这是一项尚需要更多的有志者投身努力的领域。 在这里，没有什么可轻而易取的利禄，需要的是更多地付出。 只有这样，我们才能更坚实地构建起沟通不同文明的桥梁，我们才能更深入地理解其他的文化，也才能更好地理解我们自己。

那位"泪渍（蟫）鱼死不干"（《己亥杂诗六十》）的龚自珍，曾经哀叹"涓滴无由补大川"（同前，二七九）。 如果这本书的再版，像一滴水珠，能融入那漫漫的文化交流的大河之中，供后来者汲取，激发起他们的一点兴趣或为他们的奋进提供一点小小的帮助，我想，那就是对于逝去的先行者们最好的纪念，也是对于正活跃在第一线的作者们最好的报答。

最后，还应该对本书最初的编辑张志国、倪为国和多次再版的编辑屠玮涓表示由衷的感谢。 虽然，他们中有的已经不再从事编辑工作了，但是，没有他们一贯的支持，本书不可能有今天的结果。 这本书，也是我们青年时代以来友情的见证。

2014 年 1 月 16 日

中　译　本　序

一

　　由日本著名学者小野泽精一、福永光司、山井涌先生主持编纂、户川芳郎等先生参加的《气的思想——中国自然观与人的观念的发展》一书，是近年国际汉学界在中国文化研究中涌现出来的独具一格的论著。

　　"气"是什么？ 是特异功能的神秘因素，是支撑正义的精神动力，还仅仅是组成鼓动人心口号的单词？ 一涉足中国古代文化，毫无例外，都会遇到这种对特定概念的理解问题。"天"、"人"、"性"、"理"、"道"、"器"、"阴"、"阳"，这些概念和范畴，是中国古代思维大厦的基石。 因此，不弄清这些基本概念和范畴的含义，就不可能对中国古代文化进行深入的探讨。

　　问题还不仅仅在于静止地确定这些概念和范畴的含义。 中国古代这些概念和范畴，也在历史进程中不断变化。 比如，我们今天常说的"衣"、"裳"，和千年以前许慎《说文解字》中的理解就不同，在实际形态上的差异就更大。 这种最平常的具有实际意义的词语尚且如此，那些本身就相当含混的抽象概念在解释和理解上变化的幅度当然就更大。 寻绎这种变化的历史轨迹，自然就成了古代文化研究的一个重要课题。 只有抹去蒙罩在这些概念和范畴上的迷濛色彩，揭示出从占卜、祭祀、图腾崇拜等人类最古老文化形式中孕生出来，带有原始含义和象征意味的词语、概念衍生演变的历史，我们才可能比较准确地勾勒出一个民族思辨和文化发展的真实轮廓。

　　《气的思想》一书在这方面进行了有益的探索。

1

　　首先，研究者们确定以"气"作为研究对象，就不是偶然的决定，而是对众多中国古代文化概念进行比较、筛选的结果。正如山井涌先生在原书的《跋》中所说：他们曾把"公"、"私"、"利"等概念和"气"作过比较，最后认为："'气'作为哲学用语，具有真正重要的意义"，"通过追述气概念的变迁，可期待描述通过气概念的变迁而见到的思想史"。这无疑是独具慧眼的抉择。

　　其次，研究者们对"气"概念从不同的角度进行了阐发和界定。户川芳郎先生的《训诂中出现的气的资料》吸收传统的文字、音韵、训诂学的方法和成果，分析了《说文解字》等文献、武威汉简《仪礼》残篇等出土文物中有关资料，阐发了"气"的含义；小野泽精一先生在全书总序中，分析了"气"概念在中国和日本的差异；福井文雅先生在《儒道佛三教中的气》中，采用收集现存唐代以前译经中使用"气"字之处，分析其梵语原文的方法，以此映现"气"的概念，而他在附论《西洋文献中"气"的译语》中，则从更广泛的翻译角度来这样做。这些出色的论述考订，有助于人们对"气"概念的理解和进一步研究。

　　再次，研究者们注意到从发展的角度来阐述"气"概念的历史沿革过程。"气"概念的产生，现在一般的研究著作，都从现存先秦典籍开始，但此书中，前川捷三先生《甲骨文、金文中所见的气》一节，则进一步探根求源地上溯到甲骨、金文领域。认为"气"就含义而言，和古代人们对风神和土神的崇拜有着关系；而就字形而言，则可以从甲骨、金文中寻得其演变的踪迹。小野泽精一先生的《齐鲁之学中气的概念》，博采典籍资料，广收前人成果，提出最早的"气"概念中，实际已包含有作为构成人体与自然的基本物质和作为支撑人的心理、道德修养要素这样两方面的内容，探讨了"气"逐步形成为一个哲学概念的思辨发展过程。福永光司先生《道家的气论和〈淮南子〉的气》、户川芳郎先生《后汉以前时期的元气》，以及户川芳郎先生、福永光司先

生、山井涌先生、丸山松幸先生分别为各部所撰写的《总论》，都立足
整个时代来勾勒"气"概念发展变化情况。 在这里，我们可以清晰地
感受到，"气"决不仅仅是静止的辞典中的一个单词，而是不断发展变
化、充满着活力的一个思辨的范畴，一个哲学的概念。

二

《气的思想》是一部研究"气"概念的专著，但是，它又不仅仅只
限于对"气"的研究。 这一点，小野泽精一先生在全书的《序》中，开
宗明义，讲得很清楚：这是"一本把中国思想史上出现的'气'概念的
变迁这个'点'，作为自然观和人的观念的展开这个'面'的焦点来考
究的著作。"

"焦点"，实际上包含了两方面的意义。 一是研究者从不同的角
度、不同的层次，把研究的智慧之光注射到这一点。 比如小野泽精一
先生从学派流别的角度来探讨"气"。 在《齐鲁之学中气的概念》一节
中，指出先秦时代，中国的东部地区弥漫着迷恋神仙、追求永生的气
氛，这种文化土壤中孕生的气概念和西部秦国等讲求功利、注重实效的
文化氛围形成鲜明的对照。 福永光司先生从对有代表意义的典籍的研
究来探讨"气"。 在《道家的气论和〈淮南子〉的气》一节中，分析了
先秦道家的"气"和《淮南子》中的"气"的异同，揭示了先秦的
"道"到汉代"太一"这种概念演变的过程，阐述了《淮南子》一书在
中国思想史、文化史上的地位。 而山井涌先生则侧重于对一个具体思
想家的研究来探讨"气"，《朱熹思想中的气》和《戴震思想中的气》，
在"理"和"气"的对应关系上，阐述了"气"在宋明理学中的基本含
义，勾勒了"气"哲学的形成发展。

像一滴露珠可以从不同角度映现绚丽的大千世界一样，"气"映现

了中国文化各个领域的状况,这可以说是"焦点"的另一层意义。 让我们大致浏览一下:

今井宇三郎先生的《〈易传〉中的阴阳和刚柔》,根据汉代经学家以卦象释《易》的学说,阐发了《易经》中包容的自然观,探讨了从原始的刚柔观念到阴阳观念的变化;《易学的新发展》重点阐述了在宋代理学中占有重要地位的《河图洛书》、《先天图》、《太极图》的渊源和包容的思想。 关口顺先生《董仲舒的气的思想》着重分析了在汉代占统治地位的今文经学公羊学派中,气的地位和含义。 从这些章节中,我们不难看到中国经学发展的脉络。

泽田多喜男先生的《〈荀子〉和〈吕氏春秋〉中的气》一节,与前面已提到的小野泽精一先生的《齐鲁之学中气的概念》一样,是着重于先秦诸子研究的章节,但它们都不局限于一二种书,而是涉及先秦时代对气的一般性看法,并注意到它和后代诸家理论的联系,这对我们的先秦诸子研究,颇有启迪。

细川一敏先生的《兵家、黄老思想中气的作用》,分析了"气"在中国古代军事理论中的地位和作用,揭示了古代军事理论中的辩证特色。

加纳喜光先生的《医书中所见的气论》,把我们引到了中国医学的领域,阐述了中国古代医学分为:黄河文化圈的针灸系医学、长江(江淮)文化圈的本草系医学和江南文化圈的汤液系医学这样三大系统的观点,探讨了作为中医理论基础的"气"的作用,并以秦汉时代"天人合一"思潮为主流的整个文化为背景,论述了中国医学中的疾病观和生命观。

三石善吉先生的《桐城派中的气》,虽然重点是阐述桐城派诗文理论中"气"的作用和地位,但我们也可以在其中看到中国文学理论中"气"概念变迁的大致轮廓。

丸山松幸先生《洋务、变法思想和道器论》、有田和夫先生《变法运动中的气》，涉及了激烈动荡的中国近代史。伴随着西方对中国的冲击，由清代后半叶的"道器论"，到"洋务论"，再进而到"变法论"，到"革命论"，追求变革的大潮一浪高过一浪，而这些也都通过对"气"的研究显现出来。

大岛晃先生《邵雍和张载的气的思想》、土田健次郎先生《程颢、程颐的气的概念》、上田弘毅先生《明代哲学中的气》以及前面已提到过的山井涌先生关于朱熹、戴震的论述，抓住传统的宋明理学领域内代表性人物进行了研究，在我们面前剖析了整个宋明理学发展沿革的图像。

此书还把视野扩展到了对中国古代文化有重要影响的宗教领域。镰田茂雄先生《儒、道的气与佛教》、蜂屋邦夫先生《儒家思想中的气和佛教》，都谈到了佛教中"气"的概念和佛教教义的关系。尤其是镰田先生以宗密《原人论》为中心，阐述了"元气"在佛教中，按唯识论的说法，只处于阿赖耶识相分的地位，使我们看到魏晋以迄唐代儒、道、佛思想交融渗透，以及中国佛教发展形成的线索。麦谷邦夫先生的《道家、道教中的气》，分析了道教形成过程中神仙术道教和教团道教的差异，以及"气"在二派系中的作用，因而也就描绘了南北朝时期道教的景况。

至于前面已谈到的户川芳郎、福井文雅、前川捷三诸先生的论考，可以从中窥见文字、音韵、训诂学、金石学等领域的状态，那是不言而喻的，在此不重复。

总之，《气的思想》沟通了哲学概念和中国古代文化各个领域的联系。如果说，概念和范畴是现实和历史关系的抽象，那么，此书则从"气"概念这一点出发，再现了具体的历史场景，阐发了凝聚在抽象概念中现实的内涵。因此，这部著作决不是枯燥的、单一色调的；而是丰富的、色彩斑斓的。从这个意义上说，我们认为它不仅是哲学的考究之作，而且是一部文化史的论著。

三

这部著作是集体研究的产物。前后参加这项研究的人员几达三十人，时间历经四个年头。关于研究的状况，小野泽精一先生的《序》和山井涌先生的《跋》中都作了介绍，不再赘引。我想指出的是，此书除了上述总体的研究体系和方法具有特色之外，由于综合了集体的智慧，在具体问题上也颇多独到之处。

首先，它提出了一系列可供人们进一步思考的问题。比如，认为在《孟子》中，"气"作为一个哲学观念被提出，反映了当时人的观念的发展；认为春秋战国之际，中国各个地区的文化土壤和文化气氛有着较大的差异；认为汉代的思想，比如《淮南子》、董仲舒等，起到了由先秦诸子到魏晋思想的过渡桥梁作用；认为汉代的"无"的观念具有重要意义，以及关于"道"、"一"、"太极"、"元气"之间关系的探讨；关于真正的朱熹和后人所认为的朱熹不同的看法；关于王阳明到戴震的哲学谱系等等，都饶有兴味，闪烁着思辨的火花，我们尽管可以不完全同意这些见解，但它们无疑都有其价值，发人深思。

其次，就全书的结构而言，做到了独立风格和整体性的统一。这是一部集体研究的产物，执笔者又多达十余人，但是，它并没有泯灭每一个人的特点，强求于一个模式。每一位撰写者，都显示了自己的学术特色和行文风格，有的谨严，有的流畅；有的在丰厚的资料土壤中耕耘收获，有的则慧眼独具地直接触发关键之机；甚至对一些具体问题的见解和提法也不尽一致。然而，此书决非一本支离破碎的论文集，这是因为除了各篇之间在时间顺序和论述领域有所侧重，起到互相辉映的作用外，还由于编者们的匠心独到地在每一部分之前，都冠以一篇统摄各篇的总论，勾勒整个时代的轮廓，补述欠缺之处，显示了自古至今的历史发展线索，增加了全书的整体感。

在充分肯定此书独辟蹊径的作用之外，也不必讳言，它存在着可进一步探讨之处。 就整体的结构而言，前半部的比重显然要大于后半部。 固然，作为气概念的基本内涵，是在秦汉时代确定的，需要较多的篇幅来阐述，但作为一部"史"的著作，揭示气概念在后代各个文化领域的表现形态，是否还可进一步开拓呢？ 就资料而言，正如小野泽精一先生已指出的那样，一些重要的文献和人物似尚未能展开论述。比如说，明代的王廷相、明末清初的王夫之，在谈到"气"的时候，或许是不应该被忽视的吧？ 此外，在一些具体的论点上，在一些章节的行文上，也都可进一步研究。 人类对真理的认识不会穷尽。 提出这些问题，当然不是苛求于作者，而是希望在今后的研究中，能在目前的基础上，更朝前迈进。

四

这里想谈谈我翻译此书的一些想法和经过。

在地球变得越来越小的今天，越来越多的人感觉到，中国已不可能是封闭的中国了。 我们应当勇敢地面向世界，正视整个世界的发展，吸收人类所创造的一切进步的成果。 我想，这自然也包括世界上对中国历史和现状的研究。 鉴于立场、角度和方法的差异，我们或许不赞同或不完全赞同有关的论断，但是，置身于"庐山"之外，或许也会有窥见"真面目"之处，对此加以借鉴和吸收，是理所当然的。

当中国向世界打开了大门以后，各种各样的思潮都涌了进来，激起人们对历史和传统的反思。 愤懑、哀伤、昂奋、低沉、呼号、沉思，脚踏实地的奋斗，无可奈何的失望，凡此等等，反映了各种社会思潮和人生哲学的交织斗争。 这与其说是历史的反动，不如说是产生未来社会的阵痛！ 但不管怎样，我还是以为，中国的现代化，只能在现实的基础上逐步实现。 苦难也罢，欢乐也罢，未来的中国，只能是历史的、现今的中国的发展。 我们可以，而且应该对传统进行理性的审判，我们完全可以对肩负的沉重历史包袱感到不满，但内心的激愤和客观现实的改变毕竟是两回事。 我们无法割断历史，无法否认传统的存在！ 所以，我认为，人们在新事物刺激下，经历暂时的激动以后，必然会进一步面对现实，必然会更深入地审视中国的历史和现状。

我们这一代人，在青春最美好的时光中，经受了中国通往现代化历程的磨难，我们追求理想，追寻人生。 就我来说，理想在自由的思维中遨游之后，还是返回到了现实的土地上。 记得老一辈的学者，曾经为汉学的中心不在中国而在巴黎或东京的说法感到愤懑。 我无法预测将来的情况。 但生活告诉我，一个不重视文化的民族，必定要遭受历史的惩罚！ 而新的文化并不会由上帝恩赐给我们，上帝，就是我们自己！ 当然，我们每一个人的生命都是有限的，在漫长的历史之河中，渺然而微不足道。 古代的哲人不早就感叹过"无往焉而不知其所至，去而来而不知其所止"（《庄子·知北游》）吗？ 如此而已。

正是本着这样一些不成熟的想法，我才不顾自己才识、学力、外语水平的低下，搞起了对一些国际汉学家论著的翻译。 至于《气的思想》，我最早是在数年前，读研究生时接触到的，萌生了翻译之念。 毕业以后，我留在复旦大学古籍整理研究所工作，利用业余时间，历时近二年，译完全书。

此书的主要编者之一小野泽先生业已谢世。 译者在和日本其他主要编纂者福永光司先生、山井涌先生、户川芳郎先生等联系的过程中，承蒙他们的应允，在此应深表谢意。

此书的翻译还先后得到北京大学严绍璗先生、吉林大学乌恩溥先生等的支持和鼓励，这是我不能忘却，并深为感谢的。

最后，还有一些具体问题要略作交代：本书系根据日本东京大学出版会出版的 1980 年 1 月第三次印刷版译出。 原书后本附有全书的人名、书名、主题词索引，甚便于检索。 但由于译者本身的和目前客观的原因，不可能全部重编，附书印行，在译本中删去了。 又，原书所附各主要编者和作者的情况介绍，由于时光流逝，多有变迁，蒙山井涌先生教示，作了补充。 此外，我还曾打算对书中出现的汉学家加一点注释，也因故未能如愿，这只好留待来日了。

　　在各方面的支持下，虽说译出了此书，但谬误之处肯定是在所难免，只能祈请作者和读者们鉴谅，并期待着各方面的指教！

译　者

原　序

　　本书虽然称作《气的思想》，但正如副标题明确表示的那样，是一本把中国思想史上出现的"气"的概念的变迁这个"点"，作为自然观和人的观念的发展这个"面"的焦点来考究的著作。

　　但是，这本书的论考，从一开始就没有单纯封闭式地只被对"气"的关心所驱使，成为按时代顺序整理排比卡片这种方法的产物。它是于昭和四十九年（1971）以来的四年间，在每月例行，或者集中住宿的研究会议上，通过发表、讨论，从广阔的视野，对"中国思想史上出现的哲学概念的变迁"进行确确实实综合研究的成果的汇集。

　　历来对中国思想中哲学概念的研究，尽管也取得了相应的成果，但大多只限于某个特定的时代，或传统范围内的对象，只是在自我总结的狭隘范围内的概念规定。比如，在举出《汉和辞典》、《中国语辞典》中某一个语汇或成语的场合，就是先列出原义，再把《尔雅》、《说文》、《释名》、《广雅》、《玉篇》、《广韵》等的解释依次列出，如有具体的用例，也多是罗列式地杂然举出，至于历史性地加以把握等，则只是一片空白——可以说，这就是现状。

　　对于广泛意义上与思想有关的各种文献中出现的重要用语，捕捉其含义内容，探明自古到今整个时代历史变迁的状况，这种中国思想应有的"史"的研究，在过去的学术界，还有未着手的领域，但这作为基础性的工作，应当说是必不可少的。我们抱着通过上述那样的工作，以把握、规定所出现的哲学概念这一贯穿始终的明确目的，开始了这项研究计划。

　　在中国哲学基本概念中，作为适合这一目的的内容，我们选取了在各时代不断出现、与思想性用语与思想史的重要问题有关的"气"为中心议题，同时，把它和相邻近的哲学概念——道、理、精、神、心、性、形、质等思想用语相联系来进行这项研究工作。 研究的参加者，在年龄上有老、中、青，是各个时代不同的专门领域中的研究者。 有关的章节是在研究会中反复相互批判、补充完备，不断努力以求得到共同理解，进而汇总为时代性总论的态势上结出的成果。 由于这一研究是在研究会中，以发表、讨论来进行的，所以参加者限于住在东京附近者，尽管四年间有所出入，但参加者从开始就不断地给予了热情的支持。 即使作了这样的努力，其中对某个问题还会有不同的见解残留着，这就有待于日后进一步研讨了。

这部论考在内容、资料方面的特色，在于进行系统地考究自古到今漫长时期的历史问题的同时，具有脱出历来中国思想分类的框框，对未开拓的领域广泛进行新的考察的意向。 首先是以甲骨文、金文的发掘资料为基础，探索了古代殷周时期原始的生命观。 其次，随着作为纯粹的中国固有思想——诸子思想百家争鸣的盛行，"气"这一主题也百花齐放：可以看到，从社会的"气"到自然的"气"，以急剧的速度在广阔的范围中展开。 接着，可以看到，在汉代的礼教思想中，它被提升作为具备自然哲学形态的概念。

从魏晋到隋唐，在作为神秘性宗教而盛行的道教中，"气"被纳入到合乎神仙旨意、具有哲学和方技两重性的体系之中；而在同样由民间传承的汉医学中，则成了作为整体机能基础理论——血气的支柱。 正是道教和医方，才以具有土俗性格的"术"为基轴，而这部论考由于突破了历来纯粹哲学的范围，或者说另外范畴也有一定比重，所以特地对这些方面进行了考察。 继此之后，在和首次外来思想——佛教冲突的问题上，也可以指出同样的情况。

在经过与各种思想交融的基础上，自宋代到明代，构筑起了企图使儒教再生的体系性的理气哲学——朱子学和阳明学。 而在明清时期，又开始和第二次外来思想——西洋文明接触。 这在另一方面，产生了促使对传统性再思考的结果。我们进入了历来作为文学的领域，提出了桐城派的文章和"气"的问题。

"气"的思想在近代经过了怎样的历程呢？这是值得注意的。在清末到"五四"时代革新思想的基础上，试图朝着物质观的方向转化，是这一哲学性课题的终结。但即使在现代，作为生活文化中的现象，它的生命仍在中国继续着。不！岂止是如此，"朝气"、"争气"，等等，在现代中国，它们作为表示不屈意欲之词，伴随着具体的态度，是经常被运用的。

在日本，即使日常惯用的词语中，"気"［译者按：即中文"气"］字也多得不胜枚举，稍微想一下就可举出："気がむく"，"気があう"，"気にかかる"、"気を入れる"、"気か利く"、"気を落とす"以及"本気"、"気性"、"元気"、"気势"、"天気"、"景気"等等，从与个人的情绪、性格有关的内容开始，一直到作为人一般具有的注意力、活动力，或自然界、社会现象运动的基础之物，被广泛地使用着。

如看一下出现这些用法的场合，虽可指出其在用语方面和中国的类似性很多，但支撑这些词语意义最基本的东西，无疑还是以在日本产生成长起来的人们的生活方式和对于自然、社会的对应方法为核心的，这大概也是无法否认的吧！只是如作为古典的东西，用语中有从中国文献中引入的内容，在形态上相互一致，意义上也显出共同性。概括而言，日本的这些"气"的使用方法，总有这样的特征：以人为主体的情绪性的倾向很强，是作为与人有关联的整体的气氛；而只有在对象化、客观化的场合，才与流动的性质有关。

那么，与此相反，中国的"气"有怎样的性质呢？"气"字的起源，正如后面的论考中所定义的那样，古代是作为形成云的气，是人呼吸的气息等等，可以说是以对精灵咒术的理解为原型的。总体上可以说，与日本的用法相比较，相对于作为主观情绪，它更倾向于作为生命基础

3

的运动能量，是作为含有具体的实质，或是作为与外貌的状态有关的东西被使用的。

就内容而言，日本同样使用的"元气"、"天气"等词汇，在中国，可以说具有被理解为实体之物的历史性特性，也一直沿续了下来。日本作为表达感情纤细摇曳而使用的"気味"一词，与表达各个时间的心情这样的意义不同，在中国，指人的各不相同的气质。还有，"气味"一词，与表示心中的情趣、倾向这样的意义不同，在中国，用来指从具体的物体中发出的味道的场合是很多的。

若历史地看，"气"在中国，不仅自宋到明，在朱熹（朱子）和王守仁（阳明）为中心的理气哲学中，在体系性的存在论中起着主要作用，而且可以看到，从战国到汉代——把万物的生成作为考察对象时开始，它就被作为实质组成人和物的能量的基础，贯穿于包括儒教、道教及佛教的整个中国思想史中。不仅在狭义的精神历史范围内，而且还包括人的身体方面——在道教不老不死的方技中，在汉医学的治疗处方中，它作为最原质的基础原理在说明上被明确地使用。还不仅如此，甚至更推广到文学、艺术方面；"气"，在重视蕴藏于诗文和书画深层的生动性的理论中也被使用着。

在现代，思想界的状况是，心与体、心与物这二元的矛盾和相克，以及怎样才能超越它们的问题被提了出来，身体论*不断涌现，因而被认为蕴藏于心的深层，组成了人体的"气"，就不仅仅包含着"人"这一方面的内容；如果考虑到被视为自然物普遍基础的"气"在漫长的中国历史之中对各种各样思想史课题不断起着重大作用，那么，即使是回顾，根据引出问题的方法，单单算一下，不就会无法结束了吗？

因此，这部论考从整体上说，我们只想概括地涉及与此有关而出现的具体的"气"概念的变迁。全书的构成，在小的方面，是篇章与重

---

* 身体论：当是泛指与人主体有关的，包括对心理、意识、情感等各方面研究的学术理论。——译者注

要性相对应，分别或以思想家，或以文献，或以学派，或以思潮为主题。 大的方面，则是顺着从古代到近代"气"概念的发展过程，按照殷周到西汉原始生命观和"气"概念的成立；魏晋到五代儒、佛、道三教交融期间"气"的概念；北宋到清代的理气哲学中"气"的概念；清末到"五四"时期近代革新思想中"气"的概念这样时代的划分而汇总起来。 此外，各篇都以总论来概括，这也就可以弥补篇章中的欠缺了。

"气"的思想概念，就宏观而言，可以视为是组成人和自然的生命、物质运动的能量。 但根据不同的时代和不同的领域，它表现的状况和起的作用却未必相同，而是各有差异的。 在殷周甲骨文、金文的资料中，只能推想认为"气"字是在其他的意义上被使用（与后来的"气"字意义相当的字还未出现），它相当于风和大地的运动。 虽说在《说文》中，"氣"字的基形"气"，被作为象形意义上的云气，但成为自然界中运动基础的云气，是从《庄子》之际才开始经常出现。 另一方面，在《庄子》中，既有着在人的方面作为生命基础的呼吸——"气息"这样的词，也有关于大地和风，蕴着大块噫气，这种被理解为精灵或拟人化的形态。

在战国诸子的儒家、道家中，"气"开始以"浩然之气"、"血气"并伴有治气养心这种"术"的习俗形态显现出来，但随着在道家中相对于外物的人的反应，或者在时令性的活动中自然的推移成为大受关注之事，"气"在追求解明生命和自然的思考中，内涵也得到了发展，被提高为自然哲学的概念，被说成是由于它的集散而生成了万物。 在兵家中，它也成为勇气的基础，或是作为与个人有关之物，或是作为与集团整体有关之物而被使用着。 在汉代，伴随万物生成论的出现，"气"作为产生精、神、形、质的基础，被纳入其体系之中；在混沌的道等高一层次的概念确立后，它成为下一层次——在生气这一基本的意义上，被称为元气。 还有，在政治思想——天人感应思想出现以后，它作为其间的媒介物，与阴阳、五行等相关联而被使用。

像这样被纳入万物生成论中的"气"，到南北朝、唐代的道教中，在对天地、神仙的至上信仰情况下，其高深莫测性更加浓厚，成为兼备神秘化和技术化的理论而具体化了。在从古代传承下来的医方中，可以看到它在血气和五脏为主等方面被集中地使用。在那时的佛教解释中，"气"虽也和其他传统的用语同样被使用，但由于汉代以来的训诂和南北朝道教理论的影响，则带有从其本意中分化出来的"动"的意味，"习气"等等则是在贬义的情形下被使用。但那时的"气"，除了作为身体内化之物外，还有着表现为外在化、客观化之物的特点。

原先在整个唐代的道教中，"气"是和太虚、太极一起被理解的，以"气"为中心的发展，成了宋代道学的先驱。而且作为"气"的变化的原理，"理"和"气"一起登场了，"气"中的质和"理"中的性相联系，形成了以朱熹为代表的、关于现象和本体的体系性的理气哲学。而到了明代，以王守仁为中心，"理"和"气"整个地被理解为心，心的作用——良知被重视，重心与"气"的联系。在清代，则不断向被称为"气"的哲学方面移动。

到了全国内外都吃紧起来的清末，即使同样也是"气"，却被由广泛汇集起来的"民气"等词汇取代而受到提倡，即使在道器论中，也和宋代哲学中的情况相反，与"道"相对的"器"升到了优先的地位。"气"的实体，在西方思想影响下，被解释为能量，朝着物质方向转化。具有漫长历史的"气"的哲学性思考，宣告终结。

作为附论，我们根据译文，窥视了气在欧洲、美洲是如何被理解的状况。可以举出这样的特色：在德国，重点是生命力；在法国，重点是能量；在英美，重点是内在力。这是试图重新改变只有在日本、中国才通行的固定视角来加以考察的例子。

此外，作为事后的回顾来说，明清间，由于对朱子学和阳明学的批判，因而对建立了对把握"气"的变动有特色的理论的王夫之没被列入篇章；还有，在过去的日本汉学中，怎样理解中国的"气"呢？ 其中一个例子，就是伊藤维桢*（仁斋）视宋儒之理为虚妄，特别重视气，认为天地之间只有一元——气；连他也没有列入篇章。 这些对于企图突破框框，开拓领域，转换视角的论考来说，是很可惜的。

这项研究，从昭和四十九年度到五十二年度**，受到了文部省科学研究费补助金综合研究（A）的补助，本书的出版，受到昭和五十二年度文部省科学研究费补助金研究成果刊行费的补助。

小野泽精一

---

* 伊藤维桢（1627—1705），号仁斋，又号敬斋。 日本江户中期学者，为古义学派之祖，有《论语古义》、《古学先生文集》等著作。 ——译者注

** 即 1974—1977 年。 ——译者注

目录

第一编

原始生命观和气概念的成立

——从殷周到后汉

总　　论

作为古代中国思想史上的问题，"气"这一形态的出现是从何时开始的？ 它具有怎样的意义？ 它是怎样发展的？ 这些，就是第一编的课题。

中国文化最古的文献资料，是以众所周知的殷代甲骨文字，从殷代、西周到春秋时期的青铜铭文，以及《尚书》的一部分和《诗经》为中心。 尽管大家都期待着在这些发掘资料和古代经典之中探求历史变迁的远古真相，但关于"气"，似乎和春秋以后在文化特性上有着很大的断层，未见有意味"气息"、"大气"的文字。 后来写作"气"的字，是乞取以及讫终、迄至的意义，"氣"字要待到战国初期的青铜器上才出现。

作为气息的间接表现，只可根据"无、既、嘅"及"愾"来窥见一斑。 另一方面，后来，大气所具有的生命、物质的活源力，与使农作物生长发育的风雨和土壤相联系，成为信仰对象的风神和土地精灵，这似可相当于"氣"的意义。 关于古代文字的研究，请参照第四章第二节"训诂中出现的气的资料"。

作为生命现象的气息和象征自然运行的大气，虽然一齐出现在战国时期形成的各种文献中，但对于它们的考察，现在尚有很多困难。 作为同时进行资料批判和思想分析这一基础工作的必要前提，首先就是要叙述先秦、秦汉思想史。 考虑到地域的状况，把广阔的整个中国加以划分，这对于研究战国诸子的思想活动来说，是十分有效的。 然而，说到"气"的概念，似又未必有明确的地域性特色。

现在，不是在这里描述先秦、秦汉的思想史，并根据它来对"气"论进行总括。 因为这里的论考与其说是新的尝试，不如说也就是希望把改写历来的思想史作为结果；尤其对所谓诸子百家既成的学派等，不能用以前汉末对它们的评价作为前提来论述，因为主要目标是对思想史上出现的哲学概念进行深入细致的考究。还有，对于"气"的概念，有关先秦、秦汉时代，津田左右吉、栗田直躬、黑田源次、平冈祯吉、徐复观、李汉三等诸氏已进行了详细的资料介绍和思想分析，[1]这次在这里，当然要努力继承这些先学的业绩，然而，与其说是综合那些研究成果，还不如说是以他们没有论及的事象作为焦点来加以阐明为方向。

因此，第一编中，多有资料相同之处，而对资料的处理的方法和解释，则与论点和方法相应，出现了因各个论者而不同的场合。至于用语的使用方法，也不免错杂。这些方面，在这一编中虽十分明显，却并不强求统一和完善，而是以提出问题和探究事象作为目标，换句话说，是想真率地把探明古代中国思想史困难性的一斑披露出来。

此外，本论集的主题，是以探求宋学中"理"和"气"的概念的发生和展开过程为重点。就此意义而言，要了解第三编"理气哲学中气的概念"的"总论"，在洞察这种向近世哲学发展的"气"概念的完成，即所谓"气"的内容最大限度的膨胀以外，是应当知道以前各个时期思想史发展踪迹的吧！为此，在第一编各时期、各学派主题的展开中，我们也不在这些场合中预先设定各种各样的"气"的概念，而是想在各章节的论考中看到自由的分析和见解。

这里，想补充论说一下关于宇宙生成论和在汉魏之交形成的"无"存在论的关系。

西汉后期的春秋学家，依据阴阳五行思想，确立了自然天道和政事人道的相互关系，在对天人宇宙原始性的探求中，设定了"元"的概念。对于作为阴阳学说基础、生成万物的二元之"气"来说，伴随着对始元的重视，也把"元"作为"气之始"，把气的始元——"元气"，设想确定为具象世界阴阳二气所具有活源力的根源。元气—阴阳这种生成阶段论又与同时《易传》的太极—两仪、礼乐说中的太一——两仪这些本体论系列相适应，形成了太极、元气——宇宙始元的大系。这些

4

总　　论

以西汉末年刘歆的三统说为代表，在两汉之际到东汉时开始，则出现了"三气说"。

班固汇集章帝时期（建初四年、79年）白虎观奏议而成的《白虎通义》曰：

〔天〕地者，元气所生，万物之祖（与《御览》卷一所引《礼统》说同）……起始，先有太初，然后有太始，形兆既成，名曰太素。……故《乾凿度》云，"太初者，气之始也，太始者，形之始也。太素者，质之始也……"（《天地篇》）

易纬《乾凿度》是西汉末，在哀平时期开始出现的谶纬书的一种，它因郑玄的注，在魏晋以后颇有影响，这本纬书形成初期的内容，正如在此所引，是把太初、太始、太素这"三气"作为气、形、质之始元来认识的。《白虎通义》把由元气生成的天地宇宙，讲成是由太初开始，到太始再到太素，它不是像现行本《乾凿度》那样"太易"加上三气，乃是因为与把太初、太始、太素这三气作为统一的概念来表述的当时的易纬《乾凿度》的形态相符合之故吧！此外，还有把未冠"太易"的，混沌未分的三气说成是阴阳消息时间推移状态的诗纬。

阳本为雄，阴本为雌，物本为魂〔阳生酉仲，阴生戌仲〕雄生〔酉仲〕八月仲节，号曰太初。行三节。雌生戌仲〔九月仲节〕，号曰太始。雌雄俱行三节。而雄合物魂，号曰太素。未分为三〔气〕，号曰混沌。（《推度灾》。据《太平御览》卷一"天"，《博雅音》卷九"释天"所引诗纬佚文考定而成）

所谓"节"，据宋均注，似就是"节气"的"气"。这诗纬《推度灾》所论的阳雄、阴雌、物魂这三元之气的消息（此《推度灾》的说法，与前面《乾凿度》的气、形、质这三始元之气合在一起），我们想根据对开

5

天辟地下定义的《广雅·释天篇》来加以判明：

> 太初，气之始也，生于酉仲，清浊未分也。太始，形之始也，生于戌仲，清者为精，浊者为形也。太素，质之始也，生于亥仲，已有素朴而未散也。三气相接，至于子仲，剖判分离，轻清者上为天，重浊者下为地，中和为万物。（《广雅·释天篇》）

在曹魏太和年间（227—232）的博士张揖的这部著作中，尽管可以说当时已出现了"太易"加上三气的"四始"说，但在它的记载中只限于"三气"。著述，总有使用较保守定义的性质。可以认为，具有类书性质的辞书——《广雅》，采录了当时比较稳定的公认的一般说法。还有，可以设想，"太易"的概念与具有混沌未分的元气三状态的生成论中的"三气"，是不同范畴的东西。

然而，在东汉，并非只有这"三气说"来表达元气生成万物的元始状态。

党锢之祸以后，历任郡守、终于议郎的赵咨，在临终之际，遗书其子赵胤，要予以薄葬，云：

> 夫含气之伦，有生必终，盖天地之常期，自然之至数……夫亡者，元气去体，贞魂游散，反素复始，归于无端。既已消仆，还合粪土。（《后汉书·赵咨传》）

就是说，生物的死亡，是气魂从肉体散去，肉体归于粪土，而气魂则向元气的始元复归。可认为返复到无端未分的状态"始"、"素"的这种表达，是把已经存在的太始、太素之词加以简缩使用的结果。唐代李贤的注云：

> "元气"，天之气也。"贞"，正也。"复"，旋也。"端"，际也。"太

6

素、太始"，天地之初也。此言人既死，正魂游散，反于太素，旋于太始，无复于端际者也。(《后汉书·赵咨传注》)

虽说这是用魏晋以后的通说来解释，而在东汉之际，恐怕也是这样理解的吧！

不把三气合在一起，而是脱离纬书，在论述天地形成的著作中，已独立地在使用"太素"这个词，[2]张衡的《灵宪》、王符的《潜夫论·本训篇》就是如此。

东汉安、顺帝时期长期担任太史令的张衡(79—139)，他在《灵宪》这一天体论的开始曰：

太素之前，幽清玄静，寂漠冥然，不可为象。厥中惟虚[译者按：一作灵]，厥外唯无。(《续汉书·天文志上》刘昭补注引)

这一宇宙"本元"论，把尚无形象的玄默、虚无永久的"溟涬"界视为"太素"以前的"道之根"，把自"太素"开始萌生、与混沌未分的气同色的，未形、未纪、永久的"庞鸿"界视为"太素"的"道之干"。认为"道干既育，有物成体，于是元气剖判，刚柔始分，清浊异位"，可见是把"太素"作为历来"元气"的概念来解释的。此后，天地分为内外、阴阳、动静二元，具备了育成庶类(万物)的条件。把这视为"太元"的"道之实"，将宇宙构造的终极原理——道类比为植物根、干、实的生长阶段和各种机能，在实现这道的时空推移之前，天地自然预先就形成了秩序。体现这种道的"人之精"——圣人出现，"纪纲经纬"之，统御世界。在这里，"将步天路、用定灵轨"，想要把握天体的构造及其运行法则的志向颇为强烈，而对于追究人道政治原则的关心毋宁说却是淡薄的。同时，张衡却把用根源性的元始"元气"来说明宇宙生成过程的历来的生成论作为一种"太素"的状态加以相对化，进而设定了在这以前的宇宙状态，把它说成是虚无的"道之根"，认为

7

"道根既建,自无生有"。 把宇宙生成的根源置于"太极、元气"之前,进一步在形而上的本体——"无"(虚无)中去探求其构造,这里是最早的明确的论说。

从"无"——"溟涬"界中生成"有"——元气"太素"界以下万物的这种理论,是把"常好《玄经》"的扬雄的《太玄经》比为五经,推服其对道数(宇宙自然的法则)考究的张衡,沿袭了"玄"的思想,想要探明"浑元初基、灵轨未纪"(张衡《应间》)之前境域的成果。 把扬雄的"玄",视为与《易传》"太极—两仪"论、《老子》的"道"及《春秋》的"元"的思想同质的情况,在桓谭的《新论》中便已可见(见《后汉书·张衡传注》引),张衡则是把这些根元的概念,全都视为"有"的世界——实有,即有限的境域,而设想了更深奥的本体——"无"的世界,即没有限定的境域。

张衡的亲近友人王符,在《潜夫论·本训篇》中,在天人相关思想的基础上论说了统治支配的原理,从中展开了探求元气和天人之"道"逻辑关系的"道气"论:

> 上古之世,太素之时,元气窈冥,未有形兆,万精合并,混而为一……

王符也从元气"太素"生成的宇宙开始,认为它:

> 翻然自化,清浊分别,变成阴阳。阴阳有体,实生两仪。

两仪的实象,就是天和地,其中"和气生人,以统理之"。 而天、地、人这"三才",尽管有天"施"、地"化"、人"为"这样各自专门的不同作用,但具有互相补充的关系。 统理人类社会的为政者,通过遵循、顺遂宇宙(自然和人间社会)终极的支配原理——"道",和于天气而实现"三才"之功用:

8

> 是故道德之用,莫大于气。道者,气之根也。气者,道之使也。
> 必有其根,其气乃生;必有其使,变化乃成。(《本训篇》,据汪继培
> 《笺》本)

这种道气论,不是像张衡那样,以对天体自然运行的关心为主,而是为了时务的一篇通经术的著述,热衷于论述的是人间社会的状况。《本训篇》的主旨,是论述合乎天人感应的作为天的气和支配气、作为天人法则的道,重点在于"兴道致(天气之)和"的政治状态。 因此,叙述作为生成论的天地开辟,不是主要的目的。

作为本体论,从"太素之前"的"无"产生"太素"以下的"有"的世界的想法,似给予东汉的宇宙构成思想以很大的刺激并受到欢迎。后来西晋皇甫谧(215—282)编纂《帝王世纪》,在叙述天地开端"五始"("太易、太初、太始、太素、太极")时,关于"太素",就征引了张衡《灵宪》开头的文字,由此也可看到,张衡的论述是怎样代表着当时的宇宙论。

如果说,《乾凿度》的"三气"是重视气—形—质的始元,表现了尊重万物祖先的"太极、元气"思想,那这也就是重视宇宙生成作用的气一元论的归着点。 但是,恐怕从张衡论《灵宪》前后开始,根据导入的"无中生有"的理论,把以前气一元论的气—形—质这种万物生成过程统括为"有"限相对世界,与"无"限绝对世界相对应,被认为在那形而上的本体的基础上,在现实的相对宇宙的秩序中,可以得到绝对不变的存在的根据。"太易"的概念必然就是这样被获得的。

现行的易纬《乾凿度》的上、下卷都问道"夫有形生于无形, 乾坤安从生?"并都列举了"四始"(太易、太初、太始、太素):

> 太易者,未见气也;太初者,气之始也……

都是把"太易"加上三气而成。 在此,据被认为是郑玄(127—200)所

作的《乾凿度注》之说，则曰："以其寂然无物，故名之为太易。"（上卷注）"太易之始，漠然无气可见者。"（下卷注）由于认为在"三气"之上有"未可见之气"以前的"寂然无物"，就在"道气"论中成功地导入了"无"概念，并与之结合起来。可以认为，在东汉后期，已经浸透了把"无形到有形"的"无"作为绝对本体的观念。

在《淮南子》中，可见"无中生有"（《原道训》、《说山训》）、"有生于无，实出于虚"（《原道训》）的说法。把这种说法和前面谈到的那种宇宙生成论联系起来，自觉地探求其生成原理的存在论，在与郑玄同时代的高诱那里明显表现出来。试举一例：在现行本《淮南子·诠言训》"稽古太初，人生于无，形于有，有形而制于物"下见存的许慎注《鸿烈间诂》中已不见；而在东汉末、建安中（196—219）著的高诱《鸿烈解》的这部分中，则有：

> 当太初天地之始，人生于无形，无形生有形也。（见《太平御览》卷一"太初"条下引）

在这以前的《原道》、《精神》、《说山》诸篇中，高诱也都明确地改说成"无形生有形"，都是和现行本《乾凿度》的"夫有形生无形"完全一致的注解。

这种在东汉后期已经通行的"无形生有形"的本体论，与探求宇宙生成根源的生成论怎样吻合呢？按《乾凿度》的说法，就有"太易"是怎样生成三气（"太初、太始、太素"）的问题，也就是要探求从"无"形中产生元气的逻辑。气、形、质的三始元状态，原是物体分化以前的浑沦（混沌）世界。由于提出了更高一级的绝对境域——无形无物的"太易"，那么，这以后是经过怎样的过程来产生天地宇宙（乾坤）的呢？对于此问题的回答，不外乎就是提出"忽然自生说"。郑玄在《乾凿度》"太初者，气之始也"的注中说：

10

总　论

> 元气之所本始,太易既自寂然无物矣。焉能生此"太初"哉? 则"太初"者,亦忽然而自生。

从"无物"的本体中,原来并没有产生有形有物相对世界的能力。"有"和"无"的关系,就这样截然地隔绝着。 天地、有无,忽焉突如地就那样自然而然地产生了。 将无形作为存在根据的"无—有"的存在论,就以这样的逻辑,把元气、"三气"系统的气一元论包容了。

这种"忽然自生"论,换句话说,就是在魏晋之际发展了的"无"的存在论。 根据在郑注《乾凿度》中寻得其产生的情况,沿着从扬雄的"玄"和张衡《灵宪》的脉络,就可以发现东汉时期生成论发展的状态。

(户川芳郎)

注　释:

[1] 津田左右吉《前汉的儒教和阴阳说》,见《全集》十七;《朱晦庵的理气说》,见《全集》十八。 岩波书店版,1965 年。

栗田直躬《古代支那典籍中所见"气"的观念》,见《中国上古思想研究》,岩波书店版,1949 年。

黑田源次《气的研究》,见《气的研究》,东京美术版,1977 年。

平冈祯吉《淮南子中出现的气之研究》,1961 年,改订本。 理想社版,1968 年。

徐复观《阴阳五行及其有关文献的研究》,见《中国人性论史・先秦篇》,1963 年。

李汉三《先秦两汉之阴阳五行学说》,1967 年。

[2] 户川芳郎《帝纪和生成论——〈帝王世纪〉和三气五运》,见《中国哲学史的展望和探索》,创文社版,1976 年。

第一章

甲骨文、金文中所见的气

以殷代的甲骨文和周代的金文为资料来对"气"的思想进行考察，首先就要从文献资料中探明气概念的轮廓。

(a)《孟子》曰："其为气也……则塞于天地之间。"(《公孙丑篇》)在《管子》中曰"气充身"(《心术下篇》)。 据此，气是遍溢天地、充满人身之物。

(b)《庄子》曰："天地一气"(《大宗师篇》)，"天下一气"(《知北游篇》)，"受气于阴阳"(《秋水篇》)，"天气不和，地气郁结，六气不调"(《在宥篇》)。气虽为一，但可分为阴气、阳气、天气、地气等六气之多。

(c)《庄子》曰："气变而有形，形变而有生"(《至乐篇》)，"人之生，气之聚也"(《知北游篇》)。 气是变化的，是作用于人和物，与生命现象有关之物。

(d)《管子·内业篇》中有"心气、气意"之词，说明气是和心有着某种关系之物。 此外，《孟子·公孙丑》、《庄子·人间世》、《老子·第五十五章》、《荀子·修身篇》等文献中所说的气，也是和心、志有关系之物。

以上，虽不成系统，但大致可以得知文献资料中关于气概念的一般看法。那么，在甲骨文、金文中所见到的气的概念又是怎样的呢？这里试对这个问题进行考察。这一考察首先是从对甲骨文、金文中所记载的"气"这个字的用法、意义的研究入手；然后，不仅仅限于"气"这个字，而是在甲骨文、金文资料中去找出前面所述一般认为的气概念的原型，从这样两方面来探求问题。

一、关于"气"这个字

后汉许慎著的《说文解字》，是汉字研究的根本文献。在《说文解字》中，"氣"的解说是：

氣（篆文字体），馈客刍米也。从米，气声。（《七篇上》）

据许慎的说法，氣是表示与之同音的"馈"字意义的文字。而查考一下作为"氣"构成要素的"气"字，其解说是：

气（篆文）。云气也。象形。（《一篇上》）

所谓云气，如联想到《庄子·逍遥游篇》中，藐姑射山的神人"乘云气"，《在宥篇》中曰："云气不待族而雨"，那么它就是云以及形成云的气体。如据许慎所说，"气"就是云和形成云的气体，此字的篆文就像是由下朝上升起的气体的流动。也就是把在煦煦的阳光下，从地中泄出，在地表摇曳，不久便消失于空中的游动气体视为云的原质了。从文字上考察气的概念，就应当调查甲骨文、金文中"气"字的用法和意义（下面，在引述甲骨文、金文时，在前面都加上数字顺序号）。

甲骨文中有"〓"这样的文字。对于这"〓"字有多种说法，而将其解作"气"字，始于于省吾。据于省吾之说，甲骨文中的"〓"字有

13

三种意义：一是①* "庚申卜今日气雨"（《殷契粹篇》七七一）这条卜辞中的气，这里是作为"乞求"的意义使用的。上述整个卜辞的意义是："卜于庚申，今日，能求到雨吗？"二是② "王占曰，有祟、其有来艰。气至五日丁酉、允有来艰"（《殷墟书契菁华》一）这条卜辞中的气，此"气"是"迄至"之意。上述卜辞的意义是"王占曰，有灾祟，它会降临吗？迄至五日丁酉，确实会降临灾难吗"？三是③ "之日气有来艰"（《殷墟书契前编》七•三一•三）这条卜辞中的气，是"迄终"之意。上述卜辞是"这一天终于降临灾难"之意。（以上据《殷契骈枝•释气》）于省吾说之后，关于"气"字，饶宗颐提出了作为"刉、汔"意义使用的看法（《殷代贞卜人物通考》），陈梦家则提出作为"乞取"意义使用之说（《殷墟卜辞综述》）。"气"字的意义究竟是什么，作为留下的问题，只有通过对一个个用例的检讨才能推定，但可以肯定：(a) 或是因为质地的关系吧，在甲骨文中，被刻成直线的三，而三当解作气；(b) "气"（与上下两画相比，中间一画短）字与作为数字的汉字"三"（在甲骨文中作三，上中下三画的长度相等）在记载上是有区别的；(c) 在甲骨文中，"气"字不是名词，而是作为动词（或副词）来使用的；(d) "氣"字无疑没有云气等意义，而是在这样意义上——将假借音的乞字作为构成要素的文字来使用的。还有，平冈祯吉氏在《淮南子中出现的气之研究》[1]中，从广泛的角度考察了气的思想，对甲骨文中的气字也进行了检讨，认为从字形以及殷人的观念来说，这个字形是帝命降下的表象。这个问题也许还要研究吧！

其次想谈谈关于金文中的气（三）字，而金文中所见的三字怎样解释是一个难题，研究者对其读法各异。

通常被认为作于西周初期的大豐敦（《三代吉金文存》卷九•十三）中有"三"字。对于大豐敦的制作时期、文字、文章的解读，有着各种各样的见解，对于铭文④ "三衣祀"这部分，也因研究者而有不同的解读

和解释。 首先，闻一多认为"三"和作为数字的汉字"三"是相同的（见《古典新义》）。 此外，陈梦家、郭沫若则重视中间的一画短的现象，认为与甲骨文中的情况相同，当读作"气"。 ④就是"殷王之祀讫"之意。 还有，白川静氏引用殷涤非之说，认为恐怕是"王"字脱落了中画（见《白鹤美术馆志》第一辑）。

西周初期的令殷（《三代吉金文存》卷九·二六）中有⑤"戌冀嗣三"。 这部分非常难解，赤冢忠氏解读作"治（嗣）戌冀三"（《定本书道全集》第一卷，河出书房版）、伊藤道治氏解读作"戌冀嗣三次"（《书道全集》第一卷，平凡社版）。 郭沫若则认为与④相同，由于中画短，当读作气（讫），把⑤解为"戌敬虔地举行了燕享"之意（《两周金文辞大系》增订本）。

造于春秋中期齐景公或庄公时期（据郭沫若《两周金文辞大系》增订本）的齐侯壶（《三代吉金文存》卷十二·三三—三十五），有以"齐侯女·䢅"开始的一百四十三字铭文中的甲器和几乎是同样文字凡一百六十五字铭文的乙器。 近铭文的末尾，甲器作⑥"用𝈳嘉命"，而乙器则作⑦"用𝈳嘉命"。 甲器和乙器的字形稍有差异，但都是作"气"字，可以认为是处于甲骨文直线的气字和篆文曲线的气字之间的字形。 此齐侯壶铭文的气字，与甲骨文的气字相同，都是在以"乞"作为构成要素文字的意义上来使用的，⑥、⑦都是"用乞嘉命"之意。

在有关大丰殷的诸说中，当以哪个为正确呢？ 现在难以确定；令殷难解的文字当怎样解，现在也难以确定。 但是，可以认为，应当重视字形上与作为数字的汉字"三"的差异，"三"似当解作"气"。 即使如此，大丰殷、令殷、齐侯壶的"气"字也不是在云气等意义上使用。

最后谈谈有"炁"字的剑柲（《三代吉金文存》卷二十·四九）的铭文。"炁"字恐怕是由"气"这个意符和"火"这个意符组成，"气"还是作为声符的文字，似可认为与"氣"是几乎相同的。 据陈梦家对此铭文的解说（见《五行之起源》，载《燕京学报》第二四期），如改变部分文

15

字则记作：

⑧行氕立则遹。遹则神，神则下，下则定。定则固，固则明，明则长。长则衮，衮则大。天其柱在上，地其柱在下，顺则生，逆则死。

陈梦家引《孟子·公孙丑篇》的"养气"，《老子》第十章的"专气致柔"，第五十五章的"心，使气曰强"，《荀子·修身篇》的"治气养身之术"等文字，认为剑秘铭文的"行氕"就是"行气"，与上述的养气、专气、使气、治气等是相同的。虽不是完全分明，但在上述的铭文中，有着人如果把大气纳入体中，治养、积聚这气的话，就可以心神明，身定固，扩充自己等这样的内容。尽管稍有一些臆测，但可以看到这样三点：通过气的治养，心和身的变化无矛盾地被联系了起来；对于天地的顺逆，被认为完全与生死相联系；气的治养，被说成是与养生术相近的形态。还有，陈梦家推定此剑秘为战国初期的齐器物。这种推定的根据虽稍显暧昧，但可以认为，《孟子》等关于"气"的说法，是经过剑秘铭文"气"的说法这一个前阶段的。在甲骨文、金文的资料中，包含有"氕"字的这一铭文，成了解明在后代发展的气的概念的一条线索。

二、自然现象与谷物生育

甲骨文中，有着⑨"辛末卜，凸贞，黍年有足雨"（《殷墟文字丙编》二八〇）这样的卜辞。凸，是执掌贞问的贞人之名。这是在讯问有没有对黍的成熟来说是必要的足够的雨水。

殷代主要的产业是农业，谷物的丰收，保证了日常生活的安宁和社会秩序的稳定。一旦发生灾荒，人们的生活就陷于困顿，社会集团便会混乱。对于殷王朝来说，灾荒会破坏王朝统治的纽带，使王权失坠，甚至使王朝灭亡。对于王朝的安定或不安定直接有关的作物的丰收或灾荒，多受自然力左右。在各种自然现象中，和农耕关系最深的就是雨。 但是，能降下适时适量的雨，使农耕得到必要水分的，并非人力和人的知识所能及。 因此，在殷代，就举行求雨祭神的仪式，以占卜来探问有没有保证年成的充足雨水。

还有⑩"今自庚子至甲辰，帝令雨？"（《殷墟文字丙编》三八一）这样的卜辞。 正如"帝令降雨吗"的提问所示，在殷代，认为至上神——上帝，有着降雨的权力和能力。 而在记有卜辞⑩的龟甲中，还载有⑪"姐（从属于殷王朝的族名）受年？"⑫"丁酉卜，殸（贞人名）贞，甫（族人名）藉（举行耕田的仪礼）于姐，受年？ 三月"这样的卜辞。 三月举行农耕仪礼之际，从庚子到甲辰五天之间降雨，不仅滋润谷物，而且殷人是把它作为预示了将使此年丰收的上帝意志来接受的。 对于殷人来说，有无降雨是件十分关心的事，雨已经不只是作为单纯的自然现象，而是与对上帝的信仰联系了起来。

许慎在《说文解字》中，把"气"字的意义解说为云气，而"云"字的意义，则解作"山川气也"（《十一篇下》）。 使人看到气和云有着关联。 而殷人是怎样看待云的呢？ 现根据甲骨文来探讨一下。

⑬"癸卯卜，出贞，兹云其雨？"（《殷墟文字乙编》・四六〇〇）这是一条卜辞。 不用说，雨一般是从密云中降下来的，但引人注目的是，⑬中，把头上的"云"特指为"兹云"，问道，它能使雨降下吗？由于是和降雨有着密切关系之物，殷人对于停滞、往来的云有着深切的关心。 还有这样的卜辞：⑭"……各云自北……"（《殷墟文字缀合》七八）、⑮"王占曰……有各云自东……"（《殷墟书契菁华》四）上述卜辞的"各"即是"格"，各云，就是格云之意。 对于是从哪一个角度来的云这种情况，也已经加以注意了。

又有：⑯"乙丑卜，争贞，亦，雀云燎豕？"⑰"翌庚寅，其雨？"（《殷墟文字乙编》五三一七）的卜辞。 这是在乙丑日乞雨，雀（族名，在此或是雀族的族长）把豕在薪上烧，进行燎祭，讯问这些被嘉纳，翌日庚寅，会降雨吗？ 这燎祭的对象就是云。 殷人把云也视为一种神。

把云作为神而享燎祭的例子还有：⑱ "燎于二云"（《龟甲兽骨文字》一·一四·一八），⑲ "己卯卜，燎豕，四云"（《库方二氏藏甲骨卜辞》九八三），⑳ "癸酉卜，又燎于六云、六豕，卯六羊（侑）？"（《殷墟书契后编》上二二、三）等等。 在这些卜辞中，云都附有二、四、六等数字。二云、四云、六云，分别是上下二层之云、四方之云、六合之云的意思（胡厚宣《殷代天神之崇拜》，见《甲骨学商史论丛》），殷人把天界明确地划分为数区，这是设想存在于那些区域中的云。 对于殷人来说，云不是自然的一种景物，而是与信仰相联系，属于上帝之物。 进行燎祭之时，在升腾而起的黑烟中，包笼着祈雨的愿望，带着一种畏敬的心情，仰视着云。 说明这一点的，有㉑ "贞燎帝云？"（《殷墟书契续编》二·四·一一）这样的卜辞。

在明丽的青天之上，当突然地乌云涌现，骤雨袭来之际，那异变的先兆，是风的吹动。 关于风，在《论语》中有曰：

君子之德风，小人之德草。草上之风，必偃。（《颜渊篇》）

在《庄子》中则曰：

（风）作则万窍怒号。（《齐物论篇》）

风是无形无声的，它的存在和通过，要看到众草的倒伏状况，听到所有空穴中鸣响的声音方始才能得知。 作为异变的先兆，作用于他物而自身却看不见又听不到的风，被人们认为是一种神奇玄妙的力量。 下面就谈谈在甲骨文中所见的风。

《庄子·逍遥游篇》中，描写了乘飘飘之风直上九万里、悠然飞翔的大鹏的雄姿，甲骨文中的 "风"，就借这个鹏（风）的形态来表示。

正如㉒ "风有"，㉓ "风亡"（《殷墟书契续编》四·二二·七），㉔ "己丑卜，宾贞，雨，庚寅风?"（《殷契佚存》五五）所示，在殷代，风的有无也是通过占卜来探问的。 这是因为风和雨、云一样，对于生活有很大的影响。 正如长期下雨会造成灾祸那样，对于大风带来的危害有着恐惧。 ㉕ "辛未卜，王贞，今辛未，大风不隹因（咎）?"（《殷墟书契前编》八·四·一）这就是讯问大风是否会带来危害的卜辞。 就连王在畋猎之际，也卜问会不会受到大风的祸害：㉖ "今日辛，王其田，不遘大风?"（《殷契佚存》七三）

如据㉗ "贞、羽（翌）癸卯，帝令其风?"（《殷墟文字丙编》一一七）这条卜辞，则可以认为，就像降雨一样，殷人把刮风也视为上帝的权力和能力。 不仅如此，㉘ "于帝使风，二犬?"（《殷契遗珠》九三五），意即 "对上帝之史（使者）——风，用二犬作牺牲吗?" 风甚至被认为是传告帝意的使者了。

雨、云和风是同类之物。 雨、云和风虽然也会带来灾害，但它们首先是有益于谷物的生育，带来的是保证生活和社会安定的丰穰。 而且，对于殷人，它们不单是自然现象，而是被视为神，作为与上帝信仰相联系之物。 在此，如先谈谈结论的话，那就是，气概念的原型，可以在殷代甲骨卜辞中所见的 "风" 和 "土" 中求得。 已经有把风、土作为和气的思想相关连之物来论述的研究了。 平冈祯吉氏指出，在《吕氏春秋》和《淮南子》中，有把春、夏、秋、冬作为寒、暑、风、雨来表示的用例，提出了把这寒、暑、风、雨四项，归纳为风这一项，曰："以风来作为抽象的气，因为风最易体验得知气的变化，而且风有南风、北风等等的称呼，与人们的生活有着重大的关系。"[2]认为风与变化、方位相关和生活有关系者指出："风是气的异名。"[3]还设立了《气和地》一章，对各处的地气也作了详细的论述。 在此之外，赤冢忠氏以甲骨卜辞为主要资料，详细地论述了风的信仰及其特性，认为气是 "在与给予生物，尤其是农作物的生成以变化的风类比中诱导出的概

19

念",作出了"风和季节变化的关系,产生出了气的概念"[4]这样的结论。 此外,对于甲骨文中的"土",他也系统地复元了祈年祭,详细地论述了土的祭祀,作出了"土是地上诸神汇集之所,在后世,与天相对,代表大地,被认为是阴气的象征"[5]的结论。 赤冢忠氏的研究,整理、精读了甲骨卜辞,相当详尽地述说了气思想的发生形态,虽未事先得到允许,下面,大体是全面地根据赤冢忠氏的研究,来叙述气概念的原型。

三、风的信仰和气的概念

柳田国男氏采集了日本各地风的称呼,比如,说"玉风",是日本海上,从西北吹来的风,是恶灵吹的风之意,考察了这些风名的由来和性质,特别指出,对于海上生活者来说,了解风的方位和性质是必要的(《风位考》)。 风给予生活以重大影响,这对于在陆上从事农耕生活的殷人来说,也是同样的。 殷人也把风和方位联系起来,根据其方位的不同,给风以不同的称呼。 说明这一点的,是在一块龟板中记载的如下卜辞:

㉙ 辛亥卜,内贞,今一月,帝令雨? 四日甲寅,夕雨。

㉚ 贞,东方禘曰析,风曰劦,㝋年。

㉜ 辛亥卜,内贞,南方禘曰长,(风)曰夷,㝋年,一月。

㉜ 贞,西方禘曰彝,风曰𢎿,㝋(年)。

㉝ 辛亥卜,内贞,北方禘(曰□,风)曰段,㝋年(《殷墟文字丙编》

插图七。释字和句读的方法有异说,此基本采用首先确立风四方说

的胡厚宣《甲骨文四方风名考证》的读法)

这是在新年一月,举行祈祭那年丰穰之时的卜问。 是在贞问,当时,于东方举行禘祭,把东方称为析,把从东方吹来的风称作劦吗? 据㉛,则南方之名长,南风称为夷。 据㉜,则西方之名彝,西风称为𢎿。

北方之名欠缺不明，而北风则称为殳。　把空间分为四个方位，分别给予专名，那些方位上的风也都有专名。

　　除了上述龟板以外，还有一块记载四方风名的牛胛骨，其曰：㉞"东方曰析，风曰劦"；㉟"南方曰夾，风曰长"；㊱"（西）方曰夷，风曰彝"；㊲"（北方曰□），风曰殳"（《战后京津新获甲骨集》五二〇）。把㉚到㉝和㉞到㊲进行比较，虽然两者的方位名、风名稍有不同之处，字形有细微的差别（如㉚的劦和㉞的劦，㉜的夷和㊱的夷）；方位和风名有互换（如㉛和㉟，㉜和㊱），但两者大致是相同的，可以认为，在殷代，四方的名称和风的名称大体是确定的。　还有，严一萍引用㊳"东方析，卯三羊、三豕、南三?"（《金璋所藏甲骨卜辞》四七二）㊴"贞，王劦上甲酒入"（《甲骨续存》二三六），论述了东方名——析和东风名——劦，是举行祭仪的地名（《卜辞四方风新义》，一五·二；载《大陆杂志》）。　东方的方名和风名都是根据一特定的地名来命名的，那么，可以认为，南、西、北的方名和风名，也是由特定的地名来命名的。

　　关于东风是怎样性质的风，是什么时节的风，在甲骨文中没有记载，但是，在《礼记·月令》中，作为孟春（春天开始）之月的自然现象，说到了"东风解冻"；作为孟秋（秋天开始）之月的自然现象，说到了"凉风至"。　还有，在后来的五行思想中，以东为春，以南为夏，以西为秋，以北为冬。　这些虽然存在于后代的文献、思想中，但在殷代，作为生活的体验，也已知道，春天一定是从东方吹来温风，夏天一定是从南方吹来热风，秋天一定是从西方吹来凉风，冬天一定从北方吹来寒风这种现象的吧！

　　春天，阳光和煦，层冰解冻，草木发芽，摆脱了严寒的冬天，自然界装点一新。　与这种变化的开始相吻合，东风开始吹动，并随着变化继续吹动，它被认为是宣告从冬天向春天季节推移之物，是对于解冻、发芽等现象起作用的力量。　春、夏、秋、冬，在不同的方位，吹动着不同性质的风。　正是这些风带来了季节变化，被认为是对具有那些季节特征的诸现象起作用之物，尤其是对于主要从事农业的殷人来说，在农作物的发芽、生长、结实、枯死的变化过程中，春天的温风、夏天的热风、秋天的凉风、冬天的寒风的作用力是被更强烈地意识到的吧！ 因此，在甲骨卜辞中，风被按四方分类，在新年的祈年祭中，每一个方位的风名才被列举出！

在殷代，风成了祭仪的对象。 ㊵"龏风惠豚，有大雨？"（《殷墟书契前编》四・四二・六）就是这样的例子。 龏字的偏旁与㉜所说西风名字的字形相似，与㊱中作为西方名的字形是同样的(据严一萍《卜辞四方风新义》)。 如据这条卜辞，就是把龏风当作享受了供牺，会大量地降雨的神格之物了。

与请求刮风、降雨的情况相反，也举行想要叫吹动的风停下的仪式。 ㊶"甲戌卜，其宁风，三羊、三犬、三豕？"（《殷墟书契续编》二・一五・三)这就是讯问，是"想要叫风宁止下来，以羊、犬、豕各三头作为牺牲是否可以"的卜辞。 为了使风宁止，用动物作牺牲的情况是很多的。

在《庄子・天运篇》中，有巫咸对谁使风雨动，谁使风吹这些问题的回答。 在殷代，巫覡也进行降雨和宁风的咒术仪礼。 说明这一点的有㊷"癸酉卜，巫，宁风"（《殷墟书契后编》下四二・四）这样的卜辞（也有把这里的巫作为神的解释，此取胡厚宣"命巫举行宁风之祭"的解释）。

甲骨文中所见的巫，也有作为神的。 ㊸"宁风，巫九犬"（《库方二氏藏甲骨卜辞》九九二)中，就是享用动物牺牲，使风宁止的神；㊹"东巫禘"（《殷契粹编》一三一一)、㊺"辛亥卜，北巫禘"（《邺中片羽三集》四六・五)中，是享受禘祭的神。 ㊹中的东巫，㊺中的北巫，是作为神的巫，冠有方位。 在甲骨文中，虽未见有南巫、西巫之名，但在㊻"癸卯卜贞，乙巳彭、莘，自上甲廿示一牛，下示羊，土燎宰，四戈彘，四巫豕？"（《殷墟书契续编》一・二・四)中有"四巫"，在㊼"庚戌卜，其四方宁，其五犬"（《殷墟卜辞后编》二四五五)中，是为了宁风，向四方供奉牺牲。 可推测，有着与四方风分别对应，作为各方位神的巫，它们可称为东巫、南巫、西巫、北巫。 对于这一点，赤冢忠氏认为：可以说，作为神的巫，是巫先神；执行有关风之神事的巫，也是把风神，至少也是把能打动风神者作为巫先神的[6]。

胡厚宣说以后，诸研究者指出了文献中残存的四方的风名，在此，如也稍举其例的话，则有《山海经·大荒东经》中云：

（有神）名曰折丹，东方曰折，来风曰俊，处东极，以出入风。

在《尚书·尧典》中曰："其（东方）民析"。《山海经》的"折"字与甲骨卜辞中作为东方之名的"析"字形、音相似，《尚书》表示东方之民状态的"析"字，与东方之名相同。 这说明，直到后代，仍继承、流传着殷代的四方名，四方风名；对于风的信仰是根深蒂固的。 还有，如据汉代郑众《周礼·大宗伯注》及晋代郭璞《尔雅·释天注》，则在郑众、郭璞之时，仍还有着磔犬止风的风俗。 在殷代，为了宁风，荐上以犬为首的动物牺牲，而风祭直到后代仍继续举行，这种情况说明，风祭是件重大的事，风对于人类的生活有着极大的影响。

根据甲骨卜辞的记载，风是神；与方位观相联系，存在着风神。 风从四方远隔之地而来，在到处流动；它对自然界的各种现象，尤其是谷物的生命现象起着作用。 如要在殷代探求遍满于天地之间，变化着，起着作用，与生命现象有关的气概念的原型，可以认为，那就是风。

四、土的祭祀和气概念

《说文解字》中，把土的意义解作："地之吐生万物者也"，把字的结构说成："二，象地之上，地之中；｜，物出形也。"（《十三篇下》）那生育着万物（尤其是谷物）的大地，被认为有着生命力的根源。

在甲骨文中，有着㊽"今辛未，王，夕步"（《殷墟文字丙编》一六五）这样的例子。 虽然也有把这个"步"作为祭仪之"脯"的假借的说法，

23

但当取白川静氏之说(《甲骨文的世界》,平凡社版,收入《东洋文库》),在《尚书·召诰》中有:"王,朝步自周则至于丰"之句,按其字义,当是王步行之意。 把王在地上步行作为一种仪式行为而进行卜问,因为殷人有着殷人的特有的大地观念,恐怕殷人认为,在土地中有土地神灵存在吧!

甲骨文中,"土"字用"⚲"、"⚴"这样的字形来表示。 对于这个"土",王国维开始认为,"土,系社之假借,祭土即祭社"(《殷礼征文》)。 后来则认为,土是殷的先公神相土(《殷卜辞中先公先王考》)。 此后,关于"土"的诸说中,可以指出有依王国维之说者,比如,陈梦家认为,卜辞中的土字,系土块的象形;祭土就是祭社;土作为先公神,受到了与同一卜辞中并列记载的先公神相同的祀礼(《殷墟卜辞综述》)。 这里,对土的意义,还没有解释得十分明白。

㊾"甲辰卜,永贞,西土其有降熯"(《甲骨续存》下·一五五),㊿"丁未卜,殻贞,西土受年"(《殷墟文字丙编》三三二)都记有"西土"这个词。 ㊾是贞问旱魃之神是否降害,㊿是贞问殷王朝统治下的诸族(族地)会否得到丰年。 这里的"西土",就是西方的土地。 土和风一样,与方位观念相联系。 四方广袤的土地,按其方位被称为东土、南土、西土、北土。 51"己巳王卜,贞,(今)岁,商受(年),王占曰,吉",52"东土受年",53"南土受年",54"西土受年,吉",55"北土受年,吉"(《殷契粹编》九〇七),这是在一块甲骨片片中贞问以殷都邑为中心,西方的土地都会有年成吗? 充溢着祈求殷王朝的整个版图之内丰穰、安定的意图。

关于土,还有像56"己未卜,土宁雨"(《殷墟书契后编》上一九·七)那样,请求止风、止雨的若干例子。 而对于土的祭仪,像57"贞,燎于土,(三)小宰,卯二牛,(沉)十牛"(《殷墟书契前编》一·二四·三),58"戊辰卜争(贞),土燎宰,方禘"(《殷墟文字丙编》二〇一)那样,举行燎和方禘的例子所在多有。

对于这个"土",赤冢忠氏认为:(a) 土与先公神、祖先神、河川神、山岳神一起，被记于同一卜辞中的情况很多，却没有像别的神那样，被讯问会不会造成灾害的例子，所以，土没有自身主动的权利和能力。(b) 卜辞中的"四土"，"东土、南土、西土、北土"，是在祈年祭时设于四方，象征地方之物。(c) 燎祭是焚烧牺牲、升烟降神的仪礼，方禘是向各方招徕诸神，使之降临的仪式。所谓土，就是招徕游行的诸神，使之镇座的祭坛[7]。这是根据甲骨卜辞资料，复元殷代的祈年祭，解明土的意义和机能的正确见解。

土，是殷王朝为了招徕诸神而设立的祭坛。它在后世发展成为社，是比社更原始的形态。还有，比起在特定圣地的殷王朝诸族祭祀的族集团的信仰神来，它是后起之神。还有被招到这祭坛上镇座的诸神的精灵，是无形无臭，原在各处游行之物，而在祈年祭之时被招徕，是与谷物生育有关之物。这种土的神灵的性质，和风无形、无声、无臭，在天地间变化流行，对谷物的生育起作用的特性几乎是相同的。可以认为，土的精灵，也是气概念的原型之一。

《说文解字》解说"地"字曰：

元气初分,轻清昜(阳)为天,重浊侌(阴)为地。(《十三篇下》)

把构成天地之气，按其性质，分为轻清、重浊二类，气则有阴、阳二种。这说明，天地间遍布的一气虽可被分为二气、六气等多种，但气这一概念却不是从一种东西中产生出来的。"气"概念主要是甲骨卜辞中所见的"风"，并融合了"土的精灵"，再加上各种各样要素的产物。

结　束　语

从甲骨文、金文资料中追究气概念有两种方法。一种方法是检核探讨"气"字使用的例子，另一种方法则是紧扣在后代"气"学说中气概念的主要内容，在甲骨文、金文中发现与之相适合的东西。在甲骨文、金文中尽管有"气"字，但它是作为以"乞"为意符的一类文字的

假借字被使用，从"气"字中不能直接地发现气概念的原型。 只有陈
梦家推测为战国初期之物——剑柲的铭文中，有"氪"字，从铭文的内
容推测，这个"氪"字与文献资料中所见"气"的一种类型是相通的。
其次，如采用第二种方法，正如赤冢忠已明言的那样，可发现在甲骨文
中所见的风和土的精灵，是气概念的原型。 气概念是在这两者的融合
中生发出来的。 还有，虽说应根据金文资料，寻求两者融合化的脉
络，考究其发展，从金文的内容来追寻这个问题，是困难的。

以甲骨卜辞为资料，已对风（也可以说是天气）、土的精灵（也可
以说是地气）作了叙述，但还有与天气、地气相对应的人气问题。 人
呼吸着天地间之气，在身体中充溢着气。 呼吸的停止，也就是生命的
终结。 还有，正如把风称为"大块噫气"（《庄子·齐物论》）那样，人的
呼吸活动，被认为与天地间的气，尤其是风的出入有着相类的关系。
关于这一点，平冈祯吉氏有过论述，认为甲骨文中，有表示人的气息状
态的文字；[8]天地间的风雨，和血液、呼吸这些人气，是可以联想和类
想之物。[9]天地间的气，由于呼吸活动，被人的身体吸入；原始的气，
是和包括人在内的有生命的、活着的生物的生命现象有关系的。

在殷代，关于人气有着怎样程度的认识，仅从甲骨文资料来看，还
不能十分明白。 明确地追究物和心的问题，把人气和天气、地气视为
同一的思考；明确地追究人类的存在，把人视为万物的一种，把人也视
为与万物一样，都是以气作为构成要素的想法，那是后来的事！ 即使
如此，把人气也称作精气、灵气等等，可以认为这是从把在人生中变得
不纯的气返回到本来精妙、灵妙之气的想法中产生出来的，气概念的原
型在根本上也还存在着。

（前川捷三）

注 释：

[1] 平冈祯吉《淮南子中出现的气之研究》1961 年。
[2] 平冈祯吉，同上书，191 页。

[3] 平冈祯吉，同上书，48 页。

[4] 赤冢忠《中国哲学中发生的事实——以五行观的成立为中心》1960 年油印本，11 页。

[5] 赤冢忠《关于甲骨文中所见的"土"》，载《高田真治博士古稀纪念论集》。1963 年。

[6] 赤冢忠，同前《中国哲学中发生的事实》。

[7] 赤冢忠，同前《关于甲骨文中所见的"土"》。

[8] 平冈祯吉，同前书，346 页。

[9] 平冈祯吉，同前书，343 页。

第二章

战国诸子中的气

第一节　齐鲁之学中气的概念
——《孟子》和《管子》

一、齐鲁所见之气的思想史课题

1. 纳入鲁礼伦理中的气

在以《孟子》和《管子》为资料对"气"进行考察之前，提出战国时代齐鲁地区的"气"，看看它在思想史上具有怎样的意义，对于阐明这一课题似不无裨益。

以现存的资料为基础，对于原始的"气"是何时出现的这一问题。在前一章中已就甲骨文、金文进行了研讨。但在那里，对于自然之风及大地的古代信仰，只局限在相当于后来发展成"气"之物的前阶段，因而，未能看到比这更多的确切资料。当然，这以后的资料，在《庄子》、《楚辞》、《山海经》、《淮南子》等著作中，有风和"气"，地和"气"被通用的事实，所以，上述材料就具有资料起源的意义。不只是甲骨文、金文的考古资料，即使看看作为文献来说是最古老的《尚书》和《诗经》，除了《诗经》中仅可见间接性的"僾"、"嘅"等以外，实际上也难以看到直接有关"气"的资料。

但是，到了《论语》，气却作为组成人体的主要之物而出现了。比如：孔子所说的，对于作为人体精力基础的血气，当依少、壮、老年龄的不同而有所戒（见《季氏篇》）；据说是曾子之言的，君子所贵乎道者三，与"动容貌"、"正颜色"一起，是"出辞气"——这显示了远鄙陋的教诲（见《泰伯篇》）；孔子升堂之时，鞠躬如也，屏气似不息者，出，降一等，逞颜色，怡怡如也——这显示了威仪态度（见《乡党篇》）；在君子衣食住行生活信条的记录中，有"肉虽多，不使胜食气"（《说文》"既"字条引用，"气"作"既"）这一条（见《乡党篇》），等等。《论语》虽可以说是春秋时代末期，孔丘（孔子。前 552 或前 551—前 479）与弟子为中心的学团的言行录，而对于这一文献的成立，则有着诸种说法，难以仓促地断定绝对年限。但是，从战国中期，孟轲（孟子。生卒不明，活动时间在公元前四世纪后半叶）之际开始，类似的资料多有出现，由此而言，似可以认为，在那前后的流布传授中，它已形成了骨架。据《汉书·艺文志》所云，《论语》的版本有所谓的古（论）、齐（论）、鲁（论），到撰写《论语集注》的后汉郑玄（127—200）之际，才以鲁论为基础，参考齐论、古论，定为现存的本子。由此看来，虽说孔丘以及其弟子，多是鲁人，齐人仅为少数；而从本子的性质来说，则不仅有"鲁"，还有着"齐"的润色和附加内容，当考察齐鲁之"气"时，这是必须要特别在脑海中记取的。

这里，试研究在《论语》中所见"气"资料的内容和性质。至今为止，《论语》的下论被认为比上论后出，还被指出有齐论的内容。载有血气资料的《季氏篇》属于下论，全篇中，以"孔子曰"为首成句，与《论语》中多作"子曰"不同。与在学团内部通常作"子曰"者不同，是在对君主、大夫、国外之人表明其存在的意义上来使用"孔子曰"的，相比较之下，可以认为，在全体形成上，此篇属于新加入的内容。此外，表现的体裁，也采用将"君子有三戒"，分条而记的形式。这和

"孔子曰"一样，是此篇中多可见到的特色。 分条而记的情况，在下一篇《阳货》中，还有在《尚书·洪范》、《逸周书》、《管子》等书中也可见到，但这种客观化地分类整理汇成条文的思考方法，当是战国末期以后的产物。 载有"辞气"的《泰伯篇》，其中有尧、舜、禹，所以也被认为是上篇中后加入的篇章，其行文的形式，也有三条成为分条而写的情况。 在内容方面，则有比"子"、"孔子"更进一步的"君子之道"。 具体地说，这显示了按照礼仪中的容貌态度的样子，与《礼记·玉藻》中所说的：

> 君子之容……足容重，手容恭，目容端，口容止，声容静，头容直，"气"容肃，立容德，色容庄。

相似。 如将这些区分一下的话，其中足、手、目、头、立指的是容貌，色指的是颜色，口、声、"气"指的就是辞气。

《乡党篇》就全体而言，是孔丘有关公私具体生活态度的记录，带有可称之为礼的细则的性质。 这是对《礼记·曲礼》中具有君子身份者而言的。 开始是孔子在朝廷上一连串进退动作记录的片断。 据孔安国注，先是屏住气，下阶方舒"气"。 与载有"辞气"的场合一样，可以看作和《仪礼·聘礼》及《礼记·玉藻》是相似的。《聘礼》所记，则与《乡党》文字的后半部分相似，作"下阶发气怡焉"。 从《乡党》的本文中，虽也可知这里的"气"大致相当于"息"，而《聘礼》此处的郑玄注，明确地说明了这一点。"息"，据朱骏声《说文通训定声》所云，"自"取自"鼻"，所以原来是鼻息之意；又和心气相联系，加上了"心"字而成。《乡党》中的"逞颜色"，相当于这里说的发"气"的外在表现。《乡党》开头说的"鞠躬如也"就是指容貌方面的慎谨弯腰。因此，上述"辞气"的内容，如进一步区分，还可以分为辞是言语，"气"是声气，它们和容貌、颜色形成一体，作为组成表现内在状况的态度被一起列举出来。 在上面所述的《玉藻》中，也已被分为细目。

人的心理要在外貌上表现出来；同时，也可从外貌来捕捉心理，在把心理和外貌视为一体这一点上，可以说是相同的。《礼记·冠义》基本也相同，但作"正容体、齐颜色、顺辞令"，在表达方法上稍有差异。 如只是"气息"，还可说成"謦欬"（《庄子·徐无鬼》）；如加上语言，则成辞气；语言的内容，可以说就是言辞。 如据《说文》所云，音，作为包含在言中的一种要素，几乎是同样被使用的，* 在后面要涉及的《孟子》和《管子》中，与"气"这一主题相关联，言和存在其深层，构成它的意的问题也被提了出来。 对于《论语·公冶长》说的巧言、令色、足恭和《尔雅·释训》所说口柔、面柔、体柔这些谄谀和媚态的警戒，则用相反的形式，突出了相同的问题。 还有，在《大戴礼记·四代》中，认为通过貌、色、声，可以洞察内部本质的好恶。 在《礼记·表记》中，与《泰伯篇》大致相同，认为：君子的样态，是不失足、色、口的礼节，慎于貌、色、言。

在同一《乡党篇》中，"食气"，直接是关于饮食的内容。 对此，宋代朱熹认为，食以谷为主。 还有，可举出清代刘宝楠认为，《周礼·疡医》的"五气"，如据郑注，就相当于五谷之"气"。 段玉裁认为，《鲁论》作"气"，《古论》作"既"，乃系假借；《中庸》的"既廪"，郑注云，"既"，读为"饩"；《聘礼》的郑注云，古文"既"为"饩"。 此外，清代凌廷堪认为，这里的"肉虽多，不使胜食气"是食礼；下面的"惟酒无量，不及乱"是燕礼；清胡培翚则分别根据《仪礼》的《公食大夫礼》和《燕礼》，来证明这样的事实。 如据《说文》，"氣"的重文有"槩"、"饩"；而"既"是"槩"的省文，所以"氣"和"既"也就通用。 王筠的《说文句读》认为，"既"加"米"，乃是不知"既"从"皂"（饭盛在器中之形）；"氣"加"食"，乃是不知"氣"从"米"，食氣，乃同一义的复合语；"既"解说中的"小食"，可视为"稍食"（月

---

* 《说文》云："声生于心，有节于外谓之音"，"从言，含一"。 作者以为，这和语言是在同样意义上被使用的。 中国古代确有将音作为言语解者，比如：《诗经·小雅·白驹》云："毋金玉尔音。"——译者注

给之米），《中庸》"既廪"的郑注，就作"稍食"。 朱骏声等也同此说。 由于"氣"在《说文》中解作馈客刍米，相当于"馈"、"饩"的原字，对于其原义何在，一般的倾向是从组成其字形的"气"这一要素的方面去探求。 以此为基础。 或主张作为自然的云气（见《说文》。"云气"一词见《庄子》），或主张是人的气息（《礼记·祭义》的郑注中，作嘘吸出入之物。"气息"一词见《庄子》）。 而直接地来探求"氣"字原义的，有藤堂明保《汉字语源辞典》，认为是蒸米之时，锅中装不住，不断冒出的热气。 黑田源次《气的研究》则认为由食谷而有生气的说法是正确的。 以后还要涉及，作为人类生命基础的呼吸的气，在民间的养生之道中受到重视；而另一方面，由水谷饮食决定的血气，在古代医学的处方病理中，乃是中心之物。

由此可见，《论语》中所载"气"的资料，是作为人体精力基础的血气、气息和辞气，由谷物产生的生气来理解的。 尽管看起来似乎只不过是些片断的，零星的东西，但如果进一步加以研讨，就可知道，与以后的情况相联系，它们乃是以人体为中心的；就人们的理解而言，它们与其他主要的因素组合，乃是形成全体生存基本的重要之物。 而且，这样的看法，采取了从广义的礼——威仪、曲礼这种具体的生活纲领中提出的形式。 就是在《礼记》中——它作为礼的理论，据说是形成于汉代——从整体来看，"气"也引人注目。 如从这些方面来考虑一下《论语》中所见"气"的性质，那么，作为当时的文化倾向，与西面产生了庄周（庄子）的宋，产生了老聃（老子）的陈，产生了韩非的韩，产生了商鞅和《吕氏春秋》的秦等地域相比较，差异是显而易见的，因此，不论是从与后面提到的《孟子》和《管子》的联系来说，也不论比起限于孔丘及其学团来，广阔的鲁的地域（或山东半岛）的北部和南部有着差异，将其视为与西方相对的东方的齐鲁地域的特色，这样的看法也还是成立的吧！

与西方顺应外在的自然状况，严格地服从上面权威这种显著的倾向相反，我们可以看到，东方则有着从社会的集团和身体的内部来求得自

然与权威的倾向。 还有，这中间，《管子》和《吕氏春秋》，在分别是
东西方强国中的编纂物这一点上，虽有着相似的杂家的性质，但在谈到
这一问题时的重要关键，都与怎样理解组成各自思想的文化骨骼有关!

那些著作中的"气"，不用说，还没有达到被作为思想史的课题而
有意识对待的地步，但可以看出，其中，有把血气渐渐课题化的情况。
"少之时，血气未定，戒之在色；及其壮也，血气方刚，戒之在斗；及其
老也，血气既衰，戒之在得"就是如此。 可以说，这是以与人们的年
龄相对应的血气变化为基础，把处世之戒分为三阶段的说法。 如看看
《史记》医者仓公的列传，把相似的内容，作为医学诊断的具体脉法之
语，将年龄按十年进一步细分，曰：

> 年二十脉气当趋,年三十当疾步,年四十当安坐,年五十当安卧,
> 年六十已上气当大董(固之意)。

可以看到，将采取坐、作、进、退这种形式，表现为人体活动方式的形
态。 由此看来，在《论语》中出现的内容，在素材的组成上，决不是没
有道理的，它有着在古代医学中汇集的，随着年龄血气和身体状况发生
变化这种流传着的民间经验的背景，把这些内容列入到孔丘的语录中，
是为了把重点放到伦理的"戒"的方面。 如看一下古代的医书《黄帝
内经素问》和《灵枢》，则可以看到，有着采取更详细的形式，混杂着
在五脏、血气、肌肉、血脉、肝气、心气等方面表现的状况，年龄也从
十岁开始，以后，按同样的阶段来进行论述的内容。

但是，《论语》中的"气"，如从《论语》的总体来看，与"仁"、
"礼"等其他概念受到重视的情况相比，几乎就未成为一个问题。 然
而，其内容在血气这种构成人体之物中，被视为最基本的精力这一点
上，以及被认为具有鲁，或者说广阔的齐鲁地区特征倾向这一点上，似
与后面提到的《孟子》和《管子》中对"气"的考察密切相关。《孟子》
中所见的"浩然之气"和"夜气"等处，可以说比起与孟轲的出生地有

关的邹鲁来，与齐的关系更深一些；还有，就"气"的内涵而言，即使把它作为与广阔的天地混为一体之物，但直接的，还是以人体中吸入的"气"为主要之物。《管子》一书，尽管托名为齐桓公之相——管仲所作，但作为实际的编纂物，当是以齐地的作品为中心，这可以说已成定论；另一方面，"气"的内涵，虽然有关自然四时的内容急剧地增加，但可以指出，组成人的"气"，仍是有着与《孟子》相关联特征之物。

血气一词，在远古时代未能见，而与此相联系，想涉及一下"宁"字。"宁"，意味安息，在甲骨文中，没有"宀"和"心"，仅以"丂"表示其意；"心"，是从金文开始加上的。可知，古代的安宁，比起表示心理的安静来，更是表示身体血气的安静。在《说文》中，把"宁"字作为表示愿望之词，"盇"表示"安"的意思，而另一方面，"丂"字则作为定息之意，这就是证据。据小徐（徐锴）之说，"宁居"这一用法，是"丂居"的假借。还有，作为"丂"字解说而使用的"定息"之"息"字，如上所述，原是鼻息之意，与心气相关连而加上了"心"。"息"这个词中，有安息之意。据此可知，在古代，人的安静，与其说是内心的心理，不如说更在于血气和气息。作为观察人的要素，血气受到重视而被提出的理由，也就在于此。

《管子》的《心术下》和《内业》中，提出"思之而不通，鬼神将通之"。这里虽看来似乎是由鬼神所通，但它并不是靠鬼神之力，而是作为精气作用的最终结果。"精"，原是纯粹、精华之物的意思，在《内业》中，正如把"精"说成是"气"的精华之物所示，是作为表示"气"中生命的基础、心中灵魂之意的词来使用。但在《内业》中，精气难以理解，存在有时被称为灵气，有时被称为神的情况。"精"在《荀子》、《庄子》等书中也被使用，而到《吕氏春秋》则盛行起来。在《吕氏春秋》中，与此相似的，也有"不告鬼"、"由精而熟"的说法，而清代王念孙则根据汉代史游《急就篇》（这是用固定句式讲解供童蒙学习的作品）的文字来说明。

如考虑到这是在由战国到汉代流行的，鼓吹学习，有固定句式的书中的内容，那么，对从鬼神之咒束缚中解脱出来的人类能力的自信就成了基调。 而在《管子》中，则可以看到不是将这些作为"心"，而是理解为"气的集中"这样的特征。 在《管子》一书中，《内业》，在作了这样解释的基础上，进而成为分作四体、血气、心意和耳目的人类理解方法。 还有，《中匡》中，可以看到只有通过导血气，求得长年、长心、长德，才是为国，为天下之本的为身之说。《孟子》和《大学》也主张修身，而在《大学》中，则朝着正其心、诚其意、致知、格物这样的方向发展。 与这样的方向不同，在把身体作为基础的为身之说中，可以讲，齐学的特色是经常被表现出来的。

作为与血气等有关的"气"的用语，在古代文献中可见者，以后还要涉及，这里想在有关联的范围内，简单地看一下其脉络的发展。 在《孟子》中，首先提到了养气，或是养心；接着，在《荀子》中，则发展成为治气养心术了，这中间的"气"相当于血气，"心"相当于心意。可以看到，这是想从肉体和精神方面来理解人血气，更详细的，也有与志意、知虑一起被列举的情况。 这也许可以看作是想从知、情、意方面来理解人吧！ 还有，关于众多的万物，作为使之存在的本质，也可看到划分为：水火有"气"，草木有"生"，禽兽有"知"，人为万物之灵长，有"气"、"生"、"知"之上的"义"这样阶段性的情况。 在这里，"气"从阶段上看，被作为低级的东西，但从本质上看，则是自然的东西，基础的东西。 还有，在《孙子》中，可以看到，"气"是对广大三军士兵全体而言的，而心则是对作为统率者的将军而言的。"气"和"心"，在《庄子·人间世》、《应帝王》等篇中，以及在《老子》中也被对照地提到，而与儒家比起"气"来更重视心的情况相反，在道家中，"气"比心更为优先。"气"与心的对称，或也有作"形与心"的场合，而在那样的场合，形是意味着身体的形体，所以，"气"是与身体有关之物，这也就可以明白了。 心更广泛地被表露出来，与形相对应的情况，在《管子》中或《庄子》中也可见到。 还有，"气"的高级形

35

态，如上所述，或被称之为精，比如《内业》认为，天出其精，地出其形，合此以为人。《水地》认为"男女精气合而水流形"，在《吕氏春秋》中，作为其发展了的形态，精气和形体经常被言及。

2. 在《孟子》和《管子》中出现的齐地之气

作为概观，如这样看一下的话，直到战国时代的《孟子》，"气"在思想上的课题中，还没有作为一个重要的概念登场。按照义和道来养成的充塞于天地之间的"浩然之气"，与"平旦之气"、"夜气"一起，在《孟子》的思想（尤其是伦理思想）中，从对关键处的阐述来看以及从那时在其他地域少有类似例子这一点来说，可以认为是非常有特色的。郭沫若的《宋钘尹文遗著考》（收入《青铜时代》）认为：《孟子》的那些文字中，暂不说"义"，由于出现了"道"，所以是从《管子·心术》、《内业》等道家言中采纳的。但是，那"浩然之气"，实际上是在和弟子公孙丑的问答中出现的；据孟轲自己的叙述，在性论中，主张不分善、不善与孟轲进行论战的思想家——告子，在孟轲以前，就说到了养不动心之术；而孟轲自己则是受到告子"不得于言勿求于心，不得于心勿求于气"之说的特别刺激才提出的。

孟子虽说出生在鲁国最南端的邹，但为了游说诸侯，访问了西面的梁国和东面的齐国，占领了思想议论的很大市场。据《史记·田敬仲完世家》、《孟子荀卿列传》所说，从孟轲访问宣王（公元前四世纪末）之时开始，在齐国的稷下学士，驺衍（齐人）、淳于髡（齐人）、慎到、环渊（楚人）、接予（齐人）、田骈（齐人）、邹奭（齐人）等被赐予大屋，进行议论著述，甚至达到数百乃至上千人，一直持续到荀况（赵人，生卒年代为公元前四世纪末到前三世纪下半叶）游学的襄王（公元前三世纪前半叶）之时为止。在兵法上，提倡延气（持续士卒之"气"）的孙膑成为军师，也是在威王、宣王之际。这中间，慎到、环渊、接予、田骈被认为学的是黄老道德之术。如考虑一下，在当时的齐国，使这样的思想交流大场得以成立的因素是什么的话，就可以明白，那是包括从宗教到经济这样意义的整个文化的体质，在作为基础支

36

撑着。 当时，与秦称西帝相对，齐被称为东帝，直到汉高祖之时，还被认为具有与旧秦地区相对抗的地力。 因而《孟子》和后面提到的陈侯因𣿰敦的金文中记载，它具有霸者齐桓、晋文传说那样的实力。 就孟轲而言，当时齐国思想环境的影响，与梁国多有不同，这无疑可以说是必然的。

对于弟子公孙丑，孟轲自己曾指出作为齐人的界限，在前后的问答中，可以看到多举与齐有关之事。 与养气之术相似，但在不同角度上被提出的养勇之术中，有两种类型，其中比起无惧的守气型来，被认为是不为人挫的必胜型的北宫黝，据钱大昕说，在《淮南子》的高注中，也作为齐人。 告子的出生和活动地域的确切地点不明，但在"浩然之气"这章所提出的场合中，可认为有齐的背景。 同时，从其思想内容来看——详细的考察留待以后——前所引的"不得于言，勿求于心，不得于心，勿求于气"之说，和在《管子·心术下》所见的"无以物乱官，毋以官乱心，此之谓内德"之说，或《内业》中所见的"不以物乱官，不以官乱心，是谓中得"的说法，性质是非常相似的；而且，关于与外物对应的考虑方法，进而在《庄子·人间世》中得到发展，曰：

> 无听之以耳而听之以心，无听之以心而听之以气……气也者，虚而待物者也。

成为主张不受感觉、知觉的纷扰，在内部下意识中来领会之说。 还有，与性论一起，在主张"善"的先验内在性的《孟子》中成为争论问题的告子的"仁内"、"义外"这种社会伦理外在说，与《管子·戒篇》中"仁由中出，义由外作"几乎是相同的，等等，据此，也可以推定告子和齐的关系。

在《管子》一书中，《心术上》曰：心，"神将入舍"，"德者道之舍"；《心术下》、《内业》有"德来形"之说；《白心》作"德来身"；《内业》作"道充形，道爱心，道止于心，神止于身，精来舍"，在权威的外在化这点上，与《孟子》一书中告子所说的义在外，袭而取之相似。 而且，关于性论，集中载于《孟子·告子篇》，与前面提到的认为性不分善与不善的看法一起，还认为"生之谓性"；"食色，性也"；"以人生（性）为仁义，犹以杞柳为桮棬"；如考察一下其内容，则正如朱熹所说，这和《荀子》性恶说主张的自然的、本能的东西相似，鉴于荀子在齐国游学过，这中间不也可以想定其关联性吗？ 还有，《心术下》、《内业》认为，人生来的自然状态是均正平衡的，由于喜怒哀乐，就会失去了平正，所以要有所节制，运用外敬内静的礼乐来返其性。可以说，这和《荀子》性论、礼乐论也是相似的。

有关这方面的情况现就列举到此，在围绕着《孟子》中所见的"气"的齐国思想状况中，尽管提出了有关心的问题，但似可认为，比起心本身来，不如说是以对存在于心底层的下意识之中使心得以成立之物；或者说是使包含心在内的身体得以成立之物的关心为特征的。 在《孟子》中，作为"知言"，举出了"知其所蔽"、"知其所陷"等，接着曰："生于其心，害于其政，发于其政，害于其事"（《孟子》的其他地方，"政"字或与"事"字互换），这正与《心术下》、《内业》所云："治心在于中，治言出于口，治事加于民（一作人），故……百姓治"，"心之中又有心，意以先立言"这种由意而形，由形而言，由言而使，由使而治的叙述相对应，可见，在提出言论的同时，显示了由下意识开始直到政治的发展。《荀子·解蔽》也同样叙述了突出心术公患的意图。

在与孟轲几乎相同时代的公元前 4 世纪初期，西方的秦国实行了商鞅的变法政策，韩国的申不害靠术来进行统治，梁国混杂着吴起的实功主义和惠施的论辩，就概观而言，不仅与那些具体的、客观的对应政策论成为主流的情况不同；即使与《孟子》中所见，孟轲自身包容性的性善说及作为外延的王道论相比，也可以认为，齐国的思想中，尽管也通过"心"，但在把人作为整体来理解的意义上的对身体的关心，以及广泛地探究社会、自然、宇宙形成的意欲，毕竟是浓厚的。

上面谈到的"浩然之气"，在《管子》的《心术下》和《内业》中，也可以看到有相当相似的内容和表现。曰：

> 内聚以为原（源），泉之不竭，表里遂通，泉之不涸，四支坚固，能
> 令用之，被服四固。是故圣人一言解之，上察于天，下察于地。（《心
> 术下》）
>
> 气道乃生。〔译者按：原引作："气有道乃生"〕
>
> 精存自生，其外安荣，内藏以为泉原（源），浩然和平以为气渊。
> 渊之不涸，四体乃固，泉之不竭，九窍遂通，乃能穷天地、被四海。
>
> 勿引勿推，福将自归。彼道自来，可藉与谋。静则得之，躁则失
> 之。灵气在心，一来一逝。其细无内，其大无外。（《内业》）

似可以指出，即使同样是充实于身体，乃至广溢于天地的浩然之气，与
《孟子》中"以义养之"这种显著的伦理倾向相比，《管子》中使精气定
着于身体中的倾向是显著的。这里所说的"勿引勿推"，用《孟子》说
法，就相当于对养气要勿正，勿助长。

又，在《孟子》中，可以看到志以成为"气"之帅为前提，同时，
"气"是体之充。其原则是，"志至焉，气次焉"（"次"，据杨慎、毛奇
龄说，作宿次；据赵岐、朱熹说，则作次第之次）。在此基础上，可以
看到，不仅有"志壹则动气"，也有作为变则说到"气壹则动志"的情
况。关于解说志和"气"关系文意的，除此之外，还有读作"志至，则
'气'次之"的，但"志"是先于"气"的这一立场，可以说是全都一
致的。如上所述，在《管子》中，认为在心和身里，宿有道、德、精；
而在《孟子》中，虽是主张性善说，但也可见到"操则存，舍（捨）则
亡，出入无时，莫知其乡，惟心之谓与？"这种以对心的状况的认识为
前提、如文字字面所说的，要寻求被放弃的良心，失去的本心，主张要
不放失本心地存住心的内容，这不可以说，是从"志至焉、气次焉"的
解释中产生出来的吗？

《管子·心术下》似与上述《孟子》之文对应，可以看到将"意气定

然后反（返）正"作为前提，把"气为身之充"这种与《孟子》相似的主题同"行为正之仪"的说法一起列举出来的情况。《管子》接着还认为，"充不美，则心不得（全），行不正，则民不服"。 可以说，这是相当于《孟子》中所说的由"善"和"信"开始，提高到美、大、圣、神等各个阶段的过程中，使之充实，定义为"美"的内容吧!《淮南子·原道训》中所见的"形为生之舍，'气'为生之充，神为生之制"，可以说是这些说法的进一步发展。 可知，"气"被认为是"充"体和身之物的同时，也是"充"生之物。 关于"体之充"、"身之充"、"生之充"的充，王念孙在《淮南子》那里，根据《文选·养生论》李注所引用的资料等，改作"元"；此外，武内义雄、小林胜人的《孟子》中，据《礼记·儒行》郑注作"或为'统'"，认为当改为"统"字，凡此等等，尚有疑问。 诸说虽各有证据，但在《孟子》、《管子》、《淮南子》三书中可以看到，"充"这个词同时受到重视，往往被说及。《孟子》中曰："扩而充之"，《管子》中曰："夫道者所以充形也"，《淮南子》中曰："气"不当其充所，用之则泄。 充，在《说文》中，与"育"相似，解作长之意。 正因为如此，在《孟子》中接着就说到养"气"，说到了养的方法。 如与在后面要谈到的呼吸法等中间的行"气"说等联系起来考虑，充，在赵注中，作为"充满"、具有实践行为的意义也是可以的。从《庄子·齐物论》中追求尚未有物之始原，追求还没有"有"之前的"无"之所开始；到在《老子》中感受到道之恍惚中的象、物和精；进而在《庄子·德充符》中的"道与之貌，天与之形"说；到《至乐》中，自芒芴到"气"、形、生的生成说；可以认为与《淮南子》有着相同的阶段吧!

　　与《孟子》中所说的志、"气"专一相同，在《管子》中也有主体对外物集中性的对应说法，《心术下》曰："专于意，一于心"，曰："一气能不变曰精，一事能不变曰智"，《内业》中字句稍有变化，也可以看到有几乎相同的内容。《内业》中还曰："气意（或如张佩纶之说，"意"改为"壹"，下同）得，天下服，心意定，天下听。 抟（专）气如神，万物存备"，把"气"的集中和天下万物直接联系起来。 而《心术下》、《内业》曰：能专一，不卜筮可知吉凶。 止求于外，不问人，自可自得。 相似的文字，在《庄子·庚桑楚》中可见"卫生之经，能抱一乎?"这与《老子》的"抱一……专气致柔"，《荀子·性恶》的"专心一志……通神明，参天地"也有关联。《孟子》也好，《管子》也好，都认为"气"是充实身体之物，在这一点上，是共同的；而在"气"和志，或者和心所占的比重上，《孟子》虽也重视"气"，但认为"志"最为优先；与此相反，《管子·心术下》、《内业》，虽也重视心，但认为"气"更为优先；两者可以看到这样的差异。 同样是围绕"气"和心，如比较起来，也可以看到，在同一个山东半岛（即齐国和鲁国之中），也存在着泰山南面邹地的孟轲偏重于心，即精神方面；泰山北面齐地的《管子》则偏重于"气"即身体方面的倾向。 关于这一点，正如邹、鲁并称那样，在孔丘创始儒教，孟轲加以显彰的地域中，集中关心的是乡村伦理，那里有着培育它的环境；而在近于海边，即有着宗教性环境的土壤，以经济为主，并不断膨胀的齐国稷下，则存在着对于自然和人类的成立强烈地进行思索的环境。

现在，想从前面列举的稷下学士的情况这一点上，再来看一看孕育了《孟子》、《管子》中"气"的特色的齐国思想环境。 驺衍，据说他在自然方面深入地观察了阴阳的消亡生息；在历史方面则追溯到黄帝，或者说是以开天辟地以来的政治变迁为基础，撰述了"五德终始"的著作。 作为宇宙论，他把中国的九州称为赤县神州，认为在其外，还有九个这样的九州，分别都绕以裨海，全体则有大瀛海环绕。《孟子》和《管子》虽然是把心、"气"作为直接的问题，但在论说扩大到对天地的思考时，似可探求到与驺衍相同的内容。 据说，驺衍后赴燕国，在也是渤海边的碣石被赐予宫舍，在那里撰述了（阴阳）主运的著作。 在后面讲到秦始皇巡行之际的仪式中可见，碣石乃是方术之士汇集的灵地。 也就是说，在齐国，流行着突破了当时儒墨显学作为焦点的社会伦理的束缚，对于自然、历史、宇宙变化和构造得以成立的思索，其内容正如被冠以怪迂（也有作"迂大"者，据王念孙说，迂，读为讦，讹诡之意）所示，尽管伴有古代咒术的形态，但却是驰骋深远。还有，虽然尚未和"气"相联系，虽然阴阳这变化的两方面也还未被作为"气"，但使历史得以演变的五种机能——在这以后的战国末期到汉代，阴阳、五行被作为形成万物的基础——浸透到了广泛的思想基础之中。在《吕氏春秋·应同》中，有着从黄帝开始，土、木、金、火、水之"气"依次相胜，由五行相胜而形成王朝交替之说；而《文选·魏都赋》的李注中，则将此作为驺衍的终始五德说。还有，淳于髡口若悬河的智辩、滑稽，讲求道化；慎到提倡从于俗的自然之法（《荀子·非十二子》），弃知、与物共转的、因循之势（《庄子·天下》《韩非子·难势》）的理论；田骈，据《荀子·非十二子》、《庄子·天下》所云，则与慎到二人被放在一起；可以认为，在《吕氏春秋》中，也有变化任物之说（《执一》），也有着齐国的思想，即贵万物一体的《庄子》式思考的特征（《不二》）。

其中，关于驺衍的情况，据《史记·封禅书》载，不是驺衍自身，而是"其徒论著终始五德之运"；"驺衍以阴阳主运显于诸侯，而燕齐海上之方士传其术不能通，然则怪迂阿谀苟合之徒自此兴，不可胜数也。"由此可知，驺衍的想法，不是个人的事，而是当时的燕、齐地区，在相当数量的人中流布的内容。作为秦始皇之时的事，还说到宋毋忌（《索隐》中为火仙），正伯侨，充尚（《汉书》作元尚），羡门高是燕人，修方仙之道。这样，根据阴阳、五德对自然的解释，建立于九州、瀛海说上的宇宙论，就不仅仅是限于思考范围之中，而且还和企图使人的肉体永存的神仙方术有着联系。《汉书·艺文志》中把医经、房中、神仙之类列为方技，而把天文、蓍龟之类作为术数；《后汉书》中，合并方技和术数，立《方术传》。从这样确立范畴的方法来看，调节人体机能的医方和房中之术，它和不老不死的神仙术，还有探究自然界的天文、预知变化的卜筮有着关系，可见使技术和思考得以成立的内容，在古代是融会贯通的。

在这之外，《庄子·天下篇》中将二人并列的宋钘、尹文，被认为是主张"白心"；主张"接万物以别宥（即解囿，摆脱先人之见）为始，语心之容，命之曰心之行"；还主张"见侮不辱"，以情欲寡浅为主义；同时，为了制止战国时代的战争，为了劝人们接受近于《墨子》的禁攻寝兵说而奔走的人。《荀子·非十二子》中，把墨翟和宋钘列在一起，很大程度是看到了"非攻"这种共同性。 从他们主张的内容上来看，"别宥"这种认识论，在《荀子·解蔽》、《吕氏春秋·去宥》、《去尤》中，可以看到类似问题的展开；见侮不辱的主张，在《荀子·正论》、《韩非子·显学》中被提出；情欲浅寡的主张，也在《荀子》的同一《正论》中，接着被批判；可见，这是在当时思想界的议题中，涉及相当广泛的思想学派。 尹文，据《吕氏春秋·正名》所云，是一个对滑王游说"见侮而不斗"的齐人；还有，宋钘的话，在《孟子》、《荀子》、《庄子》、《韩非子》等书中多可见到，据赵注，乃是宋人；而《汉书·艺文志》的"名家"中，载有《尹文子》，曰"说齐宣王"；又颜注，"刘向云，与宋钘俱游稷下"，因此，也是稷下学者中可数之人。

3. 以《管子》为主的气的研究历史

刘节曾在 1943 年《说文月刊》的《〈管子〉中所见之宋钘一派学说》（后来收入《古史考存》，1958）中，以《庄子·天下》作为宋钘、尹文学说而列举的"白心""心之容""心之行"之说，与《管子》的中心议题相一致为线索；在内容上，以讲意识专一的文字，和《庄子·庚桑楚》中作为"老子"的"卫生之经"而引述的内容相同为基础；在把《庄子》中提到的别宥，即情欲的寡浅作为学说基点的同时，阐明了以主张神宿于虚静之心的道家为渊源，继之，是道宿于德，"气"宿于身，直到对形正名的法家这样的发展过程，据此，断定《管子》中与道家的内容在这一点上有联系的《心术》上、下、《白心》、《内业》四篇，是出于宋钘、尹文一派的学说。 而另一方面，当时，早就直接和刘节讨论这学说的罗根泽，则在《管子探源》[1]中指出，《心术》的内容中，叙说了无为和静因，与《白心》中说的形和性相葆（保）一样，是道家的主张，所以，可以看到与宋钘、尹文想要救世旨趣的不同之处，认为刘节之说难以确定。 对于《内业》，可以与《汉书·艺文志》"儒家"中载的《内业》一书联系起来考虑；从内容上来看，全篇中道家的言论，特别是对道的说明虽很多，然而却是根据《诗》、《礼》、《乐》来解说节欲，所以，是混合儒道的作品。 还有，认为宋钘的学说中的"见侮不辱"，在《管子》中直接未能见到，所以在联系上被视为有着问题。 而在刘节那里，则用《荀子·荣辱》的意义来解释，被广泛地包括到"别宥"中加以理解。 情欲寡浅，对于《孟子》为了养心的寡欲也可通，但对于《心术上》的"虚其欲"、"去欲"，也可看到被广泛地包容到"别宥"中去加以解释的情况。 虽说是在《序》中，但《艺文志》的小说家中，载有《宋子》，据《庄子·天下》之说，可以说是上说、下释。 木村英一《老子的新研究》，也推测小说家的《待诏饶心术》（颜注把饶作为齐人），当是多包含有黄老之风的民间格言之类。

提出《管子》中这四篇成立的问题，与在齐学中"气"的概念问题没有直接关系。 但是，对于考察在那里出现的"气"具有怎样的性质内容，被怎样对待，是怎样出现的来说，把资料基础尽可能地确定，则可以说是有必要的。 因而，想把《管子》，或者说广泛的齐学中对"气"内容理解方面的研究史结合文献的成立问题，来进行一些探讨。

郭沫若的《宋钘尹文遗著考》[2]是和《十批判书》[3]之四《稷下黄老学派的批判》并行论考，开始与刘节没有接触，但在内容上，却可以看到是以几乎相同的构想在进行考察。 只是把《心术下》作为《内业》中采用的另一种底本，进行了详细的比较图示；同时，把《白心》作为在另一系统中与《枢言》平行的作品；进而注意到"气"、精、神，特别是指出它们对《孟子》的浩然之气的影响和差异——这是其特色。 在《十批判书》那篇文章中，列举了陈侯因齐敦，指出那里把黄帝视为高且（祖）。 因齐，由于和《史记》中威王（郭沫若原作"宣王"）之名"因齐"相近，所以认为黄老之术是在齐国培养出来的，这可以说是根据当时金文资料来叙述的齐学特点。

关于黄帝，如上所述，邹（驺）衍在谈到以五德来作为王朝交替的原因时，就追溯到了黄帝，正如《历史语言研究所集刊》三—四期所载，陈梦家、丁山以此器（译者按：指陈侯因资敦）为主的论考中所指出的那样，在《大戴礼记·五帝德》、《帝系》中，黄帝被作为比陈之祖——舜更远古的祖先，所以，在齐地流传那种神话，也就有其原委了。 黄帝之后裔，据说被封在铸（见《吕氏春秋·慎大》、祝（见《史记·周本纪》），《左传杜氏注》中，认为这都在济北；而铸器的出土，也在齐鲁周围。 就金文而言，被视为春秋时代齐器之物中，齐侯镈钟里有祈求眉寿灵命而难老；齐子仲姜镈里有祈求寿老毋死以及保其身的内容，引人注目。 与其他列国的器皿相比便可知，具有强烈的祈求不老不死、保身意念的特色。 当然，在其他地域中，据《山海经》等记载，也可看到不死之药，不死之民，不死之国等内容。 从《心术下》（《内业》）中，"筋肕骨强，四支（肢）坚固"等身体的强化开始，在《白心》中可以看到"行情养生，迁衍（延）命乃长久"的说法；在《内业》中则有"平正擅匈（胸），论治（论即治，与理同。 意义与上面的"平正"相似）在心，以此长寿"的说法。 可知，《晏子春秋》、《左氏传》所载景公对晏婴所说，受到当时的启蒙家、作为宰相的晏婴规劝的"古而无死，其乐若何"的愿望，在齐国，竟意外地是根基于古代土俗信仰之中的东西。

侯外庐、赵纪彬、杜国庠《中国思想通史》（1957）认为，宋钘、尹文学派在渊源上，是以道家的自然天道观为基础；同时，将其伦理化；一方面是墨家利天下的实际活动，另一方面是儒家内心存养的道德情操，而将两者折中。 这样，调整了现存资料间的矛盾。 他们指出，作为道体观，由于宋、尹学派主张《心术上》的"道"和《心术下》、《内业》的"气"是相同的；这"气"作为生成万物的实体，是流动之物；所以，是唯物的。 他们认为，由于宋尹学派主张治心成德以治天下，所以和儒家接近。 还有，由于宋、尹学派主张"神宿"，所以具有神秘性。

冯友兰《中国哲学史新编》(1962)，关于这四篇，在对将其作为宋钘、尹文著作表示疑问的同时，从稷下唯物派，精、"气"的思想方面来加以理解。首先，是把《水地篇》的"水"作为地之血气；认为"男女精气合而水流形"。认为，比起《心术上》的神、道来，《心术下》、《内业》的"气"是第一位的，在这一点上，与侯外庐等相似。认为"气"是形成人生命和意识的基础，其中，精，是气的精华，多精则智强；在此基础上，把道作为义和法的基础，从社会、政治思想方面来理解，把虚静和因应的态度，作为"名"的手段;进而在言及精、"气"思想的影响和发展时，谈到了朝西部《吕氏春秋》、南部《庄子》、《楚辞》的展开；指出从《吕氏春秋》里，精气、形气成为治身的内容开始，到在古代医学《黄帝内经素问》的理论基础中扎下根的情况。这是其特色。

这期间，在日本，对于《管子》的这四篇，武内义雄在《老子和庄子》(1930)、《中国思想史》(1936)的《管子的心术和内业》[4]中，注意到是稷下之学中的道家之言，特地把《心术上》的内容分析和《心术下》、《内业》进行了比较，但未能提出"气"的观念。而对"气"加以注意的，是栗田直躬《中国上古思想之研究》(1949)中的《古代支那典籍中所见的"气"观念》一文，它以追究用语意义为资料，考究了从呼吸的原意开始到生命原理为止的发展，在抽象出具有跨越肉体和心理两方面的冲动性质的同时，还对"气"、心、魂魄等文字出现以前的阶段加以关心。但是，对《孟子》的"气"暂且不论，对《管子》的注意则很少，还有，对为什么"气"会出现这个问题，未加以关心。

黑田源次的《气的研究》，[5]从对"气"字的小学考察出发，以"氣"字的构成要素"米"和与"气"字通用的"既"字的构成要素"皀"都是谷物为根据，提出了"气"是以饮食为基础的生气这样的假定，特地以在《黄帝内经素问》、《灵枢》等古代医学中的表现来对其加以确证；另一方面，把人的血气向自然之"气"的发展，理解为也涉及从《诗经》到《淮南子》的古文献中阴阳、五行思想的东西。 发展被实证地加以理解，认为"气"之中，靠饮食产生之物也占有颇大的比重，在历史的进程中，首先对这一部分加以确认，值得注意。 在思想史里，会有在涉及的问题上出现不同表现的情况。 特别是对于《孟子》和《管子》的考察，以前虽进行了一些探讨，但未见有把此项目从齐鲁之学这一点上提出的情况。 平冈祯吉《淮南子中出现的气之研究》（开始作《关于气思想的成立》，载《支那学研究》十三期，1955年，后在1961年单行）把"气"的资料最多，发展到万物生成论的《淮南子》作为焦点，对至此为止的"气"的各种形态，视为包括自然、万物和人类的根源，体系性地进行了汇总考察。《管子》、《吕氏春秋》的资料之多也引人注目，虽然关于《管子》，也涉及了《四时》的自然，《水地》的生命，《心术》、《白心》、《内业》的精神和肉体等问题，但就齐学的考察而言，无疑没有被作为对象。

赤冢忠的《道家思想的原初形态》[6]在内容上探讨了《管子》的这四篇作品。 首先关于《心术上》，从分为"经"和"解"开始，假定了在"经"之前还有"原经"，将它与《礼记·祭统》、《祭义》、《仪礼·少牢馈食礼》的"交神明"相联系，作为道家思想原始性格的信仰体验的表述；"经"则以此为基础，通过道的虚无，以获得神明智为目的；由此开始，到了"解"，则发展成讲述主体性因应的心术。 而在《心术下》中，比起"退鬼神"，比起"心"来，"气"的专一，精气的充实之说更引人注目；在把这视为与《孟子》相类的同时，认为它和被作为激烈批判对象的告子学派有关联；还指出，其中也谈到了养生。 另一方面，认为在《白心》中，与下篇的倾向不同，再次把对"道"的顺从提了出来，主张时间的自然规律与人的和谐。 关于《内业》，认为是综合了《心术》上、下篇，把心和"气"作为基础，企图掌握道的作品，它从《荀子·解蔽》开始，受到了虚壹而静的最大影响。 这一论考，可以说是在假定了道家思想原始形态的同时，从其发展过程方面，考究了《管子》中四篇作品的成立关系。

47

如果说到与齐学中"气"概念有关的内容，那么，在一连的四篇中，《心术下》的"气"（在将《心术上》的神、道置于一边，以及《内业》的心、精、道之被综合中），是由于什么契机而作为主要概念出现的考察，当可成为解决这一课题的关键！ 对于考虑"气"出现的契机问题，比起文献的成立，或者说思想史的前后状况来，作为宏观的方法，看到以西方的周、秦王朝为中心的讲求瑞兆天命授受和东方齐国以个人作为主体获得神性这种在提出问题方法上的不同，则更为必要。 其中，尤其必须重视不仅是心、知，而且身、形作为主体出现成为媒介的情况。 在《孟子》中，可以看到"居移气，养移体"的说法，也是把"气"和养体一起提出的。 还有，关于什么是"德"的目的，《孟子》和《管子》中都与身相联系，《荀子》中则可以看到使用"体"这样的表述，这些也可以说是那种倾向被自觉地加以表述的情况吧！

此外，关于与其他文献的关联，且不论《孟子》除了和《心术下》、还和《内业》有关联外，《荀子·解蔽》也不只限于和《内业》，而且和所有四篇有关联。 作为心的状况的"虚壹而静"中，虚、静，也就包含着把心作为"体之君"和"神明之主"的意思；《心术上》说到的"壹"，《心术下》在这一点上的衍延，对于提到"气"概念场合的考察来说，都可以从侧面加以参考吧！ 这种情况，似可和下面的事例相比较：如就《管子》中其他议题而言，虽然是一部《春秋》中桓公和管仲的故事，所在篇第不一，提到的情况就不同，《大匡》与《左氏传》相似，而《中匡》、《小匡》则与《国语》相似。

还有，在《庄子》中，《人间世》"心斋"条所说的"外于心知，鬼神将来舍"，如照《心术上》来说，就相当成为此课题的"宿神"；与此同时，所说的"若一志，无听之以耳而听之以心，无听之以心而听之以气"，"虚而待物"，"唯道集虚"，照《心术》上、下来说，也就相当于作为各自课题的道和"气"，可以看到在一个个场合同时被叙说的情况。

《大宗师》的"坐忘"条曰："离形去知同大通（道）"，是被作为道来解说的；在《知北游》中曰：

若正汝形，一汝视，天和将至；摄汝知，一汝度，神将来舍，德将为汝美，道将为汝居。

这就推衍成为和、神、德、道之说；而到了《在宥》，则可以看到通过"无劳女形，无摇女精"，或通过不动目、耳、心，以神守形来企求长生；也就是《白心》说的"养生"、《内业》说的"长寿"始显出的内容成为主题的发展论说；凡此等等，对于"气"概念发展过程的考察来说，也可以从侧面加以参考吧！　还有，关于各篇中道家思想的特征，从宏观的角度来看，在论说因应对应的方法这点上，《庄子》对于《心术》、《内业》；在论说到"极则变"这点上，《老子》对于《白心》；在论说虚静和"心气当一"这点上，《庄子》、《老子》对于《心术》、《内业》，都分别可看到影响和起的作用。　心"虚静以待物"的态度，直到《韩非子》、《吕氏春秋》还被论及。　还有，"心术"一词，在《管子·七法》、《荀子·解蔽》、《庄子·天道》中也都可见。　此外，町田三郎的《关于管子四篇》（见《文化》二五一一,1961）虽不是直接关于"气"的论述，但对四篇的成立，作了崭新的展望。

4．孕育着"气"思想的齐国土壤

在当时的齐国，稷下之学中开放出以道家为主的多种启蒙思想之花，这和作为与内陆列国不同的，海边丰富的社会环境及宗教土壤的产物，多少有着关系。　上述条件，在齐国，并不单纯地就成为构筑那种文化的基础，今天，想在被认为与文化本身的体质有关系的意义上，就《封禅书》中的祭祀和方士，《扁鹊仓公列传》的医术，汉代的黄老学者等内容，同时也参考《秦始皇本纪》等资料，对具体的事例，来进行一些探索。

秦始皇统一天下后的第三年，始皇二十八年，进行了东巡。　这位西方的皇帝——他和据说是严受天命而开创王朝的周王朝，在发迹时的根据地是相同的，他到东方的齐鲁之地来寻求的究竟是什么东西呢？

秦始皇首先在泰山，进行"封禅梁父"的对山的祭祀。据说，当时聚集的儒生、博士七十人，因讨论故事而被谪退（由此间接可知秦始皇寻求的是什么东西）。接着，前往东面的海边，沿着渤海向东，通过黄（山东半岛北部，现今的黄县）、腄（现今的牟平县），穷达（劳）成之山（在半岛的东北端），登芝罘（在半岛的北部，今芝罘），朝南登琅邪（半岛的南部，今琅邪）进行巡行，祭八神，求仙人、羡门（仙人。见李约瑟《中国科学技术发展史》）之属，此外，在始皇三十七年，又逆方向沿着这条路线巡行。沿着海岸，自北向南巡行山东半岛，这条巡礼的路线，相当于《孟子》中的"昔者齐景公问于晏子曰：'吾欲观于转附、朝儛（焦循以为指之罘、成山），循海而南，放于琅邪……'"；《管子·戒篇》中则被作为桓公和管仲的话；因此可知，这是齐国传统的灵场巡礼，是习俗化的东西。所谓的八仙，据说是：一为天主（天之神），都在临菑南郊牛山山下称为天齐之渊水；二为地主，泰山、梁父；三为兵主，西境的蚩尤；四为阴主，东莱北面的三山；五为阳主，芝罘；六为月主，东莱南面的莱山；七为日主，在半岛的东北端，斗出于海，迎日出的成山；八为四时之主，琅邪。可知，八神与上面讲的海上灵场有共同的东西，因此成为有山、有水一整套巡礼的对象。天、地、阴、阳、日、月、四时、兵主这样的体系，或是后来的名称，而作为其各自的本事，当是古老的吧！在驺衍那一节中，我们讲到了燕、齐海边多有方士的情况，他们猬集于这八神的灵场中，可以说，始皇帝就是想要在这中间求得灵验之物！而且，这种巡礼在进入汉代以后，仍继续进行。他们对海市蜃楼有错觉，认为海中有蓬莱、方丈、瀛洲三座神山，多提到有仙人，有不死之药；甚至认为这些是没于水下的。《史记·天官书》中曰："海旁蜃气象楼台，广野气成宫阙然。"秦始皇命令上书的齐人徐市等征发数千人以求之。翌年，又从芝罘游至琅邪，而在始皇三十二年，再游燕之碣石，命燕人卢生等求羡门高。

可见，即使同样是宗教，秦始皇是被西方以自上而下的瑞命为中心的秦国不能求到的，东方以个人为主体的仙人和不死之药的执着念头迷住了。因而可以看到，即使在主张法家独裁、进行焚书时，也是将医药、卜筮等书除外的。反之，关于所谓的坑儒，事实上是从徐市、卢生以外，数量颇多的方术之士在察知了效验严厉的秦法而逃亡开始的，由此也可理解到齐、燕方士对秦室渗透的严重性。但这种情况，在秦代并没有结束，即使进入了汉代，齐国的方士还是不断地被朝廷招纳，或是制丹砂药剂，或是显示鬼神之貌，或是述与神人所通之言，或是封禅合不死之名；甚至到武帝时，据说倡导奇方者还有万数；可见，这还涉及了技术方面的发展。当然，不仅是齐，后来从西方、南方来的仙术的贩卖，也多显出这一点。

进入汉代以后，作为与齐这一地区统治有关的事，据《史记·曹相国世家》所载，曹参任齐相国，向诸生请教安定百姓之法时，没有得到诸儒的确切回答，而根据治黄老之言的山东胶西盖公的意见，实行贵清静的治理之道，使齐地得到了安定。在《管子》的四篇中，可以看到讲求心、"气"，并推衍到政治方面，还有涉及养生的内容，可以认为这是与战国到汉代的齐的政治风土性质有关的。在《乐毅列传》中，还可以看到把黄老之学从河上老人开始谱系化的内容。那时进行的谱系化，虽不可深信，但可知，齐和燕的关系很深；还有，其中出现的安期生和他处出现的在年代上有矛盾，与其将它作为一个特定的人物之名，不如像《封禅书》中将安期、羡门之属并列举出那样，将它作为具有仙人之名的齐人；乐巨公（与墨家的巨子相似）也是从赵逃到胶西而教盖公和田叔的；可知，齐在黄老之学这种道家的统治术方面，也形成了与秦国法治相对抗的不同色彩的势力圈。《留侯世家》中的张良，也可看到他是从济北黄石老父那里授得太公兵法，因多病而习导引（导气、伸体的体操），辟谷（绝谷物，也被仙术采纳），老子以后，由此养生而轻身，欲从仙人之道的内容。《庄子·逍遥游》中可见的藐姑射山的神人，被说成是不食五谷，吸风饮露，乘云气。关于这一点，《淮南子·

地形训》中则认为，食"气"者，神明而寿；食谷者，知慧而夭。

又据《苏秦》、《张仪列传》，他们作为纵横家，俱东师事于齐，而习之于鬼谷先生，读《周书阴符》（在《战国策》中，作"太公阴符之谋"。 这些被认为与《鬼谷子·符·言》的内容相一致的记载，和《管子·九守》中所载者，几乎是相同的）。《儒林列传》中载，无论是列国纷争的战国时代，还是重视黄老刑名的汉朝之初，虽然儒术衰退，而齐鲁之间，其学仍传；不久，随着各种经学的兴盛而出现的学者群像不断扩大，其中也是以齐鲁出身者为多。 但是，可以指出，这种情况，不单单是说儒学，比如在学问的内容上，肯定受到了天人相关方面的很大影响。 这种地域的学问倾向的性质，也可以用"天性"来说明。

《晏子春秋》、《左氏传》所载关于景公和晏婴的传说中，可看到如下内容，与想请祝史消除彗星带来秽气的情况相反，晏婴是劝景公从德的方面进行反省；在因没有治好景公的病，想要诛祝史时，就说由西往东，反而诅民日多，劝景公修德。 这就对照式地勾画出，一方面是当时齐国咒术信仰的根深蒂固性，而另一方面则是想要从这中间脱颖而出的启蒙的、合理思考的新鲜性。 那位晏婴，对于五味也好，五声也好，在叙说通过"平其心"、"和其德"，而达到"成其政"的机能的同时，提出了作为音乐之本，要始立一气，伴随清浊、长短等而变化的理论；这中间可以看到，在味、声中求心之平正的同时，则有从神和心开始，向"气"和意的展开。 这里，似可读到与《管子》中的运动相对应的意味。《国语·周语》中，五味、五色、五声的"五味"，是以"气"为实的。 还有，《左氏传·昭公九年》，晋之膳宰屠蒯谈到自己的官，说是"味以行气，气以实志，志以定言，言以出令"。《大戴礼记·四代》中则曰：

> 食为味，味为气，气为志，发志而言，发言定名，名以出信……

《国语》、《左氏传》中所见春秋时代的医者虽很少，而其中的医缓与医和，都是西方秦国的医生，从秦被带来治疗晋公的病。而到了这以后的《史记》，列传中所载的扁鹊和仓公，则都是东方齐国之医。扁鹊、仓公的治疗，被标榜为与巫有严格的区别。他们主要是从切脉开始，察以颜色、声音、形体，观看五脏与气的关系，哪里的气就诊断为怎样的病，以精气来压抑血气之邪，理论性地企图调和阴阳之气的运动。关于"气"，则主张调理饮食，在晴天，用车、步广志；使筋骨血脉快适，以求泻"气"。在疗法上，则用药剂、针灸、毒熨等为主，这以外，作为健身之法，则有挢引（屈伸的意义上，与导引同）、案抚（按摩）、房中术等。可以认为，扁鹊是由于具有与秦太医令对抗的意识而被杀的。可见，在医术上，西方的秦和东面的齐也有着对抗。秦医的记载中，带有神话的、卜占的性质；而在齐医中，则是以通过切脉的血气诊断为中心，这样的不同，也是可以领会到的。

二、《孟子》的气和《管子》的气

1. 《孟子》中所见的"心"对"气"的制约

被视为是形成人或自然基础的"气"，在古代典籍——以周王朝为中心的《诗经》、《尚书》中未能见到，从《论语》、《孟子》开始（其中作为正式的议题则是从《孟子》的"浩然之气"开始）方可见到。这一方面从内容的广泛性、在思想史的立场上来看，以周王朝天命思想为中心，对自然的一个个精灵信仰的被动性思想，这时已升华到了以人为中心，对形成万物的生命力的自觉；另一方面，从资料性、地域性上来看，由于比起西方的秦、韩、魏来，东方的齐、鲁，尤其是齐的地方色彩显然可见，所以，对那个地域土俗的、从不老不死之术的盛行中产生的养心和养身的关心也提高了。《孟子》的"浩然之气"是被作为杰出的"养术"加以夸示而提出的，围绕此，当时流行的不动心术，养勇气之术也被列到了话题之中。"四十而不动心"虽和《论语》的"不惑"有关系，但它具有和养气方法相联系来叙说的特色。《管子·戒》之中，也认为"天"和"君"之心不动，"心不动，使四肢耳目而万物情"，可知,"不动心"也是齐国提出的。

如看一看养勇气之术中所见的两个典型（这不仅是《孟子》,在《韩非子》中,尽管人名不同,也有几乎相同的内容被列举）则可知,那时这也是作为术而被提出的。《孟子》的行文中,提出了"平旦之气"和"夜气",以牛山之木作比喻,是为了说明要不"放"其良心（即性）而养育之。 而牛山,就是前面提到的八神之一——天齐发源的灵山,即在《晏子春秋》中,通过巫,斋戒而登攀的山。"平旦之气"和"夜气",是在自然的运行中产生的清净之气,被认为到了白昼就会受损。 在晋代的道教典籍《抱朴子》,讲到胎息在体中行气之际,也是把从半夜到日中作为生气之时,其他则作为死气而加以排斥。 它们在《孟子》中,不是从"小体"的耳、目、口、腹,而是要靠"大体"的养心和养志,以求得不失本心,也就是从伦理方面来加以理解的。

围绕着《孟子》的"气"的问题,正如以寡欲为具体目标论述养心术那样,可以说是以在这样的状态——一方面,以志作为统率,先加以确立而执守;另一方面,最初从论说支撑着不动心的志（这被视为是使依从它的"气"不乱不受损之物）出发,而论点完全移到了浩然之气方面来讲养气之术——中被提出为特征的。 这种情况在视之为通过养心和养体而形成的术之时,可作为展开过程中的东西来理解,它不只是《管子》的《心术下》和《白心》、《内业》等在表面上略为可见,还包括了广泛的不老不死的养生方面,同时,它被汇集于《荀子》说的"治'气'养心（或治'气'养生）,则身后彭祖"这种术中,到了渐渐进入内陆的《庄子》,正如称为养形、养神那样,发展成为技术色彩很浓的道术。

浩然之气,在上面谈到的《管子》中,已经可以看到,和《孟子》中被视为至大至刚且直、与义和道相配的、有显著特点之物稍有不同,成为在浩然状况之下,还有着和平、与物调和为一体这样表现的东西;此外,也和《孟子》作为养而不损,则一下子充溢天地间之物稍异,被认为是通过四体、九窍、人身全体的充实,在此基础上再充溢到天地无穷之物。 外在的自然中的"气"和人体中的"气"形成一体的结果，就成为可极于天地之物。 正如已经论述过的那样，这和驺衍在考虑到组成自然和人的要素的同时，思想在广阔宇宙的构造中驰骋的情况也有着联系。 这浩然之气，到了晋代道教典籍《抱朴子》之时，也依然在养气方面被采纳，因此，《孟子》的内容从与《管子》的关联来看，与其说是儒家的，不如说原是吸收了道家性质的内容，但是，在《抱朴子》中，成了在全身吸气时采用的方法，所以，在这一点上，可以说是表现了《管子》土俗的原生的性质。 前面提到的《庄子·逍遥游》中，认为神人是不食五谷，吸风饮露，乘云气，御飞龙，游于四海之外的；而在《大宗师》中，认为真人"其息深深，真人之息以踵，众人之息以喉"。 在《庄子》中可见的，作为养形、养神的具体方法，就是已经谈到过的吹呴（呴也是吹的意义）呼吸，吐故纳新，熊经鸟申的道引，这种以呼吸法为中心的体操。

《管子·心术上》，叙述了为去情欲，经过宣、静、精、独、明这样依次的纯化，最后到获得神的升华过程。 这样向静、明、神的境地深化的过程，在《荀子·不苟》、《庄子·庚桑楚》、《老子》及《中庸》等文献中也多次被说到。 在金文中，"氣"虽然尚还未见，而作为与之相近的字，在玉剑秘（《三代吉金文存》卷二十）中，从开头的氘字为首，向遁（畜，积之意）、神、下、定、固、明、涨（长之意）、遲（柔之意）、大的境地深化，载有与"顺天地则生，逆之则死"相联系的内容。 据陈梦家《五行之起原》（见《燕京学报》二四）所云，此乃齐器，氘字与后来在隋唐之际开始使用的"炁"为同字。 五行之气中，从与生活联系密切这一点出发，可认为水、火是先确立的，而"氘"字，从字的构成要素来说，可以说这是与其中的火有联系的"氣"。 在《管子·四时》中，列举了分别作为四季基础的风、阳、阴、寒之"气"生成的五行和身体的部分，而认为阳气生成了"火"和"气"。 可见，在五行中，虽也可举出水和血的关系，但火和"气"的关系是很深的。

对行气来说，虽也包含着前面提到的《左传·昭公九年》所说要行以味为基础的"气"，但可以说，呼吸法无疑是主要的。《墨子·节用中》说的饮食法"充虚、继气、强股肱，耳目聪明"、足则止，与《辞过》中说的"其为食也，足以增气、充虚、强体、适腹而已矣"相同，都是以饮食为基础来认识"气"的。《黄帝内经素问》认为，一般说来，包括呼吸和饮食两方面，天食人以五气，五气从鼻而入，藏于心肺；地食人以五味，五味自口入而藏于肠胃；另外，认为理想的人，最高的是上古的真人，"呼吸精气，独立守神，肌肉若一，故能寿敝天地，无有终时"，这也是呼吸法的最上者。 前面提到的《庄子》中所列举的术，和前面已说过的胎息、辟谷、丹药、房中等一起，是后世的道教中，作为仙道技法的重要项目而被编成者，可见，大多是当时已作为东方地区土俗的医疗方法在实行的东西。 如据《管子》所说，把吸气和使之行于整个身体的呼吸法相联系，那么，浩然之气也就必然会被想到。《内业》有在充食和摄之间的"和"的状况下，"气"才"通于四末"之说，强调止住不能止之"气"，作为来去的精之舍。 如考虑到浩然之气在《孟子》全书中只在一个地方被说到，那么，将它视为是借用齐国习俗而产生者，可以说，这样的可能性是很大的。

已经说过，"氣"这个字在殷周的资料中未见。 但是，"心"在古金文中，以及在《诗经》、《尚书》中则是可见的。 然而对于认为其形如心脏、把"思"字视作为"囟"（囟门）和"心"（心脏）的会意而构成的清代段玉裁、朱骏声等来说，除了把头脑也作为思考的源泉外，直到相当以后，似还认为知、情、意等的着落是在于心脏。 金文中所见的"心"，确是不多，对于周王和诸侯，说到使心清净的工作，或是与"德"交错出现。 而如与《诗经》、《尚书》等典籍中类似的例子相比较来看，必须说，在当时的政治范围内，则成为具有支撑着对上帝、天神的信仰，受纳神的性质的东西。 还有，金文中多与祈求对手或当事者眉寿万年、子孙永宝用相联系，虽然其程度随着时代的下延似变得多起来，但还处在信仰天命的王朝体制的范围之内，并不是只把"永命"作为其本身来祈求。"心"和"德"以外，或者说没有说到"心"和

"德"的场合，对于当事者，被记下的东西，有服饰等具体的威仪。 威仪，初看起来，作为外在之物，似与心没有关系，但实际上，作为心和德的表现，或者说心和德的替身，可以说是受容神的根本之物。 心之外，说到"身"的，仅有数处，有的内容，前面已经涉及了。 但即使是那些"身"，也是处于以心为受入主体的天命体制之中的。

即使处于天命信仰范围内，心被当作受入侧的主体加以确立，也是划时代的情况。 因此可以说，提出"心"和"德"，就金文来看，立场是前进了。 但是，必须说，天命威严，在体制中的心本身的自立性，还是缺乏的。 那种古代咒术的状况，作为前提只存在于周代，到了孔子时，尽管同样是信仰天命，但可以看到，天降之物从支撑王朝政治向个人方面作为宿于心中之物的转换。 东方的齐、鲁思想具有土俗性的特色而和西方周的思想不同，这也加速了那种转换。 而到了《孟子》的"性"和《管子》的"心术"，"内业（在人内心之业的意义上，和心术相似）"，即使同样是"心"，但作为从个人的自身提出的问题，是和天、神等相对应的。 寿命永续这一内容即使也存在于周代金文之中，却成了被祈求的东西，而另一方面，伴随着对天的信仰从王朝向个人方面的转换，产生了对以前作为受容主体的"心"的考察；对个人身体的关心也提高了。 作为思想史的见解，正由于不连续，存在断层，所以说，产生了对以前只是漠然被忽视的主体——有身体的人的"心"的考察和对"体"的关心。 从长远的思想史的角度来看，"心"和"体"这一议题虽是在齐、鲁地区被提出的，但可以说，从土著思想上来看，具体是通过不老不死的方技和土俗医疗方法的诊脉等形态而被突出；从启蒙思想上来看，则是伴随着扬弃了祝史咒术的自然观、宇宙观的创立，以养"气"术的形态而被突出出来的。

《孟子》提起的"浩然之气"问题论述，首先是从"不动心"开始的，顺着上面谈到过的告子的对这个话题的论述，针对使与人的交流得以实现的"言"，提出了作为其基础的"心"；自己也对"言"进行了论辩，又认为要养"气"（这被认为是"动心"的基础），因而展开了围绕着"心"的"气"论。在此之前，当时流行的仅是养气术的议题，而这以后，可以说就不仅是"术"的实践，而是想从人的心和体方面，试图对"气"重新加以考察的内容。而且，认为人之体是由志和"气"形成的，"志"为"气"之帅，"气"则为体之充。因此，"志"是第一性的，"气"是从属于"志"的。这里说的"志"和"气"的关系，可以说和《管子·心术上》说的心为体之君、九窍为官的说法，以及已经指出过的《荀子》的《解蔽》、《天论》等所说的心支配体的看法，都是相同的。《孟子》在这章中虽以"气"为中心，但把有关"言"的两点和心相结合进行论述，实际上，顺着与此相类似范围的议题，在《荀子》中，也可得到相似的看法。《荀子》从指出在百家不同说法中可见的"蔽"出发，以要除去蔽接受作为"衡"（基准）的道为态势，在把对象集中到将"心、知"视为形之主这一点的同时，使思索更加深入了。而《管子》就在这同一文献中，内容也因篇第而有差异。在《心术上》，只是以由"心"、"知"获得"道"为主题，但到了《心术下》，"心"的范围扩大了，同时，"气"似乎也活起来了；与此同时，可以指出，作为相同之处，"言"和"事"也和"心"相联系而被提出。

《孟子》紧接此后，说到了"气壹则动志"，为此，提出了要养浩然之气的内容。在这一点上，初看起来，会使人抱有《孟子》是否认为"气"是优先的印象，但是，由于把"气"和"义"、"道"相匹配，并认为"行有不慊于心，则馁"，所以必须指出，这和《管子·心术下》与《内业》中所说的"气"本身的推衍充实，在"心中之心"这种意识下提出的内容是不同的。《孟子》的养气，与作为自然萌发之物相反，可以说，是想在伦理的范围内，使之变得驯顺。《老子》由于是站在道家的立场，故警戒"心"使"气"为"强"；它是和"柔以胜刚"，以及"气"和而生万物一起被论说的。因此，与《孟子》的"浩然之气"被视为"刚"相反，《管子·内业》的"气渊"被认为虽说"浩然"，却是和平的。

下面，就把论述转移到对"浩然之气"样态的说明和养的方法问

58

题。 由于已经说过，"浩然之气"是充满身体的，所以，它和血气有着关联；而由于养的终极是充溢于天地之间，所以，也就和自然之气联系起来。《管子·心术下》和《内业》认为，内聚之"气"的源泉，蔽于天地、四海；同时，它不是作为"术"而是成为原理，认为，作为"精"来说，是"下生五谷，上为列星"，而作为"气"，则是"如登于天"，"如入于渊"，如在于道，"如在于己"之物。 进而到了《庄子·知北游》，则对此加以概括，进入了断定整个天地，唯有一气的阶段。 因此，《孟子》的"浩然之气"很难用语言来说明，只能说是仅可意会之物。 关于这一点，在《管子》中，即使是同样不可用语言表达，但《心术上》对道的认识，是可以确定的。 与不能用口来说出的情况相反，《心术下》关于与人的关系，在外貌上也以清晰的形态表现出来的，很容易认识的"气"被提了出来。 这里可以领会到在《管子》的《心术上》和《心术下》之中，道的不可知性和"气"的平明性这种着眼点的差异。

"浩然之气"的状态，被说成是"至大至刚"且"直"。 但这"气"中已被加上了"浩然"这样的形容。 所谓"浩然"，是对水的肆洋流动的形容。"至大至刚"且"直"，当然包含着与这种"浩然"相同的性质。 但是，正如已经说过的那样，在《管子·内业》中，同样也采用了"浩然"的表达，但在此之上，又有和平以为气渊的说法，所以，如试将两者比较，这中间"刚直"与"和平"的立场差异，就迥然地显现出来了。 在这一点上，《荀子》的治气养心术认为，"血气刚强，则柔之以和……"(《修身》)，比起《孟子》的"刚"来，这在方法上似更接近于《管子》的"和"。 但在认为"血气和平、志意广大，行义塞于天地之间"(《君道》)方面（暂不论所说的"广大"，"塞于天地之间"），从整体上来说，无疑与《孟子》相似，可以看到，是被人伦的目的意识支撑着的。 在《荀子》中有曰"血气之精，志意之荣"(《赋》)可以说也是和《孟子》的"浩然之气"最为相近。 如从修身使用的方法来看，"志"和"体"、"血气"和"容貌"相互有着关联，或者还是可以互相置换的概念。

《孟子》的"浩然之气"，也正如已经说过的那样，"气"本身的产生，道家的环境也起着作用，而附加的"刚"和"直"的性质，如从作为与《老子》的"柔"和"曲"相对照的方面来说，当是注入了孟轲本身所有的强烈的儒家个性。 在《论语》中，刚者被作为数目很少的人物类型（在《郑注》中，则作"志强不屈"）。 这一点，在"浩然之气"前面的文字中所载的曾子从夫子那里听到的大勇，是"自反而缩（紧张），虽千万人，吾往矣"，并以此为养勇的至极等处，很好地被体现了出来。 但是，"刚"且"直"虽在《论语》中可见，而在《孟子》的其他场所，只是说到"直"的方面。 在以后时代的《尚书·尧典》中有"直而温"、"刚而无虐"；《洪范》的"三德"中，正直、刚克、柔克被并列举出；凡此等等，可以看到在多种儒家文献中的展开形态。 说到"至大"的"大"，它和"浩然"的意义相似之处很多，《孟子·尽心下》在"善"和"信"的说明以后，可以看到这样的话：

> 充实之谓美，充实而有光辉之谓大，大而化之之谓圣，圣而不可知之之谓神。

在《孟子》中，还提出了大体（即不养耳目而养其心，则为大人），可以看到对"大"的关心是强烈的。 在《老子》中也说，强"字之曰'道'，强为之名曰'大'"，可以看到，把"大"作为"道"的别称而加以重视。 如看一下上述《孟子》中对"美"、"大"等定义的方法，就会考虑到和《管子·心术下》、在把"气"规定为"体之充"的下文中所说"充不美，则不得"的联系。 实际上如考虑一下就可以知道，由于在体中养"气"而使之极于天地这本身，也可归入这一范围，所以《孟子》在这里所进行的对"大"的性格规定，不仅可以看到在《孟子》、《老子》中受重视，而且在《管子·心术上》、《内业》中也有着通用的广袤的外延。 在《心术上》里未见"气"的概念，但在那里，也有与上述《老子》相似的"道在天地之间也。 其大无外，其小无内"的说法。《易经·坤卦》的直、方、大，是儒家的，朝稍微不同形态方面发展的产物。 如考虑一下这里对"至大至刚"且"直"这一性质的规定，就会产生这样的印象：说到充体的"气"的样态，无疑和被认为是另外的"志"有着相近的性格。 这虽然是想用"志"来率"气"的孟子本身的期待，但自然，在认识肉体之"气"存在的同时，作为存在形态不是在朝着精神性的"志"的方面靠拢吗？ 可以认为，《孟子》说的"浩然之气"和《荀子》说的志意广大，有着非常相似之处。

下面要谈的是养"气"的方法问题。 这从消极的表现上来说，是养而无害，或曰"持其志，无暴其气"，就是要戒备"气"颠踬趋走。所以，如果和《管子》中恐怕"原泉"或"气渊"竭涸相比，则可知尽管渴望、期待"气"本身的充实，但却是连对"气"的信赖也没有，认为要靠"志"的第一性存在，"气"方始存在。 从积极的表现上来说，是配以"义"和"道"，认为不这样则"馁"，更具体地说，就是："是集义所生者，非义袭而取之也。 行有不慊于心，则馁矣。"所谓"配"，就是合、连接、添加之意。"气"据《孟子》的说法，被认为是如只有其本身则"饥"，也就是不能存在的，有了"义"和"道"之助，方始能够生育之物。"义"和"道"对于"气"，就成了生长剂。 接下去，由于还说靠"集义"方能生育，所以在"义"和"道"之中，可以讲是以"义"为中心。 所谓"集义"，据赵注，是和"义"在一起之意；而据朱注，则作重积"义"之意。 再其次，说到"行有不慊于心，则馁矣"，这当然是讲对于"心"的从属，然而可知，《孟子》说的"羞恶之心"也和"义"相关联。

根据孟轲自己不断反复强调的内容来判断，《孟子》倡导的养"浩然之气"的根据，在以前的历史上，至少在主体的意识中，也许只提到过"心"，但在这里，已开始意识到了未必顺从且会独自地行动奔走的身体方面的气力。 但是这"气力"，在《孟子》本身思考的范围内，原是在"志"统制的秩序下必须驯服之物，而如果出现集中发挥的情况，也会倒转秩序，以致引起动摇"志"的事态。 因此，如果颠踬趋走的

61

话，那种力量本身的存在也就变得不可忽视了。毫无疑问，在那时，就必然要尽可能地使它不颠踬趋走。主张性善说、想朝四方扩充的《孟子》，在这里虽也抑制"气"的盲动，但似可认为，它是企图使"气"从原初之际开始，就受到人伦秩序的中核——"义"的养育，使它与合乎《孟子》本来指趣的、想象的形象——"至大至刚"、"直"的状态一体化，在此基础上，使之扩散到被给予的本来的天地中去。关于养育"浩然之气"不是由"仁"而是专由"义"来担当这一点，则提出了如下情况："至大至刚"、"直"，这种"强"的一面，是"气"的特色（即在提出气的根本点上，是以"虽千万人，吾往矣"这种养勇气的问题为前提的）；更具体而言，为了和告子的"不动心"相对抗而提出自己独特的东西，不讲"义外说"而主张"义内说"是必要的。

导引和辟谷，原是传统的医疗方法，未必是道家的专法，由于道家书中多有记载，所以就有被视为道家方术的倾向。但是，在另一方面，也可以看到，如前所述，不是靠呼吸来使"气"充足，还要以饮食为基础方能实现的内容。《墨子》和《史记·扁鹊仓公列传》的医疗方法，就是这样的例子。《孟子》的"气"被视为"充之体"，它"壹则动志"、有"浩然"的形态；"至大至刚"且"直"，充塞于天地之间；它被强调与"义"和"道"相配；所以，不如说，它是受到"志"的吸引，性质就会有所改变，与《荀子》中所谓"血气刚强"而又"志义广大"的"行义"是相似的。然而，在谈到养"气"的同时，强调无"义"和"道"则"馁"这点上，古代以饮食之"气"为根基的养生说，不就可以作为其基础了吗？《淮南子·精神训》中曰：

> 血气者，人之华也；而五脏者，人之精也。夫血气能专于五脏而不外越，则胸腹充而嗜欲省矣。胸腹充而嗜欲省，则耳目清听视达矣。耳目清听视达谓之明，五脏能属于心而无乖，则敖志胜而行不僻矣。……气不散……忧患不能入也，而邪气不能袭。〔译者按：原引文省略颇多，此稍有增补，以连贯之。〕

认为血气充实于胸腹，除去欲望的邪气，便可以使视听透彻。 这和流传的古代医学《黄帝内经素问》及《灵枢》中所说的，水谷之气先入胃而为海，产生"气"，从五脏、六腑流向四肢，同时，一部分行于肺，与从鼻吸入的气息相合而为一，形成气海的内容相似。《管子·内业》中曰：

> 凡物之精，此则为生。下生五谷，上为列星……

藤堂明保《汉字语源辞典》认为"气"的语源是蒸米的热气；黑田源次《气的研究》以《说文》中《论语》的"食气"作"食既"为基础，认为"气"就是饮食为基础的生气。 凡此等等，都可与这一点联系起来。

2.《管子》中所见的"气"向"心"的扩张

《管子》中的"气"，由于和《孟子》的"浩然之气"的关系，从齐学的立场，以《心术下》和《内业》为主，关于它们相同之处和不同之处，在前面已经和《孟子》几乎是同样地被谈到过了。 在那里所能见到的主要议题，可以说，就是与以前的周（或春秋时代）在西方尤为突出地把人作为与天或是各种精灵相对的王朝体制下的人这种情况不同，就个人方面而言，变得不因外物而搅乱感觉，不因感觉而搅乱内心，希望从广泛的意义上来使内心得到充实。 这时，在那些篇章中，只有"气"，作为使与"物"相对的"心"、与"外"相对的"内"得以充实的材料，被认为起着主导作用。

但是，在《孟子》中的"气"和《管子》中的"气"不同，它被作为要在"志"即"心"的主导下养成之物；而且，即使说"气"的养成，比起"气"本身的养成来，更强调要在"道"、"义"这些内容于内部支撑着的形态中的养成。 因此，《孟子》中的"气"虽被认为是扩于天地的浩然之气，但比起自然的或肉体性的"气"来，更是被强烈要求具有在道义方面勇往迈进性格的"气"。 而《管子》中的"气"，在受"心"和"气"这两个范畴制约的理论立场上来说，未见有与《孟子》

特别不同之处。甚至，就连在重视"气"本体的《心术下》、《内业》中，"心"也受到比气更多的重视。认为国的安治，也要以"心"的状况如何为基础。这种根据"心"的统治，当然不是完全的"心"治，而是要通过由"言"和"事"作为媒介的过程。这也就像已经说过的那样，是和《孟子》相似的提出问题的模式。但《心术下》、《内业》中所能见到的特色，在于一方面是重视心，另一方面则是对"气"的重视毫不像《孟子》那样麻烦，不对"气"加以干涉。这在"气者身之充也，行者正之义也。充不美，则心不得；行不正，则民不服"的说法中被表现出来。

在这里，当然是指"气"——毫无疑问，只有宿于人的，才是精华的"精气"——为了"宿"，心的状况即以正静为基础，安定的心就成了一个重要的条件。另一方面，在伴有"耳目聪明"、"四肢坚固"这样的肉体条件的同时，首先就要有被称为"精之舍"的人的活生生的存在。而关于"精"，则有是"气"之精这样的说明。像《孟子》所说的那样，心对于肉体是优先的等内容，在这里则未见。但是，在《管子》一书里，也有未说到"气"的《心术上》，此篇开头，就强调了心在体中，据有君位，可以看到，通过《荀子·解蔽》中说的"心者，形之君也而神明之主也"，《淮南子·精神训》说的"心者，形之主也；而神者，心之宝也"，形成了连贯的谱系。也就是说，即使《管子》的《心术》上、下、《白心》、《内业》有相似内容的四篇中，也不是完全清一色地比"心"更重视"气"。在有意识地提出"气"是形成体的基础的《心术下》、《内业》这一系列的思想中，并没有从"心"趋向"气"的要求。在《心术上》，"体"被有意识地提出，但它受"心"的支配是绝对的，"心"完全立于最高点，处于企图受容"神"，或是"道"，或是"智"的阶段。在这一点上，也和在同一本《荀子》里的论说——与认为"心"是"形之君"的《解蔽》不同，《修身》则主张治"气"养"心"，或者治"气"养生的情况相似。

没有用"心"来制约"气"的理由之一，是即使用同样的"心"这

个词，却可以看到它在内容上有变化。 在《心术上》中，"心"用
"宫"来表达，但在其解说中，则作"智之舍"这样说明的场合。 这
和上文已经谈到的《心术上》的神入舍，及同样可指出的"德"为"道
之舍"的说法，还有《庄子》所谓的"灵府"或"灵台"都有相似之
处。"心"没有支配肉体的这一功能，而是作为具有某种广泛性之物，
被赋予起着受容高级功能场所的作用。 到了《心术下》、《内业》，
"心"虽然多次被提到，但可以看到，与"外"相对的"内"（或曰
"中"），作为替代"心"之物，也被多次地使用的情况。

　　还可以看到这样的例子：对于已经屡屡被提到的《心术下》"毋以
物乱官，毋以官乱心"这个受外物的搅乱时执守住内心的命题，被下了
"此之谓内德"的定义；与此几乎相同的《内业》的命题，则被下了类
似的"是谓中得"的定义。 这里的"内德"和"中得"，实际上是完全
相同的东西，与"外"相对，被"内"所得的东西，那就是"德"。 即
使在提到"心"的场合，也不只有《心术上》那样为了接受"神"的最
高级的"心"，还有称之为"中"或"内"那样的"心"的宿场，即被认
为具有某种广泛性的东西。 这一点，从其描述的情况来看，也和《心
术上》把"心"与神（或是"道"）相对立，作为只想获得、受容的东西
有着差异。 还有，关于生存方式，在《心术上》中，要求的是人去欲去
智，讲求虚静，因顺的、被动的生存方式。 而到了《心术下》，则发生
了所谓"'气'为身之充……其充不美，则心不得全"这样的变化，以
"气"的出现为契机，无疑是企图对"心"附加以条件。 作为生存方
式，也就不是虚静、因顺的被动的了，产生了主张要靠"专一"这种精
气的集中来积极对付的变化。《心术上》说"以物为法"，与之相反，在
《心术下》则主张"裁物"，不为物使。 可以认为，这正是靠"气"的
活动，使内部充实，形成了引起那样主体性的生动对应的基础。

　　《内业》中"心气"的用语，显示了"心"和"气"的交错；还有，
"心"不仅具有广泛性，《心术下》、《内业》认为心中又有心，可见
"心"除了广泛性以外，还具有深入性的要素。 而这种"心"深处之

"心"，被称之为"意"。"意"，和在表面上显现出的意识性的、认识性的"心"不同，被说成潜移入深处之物。 同一个"心"，成为具有广泛性又具有深入性之物，就变成具有和《心术上》以前的东西完全不同性格之物。 与以前的宗教性的、统制性的心相脱离，而与自然的、具体的东西接近；不再是意识性、认识性的东西，而变成无意识的、盲动之物。《心术下》、《内业》中使用的"意气"，或"气意"、"心意"，可以说是显示了与"心"之"气"交错的"意"的深层状况的窗口。 即使在与如前所述《孟子》"浩然之气"相类似的《心术下》、《内业》叙述的地方，作为第一步，说到了"内聚以为原"，或"内藏以为泉原"，"浩然和平"，"以为气渊"，也是通过以对内的充实为中心开始的；也认为首先要朝"内"在的源泉性之物集中，在此基础上，朝体之四肢，或九窍，再朝作为四方的"四周"，或天地，直至四海扩大开去。

关于从《管子·心术上》开始朝《心术下》、《内业》变化中所见的情况，可以指出：作为人的认识，或行动的主体方面，不仅有"心"，而且还提出了"体"；就是"心"的内涵，不仅具有广泛性，还企图朝中间深入的内层发展。 另外，从对象面来说，当考察人的状况、生存方式时，在《心术上》中所见的，被认为最高层次的，便是神、道；从广泛的角度来说，可称之为"外物"，而在其中心的，可以说就是人。也就是说，在其中，首先，"心"接受的至上之物是神，在这一点上，与《诗经》、《尚书》或金文相同，是处于被严厉的古代信仰所制约的世界中的东西。 但接下去，从认为"德"是与"道"相对的这一点开始，就朝着与人和物的生成相顺应的生存方式的问题发展了。 只是，那些根据"道"和"德"的原理，在"虚静无欲"这种消极的性格上，也是与古代信仰相同的低一层次的东西。

《心术下》和《心术上》的根本不同之处，不在于认为是由"神"或是由"道"这些他律的规范来决定人的形成和生存方式，而在于企图通过在身体中充实自然之"气"，由自律的集中力来把握外物和世界。 前面谈到了不为外物所乱的"内德"，继其之后就谈到了"意气"（即心内深层的意），认为这是以"气"为基础的。由于取得这种"意气"的安定，首先就应当返回到正常的状态。在反复冥思苦想也不能得的场合，被认为是鬼神教之，但这不是由于鬼神之力，实际上是由精气的极致。认为由"气"的专一而巧妙地变化谓之"精"，由事的专一巧妙地变化谓之"智"。而在可看到与《孟子》的"浩然之气"相类似表现的场所，说道：

> 内聚以为原（源），泉之不竭，表里遂通。泉之不涸，四支坚固。能令用之，被服四固。

到了《内业》，被《心术下》发展了的、在人的形成和行动中的"气"的主导性，更鲜明地彻底化了。在相当于"浩然之气"的场合，作"内聚以为泉原（源）"，"浩然和平"，"以为气渊"，把《心术下》只作"内聚为源"者的内容，明确地显示出来。还把不竭涸的场所作为"气渊"。《心术下》的"金心"，到了《内业》则成了"全心"，同样它也不是仅仅作为内在的东西，而是作为表现出外在形态、容貌和颜色之物。还有，在《内业》中有作"心气"之处，显示出"心"和"气"的并存，或把"气"作为使"心"得以成立的基础之物，可以看到和《孟子》由"志"来制约"气"的情况的不同。与前面所述《心术下》说的"意气定然后反正"相近的内容，在《内业》中则有"意气得而天下服，心意定而天下听"，在以"意"作为媒介的同时，首先确立"气"，而且与"心"并举。与《心术下》"专于意，一于心"相近的话，在《内业》中也可举出相似的句子，而同时，加上了"抟气"的内容。

《内业》不仅发展了《心术下》的"气"，而且还综合了《心术上》由"心"来受容神和道的一面。只是已经过了体验到身和"气"的阶段，当然不会只有与作为古代信仰的、以"心"为主的神、道相对立的

一面。 只要看一看"夫道者所以充形也";"心静'气'理，道乃可
止","定心在中……可以为精舍";"精也者，气之精者也，气道乃
生";"是谓中得，有神自在身……敬除其舍，精将自来";"大心而敢，
宽气而广，其形安而不移……独乐其身，是谓云气，意行似天";还有
"静则得之，躁则失之，灵气在心……心能执静，道将自定"等例子，
就可以知道，这里认为，道虽然宿于人的心中，但不仅仅在于心，也宿
于"气"或者说形之中;还有，神虽也宿于人的心中，但不仅仅在心，
也宿于身中;另外，"气"宿于人之身，但不仅仅是身，也宿于心。 与
把人之心与超越的神相对立的时期不同，进入把人之体作为场所、意识
到自然生命的阶段，在认识和体验上，主体也好，对象也好，分化、包
容都交错起来了。

正如已经指出的那样，"心"在意义上，有着广度和深度的伸缩，
无论在作为主体的身和形方面，还是在作为对象的神、道和"气"方
面，都产生了变化。 在这种变化中，最引人注目的特征，是作为生命
力的"气"的渗透性，它不仅涉及人之身，而且进入了包括所有物的广
阔范围;另外，在"气"中高度升华的精，带着比神、道更多的新鲜性
独立地被提了出来。 在《心术下》中有曰:"一气能变，曰精"，对精
的作用下了定义。 而在《内业》中，"精"则被定义为具有"精者，气
之精者也"那样作用之物。《内业》对于"精"和"气"具有形成物和人
的作用，有如下的论述:

> 凡物之精,此(张佩纶或改为"化")则为生,下生五谷,上为列星。
> 流于天地之间,谓之鬼神;藏于胸中,谓之圣人。是故民(丁士涵或改
> 为"此")气,杲乎如登于天,杳乎如入于渊,淖(丁士涵读作"绰")乎如
> 在于海,卒乎如在于己。

这和《庄子·大宗师》的"狶韦氏得之(道)以挈天地……"，《老子·
第三十九章》的"天得一以清……"，《韩非子·解老》的"天得之以

高……"相似；对于生动的"气"形成实际有代表性之物作用的各种表现形态，作为对其存在根据的说明，《管子》掺和着神话，进行了体系化的叙述。 而在说"道"是"人失之以死，得之以生，事失之以败，得之以成"时，与《韩非子》所说相同，比起"气"来，更先提到"道"的情况，在这里也表现了出来。《管子·枢言》中还曰："有气则生，无气则死。 生者以其气"，用"气"的有无来说明生死，这和《庄子·知北游》曰"人之生，气之聚也；聚则为生，散则为死"，以"气"的聚散来说明生死的情况是相似的。

在《管子》中，"气"虽一般被认为是使物的生机得以成立的基础，但在另一方面，提出作为事之成否的关键，对各种各样的事，要顺其理的讲法则经常可见。《韩非子·解老》的情况也相同。 但"气"涉及所有物，已达到了一般化的程度，而"理"则作为个别场合之物被限定化了。 遍及全体之物是道。 还有，"理"是从"事之成否"这种功利性的立场中所见之物。"理"和"气"当时虽然都具有新鲜性而被认为是考察的对象，但和后世宋学中的情况不同，就那样被错过而了之。

在《吕氏春秋》的十二纪，《淮南子·时则训》、《礼记·月令》中发展了的时令，也可以在《管子》的《四时》、《五行》、《幼官》篇中，看到可称之为其原型的内容。 在那里，作为四时运行的基础之物，提出了自然之"气"。 首先，在《四时》篇中可见，一年时令的构成有四时，从以中央为土，方位的东、南、中央、西、北和时节的春、夏（土用）、秋、冬相配合开始。 四时各自的"气"，则有风、阳、阴、寒。这些"气"中生成的五德以及国君的德与时令相违时，就会伴以灾异的兴起。 在与时令相违时，形成灾害的"气"被认为迅速就会到来。《五行》篇的构成，虽是根据"五德"，但未见有特别的"气"的配置。 然而，夏发地气，止郁气，秋以五谷之"气"飨鬼神，冬闭藏足"气"等等，提到"气"之处颇多。 还说到"货（化）暲（张佩纶读为'躔'之意）神庐，合于精舍"，得自然之常，"通乎阳气，所以事天也"，"通乎阴气，所以事地也"。

《幼官》篇中，虽未直接提出"五德"，但揭示以"土"置于前的四季，违时令的灾异后，在以十二日作为一节的时令中，涉及五色、五味、五声；国君治"气"；饮井户、火爨；称之为"藏"的"心"，称之为"行"的实践等多种事项，将它们配置着罗列出来。称之为"藏"的心有"温濡"、"不忍"等"藏"心法；称之为"行"的实践，则有"逐邪养正"、"笃厚"等实践的方法。关于"气"，提出了以时节为基础，国君治"气"；作为具体的行事，从水和火的交替开始，伴随着称之为"藏"的心，称之为"行"的实践，则提出有"和气"、"燥气"、"阳气"、"湿气"、"阴气"等。

在这里，作为季节基本的东西，就是五行，正如胡厚宣《甲骨文四方风名考证》所指出的那样，从殷代的风神到《山海经》的"四方"、《尚书·尧典》的"四方"、"四时"的发展中，可以看到其渊源。如看看在《管子》中被认为是实质性地形成四时的基础——《四时》的风、阳、阴、寒；《幼官》的和、燥、阳、湿、阴之"气"，就可以看到，虽以阴阳为轴，但是却把表现出自然界时间性变动特征之物作为"气"来提出的。而在《四时》篇中，虽作为四时的基础提出了"气"，而重点，则联系到与此相关的具体的国君之德和时令。到了《幼官》篇，时令变得详细了，那些"节"，被用地气、天气、义（郭沫若认为是"和"之意）气，绝气等"气"来加以说明，可以说，叙述的重点，是与国君治四时之"气"相联系，主张以实现"坦（'平'之意）气修通"，凡物皆生为目的。"治气养心"的内容，在《荀子》中也可见，但在《幼官》中，作为国君的时令，成为在各个季节中集中地使政治各种机能起作用的基础而被提出来。

自然之"气"，从语源上说，多取自《说文》"气"的解释中被作为"云气"的内容。在《管子》中虽也载有"云气"，但以《庄子》中为多。作为总的倾向，在《论语》、《孟子》、《荀子》等著作中间，多载有"血气"等人的方面的"气"，而到了《庄子》、《管子》、《吕氏春秋》等著作，人的"气"虽然也多，但无疑可以看到，自然的"气"更多地被表现了出来。"气"，正如《淮南子》等著作中所见那样，可以认为，是一个被纳入贯穿人和自然之物生成理论过程中的概念。

（小野泽精一）

第二节　《荀子》和《吕氏春秋》中的气

一、战国末期和宋代在"气"思想上的关联

正如众所周知，南宋的朱熹，是在存在论中以"理"作为终极之物的理气论者，他说：

> 天地之间,有理有气。理也者,形而上之道也,生物之本也。气也者,形而下之器也,生物之具也。是以人物之生,必禀此理然后有性,必禀此气然后有形。(《答黄道夫书》)

认为所有的存在，都是由理和气组成；明确地主张，理是性，即有关于人的仁、义、礼、智等非物质的东西；与此相反，气则是形成人的肉体之物。对此还有这样的说法：

> 气则能凝结造作,理却无情意,无计度,无造作。此气之凝聚处,理便在其中……若理则只是个净洁空阔的世界,无形迹,他却不会造作。气则能酝酿凝聚生物也。(《语录一》,沈侗录)

在此可以更明确地看到，在他的理论中，理是终极之物，不能生成物质；与此相反，只有气才是生成物质不可少之物。朱熹作为在存在论中主张只有理才是最重要之物的理气论者，正如他断言，没有气，就没有物质性的存在那样，气，是基本的概念。而这种气概念的基本性

质，实际上正是从古代中国人传统的物质观、社会观中产生的。 这种对于中国人说来是牢固而不可动摇的思想——把气作为万物生成基础的思想，可以说在战国时代的中期就基本确立了。 因此可以认为，被视为在战国末期形成的文献中，已有着较明确的表现。

在道家系统的文献中，《庄子》有曰：

> 人之生，气之聚也；聚则为生，散则为死。……故曰："通天下一气耳"。（《知北游》）

以气之聚散来说明人的生死，似可认为，不仅限于人，对于万物，也是同样的。 在同一书的《至乐篇》中，可以看到从"芒芴"状态中产生"气"，"气"成"形"，由"形"而"生"这样的发生过程；"死"则是按此相反的过程到达"芒芴"的内容。 这里，未见"聚散"之词，可以认为，也是以"聚散"的想法为基础的。 这种以气的聚散来认识人的生死、物之生灭的思想，可以说，成了以后中国人的基本的思想。 在也是以理和气来考虑存在问题的宋学中，明显地继承了这样的思想。比如，北宋的张载认为：

> 太虚无形，气之本体；其聚其散，变化之客形尔。（《正蒙·太和》）
>
> 太虚不能无气，气不能不聚而为万物，万物不能不散而为太虚。（同上）

用气的聚散来说明物之生灭变化。 南宋的朱熹说：

> 人所以生，精气聚也……然虽人死终归于散。（《语类》三，李闳祖录）

也是用气的聚散来说明人的生死。

以气的聚散来说明万物的生灭变化，可以说，是以万物由气形成这样的想法为基础的。这种由气来说明万物生成的体系性的表述，众所周知，在前汉初期的《淮南子·天文篇》中可以看到；而在战国时代属于儒家的《荀子·王制篇》所见者，虽说不是生成论，但可以讲是最集中的、综合的关于气和万物关系的说明。曰：

> 水火有气而无生，草木有生而无知，禽兽有知而无义；人有气、有生、有知亦且有义，故最为天下贵也。

在这里，把"气"作为无生物、植物、动物、人类共同的基本之物，按其次第，认为动植物和人类共同的是"生"；动物和人类共同的是"知"，最后，人类特有的是"义"，因此，人类是万物中最优秀之物；以气、生、知、义这样的顺序来确定其价值，确定万物在体系中的位置。显而易见，这里是把气体作为万物的基本要素。而这种对万物进行分析、确定位置的图式，也被南宋的朱熹所继承。所谓：

> 有血气知觉者，人兽是也；有无血气知觉而但有生气者，草木是也。有生气已绝而但有形质臭味者，枯槁是也……，故人为最灵而备有五常之性，禽兽则昏而不能备，草木枯槁，又并与其知觉者而亡焉。（《答余方叔》）

即是如此。虽认为形质是枯槁、草木、禽兽、人共同的基本之物，但从"必禀此气然后有形"（前引文）"气积为质"（《语类一》，游敬仲录）这样的说法来看，可以说，毕竟在思想中是把气作为基本的。

气，或者理和气正式地被作为问题提出，据此来考察存在的问题，是宋学的特色之一。但在宋学中被作为问题的"气"，实际上是继承了在战国末期已有了明确表现的气的思想的传统，关于这一点，通过以上叙述，当可概略地明确了吧！ 因此，现在，让我们以中国代表性的存在论中被视为基本概念——气概念生成期的战国末期为焦点，对被认为是那时著作——属于儒家的《荀子》和属于杂家的《吕氏春秋》——中出现的有关气的思想进行研讨，在从战国到秦汉时期的思想史中，来考察这些著作中所见的关于气的思想具有怎样的性质，占有着怎样的位置。

二、《荀子》中的气

如前所见，在荀子把万物按体系确定位置的思想中，是以气、生、知、义这样的顺序来考虑价值序列的，而作为使人处于比万物优秀地位的"义"，不用说，就是在荀况的思想中占有重要地位的礼义。 礼义被认为是"人伪"（即人为）的产物，这种"人为"与性情（即生而与俱的自然状况）是对立的。 与"人为"相对的性情，在如放任之便会造成社会混乱这样的意义上，与恶相联；"人为"，在产生礼义，靠礼义维持社会秩序，使个人生活得以安定这样的意义上，与善相联。 这样，在荀况思想的根基上，就横贯着对礼义（人为）的尊重和对性情（自然）的压抑这样的图式。 在这样的图式上，有着荀况主张性恶说的人的观念和重视后天获得的教育观，而这样的话，前面所见的在《王制篇》中被视为万物共同基础的"气"作为"人为"以前的东西，在荀况那里得不到高的评价，可以说也是理所当然的了。 基本的情况，可以说大体如上；但更具体地说，在《荀子》中"气"是怎样被认识的呢？ 这就是眼前要考察的课题。

概观一下在《荀子》中可见的气，大致可分为称之为"血气"的人身之气和称之为"阴阳"的自然界之气两类。 首先，我们就来研究一下人身之气吧！

为了了解前面所说《王制篇》中的"气"和"血气"的差异，可看看《礼论篇》的论述：

74

　　凡生于天地之间者，有血气之属必有知，有知之属莫不爱其
类……故有血气之属莫知于人。

"血气"被认为是指动物以上之物的气，《荀子》中这一词语所见甚多。
这"血气"可以说与前面《王制篇》中作为包括非生物、植物的万物共
同基础、被认为价值最低的"气"不同，似被认为是在人的身体中大致
与"气"相同之物。　这样的内容在《非相篇》中有曰：

　　今世俗之乱君，乡曲之儇子，莫不美丽姚冶，奇衣妇饰、血气态度
拟于女子。

认为血气不是对知性而言，而是与身体相联系之物。　在《修身篇》中
有曰：

　　扁善之度：以治气养生，则身后彭祖；以修身自强，则名配尧禹。
宜于时通，利以处穷，礼信是也。凡用血气、志意、知虑，由礼则治通；
不由礼则勃乱提慢（据王引之说改读）。

"修身自强"被认为和名声有关，与此相对，"治气养生"则被认为和以
长寿有名的彭祖相联的长命有关，这种情况说明，它不是知性的精神性
的东西，而是和身体有着密切的联系。　还有，这里以"血气、志意、知
虑"并称，可以说是显示了从身体之物到非身体性的知性发展的序列。
这种把"血气"和"志意"、"知虑"对比使用的例子，在《荀子》中屡
屡可见。　比如：

　　故君子……血气和平，志意广大……。（《君道》）
　　故乐行而志清，礼修而形成，耳目聪明，血气和平……。（《乐论》）
　　血气筋力则有衰，若夫智虑取舍则无衰。（《正论》）

行为动静待之而后适者耶？血气之精也，志意之荣也。百姓待
之而后宁也……夫是之谓君子之知，知。(《赋》)

等等，俱是如此。 在《正论篇》中，明确地认为对于知虑来说，血气是
次一等之物；《赋篇》中，认为血气和志意都是要靠知才能得以充分发
挥机能，与知相比，它们是次一等级之物；这些情况值得注意。 还
有，如联系到在《非相篇》中，把志意和形状进行对比而重视志意的情
况，那么，血气在和身体、形状密切相联这一点上，是比志意低一层次
之物当也可明白了吧！ 还有，在《修身篇》中可以看到这样的叙述：

治气养心之术：血气刚强，则柔之以调和，知虑渐深，则一之以易
良；……凡治气养心之术，莫径由礼，莫要得师，莫神一好。夫是之谓
治气养心之术也。

血气被与知虑进行对比，知虑作为应当养的对象，而血气在"治气养
生"的场合则同样被作为应当治的对象，值得注意。 这种对于气的想
法，与同样作为儒家的孟轲"养浩然之气"(《公孙丑上》)的想法明显不
同。 这是由于：孟轲主张生来就有的内在之物是好的并当养育之的性
善说。 与此相反，荀况则主张生来就有的内在之物如放任之，就会和
社会的恶相联系，要依靠外在规范的制约才能使之变善的性恶说，两者
是不同的。 此外，荀况对于气的态度，和在道家《庄子》中所见的轻
视人为知巧和极端重视天与之气的态度——认为这种气是人的本质——
也形成对照。

以上，对于《荀子》中作为主要关心对象的"血气"的考察结束
了，在这之外，与音乐的效果相联系，可见有"邪污之气"、"逆气"、
"顺气"(《乐论》)等词，还有"争气"(《劝学》)、"辞气"(《大略》)等词，
在此就不言及了。

其次，如看看荀况那里的自然界之气，则与"血气"等场合不同，"气"这个词几乎不被使用，而只限于"阴阳"之词。"阴阳"是气，这正如《庄子》中明言"阴阳，气之大者也"（《则阳》）所说。《荀子》中有曰：

> 天地合而万物生，阴阳接而变化起，性伪合而天下治。（《礼论》）
> 四时代御，阴阳大化，风雨博施，万物各得其和以生，各得其养以成。（《天论》）

这表明，自然界各种各样的变化和生成，与阴阳两种相反性质的气的消长变化密切相关，可以说，这是当时一般性的知识。 同样被认为是战国末期著作的《庄子》诸篇中，也有"阴阳四时运行，各得其序"（《知北游》），"四时殊气"（《则阳》），"阴阳相照相盖相治，四时相代相生相杀"（同上），"阴阳不和，寒暑不时，以伤庶物"（《渔父》）等说明自然界的气象变化是由阴阳决定、日月是由阴阳之气形成的内容，由此也可以推出上述的看法。 这样的看法，在后来《淮南子·天文训》中，则成为明确的体系性的记述。

但是，荀况关于自然界之气想法的特色，是用阴阳说合理、确切地理解自然界的变化、变异，不使之与政治相关联。 据《天论篇》之说，当时的一般人似都畏惧自然界的异变，推测在那些变异后面有着意志的存在，想要探求变异的意义，与社会和政治联系起来。 而荀况则认为：

> 星队木鸣，国人皆恐。曰，是何也？曰，无何也。是天地之变，阴阳之化，物之罕至者也。怪之，可也；而畏之，非也。夫日月之有蚀，风雨之不时，怪星之党见，是无世而不常有之。上明而政平，则是虽并世起，无伤也；上闇而政险，则是虽无一至者，无益也。（《天论》）

否定了当时天人相关的想法。 正如众所周知，荀况曰：

　　　　天行有常,不为尧存,不为桀亡。……强本而节用,则天不能贫;
　　　　养备而动时,则天不能病;循道而不贰,则天不能祸。(《天论》。从王
　　　　念孙之说而改读)

主张"天人之分"(《天论》),即否定自然现象和人事的相关关系。 而
且,在确认自然现象自律性的同时,也确认人事的自律性,把左右人事
的力量,限定于人类的努力之中,排除了不明确的迷信要素的介入。
因此,荀况对于四季和阴阳的态度是限定于这样非常实际的侧面:

　　　　所志于四时者,已其见数之可以事者矣。所志于阴阳者,已其见
　　　　知之可以治者矣。(《天论》)

对于四季的关心, 限于它的推移与劳作的关系;对于阴阳的关心, 则限
于关于两者调和的知识,可以在政治上应用。 总之,荀况不像孟轲那
样,把天视为人格的有意志的东西,作为人类价值的源泉;也不像《庄
子》那样,认为非人格化的哲学的自然的天当成为人类的价值源泉,成
为规范;而是把天视为单纯的物理性的自然。 因此, 作为单纯物理性
的自然的天,对于人类来说,不具有任何的权威;只是单纯地作为对象
的存在。 这种关于天的想法,实际上是和否认围绕人类的宇宙自然的
背后有着人格的有意志的存在,否认作为一贯的法则性规范的存在相联
系的。 荀况否认人类社会以外的,即人类力量未及、超绝之处的一切
权威。 因此,"阴阳之化"是单纯的自然现象,而不是这以外的东西。
在像成为荀况批判对象那样,汉代还盛行的天人相关的思想中,认为
"阴阳之化"的背后有某种具有意图之物,把阴阳的自然和人类社会相
关联;而荀况则否认阴阳的自然和人类社会的关联,贯穿着彻底的人
事、人为中心的想法。 可以说,荀况否认人类和自然在价值方面的关
联,但不能否定,在生物意义上的人的生成过程中, 没有人为介入的余
地,自然和人类有着连续性。 因此,荀况也就坦率地承认这一点,把

人生来便有的感觉器官称为"天官"，把人生来便有的感情称为"天情"，把统率人的各种机能生来便有的"心"称为"天君"，明确地表示了与自然的连续性。但是，不承认这些本身所具有的价值，而认为靠生来之物以后的人为形成的礼义（或义）才是价值的源泉。从这样的立场出发，就认为人之中的"气"，比起心知来，是次一等的，应当抑制的对象，前面关于自然界中的气那种彻底的以人为中心的想法，是与此相对应的，如说到对于"气"的态度，可以说在荀况那里是一贯的。

三、《吕氏春秋》中的气

被视为战国末期著作的《吕氏春秋》，成于秦国宰相吕不韦食客们之手，与《荀子》那样被认为几乎是一个人著作的作品的性质是不同的。成于多数作者之手或许也是一个原因，在其中，可以看到战国时代不同主张的各式各样思想，在前汉末的分类中，是属于杂家——收纳了战国各种不同思想——类的著作。因此，在此书中，也许无法求得像《荀子》中那样思想的一贯性。在《吕氏春秋》那里，关于气的思想有无独自的内容虽还是个问题，但对于气，有着一定的思想倾向则是确实的。因此，与《荀子》的情况相同，在这里，我也想把自然界之气和人之气区分开来进行考察。首先想提出自然界的气，而这主要在十二纪中可见。

在十二纪中所见的四季变化，根据气的理解如下，在孟春：

> 是月也，天气下降，地气上腾，天地合同，草木繁动。（《孟春纪》）

由于在上的天气下降、在下的地气上升这样气的活动，草木等开始活动，到了仲春：

> 是月也，日夜分，雷乃发生，始电。蛰虫咸动苏，开户始出。（《仲春纪》）

经过春分，过冬的虫子开始活动，而近于季春：

> 是月也，生气方盛，阳气发泄，牙者毕出，萌者尽达。(《季春纪》)

使生育的气变得非常活泼，温暖的阳气发散，生长变得非常旺盛，而

> 是月也……国人命傩，九门磔禳，以毕春气。(同上)

举行仪式，结束"春气"。 下面，到了夏季：

> 是月也，日长至，阴阳争。(《仲夏纪》)

在仲春之月，被说成是"日夜分"的春分，阴阳之气变得相等了，而以后，渐渐地变盛的阳气到达极点，阴气到最弱的时刻，就是这里说的"日长至"，即"夏至"。 在这时刻，到冬至将变得极盛的阴气对于阳气渐渐地取得优势，这就是表现为"阴阳争"。 下面，到了秋天：

> 是月也……天子乃傩，御佐疾，以通秋气。(《仲秋纪》)
> 是月也，日夜分……杀气浸盛，阳气日衰。(同上)

与仲春的生气相反，在这里，杀气变得活跃，在仲春发散的阳气渐渐地衰弱，被阴气所替代。 还有，这个时期的气也称作秋气。 而秋日愈深：

> 是月也，霜始降，则百工休。乃命有司曰，"寒气总至，民力不堪，其皆入室。"(《季秋纪》)

宣告寒气的到来，命令准备过冬。 接着，到了冬天：

是月也,天子始裘,命有司曰:"天气上腾,地气下降,天地不通,
闭而成冬。"(《孟冬纪》)

这是说,天气上升,地气下降,归于本来之处,不再交流,各种活动停
止了。 到了仲冬:

是月也,日短至,阴阳争。(《仲冬纪》)

到了冬至,与前面所见的夏至相反,秋分以来,变得比阳气占有优势的阴
气到达隆盛的极点,阳气渐渐恢复势力的时刻到来了,而冬天也将终结:

命有司大傩,旁磔,出土牛,以送寒气。(《季冬纪》)

举行送寒气的仪式,准备春气的到来。
　　以上,是在十二纪中所见有关四季推移与气的关系的记述,而叙说
气和四季推移相关联的内容,并不只限于十二纪。 作为与十二纪几乎
是对应的记述,在《季夏纪·音律篇》中有曰:

太簇之月(孟春),阳气始生,草木繁动。
应钟之月(孟冬),阴阳不通,闭而为冬。

就是如此。 此外,还有:

蕤宾之月(仲夏),阳气在上。
林钟之月(季夏),草木盛满(盈),阴气将刑,无发大事,以将
阳气。

等等,叙述了每个季节气的运动变化,可以认为,这和十二纪根本的思

想方法是相同的。 还有,《音律篇》在叙述十二律的发生之际说:

> 大圣至理之世,天地之气,合而生风,日至则月钟其风,以生十二
> 律……天地之风正,则十二律定矣。

根据天气、地气的交流,叙述了风的发生。 还有,在《孝行览·义赏篇》中说:

> 春气至则草木产,秋气至则草木落。

可以看到与十二纪对应的有关春气、秋气的记述。

在十二纪中,除了以上叙述的有关四季推移和气的关系之外,还有论说时令和与之对应的自然现象的其他各种变异相关联的部分。 在那里,涉及了人事(即时令)和自然(即气)的相关关系。 现将诸种变异中与气关联之处列举如下:

> 仲春行秋令,则其国大水,寒气总至,寇戎来征。行冬令,则阳气
> 不胜,麦乃不熟……行夏令,则国乃大旱,暖气早来,虫螟为害。(《仲
> 春纪》)
> 季春行冬令,则寒气时发,草木皆肃。(《季春纪》)
> 孟秋行冬令,则阴气大胜,介虫败谷。……行春令则其国乃旱,
> 阳气复还,五谷不实。(《孟秋纪》)

春天,是春气活动的时期(春气被认为会生成草木),也是"阳气始生"的时期,还是"生气方盛,阳气发泄"的时期。 在这个时期,如果施行应当在秋季下达的政令,阴气就会徐徐地占有优势,由于和秋天——准备进到阴气极盛的冬天的时期——相关的政令的影响,大水(水属阴)、寒气(寒属阴)这些和秋季相关之气的到来就会造成灾

害。 在这个时期如施行应当在冬季下达的政令，在这阳气应当变盛的时期，由于和阴气极盛冬季有关政令的影响，阳气就会被阴气所压倒，由于寒冷，麦子不实，由于不合时的寒气，草木生长停止，引起灾害。如施行应当在夏季下达的政令，由于和阳气极盛夏季有关政令的影响，就会引起旱魃（属阳），由于暖气过早到来，就会引起虫害。

其次，说到秋季，如施行应当在冬季下达的政令，由于和阴气极盛冬季有关的政令的影响，阴气变得极强而引起虫害；如施行应在春天下达的政令，由于和阳气开始变盛的春天有关的政令的影响而引起旱魃，在阴气应开始变盛的时期阳气还很活跃，谷物不实，引起灾害。 此外，在《仲冬季》天子对有司的命令中，虽有"发盖藏、起大众，阳气且泄"这样的辞句，但由于"发"、"起"这样的动态是属于阳，所以，尽管这种情况是在冬天发生，而在其深层的思想，则认为这是由阳气的影响而产生的活动。

以上，我们看到了叙说人事（即政令）、自然（即阴阳）等和气相关的记述，而这种主张是基于怎样的思想的呢？ 为了了解这一点，就必须再次反过来研究一下十二纪。 首先，如看一下《孟春纪》，则可以看到有：

> 立春之日，天子……以迎春东郊，还，乃赏公卿诸侯大夫于朝。
>
> 命相……行庆施惠，下及兆民，庆赐遂行。
>
> 牺牲无用牝，禁止伐木，无覆巢，无杀孩虫胎夭飞鸟。
>
> 是月也，不可以称兵。

等等，这些顺应着春天使万物生育这种自然界推移的各种仪式活动和命令，即以施"庆"、"惠"，温柔地关怀人们，使人身心舒畅的方法，来和春天的温暖及植物的发芽生育相匹配。 还有，不以牝为牺牲，禁止树木的采伐，禁止倾覆巢穴，禁止杀害幼虫等，是要助长自然界中万物生育的趋势。 不问正确与不正确，由于动用军队就会有杀害，所以不动用军队，这也是同样的宗旨。

在《仲春纪》中有曰：

> 命有司，省囹圄，去桎梏，无肆掠，止狱讼。祀不用牺牲，用圭璧，
> 更皮币。

等等，也是除去束缚人们、妨碍其生长之事，以顺应自然界春天万物生育的趋势；不用牺牲以及用玉来取代动物的皮，无非是因为杀害动物有逆于自然界朝生育方向的推移之故。

其次，在《孟夏纪》中有曰：

> 立夏之日，天子……以迎夏于南郊，还，乃行赏，封侯庆赐，无不欣说。乃命乐师习合礼乐。

记载着夏季是阳气最盛的季节，与自然界的繁茂相匹配，而大为喜悦。可以认为，由于喜乐之时，便用音乐来表达，所以记载了礼乐之事。

再次，在《孟秋纪》，有曰：

> 立秋之日，天子……以迎秋于西郊，还，乃赏军率武人于朝，天子乃命将帅，选士厉兵，简练桀俊，专任有功，以征不义，诘诛暴慢。
>
> 命有司，修法制，缮囹圄，具桎梏……决狱讼……戮有罪……天地始肃，不可以赢。

行"赏"虽与春夏相同，但其对象则是武人，还有，军人变得活跃起来，可以看到"征"、"诘诛"等与"生"相对的属于"杀"的范畴的词语。 军事原本就与杀害有关系，在春天被禁止，而在此登场了，可以说是顺应了阴气或杀气变盛，在秋天草木枯萎或凋落的自然界状况。与前面仲春时的情况完全相反，发出肯定拘束人、使之受苦或下判决，

加以处罚的命令，这也无非是顺应"天地始肃"这种自然界寒冷开始、消杀万物的推移。

下面，在《孟冬纪》中，有曰：

> 孟冬之日,天子……以迎冬于北郊,还,乃赏死事,恤孤寡。……察阿上乱法者则罪之,无有揜蔽。
>
> 大割牲,祠于公社及门闾。

等等。　在这里，"赏"是以死者为对象，怜悯的对象是失去近亲者，肯定不容赦地治罪，公然地认可屠杀牺牲。　在这里，与"生"相反，关于死的内容多了，还可以说，是和由于冬天阴气极盛，阳气活动最衰，寒冷严酷地使万物停止活动，濒临死亡这样的自然界状况相对应的。

从以上看来，春、夏、秋、冬每个季节的政令，正如"春生夏长，秋收冬藏"所说的那样，和每个季节的自然界的推移相关，这就很明显了。　而关于和十二纪相配被编纂的诸篇，只要看看其篇名：在春季，有《本生》、《贵生》、《尽数》；在夏季，有《大乐》、《侈乐》、《适音》、《古乐》、《音律》、《音初》、《制乐》；在秋季，有《荡兵》、《禁塞》、《论威》、《简选》、《决胜》；在冬季则有《节葬》、《安死》等等，可以看到与前面所见政令相一致的篇名，这可以说，政令与每个季节自然界的推移状况相关的思想，是《吕氏春秋》的作者们要说明的相当确定的内容。　这种思想的延伸，就产生了前面所见的政令的施行对自然界的状况（在这里，尤其是对自然界的气）及其他事件以影响的主张。这种主张的内容，如现在只限定在对自然界的气来说，那么，它就不只是单纯地说明政令和自然界之气的推移状况密切相即、确定，而且是说明，政令的施行，甚至可以达到招来与那种政令相即的季节之气这样密切的程度。　这种认为政令对外界具有影响力的咒术性的想法，可以说和后面要谈的天人相关说，即：

85

> 政失于此则变见于彼。犹景之象形,乡(响)之应声。是以明君睹之而寤,饬身正事,思其咎谢,则祸除而福至。(《汉书·天文志》)

是有联系的!

以上,对在十二纪中所见的自然界的气及自然界的气和政令的关系等进行了考察,在这里,想从以自然界的气为主,转到以人之气方面来探讨一下。 在《吕氏春秋》中,正如从"凡生非一气之化也,长非一物之任也,成非一形之功也"(《季夏纪·明理》)可推知的那样,与《荀子》、《庄子》相同,认为万物由气生成的想法是共同的,而多可见到有关人之气记述的,当首推《季春纪·尽数篇》和《季秋纪·精通篇》。在《尽数篇》中曰:

> 精气之集也,必有入也。集于羽鸟,与为飞扬;集于走兽,与为流行;集于珠玉,与为精朗;集于树木,与为茂长;集于圣人,与为敻明。精气之来也,因轻而扬之,因走而行之,因美而良之,因善而长之〔译者按:一作"因长而养之"〕,因智而明之。

认为精气从自然进入到各个个别的存在之中,分别就成为个别物体活动的源泉。 在同一《季春纪》的《圜道篇》中曰:"精气一上一下,圜周复杂,无所稽留",精气是在天地间活动着的没有止息之物。 顺便提一下,被视为稍迟于《吕氏春秋》成立的《易·系辞上》的传中,也可看到"精气为物"这种由精气生成万物的思想。 还有,《恃君览·达郁篇》中也有曰:

> 血脉欲其通也,筋骨欲其固也,心志欲其和也,精气欲其行也。

说明,精气是活动之物。 关于被认为与这种活动的精气有关系的

"精"的感应性的记述，在《季秋纪·精通篇》中有曰：

> 圣人……号令未出，而天下皆延颈举踵矣。则精通乎民也。夫贼害于人，人亦然。……神者先告也。身在乎秦，所亲爱在于齐，死而志气不安，精或往来也。

关于周代申喜与母离散而与其母不可思议地再会的原因，可以看到这样的说明：

> 父母之于子也，子之于父母也，一体而两分，同气而异息……虽异处而相通，隐志相及，痛疾相救，忧思相感，生则相欢，死则相哀，此之谓骨肉之亲。神出于忠而应乎心，两精相得，岂待言哉？

在前者，是说君主与民众之间，加害者与被害者之间，亲爱的同士之间，可以用一般常识性传达手段以外的方法来相互传达。 在此之际，作为传达媒介之物的精或神，被认为具有这种感应能力之物。 而在后者，亲子之间，正如"同气异息"所说，被认为气是相同的，因此，即使处在不同的场所，也会相互沟通，会同感哀欢。 就是说，没有必要用语言作媒介，神就会相应，精就会相互感应。 在《精通篇》的其他场所，还可以看到以"诚"取代精而被使用的例子，一般说来，"精"也可以作为"诚"的意义使用，但在上面的例子中，"精"和"神"相对应使用，就不能与"诚"置换。 关于这种精的感应能力，《审应览·具备篇》中，说到三个月的婴儿什么都不知道，而只知道慈母之爱，这就是由于慈母之诚的缘故，曰：

> 故诚有诚乃合于情，精有精乃通于天。水火木石之性，皆可动也。又况于有血气者乎？

此外，在《审分览·勿躬篇》中也可看到这样的说法：

> 是故圣王之德……神合乎太一，生无所屈，而意不可障；精通乎
> 鬼神，深微玄妙，而莫见其形。

但如果说到"精"是何等之物，它和精气不能说是同一的，也不能说和"气"是完全相同的，这从上面的例子中，当可明白了吧！但正如"精"也作"精气"而被使用，这在一般作"精神"的场合屡屡可见那样，它似是可起到与今天说的精神性作用相似作用之物。而在《尽数篇》中，甘、酸、苦、辛、咸这五味是充于形；喜、怒、忧、恐、哀的感情是接于神，与此相对应，寒、热、燥、湿、风、霖、雾这七者，被认为是动于"精"者，如从身体性之物到精神性之物来排列的话，就成为形、精、神这样的顺序，说到精，在感得外气这样的意义上，被认为是与气密切相关之物。还有，在同一篇中有曰：

> 流水不腐，户枢不蠹，动也。形气亦然，形不动则精不流，精不流
> 则气郁。郁处头则肿为风，处耳则挶为聋，处目则䁗为盲，处鼻则为
> 鼽为窒，处腹则为张为疛，处足则为痿为蹙。〔译者按：原引文有删
> 略，今据原文补全〕

认为精作为联结形和气的媒介在起着作用，精和气有着密切的关系。顺便附带说一下，关于疾病与气的关系，也可以看到这样的说法：

> 多阴则蹙，多阳则痿。……燀热则理塞，理塞则气不达。味众珍
> 则胃充，胃充则中大鞔。中大鞔而气不通，以此长生可得乎？（《孟春
> 纪·重己》）

还有这样的例子：

　　　　古人得道者，生以寿长……奚故？论早定也，论早定则知早啬，
知早啬则精不竭。(《仲春纪·情欲》)

可以说，这里把与长生有关系的精，作为与知性活动也相关联的生命
力！ 这样说是由于在被认为或与此书成立时期相同的《庄子·在宥
篇》、《刻意篇》、《达生篇》等中间，是以形和精来包括人的，所以，认
为不能把精单纯地限定为生命力。 而且，如看看在《庄子》中"天地
之精"(《在宥》)、"六气之精"、"山川之精"(《肤箧》、《天运》)等在自然
界方面被使用的情况，可以认为，不能把它限定为单纯的人的知性的作
用。 总之，是否可以说，像《淮南子·精神训》篇题的高诱注中所见
的那样，对于人而言，"精者人之气，神者人之守"这样的讲法，虽显疏
阔，但较为妥当呢？

　　以上，主要是浏览了关于精气和精的内容，可以明确：两者都和活
动有着相关的关系，尤其是精，具有特殊的感应力，具有以超越通常传
达手段的方法相互感应的可能性。 这和前面所见的，政令和自然界及
其他事件之间有可能感应的思想有共通之处，可以认为，都是以后所说
的天人相关说的思想基础。

　　除了以上涉及的以外，在《吕氏春秋》中，还可以看到：战争中的
"气"(《决胜·悔过》)、国之兴亡与"民气"(《决胜》)、自然界的阴阳和
"民气"(《古乐》)——这说到自然界之气与人之气的相关关系，与后面
谈到的天人相关说是共通的——"阴阳"(《尽数》、《明理》、《本味》、《下
贤》、《察今》)、"滔荡之气"(《音初》)、"意气"(《审分览》)、"气志"(《精
谕》)等有关气的词语，在此就不言及了。

结　束　语

　　通过以上考察而明确的，被认为战国末期一般的有关气的思想是：
万物皆由"气"形成，尤其人的生死，被认为就是"气之聚散"；自然
界之气，主要表现为"阴阳"或"天地之气"，由于天地之气和阴阳之

气的交流消长，就引起了四季的推移和气象上其他的各种各样的变化；人之气，主要表现为"血气"、"精气"、"精"等等，血气被认为比起与精神的关系来，与身体的关系更为密切；与此相对应，精气，精，被认为是处于知性和身体中间之物；是生命活动以及知性活动的基础、源泉；还有，精被认为具有超越一般的知性传达手段而可能进行传达的神秘的感应能力，等等。

战国末期，当时关于气的总体的想法，大致如上所述，而这种对于气的态度和认识，在《荀子》和《吕氏春秋》中是不大相同的。荀况认为，气在作为万物基础这样的意义上是不可少的，但从以人为中心的立场出发，认为人之所以为人在于义，不认为人的本质就是气。还认为，作为人之气的主要者——血气，是应当控制把握的对象，而对于自然之气，它作为自体自律之物，不会与人类社会进行神秘的交流。与此相反，《吕氏春秋》中，认为人之气主要是精气；认为通过精，人类相互的神秘感应是可能的；还认为，自然界的气和人类社会的交流是通过时令来进行的，气被认为在人之中起很大的作用。这种认为时令和自然界之气有密切关系的想法，不仅在秦的《吕氏春秋》，而且在齐的《管子·四时篇》、《幼官篇》，以及时代稍后，楚的《淮南子·时则篇》，还有《礼记·月令篇》等中间也都可看到，可以说，是在整个中国领域中被广泛接受的。这种重视"气"的想法，在《吕氏春秋》"同气贤于同义，同义贤于同功（译者注：一作'力'）……"（《应同》）这样的语句中也偶尔出现，这是和认为义比气对人更为重要的荀况重视"义"的想法正相反的。而《吕氏春秋》上述的认为神秘性的人和人，人和自然交流的想法，确是和汉代的天人相关说有关联的东西，举其一端为例，我想，在《吕氏春秋·应同篇》和董仲舒《春秋繁露·同类相动篇》中，也可以看到被认为是相同的类似语句和想法。

（泽田多喜男）

第三节　《易传》中的阴阳和刚柔

一

关于"阴阳"的字义,《说文解字》中颇可得其古义。 据其对字的解说,曰:

> 阴,闇也。水之南,山之北也。从阜,会声。
>
> 阳,高明也。从阜,易声。

这个"阳,高明也"的解说,是承其前面的"阴,闇也",表示与之相反之意。 因此,虽未说水之北,山之南为阳,但也有这个意思。 而明确地把山南水北称为阳,山北水南称为阴的实例,可举出《春秋谷梁传·僖公二十八年》、《春秋公羊传·桓公十六年》的各传注(见《段注》)。 阳(陽),作为阜(山)和易(与章切,日光之意)的合字,兼有形声会意,[7]阴(陰),也是阜(山)和会(于今切,闇之意)的合字,同样兼有形声会意。 因此,山的向日一面为阳,背日一面为阴,山的向日一面"高明",背日一面则"闇"。 根据这样的向日和背日,当然,明暗、暖寒的差别便可判然,据此,方位可被意识,乃至可被理解为山之南北,水之北南。

《诗经》和《书经》等著作中所见的阴和阳的用例,有显出遵从上述古义的内容。 首先是《诗经》中阴的用例:

> 噎噎其阴,虺虺其雷。(《邶风·终风》)
>
> 习习谷风,以阴以雨。(同上《谷风》)

这是"阴之貌"（见《集传》）。 有曰：

> 既之阴女，反予来赫。（《大雅·桑柔》）

这里"阴"是"覆也"（见《集传》）。 同样，阳的用例有：

> 春日载阳，有鸣仓庚。（《豳风·七月》）

这里"阳"是"温也"（见《郑笺》）。

> 载玄载黄，我朱孔阳。（同上《七月》）

这里的"阳"是"明也"（见《毛传》）。

　　据此，阴乃是"天阴"、"覆盖"之意；阳则是"温暖"、"明亮"之意。 从这个意义出发"阴雨"（《曹风·下泉》及其他）就意味着"空昙而雨降，还有其雨"；"凌阴"（《豳风·七月》），"凌"是冰，就意味着"冰室"（《集传》）。 还有，"阳阳"（《周颂·载见》），是"明也"（《集传》）；"君子阳阳"（《王风·君子阳阳》）意味着"得志之貌"（《集传》）。 可知这些也就不是无理的了。 还有，与山、水相联，意味其南北的说法甚多。"岐之阳"（《大雅·皇矣》及其他），"南山之阳"（《召南·殷其雷》），"猗（山名）之阳"（《齐风·还》），"首（山名）阳"（《唐风·采苓》）等等，都意味着这些山之南；"洽之阳"（《大雅·大明》），"泾阳"（《小雅·六月》），"渭阳"（《秦风·渭阳》）等等，都意味着这些水之北。 也有意味东、西的，"夕阳"（《大雅·公刘》）是山西（《毛传》），"朝阳"（《大雅·卷阿》）是山东。 这些也都是基于南、北来理解的。

　　其次，《书经》中的用例，也从其古义，多与山水相连来称地名。"华山之阳"（《武成》），"岷山之阳"（《禹贡》）以外，"岳阳"、"衡阳"、"华阳"、"华阴"、"峄阳"等等，俱见之于《禹贡》，都显示了阳为山

南、阴为山北之意。 还有，"阴骘"（《洪范》）、"亮阴"（《说命》及其他）
的"阴"，是"闇"之意，特别是后者，音、义都作"闇"。 此外，《春
秋》中所见地名多用阴阳，也俱是基于上述之意。

　　再在《诗》、《书》中各举一个从上述古义作"阴阳"的常见之例。
《诗经》中有曰：

　　　　既景遒冈,相其阴阳。（《大雅·公刘》）

这是建造豳都之时，计日影，登高冈，望地形，视其阴（山北）和阳
（山南）的"向背寒暖"（《集传》）。《书经》中有曰：

　　　　论道经邦,燮理阴阳。（《周官》）

把阴阳作为"和理"（《孔传》）、"和调"（《蔡传》）之意，云：

　　　　阴阳以言气,道乃阴阳之理,恒而不变者也。（《蔡传》）

在这里，从阴和阳的古义进一步发展，以至成为阴气和阳气之意。
　　总之，阳、阴的古义，是向日、背日；据此判别明、暗，从阜
（山）而言，则意味山南、山北；还意味水北、水南，根据其向背、明
暗而察知暖、寒。 这种暖、寒与气相联系，就被作为暖气、寒气；而表
现为阳气、阴气，则显示了从阴阳古义的进一步发展。 这和另行发展
的先秦诸子思想家们强有力的气的思想有深刻的关系。 关于这种气的
思想的发展，在前面诸位的论著中已叙述得颇详细，而下面特想就阴
气、阳气的思想略作论述。

二

　　关于把阴阳理解为气，在《春秋左氏传》中已可见其明文。 它们

气 的 思 想

作为自然现象，在"六气"中被一一列举；作为寒、热而被意识到：

> 天有六气,降生五味,发为五色,征为五声,淫生六疾。六气曰:
> 阴、阳、风、雨、晦、明也。分为四时,序为五节,过则为菑。阴淫寒疾,
> 阳淫热疾,风淫末疾,雨淫腹疾,晦淫惑疾,明淫心疾。(《昭公元年》)

这里所说的，就是那样的意思。 这是秦国的医和诊察晋侯之疾时，叙说的一般引起疾病的原因，认为六气（阴阳风雨晦明）顺当得节，则不会生疾；如过度，则为灾，生六疾。 从在将六疾和六气相配置之际，把寒疾对阴气、热疾对阳气这一点上，可以看到这显示了阴阳二气和寒暖的关系。 但是，这里把阴阳和晦明并列而言，没有自觉意识到晦明是阴阳的性质，也没有说到，风雨是阴阳相争的结果。 这样的阴阳二气，原来虽是作为自然现象而被意识到之物，但它以中国古代思想中占统治地位的天人相关思想为基础，以致构成了被统括天人的气的思想所包摄的气的宇宙生成论。 那种气的思想在先秦诸子的思想家们中间是显著的。 比如，《孟子》中说的"浩然之气"、"平旦之气"、"夜气"等等，就不是单纯作为自然现象的气，而是和统括天人的气的思想深有关系的。 其中有曰：

> 其为气也,至大至刚,以直养而无害,则塞于天地之间。其为气
> 也,配义与道;无是,馁也。(《公孙丑上》)

这气不像元气、勇气那样，只是在个别的生命中充满的活动力，而成为"养而无害"则充满于天地间，汇通天地万物的一种大生命力。 它是生成人类（这自不待言）、天地万物、使四时运行的所有活动力的根源。 另一方面，这种大生命力的根源被追求，其所以然的原因被考察，而在道家的宇宙生成论中被论说。 比如，庄周在其妻死的时候回答惠施的话，有曰：

94

> 察其始而本无生，非徒无生也而本无形。非徒无形也，而本无
> 气。杂乎芒芴之间，变而有气，气变而有形，形变而有生，今又变而之
> 死。是相与为春秋冬夏四时行也。(《至乐》)

这是说，如寻求其生命力的根源，开始既无生，又无形，也无气。只
是在恍惚芒昧、混沌难测之间自然而化。变而为有气、形、生。人的
生死也像春、夏、秋、冬四时运行那样，是自然而然的。庄周把这种
自然而然的活动力用气的思想来认识，而到了《老子》，就明确地从根
源上来叙说：

> 道生一，一生二，二生三，三生万物。万物负阴抱阳，冲气以和。
> (《四十二章》)

这是说，活动力的根源，难以为名，强名之曰道。道的生成作用，是
生成混沌的一气，这一气生成阴阳二气，二气生成了合和涌动的冲气而
成三气，三气生成万物。因此，万物都是负阴抱阳，而有使这阴阳二
气感应的冲气，合和二气、生成万物。这是根据气思想的"一元、二
气、万物"的宇宙生成论。

与上述的宇宙生成论相对，专以阴阳二气来阐明四时运行的思想，
在先秦诸子中也显然存在。论说阴阳消息而自成一家的是阴阳家(《史
记·邹衍传》)。这种学说认为：阴阳二气的消息，随四时的推移而节度
流行，此乃天道之大经(《史记·太史公自序》，《论六家要旨》)。这被作
为"历法"，认为它不止单纯地制约社会生活的实用方面，因为它和中
国古代当政者的政治哲学有着关系。因此，王朝交替之际，作为受天
命的天子为了使天下周知，就要改变诸种制度，即所谓"受命改制"，
进行改变正朔这种改历的重要仪式。然而那种历，在实用性方面，具
有农耕历的显著性格；在历法方面，基本上是作为太阴太阳历来进行改
历的。说明与这种历法密切相关来施行政治的文献是《月令》。所谓

"月令"，就是一年十二个月的政令之意，见于《礼记》，而其先导，则在《吕氏春秋》的十二纪。现在，据此，对用阴阳二气的消息解明四时运行的实例，加以考察。

众所周知，十二纪，是从孟春正月纪开始，到季冬十二月纪结束的四时各月的月令，各月纪的文字条款大致区分一下，由日缠中星、五行、节物时候，天子居所，迎礼、农事、禁令、违令等记载组成。基本的性质是农耕历，而农事与寒暖的气象关系最深。据其所记，天气上腾，地气下降，天地二气不通则为冬（《孟冬纪》）。相反，天气下降、地气上腾，天地二气和同，则草木萌动（《孟春纪》）。[8]认为由天地二气生成暖气和寒气，暖气是生气，寒气是杀气，还有，生气是阳气，杀气则是阴气。在说到农事的条目中曰：

> 是月也，生气方盛，阳气发泄，生者毕出，萌者尽达。（《季春纪》）
> 是月也，日夜分。……杀气浸盛，阳气日衰。（《仲秋纪》）

在说到违令的条目中有曰：

> 仲春行秋令，则其国大水，寒气总至，寇戎来征。行冬令，则阳气不盛，麦乃不熟，民多相掠。行夏令，则国乃大旱，暖气早来，虫螟为害。（《仲春纪》）
> 孟秋行冬令，则阴气大胜，介虫败谷，戎兵乃来。行春令，则其国乃旱，阳气复还，五谷不实。行夏令，则多火灾。寒热不节，民多疟疾。（《孟秋纪》）

把暖气说成是生气、阳气；把寒气说成是杀气、阴气。

重要的是，这种生气和杀气、阳气和阴气有着关系。把这种关系称之为"争"的记载有如下两条：

是月也，长日至，阴阳争，死生分。（《仲夏纪》）

是月也，日短至，阴阳争，诸生荡。（《仲冬纪》）

前者是在夏至、后者是在冬至的禁令记载中的内容，文中"长日""日短"的"日"，与"昼"同义。在《仲春纪》、《仲秋纪》两部分的记载中，作"日夜分"。阴阳，自不用说，是指阴阳二气，这里所谓的"争"，前者是说"阴气始起于下，盛阳盖覆其上"（《高诱注》）；而后者是说"阴气在上，微阳升动"（同上）。盛阳覆盖下阴气萌动和盛阴覆盖下阳气萌动，这就被称为"争"。而如果说后面有"以定晏阴之所成"（《仲夏纪》），还有"以待阴阳之所定"（《仲冬纪》）的说法，则可以说，这里是以"争"为契机，可见到阴阳二气消息状况之处。它把四时的运行、推移视为阴阳二气的消息，说明了这样的阴阳消息观在《吕氏春秋》的十二纪中是显然存在的。但是，即使在"二至"中微阴微阳萌动，在"二分"中阴阳相半的消息观显然存在，然而在四时各个月中阴阳消息的详细状况并不明确，支撑着这些的思想根据也不明确。这要到汉初的卦气说中才明确地显示出来，而在这里，《易传》的阴阳思想就成了媒介。

三

《庄子·天下篇》里，概要地叙说了六经的主题，称《易》是专说阴阳之书。[9]但是，在《易经》的经文中说到"阴阳"的，只有"鸣鹤，在阴"（《中孚·九二》）这一条，而这也只不过限于阴的古义——"背日"的意义，完全未见有言及阴阳思想的内容。被称之为专说阴阳的内容，不在经文中，而在于经文的解释，即《易传》（十翼）中。在《易传》中，尤其以《系辞传》、《文言传》中为最多，而发端则在这之前的《小象传》、《彖传》。可以认为，是从《小象传》、《彖传》中专有的刚柔思想，发展到了《系辞传》、《文言传》的阴阳思想。这一情况，通过将刚柔思想和阴阳思想的对比，就可以明白了。首先，将《易传》中所见的刚柔、阴阳的用例，按其出现频率数作成下表。

易传	(1) 小象传	(1) 象传	(2) 系辞传	(2) 文言传	(3) 大象传	(3) 说卦传	(3) 序卦传	(3) 杂卦传	总计
刚	8	35	1	2	0	1	0	0	47
柔	2	16	3	0	0	0	0	0	21
刚柔	0	19	1	1	0	1	0	3	25
刚柔	5	6	9	0	0	2	0	0	22
计	15	76	14	3	0	4	0	3	115
阴	1	0	4	1	0	0	0	0	6
阳	1	0	3	2	0	0	0	0	6
阴阳	0	2	2	1	0	2	0	0	7
阴阳	0	0	3	0	0	2	0	0	5
计	2	2	12	4	0	4	0	0	24

文中按单称刚者,单称柔者,刚、柔对称者,刚柔作连用语者分为四类,"阴阳"也按此准则分为四类。 还有,关于《易传》的成立年代,作为相对的先后,是这样考虑的:(1)《小象传》、《象传》最古老,成立于先秦;(2)《系辞传》、《文言传》继之,成立于秦汉之际;(3)《大象传》、《说卦传》,以及《序卦传》、《杂卦传》最后,成立于前汉末期。[10]

如上表所见,刚、柔在《小象传》、《象传》中频频出现,占其总数的百分之六十四。 还有,由于刚柔的出现频率数与阴阳的出现频率数相比要多得多,而且集中在《小象》、《象传》中,所以也可以认为,《易传》中所见的解释,是发端于《小象》、《象传》的刚柔思想,进而为《系辞传》、《文言传》的阴阳思想,最后被阴阳思想所归纳取代。下面,就想来实证这一点。

众所周知,《象传》是解释卦辞的,《小象传》是解释爻辞的。 易以九、六组合构成六爻,由六十四卦,三百八十四爻组成。 因此,就有六十四卦辞，三百八十四爻辞。 而这些卦辞、爻辞，一般的通例，是由象和占构成。《彖传》是解释那些卦的整体，《小象传》是解释那些卦中各爻的象和占。 而在那些占的解释学中所具有的，完全是刚柔思想。 虽说是望文生义的解释，但它却完全用刚柔的思想，来作为显示吉凶悔吝的卦辞、爻辞之占的根据。 而且所有都和各卦各爻爻位中的九、六位置联系起来。 这些爻位从下位顺次到上位，称为初、二、三、四、五、上，这加上九、六，就称作初九、初六、上九、上六、九二、六二、九五、六五等。 据此，可以把九、六六爻在各位的位置确切地表示出来。 完全是用刚柔思想来解明那些位置上的九（刚）、六（柔）之占。 在只不过是表示九、六这样的奇、偶之数上，加上意味刚（健）、柔（顺）之德的目的性性质，这就作为资以解明吉凶悔吝之占的根据。 因此，必然的，两者的位置及其关系就被重视。 正因为如此，如在两者的位置及其关系这一点上能看到《小象传》、《彖传》中说的刚柔，那么，这种刚柔思想就可以被解明了。

　　下面，把两者的位置及其关系从"正"、"中"、"应"这样三方面来考察。 首先，第一所谓"正"，就是把刚爻在刚位，柔爻在柔位称为"位正"，反之，则称为"位不正"。 这在《小象传》、《彖传》中频频出现的表达形式则作"位当"、"当位"、"得位"、"在位"（位正），而与此相反的则作"位不当"，"不当位"，"未得位"，"失位"，"非位"（位不正）。 不必说，前者被用来说明所以为吉，而后者则被用来说明所以为凶。 如根据作为其对象的爻位和刚柔来分类的话，则有：

（A）"位当"、"当位"（位正）：

- 六四……(19)临、(22)贲、(39)蹇的《小象》
- 九五……(10)履、(12)否、(61)中孚的《小象》
  (33)遁、(39)蹇、(60)节的《彖传》

"得位"、"在位"（位正）：

· 六二……(13)同人的《象传》

· 六四……(37)家人的《小象》

　　　　(9)小畜、(59)涣的《象传》

(B)　"位不当"、"不当位"(位不正)：

· 六三……(10)履、(12)否、(16)豫、(19)临、(21)噬嗑、(38)睽、
(51)震、(58)兑的《小象》

· 九四……(35)晋、(43)夬、(45)萃、(55)丰、(62)小过的《小象》

· 六五……(34)大壮的《小象》

"未得位"、"未当位"，"失位"、"非位"(位不正)：

· 九四……(32)恒、(40)解、(56)旅的《小象》、(62)小过的
《象传》

可见，前面的"位正"者，限于六二、六四、九五；后面的"位不正"
者，则限于六三、九四、六五。 也就是说，在"九"中，位正者是九
五，不正者是九四；在"六"中，位正者是六二、六四，不正者是六
三、六五。 而说正、不正，主要是在于二、三、四、五爻位。 作为例
外，有：

(5)　需上六《象》……虽不当位，未大失也。

这一条说的是"上六"，

(1)　乾上九《文言二》……贵而无位。

100

这一条是关于"上九"。 对于这二条，魏王弼论曰："初、上无定位，说事之始终"（《略例·辨位》），说位的正与不正，限于二、三、四、五，是以《系辞下传》的二和四、三和五同功异位章为根据的。 还有：

(47) 困上六《象》……困于葛藟，未当也。

这也是"未当位"之意，和 (5) 需上六的例子相似。 总之，用以解明吉、凶、得、失的刚柔之正与不正，当视作是限于二和四、三和五的。因此，

(63) 既济《象》……刚柔正而位当也。
(64) 未济《象》……虽不当位，刚柔应也。

这两卦中说的刚柔之位的正、不正，也当视作是严密地对二和四、三和五而言的!

与上述爻位的"正"一起被重视的，是下面的"中"和"应"，甚至比起位正来，更被重视。 所谓"中"，不用说，是指处于二位和五位者，为内卦和外卦的中卦。 也就是说，九二、六二、九五、六五被称为中。 如和前面的位正一起来说的话，则二位的六二，五位的九五则是"正中"，自然也就比单纯的"中"更被重视。

如研究一下有关"中"的《小象传》、《象传》的实例，那么，根据"中"、"在中"、"得中"这样的表现来说明所以为吉的内容是极其多的。 如：

(A) "中"、"在中"：

- 九二……(26)大畜，(29)习坎，(34)大壮，(41)损，(47)困，(64)未济的《小象》
- 六二……(45)萃的《小象》

101

气 的 思 想

- 九五······(29)习坎、(39)蹇、(43)夬、(59)涣，

　　(60)节 的《小象》

　　(59)涣 的《象传》

- 六五······(51)震、(52)艮、[11](54)归妹的《小象》

(B)"得中"(刚得中，柔得中)：

- 九二······(57)巽的《小象》

　　(6)讼、(40)解、(60)节、(61)中孚的《象传》

- 六二······(13)同人，(62)小过，(63)既济的《象传》
- 九五······(39)蹇，(53)渐，(60)节，(61)中孚的《象传》
- 六五······(21)噬嗑，(38)睽，(50)鼎，(56)旅，(64)未济的《象传》

(C)"刚中"：

- 九二······(4)蒙的《象传》
- 九五······(8)比的《象传》
- 九二、九五······(9)小畜，(29)习坎，(47)困，(48)井，(58)兑的

　　《象传》

(D)"刚中而应"：

- 九二——(六五)······(7)师，(19)临，(46)升的《象传》
- 九五——(六二)······(25)无妄，(45)萃的《象传》

在上述的例子中，关于"得中"的(21)噬嗑(火雷)的六五，有曰：

　　柔(六五)得中而上行，虽不当位，利用狱也。(《象传》)

102

可见比起"位正"来，更重视"得中"。[12]总之，"中"，"在中"、"得中"是解说在二和五位的九二、六二、九五、六五，而对此的解说，比起《小象》来，不如说在《象传》中更多可见。 这是因为，解释卦辞的《象传》的立场，比起解释爻辞的《小象传》来，对于卦的爻位更为敏感之故!

还有，比起单纯的"中"，与"正"相联系解释"中"的"正中"或"中正"则更被重视，这是勿须赘言的。 如检其实例，则有：

(A) "正中"（位正中）：

　　・九五……(8)比，(17)随，(57)巽的《小象》，(5)需的《象传》

(B) "中正"：

　　・九五……(5)需，(6)讼，(44)姤，(48)井的《小象》
　　　　　　　(6)讼，(10)履，(20)观，(42)益，(44)姤，(57)巽，
　　　　　　　(60)节的《象传》
　　・六二……(16)豫，(35)晋的《小象》
　　　　　　　(30)离，(42)益的《象传》

从这些实例中可以注意到，比起"正中"来，称为"中正"之处比较多，在这种差异中，也可以感觉到比起"正"来更重视"中"的意图。同时，比起六二来，九五更多被称为中正，而把五的爻位称之为"天位"（见〈5〉需象——九五）；"帝位"（见〈10〉履象——九五）；"尊位"（见〈14〉大有象——九五）；"正位"（见〈39〉涣象——九五）。

还有，与"中"相联系，常有称为"中直"、"中道"、"中行"者，把这些所表示之处作为对象，根据爻位来检讨一下的话，可得：

　　・"中直"九五……(13)同人，(47)困的《小象》

•"中道"九二……(18)蛊,(40)解,(43)夬的《小象》

六二……(30)离,(63)既济的《小象》

•"中行"[13]九二……(11)泰的《小象》

九五……(43)夬的《小象》

据此可知,"中直"就是"中正"之意;"中道"正如称之为"得中道","以中道"那样,和"得中"是同义;"中行"则是单纯的"中"之意。

最后,所谓的"应",是指对于内卦和外卦相对应的两爻,刚爻和柔爻相应合。 相对应的两爻中,也有刚爻对刚爻,柔爻对柔爻的,这就相反而不会感应,称之为敌应[14]而被排斥。 检核论说"应"的实例,共得十八卦中的十八条,而都是在《象传》中被发现,《小象传》中绝无所见。 这一情况,也值得注意。

首先,把对应两爻说成是皆应合的,有(32)恒(雷风)、(64)未济(火水)二卦,称之为"刚柔皆应"。 其次,是说特定两爻相应合的,这样的例子最多。 根据其表述分类,确切地表明应合的主客,可得:

"志应"……(4)蒙(山水)……九二══(六五)

"应乎天"……(26)大畜(山天)……六五══(九二)

"刚当位而应"……(33)遁(天山)……九五══(六二)

"刚中而应"……(7)师(地水)……九二══(六五)

(19)临(地泽)……九二══(六五)

(46)升(地风)……九二══(六五)

(25)无妄(天雷)……九五══(六二)

(45)萃(泽地)……九五══(六二)

"柔得中而应乎刚"……(38)睽(火泽)……六五══(九二)

(50)鼎(火风)……六五══(九二)

这所有十卦的两爻关系中，都是"二"和"五"应合。

在余下的六卦中所见的"应"，和这些不同，没有对应的两爻关系。现举之如下：

(A)"上下应之"：

(8) 比(水地)……九五＝＝＝(五阴——见《正义》、《程传》、《本义》)

(9) 小畜(风天)……六四＝＝＝(五阳——见《程传》、《本义》)

(14) 大有(火天)……六五＝＝＝(五阳——见《程传》、《本义》)

(B)"应乎乾"：

(10) 履(天泽)……六三＝＝＝(上九——见《正义》)

六三＝＝＝(乾刚——见《程传》、《本义》)

(13) 同人(天火)……六二＝＝＝(九五——见《正义》、《程传》、《本义》)

六二＝＝＝(五阳——见《折中》)

(C)"刚应而志行"：

(16) 豫(雷地)……九四＝＝＝(初六——见《正义》)

九四＝＝＝(群阴——见《程传》、上下应之——见《本义》)

上述六卦，都是只有一阴、一阳的卦，这一阴、一阳就成为主卦。对于 (A)"上下应之"的三卦，诸说没有不同，都是以五阳、五阴与之相应；而对 (B)"应乎乾"的二卦，诸说中多有异同。《正义》完全是把"应"作为两爻的关系来解说的，认为在 (8) 比(水地)中，是五阴的"应"。《程传》、《本义》，在 (10) 履(天泽)中，如文字所示，认为应于上体之乾刚，同时在 (13) 同人(天火)中，认为乾之主在于九五，故也是与九五为"应"。《折中》和这些都不同,认为乾是阳爻的通称,所以是应于五阳;还有,认为在一阴一阳的卦中,如这作为卦主的在于上体,则称"上下应之"〔(8)比、(9)小畜、(14)大有之例〕,在于下体,则只言"应"〔(4)蒙、(7)师、(10)履、(13)同人之例〕。但是,(4)蒙(山水)在二阳之卦中,有两爻关系的"应",即使在一阳的卦中,(7)师(地水)作"刚中而应",也有两爻关系的"应";一阴卦的(10)履(天泽)、(13)同人(天火),说"应乎乾",则没有两爻关系的"应",所以,似不能把这些一概而论吧! 此外,(16)豫(雷地)中,尽管卦主在上体,但称"应而志行",而不是称"上下应之"。

上述的六卦,加上(7)师(地水)这七卦以外,一阴一阳的卦还有五卦。 如标上卦主来看的话,这就是:(23)剥(上九)、(24)复(初九)、(43)夬(上六)、(44)姤(初六)以及(15)谦(九三)。 这五卦中,《象传》完全未说"应"。 虽可看到这《象传》的解释态度是相当恣意的,但如果卦主在"初"和"上"者〔(23)、(24)、(43)、(44)〕是不说"应"的话,那么与此对应的"三"和"四"中不本来就是不说"应"的吗? 这在(15)谦(九三)不说"应"这一点上也可推想得知。 如(9)小畜(六四)、(16)豫(九四)的"四"中说"应",那么,与之相对应的就不是"初",而是群阳、群阴;(10)履(六三)中说"应"的话,对应的就不是"上"而是乾刚。 这里如果举出(13)同人(六二)的话,因为"二"有"应",所以,可以把乾刚来象征"九五"。 还有,即使在说"应"最多的"二"和"五",也不是所有的卦中都说"应"。

· 九五、六二相应的卦共有十六卦:

说"应"的有⋯⋯(8)比(水地)、(13)同人(天火)、(25)无妄(天雷)、(33)遁(天山)、(45)萃(泽地)共计五卦。

未说"应"的有⋯⋯(3)屯(水雷)、(12)否(天地)、(17)随(泽雷)、(20)观(风地)、(31)咸(泽山)、(37)家人(风火)、(39)蹇(水山)、

（42）益（风雷）、（49）革（泽火）、（53）渐（风山）、（63）既济（水火）共计十一卦。

• 六五、九二相应的卦共十六卦：

说"应"的有……（4）蒙（山水）、（7）师（地水）、（14）大有（火天）、（19）临（泽地）、（26）大畜（山天）、（32）恒（雷风）、（38）睽（火泽）、（46）升（地风）、（50）鼎（火风）、（64）未济（水火）共计十卦。

未说"应"的有……（11）泰（地天）、（18）蛊（山风）、（34）大壮（雷天）、（40）解（雷水）、（41）损（山泽）、（54）归妹（雷泽）共计六卦。

二、五相应的三十二卦中，说"应"的共计十五卦，未说"应"的共计十七卦，以未说者居多。 这种情况对于前面说过的"刚柔皆应"一类也是同样的，（32）恒（雷风）、（64）未济（水火）中说了，而作为对卦的（31）咸（泽山）、（63）既济（水火）中则完全未说。 这还不仅限于"应"，对于前面谈到的"正"、"中"也同样，并不是包括了所有的场合。 也许是被限定只解释卦辞的《象传》立场使之然吧！

《小象》、《象传》中所见的刚柔思想，原来是以刚爻和柔爻作为基础，用来论述两爻关系，完全是和爻密切相关的思想。 因此，是在一对一的关系上来论述的，而不是在一对多的关系上来论述的。 在一对多的关系中说"应"，已经超过了刚柔思想的思想界限。 前面所述的"正"、"中"，正是在一对一的关系上来论述的。 刚爻在刚位，柔爻在柔位就是"正"，内卦和外卦的中爻就是"中"，刚爻和柔爻都必须在位。 因此，不会产生一对多的关系。 然而到了"应"，虽然还是以一对一来论述两爻关系为原则，但产生了不得不在一对多的关系上进行论述的情况。 尤其是在只有一阴、一阳的卦中，这一阴、一阳是卦主，所以不能不说其他的五阳、五阴与之相应。 与此同时，"应"，虽然必须求对应爻，但它是把一卦分为外卦和内卦的上下二体为前提。 在分为上下二体来说的场合，解说卦象是以《大象传》为主，而《彖传》，比起说卦象来，则专是以解说卦体、卦德为主的。 但在说卦体、卦德的场合，如持有与爻密切相联的刚柔思想的话，必然，就会产生超越刚柔思想界限的解释。

反之，再来考察《小象》、《彖传》的刚柔思想中所见的"正"、"中"、"应"思想的性质。"正"，就是在爻位的关系上，认为刚应当完全在刚位，柔应当完全在柔位，明确地显示了刚和柔的相反性格。"中"也同样，是以一卦分为上下二体作为前提，也可以视作为了说明"应"的准备。 在"应"的情况中，说到二、五之应的最多。"应"也是以刚爻和柔爻的关系为原则，认为刚爻和刚爻、柔爻和柔爻乃是敌应而相斥。 认为只有具有完全相反性质的刚爻和柔爻，应合的情况才能成立。

则于天行，象于天地自然之八象的易，认为生生发展而无止息。正如：

> 天地之道，恒久不已。〔(32)恒之《彖》〕

所说，《彖传》尤其着眼于这一点，认为应当则于天行，有曰：

> 日中则昃，月盈则食。天地盈虚，与时消息。〔(55)豐之《彖》〕
> 君子尚消息盈虚，天行也。〔(23)剥之《彖》〕

这"天行"被说成是"终则始"〔(18)蛊之《彖》、(32)恒之《彖》〕，是没有终止的终始之物。 是终始循环，流行不息之物。 这种终始的思想，很难用以爻为基本的刚柔思想来说明。 气的思想尚很稀薄，因此，必须用以卦为基本的阴阳思想来说明。 在《彖传》中已经有曰：

> 柔上而刚下，二气感应以相与。〔(31)咸之《彖》〕

不作为外卦兑泽的"上六"和内卦艮山的"九三"的"应"来解说，而作为兑（少女）和艮（少男）的相感相应来解说（《程传》），把这称为二气（阴阳）的感应。　还有：

　　（11）泰（地天）……内阳而外阴，内健而外顺。（《彖传》）
　　（12）否（天地）……内阴而外阳，内柔而外刚。（《彖传》）

是把天称为阳，地称为阴，乾称为阳，坤称为阴，把天地二气的交通与否作为问题。"内健而外顺"，"内柔而外刚"，说的都是卦德，而不是刚爻、柔爻之意。　是把乾、坤与天、地、阳、阴相配的产物。　总之，《小象》、《彖传》中极多的刚柔思想，用以解说相反、应合的思想是充分的，而进一步解说终始的思想是不充分的，一直要待到《系辞传》，由阴阳思想取代之，才能解明相反、应合、终始的思想。

四

　　《系辞传》作为系辞（卦辞、爻辞）的传，是以六十四卦所有卦的系辞作为对象，所以不是像《彖传》那样以一卦的象辞（卦辞）为对象。　因此不像《小象传》、《彖传》那样被特定的卦辞、爻辞所限制，可以纵横地泛论易的卦爻、象理。　值得注意的是，它完全是从把乾、坤二卦作为易的门户这一点来立论的。　所谓：

　　天尊地卑，乾坤定矣。（上一）
　　天地设位，而易行于其中矣。（上七）

就是如此，从把乾坤比拟为天地开始叙说。　说：

　　乾坤其易之缊邪，乾坤成列，而易立于其中矣。（上十二）

"缊",就是渊奥之意(王注)。 下面首先说到从乾坤二卦生成八卦:

> 乾道成男,坤道成女。(上一)

认为三男三女以成六卦。 其实际情况是:

> 乾,天也,故称乎父。坤,地也,故称乎母。震一索而得男,故谓
> 之长男。巽一索而得女,故谓之长女。坎再索而得男,故谓之中男。
> 离再索而得女,故谓之中女。艮三索而得男,故谓之少男。兑三索而
> 得女,故谓之少女。(《说卦》十)

正如后面简要概括地那样,通过乾坤二卦的一索、二索、三索,[15]可得
震、坎、艮三男卦和巽、离、兑三女卦。 即认为由乾坤二卦得三男、三
女六卦而成为八卦,八卦相重而得六十四卦。《系辞传》就是陈述了把
乾(纯阳)作为阳、把坤(纯阴)作为阴的阴阳思想。 还有,《文言
传》原来是在《系辞传》中的,由于专门只论乾坤二卦的卦爻辞,故与
之分开,继《彖传》、《象传》杂入经文后,成为开头乾坤二卦的系
辞,[16]所以与《系辞传》一起论述。

　　如上所述,阴阳思想在把乾坤(小咸卦)的"卦"为基础立论的同
时,也针对卦中的"爻"来论述。 通过这样的方式,取代了以爻为基
础来立论的刚柔思想。 有曰:

> 阳卦多阴,阴卦多阳,其故何也? 阳卦奇,阴卦耦。其德行何也?
> 阳一君而二民,君子之道也。阴二君而一民,小人之道也。(下四)

阳卦是一阳二阴,阴卦是二阳一阴。 这一阳、一阴作为卦主而称三
男、三女。 正如这里所说的那样,卦中的"爻"也称为阴阳。 这种情
况,在《文言传》中显得更明确,那里把初九作为阳气(乾、《文言》四),

把六三作为阴(坤、《文言》二),把上六也作为阴（坤、《文言》二)。 而取代刚柔思想,必然表现为取代《小象传》、《彖传》中所见的刚柔相反、相应合的思想;与此同时,还明确地指出,刚柔完全以爻为基础,并和位置相联系。 在"同功异位"章(下九)中可以见到这样的实例。在《系辞传》中,把刚柔连用的,一般认为有九条;而唯一的一条将刚和柔对立而言的,就是"同功异位"章。 其论述的情况如下:

"二"和"四"同在阴位而爻位的远近不同。"二"多誉,"四"多惧。 这是因为"四"太近于君位"五"。 柔之为道,不利远者。"二"多誉,是因为"柔中"之故。"三"和"五"同在阳位,但爻位贵贱不同。"三"多凶,"五"多功。 这是因为"三"和"五"有贵贱的等级。在"三"和"五","柔"居则危,"刚"则能堪(译者按:此段作者系叙述《系辞下》"二与四同功"章的大意)。 为便于读者参核,现将《系辞传》的原文录之如下:

> 二与四同功而异位,其善不同。二多誉,四多惧,近也。柔之为道,不利远者,其要无咎,其用柔中也。三与五同功而异位,三多凶,五多功,贵贱之等也。其柔危,其刚胜邪。

这里,明显的是把"二"和"四"位与"柔"相配、"三"和"五"位与"刚"相配来解说,完全是作为刚爻、柔爻来论述的。

在那把刚柔连用的九条中,也都和"爻"密切相连来进行论述。比如:

> 刚柔相摩,八卦相荡。(上一)

这是说,刚柔两爻相摩而生四象,四象相摩而生八卦,八卦相荡而成六十四卦。《《本义》》相同的还有:

刚柔相推而生变化(上二)

刚柔相推,变在其中矣。……刚柔者,立本者也。(下一)

等等的叙述。 像这样把刚柔和位置相联系,是为了与阴阳对照着解
说。 说明阴阳以"卦"为基础来立论的同时,也联系"爻"来立论,因
为比起刚柔来,阴阳是更高一层次的概念。 在前面提到的把乾坤二卦
作为易之门户,称乾为阳,称坤为阴条中,有曰:

阴阳合德而刚柔有体。(下六)

这是说,由阴阳二气感应而产生变化,这种变化通过刚柔两爻显示出
来,根据阴阳,刚柔方得以立本。 进一步明确地说出这种阴阳和刚柔
关系的是《说卦传》。 其曰:

观变于阴阳而立卦,发挥于刚柔而生爻。(《说卦·一》)

明确地联系卦来说阴阳,联系爻来说刚柔。 此外,又曰:

立天之道曰阴与阳,立地之道曰柔与刚。立人之道曰仁与义。
兼三才而两之。故易六画而成卦,分阴分阳,迭用刚柔。故易六位而
成章。(《说卦·二》)

明确地说明,在天地人"三才"思想相配中,把阴阳拟于天道,刚柔拟
于地道,阴阳是比刚柔高一层次的概念。 还可以明确地看到,用重叠
刚柔两爻来显示阴阳感应的变化。

以上,就《系辞》、《文言》以及《说卦》诸传,对阴阳思想取代刚
柔思想的情况进行了考察。 当然,阴阳思想继承了刚柔思想所具有的
相反、应合理论,同时,又具备了在刚柔思想中不能解明的"终始"理

论。 在刚柔思想中，气的思想是稀薄的，在解说应合时，也正如"柔上而刚下，二气感应以相与。 天地感而万物化生。"〔(31)咸·《彖》〕所云，必须根据另外的天地二气来说感应。 在直接把比拟天地的乾坤作为基础的阴阳思想中，正如前面所述"乾道成男、坤道成女"（上一）中可见的那样，可以解释阴阳二气的应合，同时也可以解释三男（震、坎、艮）、三女（巽、离、兑）六子的生成。 正如"生生之谓易"（上五）所云，易，本来就是解说生成发展，没有穷尽的。 因为它把阴阳（乾坤）拟于天地，把则天行作为根本。 这天行，正如下所云：

> 日往则月来，月往则日来，日月相推而明生焉。寒往则暑来，暑往则寒来，寒暑相推则岁成焉。往者屈也，来者信也，屈信相感而利生焉。（下五）

认为日月、寒暑的往来屈信而生明成岁。 这都是由于阴阳二气的感应，是天行自然的常理。 又曰：

> 阖户谓之坤，辟户谓之乾，一阖一辟谓之变，往来无穷谓之通。（上十一）

这里说的"一阖一辟"，就是用二气的感应来解说变通。 在《象传》中，已经有了天行消息盈虚的内容〔(23)剥·《象》〕，说到了终则始（〈18〉蛊·《象》、〈32〉恒·《象》）。 而在《系辞传》中，则把这消息盈虚、终始的情况，称之为一阖一辟、往来屈伸而无穷，称之为变通。 认为所有这些，都是由阴阳二气的感通所致。 更明确地阐明了这一点的是：

> 一阴一阳之谓道，继之者善也，成之者性也。（上五）

这就是说，并非一阴终了，一阳方始；而是认为，一阴的消，就是一阳的息；一阴的息，也就是一阳的消。因此，虽说一阴一阳，消息盈虚，变化终始，而这种变化终始，有一定的常理，这就被称之为道。

据说是始于前汉孟喜的卦气说，把上述一阴一阳之道用卦爻明确地表示了出来，为了作为阐明一阴一阳思想之助，现列之如下：

十二辟卦（消息卦）

坤	䷁ ䷁	十月（亥）	冬
复	䷗ ䷗	十一月（子）	
临	䷒ ䷒	十二月（丑）	
泰	䷊ ䷊	正月（寅）	春
大壮	䷡ ䷡	二月（卯）	
夬	䷪ ䷪	三月（辰）	
乾	䷀ ䷀	四月（巳）	夏
姤	䷫ ䷫	五月（午）	
遁	䷠ ䷠	六月（未）	
否	䷋ ䷋	七月（申）	秋
观	䷓ ䷓	八月（酉）	
剥	䷖ ䷖	九月（戌）	

但是，使这消息卦得以成立的一阴一阳的思想根据，并不是作为纯阳纯阴的乾坤二卦，而是坎（阴中阳）、离（阳中阴）二卦。这一点可以根据虞翻的月体纳甲说（《周易集解》卷十三～十五引）来考证，[17]在此就不赘述了。

还有，明确地显示出阴阳思想中相反、应合、终始理论的，据笔者管见，是始于汉初的《春秋繁露》，但可以认为，至此已可看到《易传》的刚柔思想和阴阳思想有很深的关系。

（今井宇三郎）

注　释:

[1] 罗根泽《管子探源》，1929 年，燕京大学国学研究所版；1931 年，中华书局版（后收入 1958 年人民出版社版《诸子考察》）。

[2] 郭沫若《宋钘尹文遗著考》，见《青铜时代》，东南出版社 1944 年版；后群益出版社，1946 年出版。

[3] 郭沫若《十批判书》，群益出版社 1945 年版，后新文艺出版社，1951 年版。

[4] 武内义雄《管子的〈心术〉与〈内业〉》，见 1942 年《支那学》，小岛、本田二博士还历纪念号。

[5] 黑田源次《气》，见《东方宗教》1954 年四、五期合刊；1955 年第七期。后作为《气的研究》，于 1977 年单行。

[6] 赤冢忠《道家思想的原始形态》，刊《东京大学文学部研究报告·哲学论文集》，1968 年。

[7] 加藤常贤《汉字的起源》，第 2328 页。

[8] 参照《礼记·乐记》中同样文字。

[9] 《庄子·天下篇》认为：《诗》以道志，《书》以道事，《礼》以道行，《乐》以道和，《易》以道阴阳，《春秋》以道名分。

[10] 武内义雄《易和中庸之研究》第八章。拙著《宋代易学之研究》第 30 页以下。

[11] (52) 艮六五的《小象》中有曰："以中正也"，《本义》认为，"正字羡文，叶韵可见"，此从之。

[12] (21) 噬嗑六五的《小象》中有曰："得当也"，但这是用刑妥当之意（见《正义》），不是位当之意，故除外。

[13] (24) 复六四的爻辞和《小象》中有"中行独复"，是指六四为从六二到上六五阴的"中"（见《正义》、《本义》）。如是，则对卦 (23) 剥的六三也当作如此称，但没有这样的表达。这是"中"的特例。

[14] (52) 艮卦《彖传》中曰"上下敌应不相与"。现据此而言。

[15] 索，求也。得乾父之气者为男，得坤母之气者为女。坤初求得乾气为震，故曰长段，乾初求得坤气为巽，故曰长女。坤二求得乾气为坎，故曰中男；乾二求得坤气为离，故曰中女。坤三求得乾气为艮，故曰少男；乾三求得坤气为兑，故曰少女。（见《正义》。译者按：此处文字与《正义》原文略有出入）

[16] 宋朱震认为，《彖传》、《象传》杂入经文，始于后汉郑玄；《文言传》杂入乾、坤二卦，始于魏王弼。（见《汉上易丛说》）

[17] 见拙著《宋代易学之研究》第 249 页以下。

附注：有关孟轲和告子争论的论著，有大浜皓《孟子和告子的论争》（《古代中国思想论》，1977 年版收录）；把《孟子》的夜气存养与印度的瑜伽调息进行比较的著作，有乾一夫《孟子和夜气说》（收入《二松学舍大学论集》1977 年版）。

第三章

秦汉时期气的思想

第一节 道家的气论和《淮南子》的气

一、道家的气论

在把先秦时代道家的思想和同一时代儒家思想进行比较时，两者之间可以举出各种各样思想上的不同点，而其中最大的不同点，可以说在于，儒家的思想完全把现实的人类世界作为问题；与此相反，道家的思想则把人类世界之始，不，把世界之始作为问题吧！ 这一点，和从"未知生，焉知死"（《论语·先进》），"朝闻道，夕死可也"（同上《里仁》）等这些孔子的话中最能代表的儒家对于生前死后世界的消极关心乃至否定态度有关联，而将此和《老子》的"无名天地之始"（《第一章》）、《庄子》的"夫道……先天地生而不为久"（《大宗师》）以及"察其始而本无生"（《至乐篇》）、"若人之形者，万化未始有极也"（《大宗师》）等话相比较时，道家思想的主要特征是有着对自己以及世界之"始"的敏锐的问题意识，也就可以容易被理解了！

道家的思想，以把人的存在放在无限的时间和空间——《庄子》

116

所谓"至大之域"(《秋水篇》)——之中来考虑自我的生、死问题为主要特征。 这种思想主张"游于物之所不得遁","游乎万物之所终始"(《大宗师》、《达生》),还主张"反其真"、"葆真"、"真是"、"真知",原因皆在于此。 这里所谓的"游"是"心游"(《人间世》、《德充符》、《大宗师》),即不被物的世界所束缚,不被对象世界所拘泥的、自由的自我精神。 还有所谓的"真",正如"所以受于天也,自然不可易也……不拘于俗"(《庄子·渔父》)所定义的那样,是称呼人类存在本来方式的词,而这个"真"字,原先在儒家经典中是完全不用的思想概念。 道家的"气论"也是以这种自我和世界的始元作为问题,以讲究"游心"、"反真"的道家"道"的哲学为基础来展开其思想的。

先秦时代道家的"气"论,将其大致区分一下,可分为用"气"来说明世界之始,天地开辟和万物生成的宇宙生成论与在天地宇宙间禀生的人怎样保全自己之生,用"气"来说明怎样得到"一受其成刑,不忘以待尽"(《庄子·齐物论》)之睿智的养生(或养性)论两部分。 而宇宙生成论的"气"论和养生(性)论的"气"论尽管大致被区分,但在其根基上还有着相互的关联,在终极上仍可视为一体之物——这被认为是道家"气"论的特点。

《老子》四十二章有曰:

　　　　一生二,二生三,三生万物。万物负阴抱阳,冲气以为和。

这段文字如根据《庄子·齐物论》所云:

　　　　以为未始有物者,至矣尽矣,不可以加矣。其次以为有物矣,而
　　　未始有封也。

以及《天地篇》中所云:

117

> 泰初有无,无有无名,一之所起,有一而未形,物得以生,谓之德。

等文字的解释,那么,"道"作为比"一"更高一层次的概念,和后世把"理"(即形而下世界的"道")和"气"(即形而上世界的"一气",区别认识的理气二元论的发展相联系。 但是,如把《老子》这一段文字用《淮南子·天文训》中所说的:

> 道曰规始于一,一而不生,故分为阴阳。阴阳合和而万物生,故曰,"一生二,二生三,三生万物"。

还有许慎《说文解字》("一"字条):

> 惟物太极,道立于一,造分天地,化成万物。

等记述来解释的话,"道"和"一"(太极)几乎成了同位的概念,而与气一元论的发展相联系了。 但《老子》的原意,如参照第十四章所云:

> 视之不见名之曰夷,听之不闻名之曰希,抟之不得名之曰微……绳绳不可名者,复归无物。

以及第四十章中"天下万物生于有,有生于无"等说法,似可解作把"道"理解为形而上的"无"、"无物",把"一"理解为形而下"有"的世界之始元,但这个问题正如后面要叙述的那样,又和汉代以后,因《老子》"道"的哲学和《易》的"太极"哲学相结合,是把《系辞传》的"一阴一阳之谓道"这句话理解为一阴一阳其本身之理为道呢还是把所以会一阴一阳(即在阴阳之气作用根源上的实体性法则)作为道呢——这样两种解释联系了起来。

上面所引的《老子》第四十二章,是用阴阳二气的冲和来说明从

118

"道"生成万物过程的素朴解释，只不过达到从前后的文意中，可以把作为阴阳二气根源的"一"视作"一气"来理解的程度。 与此相对，明确地使用"一气"这个概念，以"气"的集散离合来对包括人类的万物之生灭变化作原理性说明的，是《庄子》。 至于使用"一气"概念的文字，有内篇《大宗师》中，说明孔丘所谓的"方外之人"，即庄周所谓的"真人"那段话：

> 彼方且与造物者为人,而游乎天地之一气……假于异物,托于同体。

还有外篇《知北游》中论述千差万别、千变万化的一切存在根源的一体性时所说的：

> 万物一也,是其所美者为神奇,其所恶者为臭腐,臭腐复化为神奇,神奇复化为臭腐,故曰,通天下一气耳,故圣人贵一。

也是如此。

《庄子》中与"一气"相关联还可见"气母"，以及"阴阳之气"、"天气地气"、"四时之气"、"六气"等词语（这之外，还可见到作为"阴阳之气"之一的"阳气"和"四时之气"之一的"春气"等词语）。"气母"一词，在《大宗师篇》中有曰："伏戏得之（道）以袭气母"，可理解为是与气的根源，即汉代以后多被使用的"元气"同类的概念，也可以认为是相当于"一气"（被认为是和作为"无"的同义语——"道"相对的"有"的世界之始元）、"一"（即《老子》中所谓的"道生一"）之词吧！ 还有，"阴阳之气"、"天气地气"，是说明《老子》中所谓"一生二"之"二"的内容之辞，"四时之气"是具体表现春夏秋冬四季之气的一气，"六气"是具体表现阴阳风雨晦明等六种自然现象的一气，所以都是在"一气"中被包摄的概念。

那么，在《庄子》中，"一气"是作为与"道"有着怎样关系的概念被处置的呢？ 如上引《大宗师篇》"造物者为人，而游乎天地之一气"的"造物者"相当于"道"的概念，那么，上述文字就成为把道作为友而"游乎天地一气"的意思，而把"游乎天地一气"作为可体验得"道"的境地，把"道"和"一气"作为同位的概念来解释也是可能的。 同书《知北游篇》"通天下一气耳，故圣人贵一"的"一气"，也被作为实现由"通天下一气"而圣人贵的"一"，这个"一"，也可解作《老子》所谓"圣人抱一"（第二十二章)的"一"（即"道"），因此，把"道"和"一气"作为同位概念来解释也完全不是不可能的。

但是，反过来考虑一下，不视"造物者为人"与"游乎天地之一气"为同格的解释也是可能的；重视"通天下一气"，圣人通一气的结果，是实现圣人所贵的"一"（即"道"）——作这样分段性的解释也是可能的，所以，只以上引《大宗师篇》和《知北游篇》的文字，要决定《庄子》中"道"和"一气"的关系，还存在问题。 现在，在《庄子·至乐篇》中载有庄周自己论述万物生成的话，有曰：

> 察其始而本无生，非徒无生也而本无形，非徒无形也而本无气。杂乎芒芴之间，变而有气，气变而有形，形变而有生。

可以看到明确地把作为气（一气）根源的，《老子》称之为"无"的"道"放在前面的想法。 但在这里确实可以说的是，上述"一气"概念，是在《庄子》的"道"哲学中为了论证万物齐同而被使用的，对于为了论证万物齐同的"道"的世界而被采用的概念，也还有着可容纳气一元论解释的余地。 而这种气一元论解释的余地，在西晋郭象对《庄子》的解释中被更加扩大了。 他把《庄子·齐物论》"若有真宰，而特不得其眹"。 解释为：

> 起索真宰之眹迹而亦终不得，则明物皆自然，无使物然也。

把同书《齐物论篇》的"天籁"解释为：

> 无既无矣，则不能生有……然则生生者谁哉？块然而自生耳……故天也者，万物之总名也……谁主役物乎？故物各自生而无所出焉。

这样，否定"道"（或作"无"）的实体性而强调了万物的自生自化。

在《庄子》中用"气"的集散离合对包括人类的万物生灭变化作原理性说明的文字，可举出《知北游篇》中所云：

> 生也死之徒，死也生之始，孰知其纪。人之生，气之聚也。聚则为生，散则为死。若死生为徒，吾又何患，故万物一也。

而且，认为人类的生命是受天地阴阳之气而成立，即形成人类生命的原质的"气"与天地阴阳这种大自然的气本来是同质的。　在《庄子·秋水篇》中可以见到这样的说法：

> 比形于天地，而受气于阴阳

在《知北游篇》中则可以看到：

> 性命非汝有，是天地之委顺也……天地之强阳气也，又胡可得而有邪。

认为人类只不过是广大自然世界中的一物，同受阴阳之气，与大自然世界的万物在根本上是同质同根，具有紧密联系性的万物一体哲学，以及谛观人之死即返其真（即本来的存在方式）、主张"受而喜之，忘而复之"，"不以心捐道，不以人助天"的真人死生观，就是以这种《庄子》

的"气"的思想为基础而展开的。

在先秦时代道家的养生（性）论，与上述道家宇宙生成论的哲学作为表里一体之物而展开，而对于用"气"概念来论述的养生（性）论，首先是《老子》"专气致柔"和《庄子》"纯气"、"心斋"的主张值得注意。即在《老子》第十一章中所说："专气致柔能婴儿"和《庄子·庚桑楚篇》中所说的"卫生之经"：

　　能抱一乎？能勿失乎？……能儿子乎？儿子终日嗥而嗌不嘎，和之至也；终日握而手不掜，共其德也；终日视而目不瞚，偏不在外也。行不知所之，居不知所为，与物委蛇，而同其波。

《淮南子·精神训》中，对《老子》的"专气"进一步作了说明，曰：

　　夫血气能专于五脏而不外越，则胸腹充而嗜欲省……则耳目清，听视达矣……五脏能属于心而无乖……精神盛而气不散矣。

总之，这就是要不使体内的精气消耗而加以保全，像不被成人淫盛欲望所乱的婴儿那样，持有无比柔和的精神和肉体之意。顺便说一下，关于不使精气消耗，在《庄子·达生篇》中作为木工名人——鲁国梓庆的话，有曰：

　　未尝敢以耗气也，必齐（斋）以静心。

在同一《庄子·达生篇》说到"纯气"，还举出了从疾驰的车上坠落而未受伤的沉醉者的例子，把这说成是"壹其性，养其气"，可以看到从心理、观念上来解说《老子》"专气"的养生论。在《人间世篇》中所载孔丘和颜回关于"心斋"的问答，也强调："无听之以耳而听之以心，无听之以心而听之以气"，把"虚以待物"即在虚心、纯粹无杂的境地中自由自在地受纳千变万化的一切外在事象的纯气状态，说成是"心斋"。

还有，《缮性篇》的"知与恬交相养，而和理出其性"，即认为人类自然具备的睿智造就了安恬无为的生活，而安恬无为的生活，也养成了自然具备的睿智，在两者相互养成的关系中，生命的调和及秩序，作为人类本性内在的展开而得以实现，以达到"阴阳和静，鬼神不搅"、"淡漠"境地的养性理论和《刻意篇》中所说：

> 平易恬淡则忧患不能入，邪气不能袭……静而与阴（之气）同德，动而与阳（之气）同波……循天之理。

的"养神"理论等，在其根本上所依据的，就是使"气"变纯的理论。

还有，在《庄子》中，可以看到在后来道教中受到重视的"吐故纳新"术（即吐出故气，吸纳新气的呼吸调整法）、"熊经鸟申"（即做像攀木的熊那样直立，或如寻饵的鸟那样伸着颈项的保健体操）和关于"道引"术的记述（见《刻意篇》），还可以看到所举出的一种压指疗法——"揃搣"和"补病静然"即静坐疗法（见《外物篇》）；"漂疽"、"疥瘫"、"内热溲膏"等病名（《则阳篇》）；"堇"、"桔梗"、"鸡壅"、"豕零"等药物名（《徐无鬼篇》）的记述。"吐故纳新"术和"道引"法等与构成人身体的"气"有密切的关系，这自不必说，而据《庄子》所云，则人的疾病是由"阴阳之气有沴"（即阴阳二气在体内失去调和）所致（见《大宗师篇》），是由于"邪气袭"的结果（《刻意篇》）。"气"必须经常流通，保持适度的调和，处于纯粹无杂的状态，认为"忿滀之气——郁勃、充满活力的精气——散而不能反则为不足"，"上而不下，则使人善怒；下而不上，则使人善忘；不上不下，中身当心则为病"（《达生篇》）。所谓"百病生于气"，所谓"怒则气上，喜则气缓，悲则气消，恐则气下……劳则气耗，思则气结"，这虽是《黄帝内经素问·举痛论篇》的话，而《庄子》也已指出，所有疾病的原因，在于"气"的不正常状态，在于阴阳之气的不平衡。 道家的"气"论可以说还是中国古代医学理论的根本基础呢!

二、《淮南子》的气

《淮南子》由汉高祖刘邦之孙淮南王刘安献给武帝，是在建元二年（前 139 年。见《史记·淮南衡山王列传》、《汉书·淮南衡山济北王传》），这二十一篇之书，据可以称为编集者后记——《要略篇》的记述，是为了把"道"（即道家所说的宇宙和人生的根本真理）和"事"（即现实的历史性世界中人类的各种各样活动）的关系，体系性地加以阐明而撰述的著作。 其内容，基于《老子》的"道生一，一生二，二生三，三生万物"之说，把探明"道"是什么的《原道训》放在开头；接着，是阐明道生的"一"即俶真的《俶真训》；接着，为了阐明"一"生的"二"，即天和地的存在方式，是《天文训》和《地形训》；为了阐明天地运行的具体状态，置有《时则训》。 下面第六《览冥》和第七《精神》两篇，是为了阐明天地大自然的世界和现实的人类世界的联系，把天人相关（或天人感应）作为"冥"和"神"的问题来考察；第八《本经训》是论述人类世界存在方式的根本原理，第九《主术训》是论述人类世界最高统治者帝王的统治技术。 这《本经训》和《主术训》之后，《缪称》、《齐俗》、《道应》、《氾论》、《诠言》、《兵略》、《说山》、《说林》、《人间》、《修务》、《泰族》十一篇，是把《老子》所谓由"三"而生的"万物"世界，把以帝王为顶点的人类社会的存在方式作为中心来考察的。 比如，《缪称训》就是说明称之为"缪"的错杂的万象世界、有"名"的世界具体存在方式的，《齐俗训》则是论述具有各种各样风土、历史特殊性的现实的人类生活中的相同之处，人类社会中特殊性和普遍性的问题。 而最后的《修务》、《泰族》两篇，认为原始道家的"无为"概念是消极的、封闭的而加以批判，提出了"合理"有为，只有"私志不得入公道"的积极的人为，才是真正无为这样新的解释；把道家

"道"的哲学和《易》的"神"的思想折中，强调超越时空的"至诚"哲学；强调根据道家"因循"的思想而把儒家礼的思想视为"因民之所好而为之节文者"的"天道"哲学以及把儒家的"仁义"思想为"本"，法家的"法度"、"智术"为"末"的"道德"哲学。

　　总之，《淮南子》二十一篇的内容，是以《老子》由"道"生成"万物"的哲学为基础，把强调向"道"复归的《老子》哲学修正理解为从"道"向"事"的展开，从重视"事"世界中"道"的实践的立场出发，把儒家、法家以及其他诸学派的思想都纳入道家"道"的体系，企图构筑与结集了巨大权力的汉帝国的出现这一历史现实相对应的政治指导理论的产物。而这部《淮南子》被献给汉武帝的建元二年，几乎与《史记》著者司马迁之父司马谈写《论六家要旨》的时期正相同（《太史公自序》将这一时期记作建元、元封间），在道、儒、墨、名、法、阴阳六家中给道家哲学以最高评价的司马谈，解说当时道家思想的特征曰："因阴阳之大顺，采儒墨之善，撮名法之要"，这和《淮南子》也在道家的哲学体系中广泛地包摄儒家、法家和其他诸学派思想加以统一的立场是完全相同的。而中国传统的文献目录书，比如《汉书·艺文志》、《隋书·经籍志》等，都把《淮南子》作为杂家著作加以著录，殆是特别重视这种对诸学派"采善"、"撮要"的折中性质的。而构成《淮南子》思想结构的根本立场是道家的"道"的哲学，即使从上述《淮南子》二十一篇内容的构成来看，这样断定也不为太过！

　　《淮南子》思想的根本立足点是道家，在认为从《原道训》到《泰族训》这二十篇的构成是以《老子》"道→一→二→三→万物"的生成哲学为基础时，《淮南子》中和先秦道家相同的"气"对于生成论和养生（性）论都具有重要意义，这也是自然可以预想到的。事实上，《淮南子》中"气"这个字以及包含"气"字的常用词语和文字表达，与同时代其他思想文献相比要多得多。据平冈祯吉的《淮南子中出现的气之研究》所云，被使用的"气"字字数达 204 次，在《原道训》中可见"气"概念的定义——"气者，生之充也"；包含"气"字的常用词语有：“天地之气”、“天气”、“地气”、“阴气”、“阳气”、“春气”、“秋气”、“蒸气”、“神气”、“正气”、“生气”、“烦气”、“偏气”、“贼气”、“人气”、“民气”、“食气”，以及“含气”、“吐气”、“合气”、“同气”、“养气”、“专气”、“怀气”、“望气”、“接气”、“损气”、“失气”等等。

在《淮南子》中“气”的思想在很多方面继承了先秦道家的“气”论，这是毫无疑问的；但是，也有与先秦道家的“气”论不同的新的发展，这也值得我们注意。

第一，是与《老子》“道→一→二→三→万物”的生成论有关联的“太一”概念的新运用。有曰：

> 太一者,牢笼天地,弹压山川,含吐阴阳,伸曳四时,纪纲八极,经纬六合。(《本经训》)
>
> 洞同天地,混沌为朴,未造而成物,谓之太一。(《诠言训》)

“太一”这个词语，在《庄子·列御寇篇》中曰：“太一形虚”，同书《天下篇》中曰：“建之以常无有，立之以太一”，但这并不是作为生成论来使用的，《淮南子》中如上引的“太一”一词，是基于《吕氏春秋·大乐篇》的：

> 太一出两仪,两仪出阴阳。阴阳变化,一上一下,合而成章。
>
> 道也者,至精也,不可为形,不可为名,强为之谓之太一。
>
> 万物所出,造于太一,化于阴阳。

这些，是作为和《老子》生成论“道生一，一生二”的“道”同样意义被使用的。这一点，从说明上面所引《诠言训》的“太一”的辞句：“混沌为朴，未造而成物”及《本经训》中“帝体太一，王法阴阳，霸则四时”等表述也可以得到证明。“混沌”不用说，在《庄子》中是作为和“道”同义之语来使用的；所谓“帝体太一”的“帝”，是地上世界的最高存在，由此也可看到，"太一"当和宇宙中至高存在的"道"同格。

而作为把"太一"与《老子》的"道"视为同格、视为至高存在的背景，汉武帝时，老聃出生地亳（安徽省）地的方术士谬忌上奏武帝，有着对作为帝王祭祀对象"太一神"的信仰，值得注意。据谬忌云，太一神系"天神贵者，处五帝（五方天帝）之上位"，是宇宙的最高神，古代的天子也春、秋二次在都的东南郊祭祀（《史记·封禅书》，《汉书·郊祀志》）。《楚辞·九歌》的"东皇太一"似也可看作是与此最高神有密切关系的神名。也就是说，"太一"在战国末期到秦汉时代，是作为宇宙最高神名字之词，《淮南子》中所谓"含吐阴阳……经纬六合"的太一，以及"同洞天地……未造而成物"的太一，是和《老子》所谓"道生一"的"道"同格的至高存在，从这一点上也可以得到旁证。

在《淮南子》中，还可以看到把这"太一"单称之为"一"的记述。在《精神训》（译者按：原文如此，误。据核对《淮南子》原文，当作《原道训》）中有曰：

> 所谓无形者，一之谓也。所谓一者，无匹合于上下者也。卓然独立，块然独处，上通九天，下贯九野……是故视之不见其形，听之不闻其声，循之不得其身，无形而有形生焉……是故有生于无，实出于虚。

这段文字是沿袭《吕氏春秋·圜道篇》：

> 一也者至贵，莫知其源，莫知其端，莫知其始，莫知其终，而万物以为宗。

的记述。文中说明"一"的语句"万物为宗"、"视之不见其形"、"独立"等等，都是《老子》中说明根源性实在——"道"的话，由此可知，"一"与上文的"太一"一起，是作为和"道"完全相同的概念被使用的。

而这个"一"或"太一"，如果正像用以说明它们的"无形而生有形"，"含吐阴阳"等文字所示，可以解作是相当于"一气"，或"太上之气"即"元气"的话，那么在《淮南子》中，《老子》所谓的"道"，就被与"一气"或"元气"同一视之，这种生成论就成为与气一元论性质极其相近的了。然而在《淮南子》中，正如《天文训》所云：

> 道始于虚廓，虚廓生宇宙，宇宙生气，气有涯垠，清阳者薄靡而为天，重浊者凝滞而为地。

也可看到把"道"置于"气"（元气）之上的表述，"元气"一词在《太平御览·天部》引用的《淮南子》中有曰：

> 宇宙生元气，元气有涯垠。

现行本《淮南子》中完全未见其用例。但是，《汉书·礼乐志》所载元封二年（前109）的《郊祀歌》中，已见有"玄气"之语，《淮南子·泰族训》中有："因天之威，与元同气，故同气者帝。"（是根据《吕氏春秋·应同篇》"因天之威，与元同气，故曰帝者同气"而来）这样的文字，被认为董仲舒（前176—前104）所撰的《春秋繁露·王道篇》中有"元气和顺"，稍后扬雄（前53—18）的《解嘲》中有："大者含元气，细者入无间"等等，也完全可以认为，在武帝时代，"元气"一词已经确立了。

第二，在《淮南子》中，《老子》和《易》被并加引用，而折中两者的思想使之一体化的倾向显然可见。《老子》和《易》被并加引用的情况，在《吕氏春秋》中便已可见（对于《易》，《务本篇》中引用了《小畜·初九》的爻辞，《慎大览》中引用了《履卦》九四的爻辞，《达郁篇》中引用了《涣卦》六四的爻辞，而《老子》未被作为书名引用，与对"老聃"的记述相关联，《贵公篇》引用了"天地大矣，生而弗子，成而弗有"，"大匠不斵"，而《重言篇》中引用了"圣人听于无声，视于无形"，等等)，《淮南子》承此，作"易曰"而引用的也有十数条，作"老子曰"而引用的约有六十余条。 而显示折中两者思想倾向的论述中，与"气"的思想相关联特别引人注目的有上面已引用过的《吕氏春秋·大乐篇》：

> 太一生两仪，两仪出阴阳。阴阳变化，一上一下，合而成章。

这段文字，如把主语"太一"换成"太极"的话，那就和《易·系辞传》的"易有太极，是生两仪，两仪生四象"相一致；而《易》的"太极"被视为与上述《淮南子》生成论中的"太一"相同这一点，尤其引起我们的注意。《淮南子》中"太极"这个词，在《览冥训》中可见"引类于太极之上"，但这里只是天空的意思，不是作为生成论的概念；还有，意味天地阴阳的"两仪"一词也完全未见。 但是，在《要略篇》中有曰：

> 今《易》之乾坤，足以穷道通意也。八卦可以识吉凶，知祸福矣……所以原测淑清之道而搋逐万物之祖也。

这里的"乾坤"也就是两仪，这段文字，可以认为是意识到《易·系辞传》"太极→两仪→四象→八卦"而写出的。

关于把《老子》"道生一"的生成论和《易》"太极生两仪"的生成论加以折中的情况，在被推定为前汉末期作的《易纬乾凿度》中曰：

> 夫有形者生于无形，则乾坤安从生？故曰，有太易，有太初，有太始，有太素……气形质具而未相离，故曰浑沦。……视之不见，听之

不闻,循之不得,故曰易也。

后汉初期的桓谭曰:

> 言圣贤制法作事,皆引天道以为本统,而因附续万类、王政、人事、法度,故宓羲氏谓之《易》,老子谓之道。(《后汉书·张衡传注》引桓谭《新论》)

还有,三国的阮籍曰:

> 道法自然而为化……《易》谓之太极……老子谓之道。(《太平御览》卷一引阮籍《通老论》)

据以上论述,可以确认在汉魏时代思想发展的踪迹。 而这种把《易》的"道"(或"太极")与《老子》的"道"(或"一")加以折中使之一体化的倾向,进一步朝着以梁代陶弘景撰述的《真浩》所云:

> 道混然是生两仪。元气成然后有太极,太极则天地之父母,道之奥也。(《甄命授第一》)

和唐代孔颖达《周易正义》所云:

> 太极谓天地未分之前,元气混而为一,即是太初、太一。故《老子》云,"道生一",即此太极是也。(《系辞传上》)

等记述为代表的六朝隋唐时期的太极元气生成论发展。《淮南子》中《老子》思想和《易》思想一体化的倾向,当可视为是朝这种太极元气生成论发展的基础吧!

第三，《淮南子》中"气"的思想和战国末到汉初时代的天文律历学有密切的关联。在上述《淮南子》中的"气"生成论中，可以看到与气一元论非常接近的思考，而这正如从《淮南子》、《天文训》、《时则训》等分别为篇的情况中可知的那样，和当时的天文律历之学有密切的关联。

《淮南子》的《俶真训》和《修务训》中有"天之所覆，地之所载"等表述；在《天文训》中有"天圆地方"，《精神训》中有"头之圆也，象天；足之方也，象地"等内容，据此，则《淮南子》中天地宇宙的构造，是认为基础四方的大地被像车盖那样的天空完全覆盖，即以所谓的盖天说为基调的。但是，同书的《原道训》中有曰：

> 夫道者，覆天载地……包裹天地。

《道应训》中有曰：

> 南游乎罔㟋之野，北息乎沈墨之乡，西穷乎窅冥之党，东开鸿蒙之先，此其下无地而上无天。

据此则可以看到其中包含着《列子·天瑞篇》所载：

> 天只积气耳……日月星宿亦积气中之有光耀者……，地只积块耳……夫天地，空中之一细物。

这样的宇宙构造论，以及《晋书·天文志》所载：

> 天了无质，日月众星，自然浮生虚空之中，其行其止皆须气焉。

这样的宣夜说等等连续的天文学说。

而如果根据《缪称训》中所云：

> 道至高无上,至深无下……包裹宇宙而无表里,洞同覆载而无
> 所碍。

以及上面所引的《原道训》中所云：

> 夫道者,覆天载地,廓四方,柝八极,高不可际,深不可测,包裹
> 天地。

则这些篇中所谓的"道",无非就是具体地说明遍布天地宇宙间"气"的存在方式,而把"气"存在方式理念化,形而上化的结果用"道"这样的概念来解释,也是完全成立的。由于《淮南子》中的"气"和当时的医学理论以及天文学说有密切的关系,可以说是有力地促进了把"道"作为"气",把"元气"作为"道"这样的气一元论的思考。后来在六朝隋唐时期道教医学书《养生经》(法琳《辨正论》卷八所引)有曰:"道,气也。保气则谓得道";被称为"尤明……风角星算……又尝造浑天象"(《梁书》本传)的陶弘景在《内传》(《辨正论》卷八所引)有"道本无形,但是元气"这样的记述,凡此等等,也可以有力地证明这一推断。

与天文学说一起,有着阴阳、四时、五行、十干、十二支等的单元,以这些的组合为基轴,来解说"五星"(岁星、荧惑星、镇星、太白星、辰星)、"七舍"(阴阳刑德的"室"、"堂"、"庭"、"门"、"巷"、"术"、"野")、"八风"(把一年间风气的变化以每四十五日进行分配,称"条风"、"明庶风"、"清明风"、"景风"、"凉风"、"阊阖风"、"不周风"、"广莫风"),还有天的"五官"、"六府"、"九野"、十二辰、十二律、二十四节气、二十八宿等,认为这些和地上的现象以及人类生活有着相关的关系,明显地表现出要把全宇宙的构造体系化为气一元论意

图的《淮南子》的自然哲学——律历思想——也是先秦道家的"气"论中几乎看不到的。

《淮南子·天文训》曰：

> 天地之袭精为阴阳，阴阳之专精为四时，四时之散精为万物。
>
> 积阳气之热气而生火，火气之精者为日。积阴之寒气为水，水气之精者为月。日月之淫为精者、为星辰，天受日月星辰，地受水潦尘埃。
>
> 天道曰圆，地道曰方。方者主幽，圆者主明。明者吐气者也，是故火曰外景；幽者含气者也，是故水曰为内景。吐气者施，含气者化，是故阳施阴化。天之偏气，怒者为风，天之含气，和者为雨。

这种气一元论的万物生成论，在继承发展了"聚则为生，散则为死"的先秦道家"气"论，作为汉代道家"气"论的同时，正如文中"内景"、"外景"之词所确切表示的那样，在确立六朝以后道教的"元气"宗教哲学的基础理论这一点上，也具有重要的思想史的意义。

第四，在《淮南子》中，可以看到一种把包含人类及万物存在的风土地理条件与"土气"、"地气"联系起来的人文地理学的环境论。认为天上星座"二十八宿"的星气，分别支配着地上诸国的存在方式。所谓的分野说，在《天文训》中可见：

> 角亢郑，氐房心宋，尾箕燕。

等记载，在《地形训》中，还认为土地的"气"和人的性别、体质、气质及性格、智能等等有密切的关联，有曰：

> 土地各以其类生人，是故山气多男，泽气多女，水气多喑，风气多聋，林气多癃，木气多伛。

还有，住于河岸下的人，由于其地气，多足肿者，在岩石山陵一带的人多有力者，住在险阻地域的人多瘿者。 在暑气强的地方多短命者，在寒气强的地方多长命者；在谷气地域多痹足，丘气地域多鸠胸；平野地区的居民多仁者，丘陵地区的居民多贪欲。 而所有这些，都是因为：

> 皆象其气,皆应其类。

这就是结论。

同样的记述，还可见到：

> 坚土人刚,弱土人脆,垆土人大,沙土人细,息土人美,耗土人丑。

论述食物之气和动物的气性关系，则有：

> 食水者善游能寒,食土者无心而慧(译者按:此处原文为"食土者无意识也不呼吸。"今据《淮南子》引录),食木者多力而囊,食草者善走而愚,食叶者有丝而蛾,食肉者勇敢而悍,食气者神明而寿,食谷者知慧而夭,不食者不死而神。

《淮南子》中土气、地气的风土环境论，虽然也多含有从现实生活体验中归纳出来的实证性记述，但在另一方面，正如"中土多圣人……东方有君子之国，西方有形残之尸"等记述所示，也往往杂有基于五行思想的、图解式的、观念性的想象（大幅度地导入五行思想也是《淮南子》与秦道家不同的一大特征）。 但是，根据风土的、地理的诸条件，想把人类现实的存在方式加以法则化、类型化的《淮南子》土气、地气的"气"论，是在专门把超越的、形而上的"道"的世界作为问题，主要关心与终极的真实世界合一的先秦道家"气"论中几乎未见的，《淮南子》在沿袭先秦道家"道"的哲学思辨的同时，是导向对由于汉王朝出现大变面貌的现实的"事"的世界的切实关心而发展的结果。 揭示了人类的存在乃置于"至大之域"的是先秦道家"道"的哲学;认为昆仑山是"天地之中"、"太帝之居","九州"之外有"八殥","八殥"之外有"八纮","八纮"之外有"八极"存在的《淮南子》广大的世界地理学说;以及根据土气、地气不同而说明广大宇宙世界的地理、风土之"事"的多样性的人文地理学说,在具体的事实性上,还有在理论的综合性上,都使先秦道家"道"的哲学有了极大的飞跃和发展。 而且,把昆仑山作为"天地之中",使之与天枢——北极星相对应,与作为"太帝之居"的北极紫微宫相对应的广大的世界地理学说,就原封不动地成为六朝时期以后道教宇宙构造论的原型。 还有,上面所引的"食气者神明而寿……不食(谷)者不死而神"成为后来道教神仙术的基础理论,这就更不必说了。

第五,《淮南子》中气的思想,与战国末到汉初的医学医疗理论有着密切的联系。 上面已经说过,在先秦道家的"气"论中,可以看到与医学医疗相关的片断记述,在《淮南子》中,这样的关联变得更加密切,更加具体。

关于汉初医学医疗的实际情况,在《史记·扁鹊仓公列传》中可见到具体的记述;《汉书·艺文志》"医经"类中,著录有《黄帝内经》十八卷、《扁鹊内经》九卷等等。《史记》仓公,即淳于意的传记中,载有汉文帝十三年(公元前 167 年)淳于意回答文帝诏问的陈述书和他临床治疗例二十余条,在其中可以看到:

> 胃气黄,黄者土气也。土不胜木,故至春死。
> 病者安谷即过期,不安者则不及期。其人好黍……故过期。

等等记述,还有:

> 案绳墨、调阴阳,别人之脉各名之,与天地相应,参合于人。

脉法曰,年二十脉气当趋⋯⋯(齐)文王年未满二十,方脉气之趋
也而徐之,不应天道四时⋯⋯神气争而邪气入,非年少所能复之也,
故以死。

等等的记述。 这些记述和《淮南子·天文训》中:

中央土地⋯⋯西方金也。

《地形训》中的:

中央(为土)⋯⋯黄色主胃⋯⋯木胜土
西方(为金)⋯⋯白色主肺。⋯⋯其地宜黍。

还有《精神训》中:

天有四时、五行、九解、三百六十六日,人亦有四支、五脏、九窍、
三百六十六节。天有风雨寒暑,人亦有取与喜怒。故胆为云,肺为
气,肝为风,肾为雨,脾为雷,以与天地相参也。

等等相对应,可见,《淮南子》把五脏的机能以五行之气来加以理论
化,把人体的构造与天文现象加以比拟的记述,与淳于意的医学医疗理
论和方法是完全一致的。

还有,《汉书·艺文志》著录的《黄帝内经》十八卷,后虽被认为是
《黄帝内经素问》九卷和《灵枢》九卷合并而成者(清周贞亮《校正内经
太素杨注后序》),但《史记》中所记淳于意从其师公乘阳庆那里传授得
的《脉书上下经》则被推断为是这《黄帝内经》的早期版本(见 Joseph
Needham《道教炼丹术的各种社会形态》——载《道教的综合研究》),现行
本《黄帝内经素问》,可以视作是把秦代到汉初的医学医疗理论和技术

忠实地继承下来的记录。 在《黄帝内经素问》的记述中也有:

> 五脏应四时……东方青色,入通于肝,开窍于目,藏精于
> 肝。……南方赤色,入通于心,开窍于耳,藏精于心。……中央黄色,
> 入通于脾,开窍于口,藏精于脾。……西方白色,入通于肺,开窍于
> 鼻,藏精于肺。……北方黑色,入通于肾,开窍于二阴,藏精于肾。
> (《金匮真言论篇》)

这和《淮南子·地形训》中所云:

> 东方……窍通于目,筋气属焉,苍色主肝。……南方……窍通于
> 耳,血脉属焉,赤色主心。……西方……窍通于鼻,皮革属焉,白色主
> 肺。……北方……窍通于阴,骨干属焉,黑色主肾。……中央……窍
> 通于口,肤肉属焉,黄色主胃。

是完全一致的。 还有:

> 惟贤人上配天以养头,下象地以养足,中傍人事以养五脏。天气
> 通于肺,地气通于嗌,风气通于肝,雷气通于心,谷气通于脾,雨气通
> 于肾。……故天之邪气,感则害人五脏。(《阴阳应象大论》)

这样的说法和《淮南子·精神训》所云:

> 头之圆也,象天。足之方也,象地。

以及上引的:

> 天有风雨寒暑,人亦有取与喜怒。故胆为云,肺为气,肝为风……

137

等等的记述如同出一辙。

《淮南子》中的"气"的思想,是导入了在秦汉时代公乘阳庆和淳于意的医学医疗理论及继承其说的《黄帝内经素问》等医学书中占有重要地位的"气"的思想,并把先秦道家"气"的理论在现实的"事"的世界中具体化的产物。 而这种作为医学医疗理论的"气"的思想,也以《淮南子》为媒介,被大量地纳入后来道教医学的"元气"哲学之中。 道教医学的基本经典《黄庭经》中的"气"的思想,完全是以《淮南子》中"气"的思想,以及《黄帝内经素问》等医学书中"气"的理论作为根据的事实,比什么都更确切地说明了这一点。 还有,《黄庭经》等道教医学中"气"的理论或思想,也是和道教宇宙生成论的哲学——"道,元气也","道,气也"的思想,是表里一体的。

(福永光司)

第二节　兵家、黄老思想中气的作用

一、气在兵家的作用

1. 战国时代和气

春秋末,齐国的晏婴(晏子)发出了预兆战国时代的言论:

> 凡持血气者,皆持争心。(《春秋左氏传·昭公十年》)

晏婴的这话,是把血气(或气)作为促进争斗之物,深刻地认识到使宗法规范解体的社会性风潮。 因此,作为宗法规范的拥护者孔丘,对血气就有很强的警戒心,曰:

> 君子……及其壮也,血气方刚,戒之在斗。(《论语·季氏第十六》)

肯定血气者，把战国视为一种时代的潮流，而否定血气者，则把战国视为只不过是单纯的乱世。韩非在战国末总括了时代状况后说："当今争于气力"（《韩非子·五蠹第四十九》）。

由于气在战国之世被强调，因此，就有必要把它作为一种社会观。这就是从春秋时代开始萌发的"肯定利欲"的一种大思潮。既肯定甲的利欲，又肯定乙的利欲，这样，必然地甲和乙就会发生冲突，发生争执。因此，就产生了不是一概地否定争斗，而是从争斗的内部来发现解决争斗方法的倾向。

第一，人类的集团性，现在被认识到了。由于宗法制度开始崩溃，为了要同自然对抗，也为了同外国对抗，人类就产生了"群"的必要性。产生了利欲（即"私"）和法（即"公"）的必然性也在于此。

第二，是对争斗前景如何的考虑。所谓战争，结果，是想要求得领土的发展。所谓发展，就是对有限的否定。连战连胜的吴王夫差，在对任何战争都能一直取得胜利这一点上，认为自己的能力是无限的。但军队是由有限的"血气和筋力"支撑着的。这样，夫差终于被越王勾践所覆灭。

这一事件告诉战国时代的人，不确立制度的新陈代谢——由分封制向郡县制推移，领土的发展，随之而来的战争是没有意义的。

对于一般的战国时代的人来说，只有存在才有价值，正是为了存在的努力，才被确实地认为是人间固有的能力。在杀人遍野的战争中开始觉悟到生命的尊严，开始了对生命根源的考察。生命……但它不是像周代那样崇拜自然、五谷丰穰的生命，也不是像在太阳灿灿地照耀下充满恩爱的生命。它是凝视着战场上众多人的死亡，从有限的人的悲哀中产生，与作为个体的死和作为集体的生相联系的……这就是新陈代谢。老聃在"赤儿"中见到道，兵家对活力充沛，充溢着的"朝气"的尊重，都是新陈代谢的象征。对于战国时代的人来说，只有生生之道，才是支撑着争斗的原动力。

2. 作为"勇"的素材的气

战国时代是"勇"者被称赞，而不是"勇者"受轻视的时代。

《墨子·耕柱篇》载有勇者具有生产性和破坏性矛盾的话：

> 子墨子谓骆滑牦曰,"吾闻子好勇",骆滑牦曰"然。我闻其乡有勇士焉,吾必从而杀之。"子墨子曰"……是非好勇也,是恶勇也。"

这段话指出，所谓勇者，有相互反拨的力的作用。 也就是说，勇者无论汇集多少人，也只不过是"多之一"（即孤单的个人），而不是"一之多"（即团结的众人）。

《吴子·论将篇》也认为比起勇来，团结更为必要，论述如下：

> 凡人论将常观于勇,勇之于将,乃数分之一尔。夫勇者必轻合,轻合而不知利,未可也。

这就是说，在军队组织和国家体制中所要求的，与其说是勇不如说是作为"群"的团结、统一。

《庄子·说剑篇》中载有赵文王喜剑，三年而国衰的故事，也是把勇者的反拨性戏剧化的产物。《庄子·渔父篇》中有曰：

> 同类相从,同声相应,固天之理也。

而只有勇，则可以说是"同类相排斥"了。

由于这样的理由，齐国晏婴才杀死了公孙接、田开疆、古冶子这三个刚勇无双的力士。（《晏子春秋》卷二《内篇谏下第二》）"二桃杀三士"，《梁甫吟》讴歌的这一悲剧，不就显示了贤相晏婴对于勇者与国家体制矛盾的洞察吗？

战国时代的法家也同样地对勇者问题伤脑筋。 对此，以致在《商君书》中设有《弱民篇》一章。 所谓"弱民"，是对于国家的"弱民"，是对于君主的"弱民"，是对于法的"弱民"，但在战场上却可以发挥出勇敢之民。 这就是在"勇"和"勇者"之间伤脑筋的战国法家的最终结论。

与勇有同样的效果，但是可以保持团结性的是什么呢？ 由此开始了对"勇"的分析。

《商君书·算地篇》中认为，正如游说者之资在于口，处士之资在于信念，技艺者之资在于手那样，勇者之资便在于气。

《吴子·论将篇》中，叙述了气具有集团性。 因此举出了四种枢要的作用。 第一是气机，第二是地机，第三是事机，第四是力机。 所谓地机，就是占领军事上的要地；所谓事机，是向敌方派遣间谍进行搅乱；所谓力机，是兵器的准备和进行良好的训练。 而所谓气机，就是要使全军的兵士，百万人的军队行动统一于一个人的指挥，也就是说，整个军团要由一气贯之。

这样，气是"勇"的素材，是具有团结性之物。

因此，和勇有同样效果的是什么东西呢?《韩非子·解老第二十》中，有"无疑，此谓勇"的定义。《吴子·治兵篇》中有曰：

> 用兵之害,犹豫最大,三军之灾,生于狐疑。

也就是说，面对困难，不狐疑逡巡，没有不安，这就是勇的内容。 即使是兵卒的怯者，如果除去杂念，横下心来，不顾一切地冲向敌人的话，也会和勇者有同样的效果。 而在战场上，正如《吴子》所云，犹豫、狐疑才是最要禁忌的。《管子·兵法篇》中，叙述了不疑惑的方法：

> 一气专定,则旁通而不疑。厉士利械,则涉难而不匮,进无所疑,退无所匮……

所谓"一气专定"，就是精神的集中。 将军的号令一下，由于形成一种集团的陶醉状态，就会忘却自我，忘却死亡，直指敌阵而行。

3. 有限和无限的统一变化

据《史记》所云，兵家的孙子有两个。 一个是春秋末仕于吴王阖闾的孙武，一个是战国中叶，仕于齐威王的孙膑。

古代流传下来的《孙子》一书，究竟是谁所著的呢？ 这是一个问题。 关锋氏认为是孙武所作。[1]1972 年 4 月，在山东省临沂县银雀山被认为是前汉初期坟墓的一号墓中，出土了大量的兵书。 这一号墓被推定为造于公元前 140—前 118 年间。 这些兵书中有《六韬》、《尉缭子》、《管子·七法篇》、《墨子·号令篇》和两种《孙子》。 一是现存的《孙子》，一是《孙膑兵法》。[2]在此对现存《孙子》的著者问题暂且不论，为了与《孙膑兵法》相区别，想把它称为《十三篇孙子》。

这《十三篇孙子》的《军事篇》中，对于"气"有如下的说法：

> 三军可夺气,将军可夺心。

所谓"气"，所谓"心"，同是战争意欲。 但是，对军队全体称"气"，对将军个人称"心"值得注意。《战国策·齐策六》中也有曰：

> 将军有死之心而士卒无生之气。

把个人的心理称作"心"，把集团的心理称作"气"。《军事篇》中还继续说：

> 是故朝气锐,昼气惰,暮气归。故善用兵者避其锐气,击其惰归,此治气者也。

描写了军队中战斗意欲变化的情况，主张要加以利用。 所谓朝气、昼气、暮气，与其说是作为实际的朝、昼、暮之气，还不如说是把"气"比作电池的充电，叙述了最初势最佳，渐渐衰竭下去的情况。 正如《荀子·正论篇》中所云："血气精力则有衰"，气和力只是有限的。但是，军队必须依赖这有限的东西。 因此，被想到的就是：使有限之物起到无限作用的变化。

《十三篇孙子·势篇》中，叙说了这种变化之道：

> 凡战者，以正合，以奇胜……奇正之变，不可胜穷也。
> 声不过五（宫、商、角、徵、羽），五声之变，不可胜听也。

故变化率大（其势险，其节短），使敌人不知所措，造成攻击的失误。

所谓能力，只不过是一种"向量"，如果发生正面冲突，则大的一方战胜小的一方，是理所当然的。 因此，如果假装要采取某种行动，敌人在那里集中主力时，从别的方向攻击敌人，就能使之崩溃。

《十三篇孙子》中一贯的思想，就是"怎样击溃敌人，而在那时，怎样集中自己的气力"这个问题。 攻击崩溃的敌人，用有限的气力便足够了。 通过使有限的气和力的变化之道，以取得无限的胜利，这就是《十三篇孙子》的思想。

4. 使量变产生质变之物——气

据《尉缭子·战威篇》云，兵有三种取胜之法。 第一是以道取胜，第二是以威取胜，第三是以力取胜。

所谓以道取胜，就是消灭敌之气（即战斗意欲），不战而胜之。 其根据如下所述：

> 夫将之所以战者，民也；民之所以战者，"气"也。气实则斗，气夺则走。

也就是说，气充足则民勇敢，无气则民怯。 气的量的变化，就产生了现象上的质的变化。

在战场上面向敌人是勇，逃跑就是怯。 大凡在遇到困难时，勇者就越发显示出其价值，而怯者就越发畏惧。 勇者是"正"值，怯者是"负"值。 如限于是勇还是怯这样的观点来看，勇者和怯者的鸿沟是很深的。 这就和如果健康的人激烈运动会得到锻炼，而病人如也这样，就会因衰竭而死亡是一样的。

这里，就产生了通过养"气"（这是勇的素材）而使怯者转化为勇者的思想。

最重视这种"气的可变性"的是《孙膑兵法》。 在其中设有《延气》这一章，表现了孙膑对气的极大的关心。 对于气来说，它从各种各样的角度在起着作用。 有如下一些例子：

延气——认为如果延气，就可使战斗意欲得以持续。

利气——则可以使精神集中。

厉气——则可使胆大。（这"厉气"，在《战国策·齐策第六》中也可见，作："厉气循城，立于矢石之所。"）

断气——断绝迷惘，决断。

激气——使奋发。

这些，都是注意到了气的可变性，想要通过气的作用，以使兵卒的质地得以提高。 认为气的量变会带来质变的，不仅限于兵家，《庄子·知北游篇》中有如下的说法：

人之生，气之聚也。聚则为生，散则为死。

认为决定生与死这种对立物转化的，就是气的量的变化。

不仅单纯地把气作为活动力的源泉来加以认识，还要加以运用的，是兵家。 即所谓无懵懵之事（对于气的作用），无赫赫之功（战场上的勇敢性）。

二、望气——从兵家到汉初的黄老思想

所谓望气，从广义上说，是兵法术的一种。 是观望笼绕在军队周围的如霭之气，以知敌方内情，占卜凶吉的巫术。

《墨子·迎敌祠篇》中出现了望气。 所谓墨家，是合理主义的、实际的，技术家的集团。 而仅在这《迎敌祠篇》中，出现了巫卜，使人有一种奇怪之感。 但是，继以祭祀作为国家大事的西周之后，无论墨家怎样具有合理性，还残留有旧时代的尾巴，这也不是不可思议的。《迎敌祠篇》中，观察"大将之气"、"小将之气"、"往气"（逃跑之气）、"来气"（进攻之气）、"败气"等等，就是巫卜。

《六韬·龙韬·兵征》中有着更详细的论述。 比如：

> 凡攻城围邑,城之气色如死灰,城可屠。城之气出而北,城可克;城之气出而西,城可降;城之气出而南,城不可拔;城之气出而东,城不可攻。

这种望气，与占天候的"风角"、"风气"等一起，是附属于军队的巫卜。

望气可以说是兵法术的一种，是被战国兵家轻视的东西。 在生死的搏斗中，不能被像望气那样的神秘主义的东西所迷惑。 但这种望气从秦到汉初，被纳入黄老思想之中而流行起来。 与前述从银雀山汉墓出土的《孙膑兵法》一起，有《风角》、《阴阳书》、《灾异》、《杂占》等文书出土的事实，就说明了在汉初（尤其是关于天文、天候的）巫术的流行。

围绕着汉高祖刘邦的望气尤为有名。 据《史记·高祖本纪》记载，秦始皇常常说"东南有天子之气"，故东游以镇之。 听到此说的刘邦想到了自己的情况。 说是他曾隐藏在芒山砀山的山泽岩石间（芒山、砀山在江苏省砀山县附近）。 刘邦一次次隐藏，吕后与人一起去探

望他时总能找到他。 刘邦问其缘故，吕后答曰：因为刘邦之居所，上空常有云气。 刘邦心中暗喜。 还有，据《项羽本纪》，在项羽和刘邦有名的"鸿门宴"之前，范增令望气者占，然后劝项羽曰：刘邦军队之气"皆为龙虎，成五采（彩），此天子气也，急击勿失（天之助）"。

这类从秦到汉初流行的望气，被收集在《史记·天官书》中，整个《天官书》就是记述星占、风角、望气之事的。 比如：

> 云气各象其山川人民所聚积。
>
> 云气有兽居上者，胜。
>
> 车气乍高乍下，往往而聚。 骑气卑而布。

此外，根据所见的星辰，记载着兵的动向及各种各样的征兆。

《封禅书》、《河渠书》中也记有望气之事。《孝文本纪》中也载有赵人新垣平根据望气而见到天子的事。

这种望气的流行，无疑给汉初之人带来了神秘主义的倾向。 司马迁尽管持有"实证精神"，但在把神秘也加以"实证"这一点上还存在问题。 被班固称为"论大道则先黄老而后六经"（《汉书·司马迁传赞》）的司马迁同时还重视望气这一点，在了解汉初意识形态方面，也给我们提供了一条线索。

三、汉初黄老思想中气的作用

所谓黄老思想，就是黄帝和老聃的思想。《老子》一书又被称为《道德经》，现仍传存。 但秦到汉初被人阅读的黄帝之书已经亡佚了。而在 1973 年 12 月，从长沙马王堆三号汉墓出土了大量的帛书，其中有两种《老子》。 用篆书体写的被称为《老子》甲本；用隶书体写的被称为《老子》乙本。 而在《老子》甲本的卷后和《老子》乙本的卷前，都附有一些古佚书。 尤其是帛书《老子》乙本卷前的古佚书中，出现了"黄帝"，而它则被推测是否是《汉书·艺文志》"道家"中列举的《黄帝四经》。[3]此乙本卷前的古佚书分别有题,即《经法》、《十大经》、《称》、《道原》四书。[4]

在考察黄老思想中的气之际,想以《史记》、《汉书》和这《经法》、《十大经》、《称》、《道原》为资料。

《十大经·五政》中,用黄帝和阉冉问答的形式,显示了对政治状况和战争的精神准备。　其中阉冉曰:

> 怒者,血气也;争者,外脂肤也;怒若不发,浸廪是为癰疽,后能去此者,枯骨何能争矣。

这里表示的想法是,喜怒哀乐必定会以某种形式在外部表现出来,由于怒、血气和争斗是必然的连锁反应,所以有怒气就不能终结争斗。如硬要压抑争斗,就会生病。　这也就是说,健康的人一旦发怒,争斗就是必然的了。　因此,

> (黄帝)上于博望之山,淡卧三年……

这是对《老子》所说"虚静无为",或《庄子》所谓"虚心"的翻案。　黄老思想和道家思想不同之处,就是肯定战争。　对于这静卧三年而静心的黄帝,阉冉曰:

> "夫作争者凶,不争(者)亦无功,何不可矣?"黄帝于是出其镎钺,奋其戎兵,身提鼓鞄,以禺之(蚩)尤,因而禽(擒)之。帝箸之明(盟),明曰:反义逆时,其形视之尤,反义怀(倍)宗,其法死亡以穷。

这里出现的黄帝,具有兵家元祖的姿态。　但在战争的动机并非是忿怒这一点上,具有道家的性质。

与此完全相同的思想,见载于《史记·律书》:

岂与世儒阔于大较,不权轻重,猥云德化,不当用兵。大至君辱
失守,小乃侵犯削弱……故教笞不可废于家,刑罚不可捐于国,诛伐
不可偃于天下,用之有巧拙,行之有逆顺耳。

从司马迁的想法来看,有一个用兵动机的问题,认为只有表现心的
状态的律吕,才是万事的根本,在兵事上也最当注意。

这样的想法,也就是"礼乐兵刑自喜怒哀乐出"的思想。 因此,
也就从根本上表现出了如"虚心"而消除喜怒哀乐,自然就可省略所有
繁琐的礼乐兵刑,实现清静无为政治的黄老思想。 可以推测,司马迁
把兵事和律吕同一视之,正是出于这种思想。

所谓《律书》,既是法书,又是数书。 律,不是单纯的法,而是可
使人感动,物感应的法。 毕达哥拉斯说过"数支配万物",而司马迁则
认为"律支配万物"。 用三分损益法生成的音阶,除数以外就什么也没
有。 在韩非那里,法和心是对立物,但在司马迁那里,法和心的统一
则是律。

那么,在黄老思想中,气究竟起到怎样的作用呢?《十大经·行
守》中云:

言者心之符(复写),色者心之华,气者心之浮。

据此,则气是表现"心"这种本质的外部现象。 在《史记·律书》
中也可见到有同样的表述:

神使气,气就形……
圣人知天地之别,故从有以至未有,以得细若气、微若声。

这就是说,表现神的本质的,是气,是音乐。

在黄老思想中,言辞、态度、气是"心"这种本质的表现。 这和根

据望气以知敌人本质是相同的理论。

最后想论述一下与黄老思想关系很深的另一种气。

《史记·汲郑列传》云，汲黯学黄老之言。他任职和治民的方法，是好清静，选丞史而任之，责其大而不拘小节。这种行政的态度，是黄老思想的典型。但在这里饶有兴味的是信奉黄老思想者的人品。

汲黯的性格是倨傲少礼，当面折人，不能容人之过。因此士人不附集。然而好游侠，任气节，内行修洁，对主直谏。

黄老思想是以法家和道家"术"的思想为中心，[5]对兵家也有很大的关心，所以当然可以容纳汲黯的狷介和刚直。但如韩非在《韩非子·五蠹第四十九》中称为"侠以武犯禁"，加以抨击的游侠，这到底是怎么一回事呢？

在《史记·田叔列传》中载，田叔也是一个喜剑的人，尝从乐巨公学黄老之术。为人刻廉，喜随诸公（长者）游。这里就有一个司马迁的游侠观问题。司马迁所说的游侠，是指：

> 今游侠，其行虽不轨于正义，然其言必信，其行必果，已诺必诚，不爱其躯，赴士之阨困。

这是径自去干自己信仰之事的人。这样，就不仅和汲黯的刚直不矛盾，而且只有司马迁说的"游侠"才是执法者的合适人选。

据《史记·酷吏列传》载，郅都勇敢有气力，公廉而不发私书，直谏，在朝廷上面责大臣，因得"苍鹰"之名。

这意味着，为了要信奉法，保持公平，清廉洁白，当然要有坚持自己主张的意气；如果没有不屈服于贵近权豪，超越国家体制的人物，就不能做到这一点。

> 朋党宗室比周，设财役贫，豪右暴凌孤弱，恣欲自快。（《史记·游侠列传》）

比起这样的权贵来，对殉于主义的游侠的气节，司马迁表示了赞同之意。

（细川一敏）

第三节 董仲舒的气的思想

万物都是由气形成，本质上，是可以还原到没有限定的"一气"的存在。根据把世界解释成为"一气"的具体形态这样的认识，在思想史上，最早自觉地把此作为自己哲学的课题而加以思索的个人，是董仲舒。

正如以前的诸论考所阐明的那样，把生成现象世界的根底之物确定为气，这作为普遍的，或者说是常识性的认识（可以认为时间上的生成论的认识和超越时间的逻辑上的认识没有截然的区别），当时已经一般化了。而气已被作为具有哲学意义的重要概念来使用，也是事实。但是，就个人来说——一个人受到其生活的那个时代的制约，对当时状况赋予自己的课题作出回答——有可能将其思索的成果在现在我们的气的思想史上加以研讨的，实际上是自董仲舒始。

董仲舒对于阴阳五行——这是"一气"的类目，同时本身也是气的体现——进行了自己独立的考察。而在本节中，只限于在作为气思想一环的阴阳五行思想发展脉络中来理解董仲舒思想的方法，想从被赋予的、被认为是基本的哲学课题这样的侧面来探明董仲舒的思想，阐明其所具有的意义。这样来集中问题，是因为认为这对于阐明董仲舒气的思想的重大意义有作用。

董仲舒的生年不明。推测是在前 179 年或前 176 年等等。卒年有前 118—前 116 年间，或前 104 年两说。但并没有明确的根据。总之，至少可以推定是没于前 104 年以前。

出身地在现河北省内，汉代信都国广川县。年轻时习《公羊春秋》，后向许多弟子讲授。在景帝（前156—前141年在位）时代，因有学问而得任博士官职。后来在武帝（前140—前87年在位）即位，广求天下意见之际，以贤良的资格具答。其内容在《汉书·董仲舒传》中前后分三次记载。此后，任被分封在各地皇族的一枝——江都王之相（封国的宰相），大有治绩。此后左迁中大夫，差一点陷入蒙死罪的危机；又受当权者公孙弘的钳制，举为骄横残暴的胶西王之相，到头来隐退闭门家居，以学问和著述为事。

从这略历所示，还有从现存题为《士不遇赋》——他的韵文文学作品来看，董仲舒虽被认为是有学问，但不能说是当了中央政府的显官大官，倒不如说是一个不遂意的"不遇"人物。说到人物形象，正如《传记》中评其为人廉直那样，可认为是一个颇为淡泊的人物。他重视农业，要求民政安定，限制富人兼并土地，反对如盐铁专卖等官府自身与民争利的活动——把这些仁政主张作为想法的出发点，构思了统治的理论和方法。和作为他先辈的孔丘、孟轲一样，活着的时候未必结出活动的果实，而在死后，其言行由于内在的意义而被评价。只是，这位董仲舒也具有能让他专心学问和著述的家产，和那些先辈们一样，都是把"民"视为教化的对象，视为统治的客体，是从统治者的立场来思考的——这一点也不应疏漏。

作为了解董仲舒思想的资料，《春秋繁露》最为重要。其次可举出《汉书·董仲舒传》中记载的他的对策以及同一《汉书》内《五行志》、《食货志》、《匈奴传赞》中，均可见他的见解。

但这里有一点要注意，就是作为重要资料的《春秋繁露》经常被说成伪书这一事实。那是在书志学的研究中，及基于对思想内容的斟酌而提出的看法。在研究者之中，甚至有只选择《春秋繁露》与《汉书》载录的对策内容相同的部分作为资料——采取这样慎重方法的人。正因为如此，在这一点上，稍微阐明一下本文的态度就有必要了。

简而言之，那就是在原则上，采取认为《春秋繁露》各篇是董仲舒所作这一极普通的立场。从书志学的批判中，导出了汇集为《春秋繁露》这样的一本书，在董仲舒时代不存在的见解。 但是，不能作出连构成此书的各篇都不是董仲舒所作的结论。 此外，从思想内容上的批判中应当听取的东西虽很多，但在那样的场合，感到其基本的着眼点有问题。 那就是把董仲舒任意地塑造成一个纯儒、大儒的幻像，而反之，又把这个幻像作为文献批判的尺度来衡量。 董仲舒生活的时代，还残留着战国的遗风，儒教的经学理论也处在生成期，还不固定。 当时，在淮南王治下，编纂了道家色彩浓厚的《淮南子》，在中央朝廷中，法术官僚，黄老思想的势力很大。 处于这样状态中的儒者，把用后世的眼光看来好像对他不适合的理论也积极地吸收到自己的内部来不也是有必要的吗?

但确实，董仲舒是一个尊崇孔丘的儒者，而且是一个认为孔丘思想的大部分只有通过《春秋》才可知晓的《春秋》学者。 前面已谈到，他年轻时学的就是《公羊春秋》。 因此现在从顺序上来说，关于他学的《春秋》和《春秋》公羊学究竟是什么东西，就有必要把它的概略弄明白。

《春秋》系五经之一，是一部经书。 但原来，它只不过是周朝下中原诸侯国之一——鲁国的编年史（在称之为"史"的记录官记下的记录这一意义上，习惯上称之为"史记"）。 这和孔子本来没有任何关系。或云此"史记"中自前722年到前481年凡二百四十二年的一段曾经孔子加工，以这种观念为根基，便产生了春秋学。 这大概是在战国时代中期的事吧，作为春秋学根基——相信此书为孔丘手定的状况，以其相信的程度来分，可以分为这样三个层次：(1) 限定鲁史记记述事件的时代范围，通过对其批判，解说其中所具有的意义。(2) 对鲁史记的记述加以增删，安排其表述的辞句，修改成能比较确切地表达孔丘自己的政治、人伦方面的理想。(3) 汇集恪守周朝礼制各国的史记，为了在其中反映自己的政治理想和信念，以这些为材料构想虚假的王国，用鲁国充之据于中心地位，事件的记述则从鲁的立场出发来修正编纂。 这种三个层次的区分，推测的基础也许都不出仅仅是假说的范围，但对于孔丘和鲁史记的关系，想定有这样的相信上的区别程度，对于说明春秋学的发展来说，却是很适合的。

董仲舒所学的春秋学，也许是相当于这三个层次的第三层次！跟董仲舒学春秋学的司马迁，在自著的《史记·十二诸侯年表序》中传达了这样的见解。据其所云，孔丘求诸国君主纳用而不见容，因此到西方的周国，编纂藏在那里的史记旧闻，以鲁为中心，缀成《春秋》。把孔子称为素王的说法，就儒家内部的文献而言，在董仲舒的第二次对策中是首先发现。这素王的尊号，是给予从王者的立场来编修经书《春秋》，把自己没有实现的空想的王道理想寄托于鲁，连圣王也可匹敌的孔丘的。具备王者之德，而没有现实的王位，作为虚构的王——这就是素王的意义。董仲舒学的就是作为"素王之文"的《春秋》。

总之，作为五经学一个部分的春秋学，是以相信鲁史记曾经孔子之手编纂为前提条件，努力想在《春秋》记载的表述中，吸取孔丘王道理想和政治人伦方面见解的解释学。到董仲舒时代，历代积累的这一解释学的成果，现在在《春秋公羊传》中可以得见，因为董仲舒以前的解释，汇集在这本书中而流传了下来。也许在董仲舒一代以前，有一个春秋学的先生，名叫公羊什么吧，据说，董仲舒就是跟那位公羊先生或其弟子辈学习春秋学的。继承了前代的成果，加以发展，给予明确表述，整理排比，或增加上新的内容，就成了董仲舒的公羊学。

如稍许补充一下董仲舒以后的状态，那么，在前汉的前半百年间，不能说，春秋学内部存在着显著的派别。但到了前汉末，则明显地分成了公羊学派、谷梁学派、左氏学派。这些学派分别以编成的《公羊传》的释义为基础来解释《春秋》，以编成的《谷梁传》的释义为基础来解释《春秋》，以编成的《左氏传》的释义为基础来解释《春秋》，基于这样的差别，经学内部、春秋学内部有着相互的抗争。

　　春秋公羊学的基本主张是王道主义。 尽管不仅是公羊学，左氏学也好，谷梁学也好，同样作为春秋学的派别，也都揭示了王道的理想……而现在，想借用中江丑吉的整理，[6]简单地介绍一下公羊学的内容，这就是：(1) 圣王主义。(2) 人伦关系的规则。(3) 崇礼主义。(4) 非战主义。(5) 养民主义。(6) 正名主义。(7) 崇贤思想。 想要详细了解《公羊传》思想的诸位，请参照中江的此书，以及日原利国的《春秋公羊传之研究》。[7]

　　把这种具有王道主张的公羊学作为汉朝统治理论而加以新发展的，是汉代的春秋学，尤其是董仲舒的春秋公羊学。 由于他的努力，结果形成了三统说。

　　三统说是以分别相当于夏历、殷历、周历的三种历法的存在为根据成立的。 所谓夏历，是以建寅之月（北斗七星的柄部夜半指向寅的方位）为正月（大致相当于日本的旧历），殷历是以建丑之月为岁首（以夏历的十二月为正月），周历是以建子之月为岁首（夏历的十一月为正月）。 应当信奉夏历的夏王朝被抽象化为黑统，被认为使用殷历的殷王朝则被抽象化为白统，用周历的周王朝被抽象化为赤统。 而受天命的王者，为了把新受天命广布天下，就必须改历而移置岁首，明确新王朝之统。 未来的王朝作为过去黑统、白统、赤统的继承者，也以这样的顺序循环三统。

　　据董仲舒之说，则《春秋》相当黑统。 但是，三统说以原来历法的差异为基础，即使说黑统、白统、赤统，也没有与五行的木火土金水相配的青赤黄白黑五色那样的理论性背景。 因此，这三统说的内容，比起用五德循环来说明王朝替代的理论，内容上还显空虚。 由于《春秋》构想了应代替"赤统"周王朝的新的理想王朝——素王孔丘的王国，所以这种说法只不过是说，要返回到最初，继承黑统而已。

　　然而，把《春秋》置于作为王朝交替理论之一的"三统说"中，这同时就和下面被想定的情况具有密切的关系。 第一，是孔丘得天命。其证据就是《春秋》最末年，哀公十四年记载的"狩而获麟"事件。 麒麟是王者受命之符，也要遭横死啊！这被认为是为孔丘而出现的。因此，即使不是现实的王，孔丘也具备了作为素王的资格。第二，由于孔丘寻求替代周朝的王道国家，因此，作为其具体表象的《春秋》，当然就是具有改制内容的书。第三，作为《春秋》的中心，其记事主体的鲁国，是孔丘为了借助历史事实显示王义的媒介物。因此，即使把鲁视作为王，也和过去实际的鲁国没有关系。以上这三点的想定和三统说有着共生的关系。

作为春秋公羊学者的董仲舒，基于春秋学方面这些新生的观念，提出了《春秋》所表现的理想对汉朝统治是适合的这种主张的根据。在他们这些汉代的公羊学者看来，所谓《春秋》，是素王，也就是孔丘把应当替代周朝的新王朝的理想置于黑统的地位而构想出来的经典。继赤统周而兴的汉（故意无视秦），当然必须根据这一经典来行动。

这样，创制了使传统的春秋学可起到现实作用的种种概念装置，另一方面，根据这样的理论而给予当时的春秋公羊学本身以深度和广度的这些公羊学者的前面，已经耸立起汉朝这样的庞大政权。这个庞大的政权是由没有身份背景的人物，用实力创制，是建立在与血缘性人伦关系等完全不同的原理上，以复杂的官僚机构为支柱的。对于这个汉朝来说，为了使之接受春秋学的主张，适当的根据就是必要的。他们把《春秋》王朝纳入黑统，就是为了提高其说服力努力的一部分。

在这里，如果把视野展开来考虑一下的话，可以指出这样的事实：春秋学以外，包括其他信奉《诗》、《书》、《礼》、《易》之学的人，这些经学者们，都具有寻求根据的共同倾向。当然，虽称之为五经，但在内容上有着区别，也没有相互的联系，而重要的是作为经书学问这一方法本身还处于生成期，所以，即使说是共同，也只不过是指出相当模糊的倾向上的一致。如从宏观上来把握的话，这就是相当清晰的现象了。这种一致的倾向，就是从自然中求得作为人间社会法则根据的倾向。这种自然，当时称之为"天"，社会和人间则称之为"人"。这种论及天人关系状况，把天作为人的基础来强化论述的形而上学的工作之路，是各方面都共同在迈进的。

再回到春秋学，就春秋公羊学来考虑一下吧！《汉书·董仲舒传》中，保存了他的三份对策，这正如前面已说过的那样，在各个对策中，还附载着策问（即武帝的咨问）。在第三策问的开头，有这样的文字：

> 盖闻"善言天者必有征于人，善言古者必有验于今"，故朕垂问乎天人之应，上嘉唐虞，下悼桀纣，寖微寖灭寖明寖昌之道，虚心以改。

在皇帝的策问中，已把天人的相互关系视作常识而作为前提。这意味着，以阴阳思想、五行思想的形态，把自然的运行和人事的活动联结起来的思想倾向，从战国时代末期以来，已经非常地深入了。作为回答的方面，必须对此应答。

这里有着董仲舒等公羊学者的苦心。《春秋》原来是记录鲁国君主即位、死亡、葬仪、结婚，大夫的死亡，与外国的往来、战伐、祭祀、制度改革以及其他事件的编年史。虽然也记有天文现象和灾害的记录，但其记载主要关心的是政治上的事件。因此，集积着那些《春秋》解释的《公羊传》的思想，如认为它局限于政治方面，也就是局限于"人"，则是必然的了。《公羊传》是彻底地站在"人"的立场，除一、二个例外的记述外，严守天人分离的界限。事件的说明中，没有援用阴阳五行的情况（只出现过一次"阴"）。《公羊传》对《春秋》的解释，就是这样，以社会现象作为主要内容，这也就意味着，正如《春秋》解释者们所想定的那样，孔丘关心的，完全是人伦的世界，人道的问题。董仲舒虽然学的是这种传统的春秋学，但面对着由武帝策问的问题所象征性地表示的那种当时占统治地位的思潮，大幅度地转换了方向，朝着与上述五经学方向共同的方向转变。

比如，在对武帝提出的第三个策问的对策中，董仲舒陈述道："圣人法天而立道"，"孔子作《春秋》，上揆之天道，下质诸人情，参之于

古，考之于今"。 还有，在同一个对策的稍后之处说道：（这里说其大
要）古今同此天下，现在社会混乱，也许就是因为缺少对照"古之道"
吧！ 或是由于有与"天之理"相违背的地方吧！《春秋繁露》的开头，
在《楚庄王篇》中（以后只举篇名者皆是《春秋繁露》的诸篇）有曰：
"《春秋》之道，奉天法古。"这都反映了认为天的道理重要的认识，认
为人间社会的道理必须要反映天道，主张《春秋》也就是以天道为基
础的。

　　我们对董仲舒这样的主张及其必要性有了大体的了解，那么，它是
从哪里来求得其根据的呢？ 这成了一种循环论性质的论证构造——由
于说是循环论，所以决不是胡说八道——它决不是从别处，而是从《春
秋》本身中求得。

　　《春秋》是据鲁国十二个君主在位的年代来纪年的，记事从最初的
君主隐公元年开始，到最后一个君主哀公十四年结束。

　　　　元年春王正月。

　　这是最初的隐公元年的记事。 在原来的鲁史记中，恐怕在"正
月"下记有"公即位"的事件！ 或可认为，后来在经书化的过程中，也
许这被失落了。 但确实，作为经书的《春秋》，是以这里所载的词句为
开始的。

　　董仲舒信奉的《春秋》制作说，正如前面已经说过的那样，是处于
孔丘以周室史记旧闻为素材，以鲁为中心修改编成这一层次的。 由此
来看，这个"元年春王正月"也就不是鲁史记原来记述的状态，而必须
视作是孔丘加入了一定的意义，特地这样来排列字句的产物。 当时的
春秋学者对此信而不疑。 董仲舒注意到这《春秋》开头"元年"的
"元"字，并围绕孔丘为何用"元"这个措辞进行了思考。

　　据董仲舒的看法来说，孔丘是有意识地把"一"置换成了"元"

字。 本来当记作"一年"，但在这里却记为"元年"。 这里就一定可领
略到孔丘的深意。 比如，他说："臣谨案《春秋》谓一元之意……"
（《对策一》)，又曰：

> 知元年，志大人之所重，小人之所轻……是故《春秋》变一谓
> 元……（《玉英篇》)

董仲舒确是这样认识的。 但是，董仲舒这样相信的本身虽是一个事
实，然而其确信的内容却不是事实。 写作"元年"，是古时记录的通
例，并不是孔丘特别的措辞。

"一"是什么？ 想稍许引用一下他的说明。 曰："一者万物之所从
始也"（《对策一》)，"唯圣人能属万物于一，而系之元也"（《重政篇》。
译者按：原引作《玉英篇》，误)。 从这样的说明来看，所谓"一"，大
概是万物的根源。 这不单是数词一、二、三的一，而是具有哲学意味
的术语——董仲舒似乎就是这样理解的。 孔丘就是把具有这样意味的
"一"置换成"元"。

这里离开与"元"的直接关系，想探讨一下《五行相生篇》的开头
一句。 这《五行相生篇》，是表达董仲舒对木火土金水这五行见解的诸
篇之一。 曰：

> 天地之气，合而为一，分为阴阳，判为四时，列为五行。

在这里，"一"明确是指混然未分的一气。 这一气，或以阴阳，或以四
时之形，或作为五行而显现出来。 根据徐复观的见解，[8] 在董仲舒气
思想的阶段中，阴阳之气和五行之气虽同在一气的范畴内，却是各自分
别的存在，后来可见的那种阴阳和五行之间的连续性和内在关系，尚未
确立。 总之，所谓"一"，就是与阴阳之气、五行之气在本质上是相同
的一气。

第三章　秦汉时期气的思想

阴阳五行和万物的关系是如何的呢？　与董仲舒的著作同时代产生的书，有《淮南子》。　如看看其第三卷《天文训》，则有这样的话：

〔道〕始于一，一而不生，故分为阴阳，阴阳合和而万物生。

令人注目。　类似的作为哲学上的"一"，在《淮南子》中，不仅仅见于此。　由此看来，不是可以认为，一气是万物之本，是属于阴阳五行范畴的主体；作为具有这些内容的哲学术语的"一"的使用，在当时的思想中已是一般化了吗？　如果要进行哲学史性质的溯源，这"一"的历史可以进一步上溯。

由于董仲舒遗留的文献中缺乏"一"的直接说明，所以想参考《淮南子》，来这样理解被"元"置换的"一"的意义。　当然，这个"一"和意味第一的序数"一"的意义没有矛盾，这是明确的。　但是，为什么董仲舒要特地提出这样的解释呢？　——就他的意识而言，就是要探求孔丘的真意吧！

在这里，试探求一下后汉经学者许慎手成的《说文解字》。　这是一本字书，成于公元100年。　看看就可知，"一"字被列于这本字书的最初，其解说中有曰：

惟初太极，道立于一。造分天地，化成万物。

所谓太极，正如有的异本作"太始"所示，是指天地万物生成以前未分之气的混然状态。　然而，这不是把"道"抽象化的"一"，而是如要替换一个词，确切地把它说成是"道"也可以的"一"。　如把它硬引到生成论的时间范畴（用生成论的观点来认识的话），就必须分成作为万物本始的"一"和作为万物所以然（存立根据）的"道"。　只有通过这样的分化过程，作为太极的"一"才能够造就天地，形成万物（如从纯逻辑的认识来说，"一"即万物，万物即"一"，就不会有分为"道"和

159

"一"的必然性。 然而，一般说来，期待当时的论述中，逻辑性认识和时间性的生成论有明显的区别，是不现实的。 因此，对于当时文献中出现的"道"和"一"，要一律给予内容的规定，是困难的）。 以上，尽管难以解释，姑且大致如此读之。

这位许慎，对前面所述的《淮南子》也有注解。 完全的版本现已不存。 但是，这说明，作为经学家的许慎，同时也关心形而上学和自然哲学，在这方面也有造诣。 就是对这个"一"的解说，也是沿袭了前汉的哲学学说。 事实上，上述《淮南子·天文训》"道始于一……"一节以下，不就可以看到和这里许慎的解说内容几乎相同的文字吗？

如果说这论述"一"和"道"关系的解说反映的是前汉的哲学学说，那就可以稍许理解董仲舒把《春秋》元年的"元"解释作为抽象化的"一"，这种做法在思想史上的意义了。 那就是，把"元"设定为相当于"道"的概念。 如根据他的想法来说，这是因为孔丘认为"谓一元者，大始也"（《玉英篇》），还因为"谓'一'为'元'者，视大始而欲正本也"（《对策一》）。 如果现在我来解释他的想法的话，可以说，就是通过赋予"元"与"道"同样的意义，来和当时作为思想界主流的黄老思想——老子学派之一，把道作为世界的终极存在，为法术性质的统治提供形而上学的根据——进行对抗。

董仲舒说明：元就是"本"的意思（《对策一》）。 还有"原"那样的意味，还说是与天地运行一起之物（《玉英篇》）。 所谓"原"，就是根源那样的意义吧！ 新出土的马王堆汉墓帛书《老子》乙种本卷前古佚书，作为汉初黄老思想的文献而引人注目。 其中《十大经·成法篇》中有曰："一者，道其本也"，《前道篇》中有曰："道有原而无端。"董仲舒对"元"字的解释虽不能说是直接地沿袭了这些文字，但可以注意到，这些对"道"的规定，和对"元"的说明有着共同之处。 作为结论，难道不可以说，董仲舒的"元"有着像"道"那样意义的内容吗？

还是继续看看他本身的说明吧：

> 唯圣人能属万物于一而系之元也,终不及本所从来而承之,不能
> 遂其功,是以《春秋》变一谓之元。(《重政篇》*)

"终",一本或作"故"。 如就那样不改动字的话,不就是"所诠""最
终"的意义吗? 这一段文字也即前面所引的《玉英篇》中的内容,但
由于这后面一段文字的旨意不明处颇多,所以想在可以解读的范围内叙
述其大要。

所谓"元",被认为是万物之本,天地之元,同时也是人之元的
存在。 人是承受天气而生成的存在;而人的功业则是补充完备天地
之物,有着独立的作用。 因此,把一切都归结于天地之元是可
笑的。

简单地说,就是如此。 我如果来归纳整比一下的话,那么,"元"
和"一"在根本上是同一的。 但由于"元"有着"一"的法则性机能,
所以也可以说比起"一"来是更为本源。"一"呈万物之姿,而"元"则
作为万物之本而常存。 因此,万物不论以何种形态,都必须基于
"元"。 由于万物是由一气形成的,因此,气成了包含天、地、人的各
种物体的共同的基础,保证了它们的共同性质。

董仲舒年轻时进入中央政界,为了同在那里占统治地位的黄老思想
以哲学的程度进行对抗,"元"就是必要的了。 通过认为孔丘是把
"一"置换成"元",而大大扩展了"元"单纯作为"始"的意义,获得
了作为儒教哲学概念的资格。 在传统的儒家思想中,如单单地说
"道",那就意味着社会的道理。 因此,通过"一"作为媒介,就把
"元"深化成为贯穿天人法则的"道"。

这样,《春秋》就把堪称为道家之"道"的儒教版——"元",放在
首始之位。 那么,为什么孔丘把"元"放在第一是必要的呢? 对于这
个疑问的回答,那就是:

---

* 原引者作《玉英篇》,误。 ——译者注

气 的 思 想

《春秋》之道,以元之深正天之端,以天之端正王之政,以王之政
正诸侯之即位,以诸侯即位正竟内之治,五者俱正而化大行。(《二端
篇》、《玉英篇》)

想必大家还记得前面介绍过的《春秋》经文"元年春王正月(公即
位)"。《玉英篇》、《二端篇》的文字,就说明了这段经文词语顺序所具
有的意义。 后来传统的公羊学中,把这称之为"五始"而公式化了。
这里所说的"天端",就是"春"。 天是自然运行的,其端绪,就意味
着春、夏、秋、冬的春。 由元的奥深玄妙机能,"正"天地运行之始。
由正确的天地运行,"正"王的政令之始。 经文的"正月"相当于"政
令"。 正月表示政令的端绪,这对于当时的人们来说,是很容易接受
的。 因为,可以认为,在《吕氏春秋》(前239)中已经明确地体系化了
的时令(根据一岁四时,或十二个月的季节行进而发出的各时节的政
令)思想,已广为一般人所接受了。 由正确的王之政令,"正"诸侯国
君主的施政。 由正确诸侯君主的状态,"正"各国的政治。 只有在这
五个阶段都是正确的状态,万物的育成,人民的教化方能大行。

正是由于孔丘定下的以"元年"开头,继之以"春"、"王正月(公
即位)"这样的词语的排列,才显示出了从原理的"元"开始到末端的
政治、贯穿各层次的新秩序的理想,而这就是董仲舒新提出的《春秋》
解释理论之一。

但是,尽管如此,仍可看到,由"元"出发,以"元"为基础的秩
序体系,在董仲舒的思想中影子渐渐淡薄下去。 这是为什么呢? 大概
是为了与黄老思想对抗,最初在董仲舒思想中具有很大意义的"元"的
思想,随着其必要性的减弱,把主要地位渐渐地让给了天的缘故吧!
(对把《立元神篇》等视为伪作而加以排除之说感到怀疑,正是考虑到
了这一点) 由于要确定遗留下来文献的先后关系颇为困难,完全是作为
思想史方面的推理来这样理解的。 在汉代公羊春秋学的历史上,置于
董仲舒之后、何休以前的纬书的说法中,把这个"元"解作"端也。 气

162

之泉也"(《元命苞》)。据汉代末期,集汉代公羊学大成的何休(129—182)的《公羊解诂》云:"元,气也。"这样,在董仲舒以后的公羊派《春秋》解释史上,在前汉中期以降已经作为词语确立的"元气"(即作为原始之初的一元之气这一概念),似几不加改易地便相当于"元"来解释了。虽说是沿袭了董仲舒提出的理论,但和强调"元"的意义的董仲舒渐渐地调子就不同了。变得不顾及把"一"改说成"元"的意义了。

但是,即使作为"道"的"元"这一思想减弱了,而这"元年春王正月(公即位)"词语排列顺序所包含意义的重要性仍不衰退。这就在于"春王正月"部分。孔丘定下的排列意义,就在于规定了王的存在。王,是受天控制而行使政治的存在,这是孔丘早就洞察了的,而且把这个道理在此显示出来。比如,在《竹林篇》中这样说:

> 《春秋》之序辞也,置王于春正之间,非曰上奉天施而下正人,然后可以为王也云尔?

董仲舒说的王,起到了要把天的意志——这就是"仁"——在地上实现的作用。

正如历来的研究者已经指出的那样,汉代的皇帝制度是继承了秦制,所以在理论上不能控制位于官僚机构顶点的皇帝。尽管法术官僚不断扩张势力,但皇帝本来就是超然于那种法之上的。对于这种情况,董仲舒从经学者的立场出发,提出了以经书为根据的王者论。这一论说的关键,就是把皇帝置于理论上的天的控制之下,而又在经书中求得了其理论的根据。

当时,由于受《吕氏春秋》影响的时令说的渗透,[9]以阴阳和五行之气为媒介,把王的政治置于春夏秋冬这种自然运行中的看法,作为基本的认识而广为盛行。这是可以称之为时代思潮的大倾向。是和左右政治状态的黄老派思想那样一时性的思想水准不同的基础性的思想倾向。 可以认为，前汉中，董仲舒以后有特征性的灾异思想，也是这大思潮中突出的一种。 董仲舒的王者论，不是和这种天人相关思潮相对抗，反之，它是以此作为前提，作为根据而发展起来的。

他的第一个《对策》就是这样，有曰：

> 臣谨案《春秋》之文，求王道之端，得之于正。正次王，王次春。春者，天之所为也；正者，王之所为也。其意曰，上承天之所为，而下以正其所为，正王道之端云尔。然则王者欲有所为，宜求其端于天。天道之大者在阴阳……

王如果想合王道的话，就不能违背天道之所为，就必须继承之。 然而，那个天之所为，即"天道"的重要显现，就是阴阳。 制约王者政治的道理的典范——在这个场合——是阴阳范畴中出现的天，也就是气的运行。 紧接着上面所举内容后的意见，有着这样具体的进言：要法以阳为主体，以阴为辅助作用的天的运行，王者就必须重德而不用刑，因此把政治委任给法术官僚是错误的。

就"春王正月"来说，可以把它解释为是揭示了天人相关之理的孔丘的微旨，其根据究竟何在呢？ 其最终极的根据，虽说是董仲舒对孔丘的信仰之心，而次一等的根据，不是别的，就是"元"。"元"是"一"的分身，是"一"的抽象。 由于把这作为"一"的"元"当作本源，从"元"到诸侯的秩序的世界；以及其反面，也就是由"一气"形成个别物体的形体世界；就被证明了。 天（以四时为代表的自然）是气，王也好，诸侯也好，人民也好，所有的人都是由气形成，都是"一"的具体形态。 只要肯定天人相关的时令这种时代思潮，也就不能不承认《春秋》所示的天人的道理。 这样，孔丘的《春秋》就成为和当时常识化了的（把世界解释作为"一气"的具体形体）认识形式不相矛盾的了。 在"王"和"天"的交流中，以阴阳作为媒介也就是理所当然的了。

还要谈一下的是，在稍前说明"元年春王正月（公即位）"字句排列意义的过程中，出现了"正"这个术语。这个"正"的概念，如果不以气的世界的存在作为前提，就完全无法理解其意义。因为有着必须把气的正邪作为问题来考虑的侧面。董仲舒把深奥的"元"作为根本，解释道：《春秋》表示了整个自然界、人类社会（以王为顶点的人伦世界）保持气"正"状态的重要性。这样来理解，"元年春王正月"的释义也就最终结束了。

比如，在《对策一》中曰：

> 正百官以正万民，正万民以正四方。四方正，远近莫敢不壹于正。而亡有邪气奸其间者。是以阴阳调而风雨时……

又《王道篇》中有曰：

> 王正则元气(天地间大气的意义?)和顺，风雨时，景星见，黄龙下。王不正，则上变天贼并见。

把这些加以理论化叙述的是《天地阴阳篇》。据其所云，则王是"以治乱之气与天地之化相淆"的存在。世中治，气正，则天地生成的运动就精妙地进行着，万物美好的情况就会显著起来（董仲舒灾异说成立的理论根据就在于此。而且，具体立说时的判断基准，也还是置于《春秋》之中）。

董仲舒作为春秋公羊学者，在自己的思想中接受、同化了异质的阴阳五行之气的思想。这是在"时令"这种天人相关的时代思潮之流中弄棹，是在和席卷中央政界的黄老思想对抗，也是顺着到自然界的法则中去寻求立论正当性根据的知识阶层的倾向进行的活动。可以说，支撑着这种思想性努力的，不也就是可称之为儒家的、追求民政安定的经世责任感吗?

特别应当注意的是, 这种思想活动非但不和《春秋》的内容相矛盾, 相反, 是要在《春秋》中寻得这些思想的终极根据。 因此, 不背离传统的重视人道的孔子学徒的立场, 作为在其范围内的活动, 当然就可以积极地投入阴阳五行的理论性考察中去。 这样的思考态度, 不正是典型地显示了经学的思维构造吗?[10]

(关口顺)

注 释:

[1] 关锋《孙子军事哲学思想研究》1958 年 6 月第二版第三次印刷 (1957 年 8 月第一版), 湖北人民出版社出版。

[2] 1. 银雀山汉墓竹简整理小组编《孙膑兵法》, 1975 年 2 月第一版, 第一次印刷。 文物出版社, 北京。 2. 上述译文, 见金谷治译注《孙膑兵法》, 1976 年, 东方书店。 3. 《文物》1974 年第 12 期。 4. 徐培根《孙膑兵法注释》, 1976 年 3 月。 黎明文化事业股份有限公司。

[3] 唐兰《黄帝四经初探》, 见《文物》1974 年第 10 期。

[4] 帛书《老子》以及古佚书。

1. 《马王堆汉墓帛书》整理小组编《马王堆汉墓帛书 (一)》1974 年 9 月第一版, 文物出版社。 2. 《长沙马王堆汉墓出土〈老子〉乙本卷前古佚书释文》, 见《文物》1974 年第 10 期。 3. 马王堆汉墓帛书《老子》, 1976 年 3 月第一版。 4. 马王堆汉墓帛书《经法》, 1976 年 5 月第一版。

[5] 关于这一问题, 想在另外的机会加以论述, 其概要示之如下:

第一点, 道家和法家的混合。

据《太史公自序》中司马迁之父——司马谈的《六家要旨》云, 道家是 "有法无法, 因时为业; 有度无度, 因物与合" 即是 "合法与不合法统一之道" 或 "合理与非合理统一之道"。 强调合法则为汲黯的廉直, 强调非合理则有陈丞相的游荡。 信奉萧何之法的曹参对来陈情者饮酒打岔的故事, 也正是这样的情况。《经法·名理》中有同样的内容:

"道者, 神明之原也。 神明者, 处于度之内而见于度之外者也。"《经法·道法》曰:

"道生法, 法者, 引得失以绳, 而明曲直者殹 (也)。 □执道者, 生法而弗敢犯殹 (也), 法立而弗敢废 (也)。"

这样, 道把法置于首位。 但是, 由于法也有不完备之处, 有未及之处, 所以认为法之外还要用道来处理。 这是黄老思想的根本思想。

第二点, 以 "术" 的思想作为中心。

据《太史公自序》云: "道家使人精神专一, 动合无形, 赡足万物", "其术以虚无为本, 以因循为用。" 否定行动的无为, 否定欲望的虚心, 以及否定自己, 因循万物, 这就是道家的心术。 就是说, 所谓 "术" 是通过否定的否定而对万物的大肯定。 这样, 来确立不被物所惑的自我。 法家, 韩非所说 "法"、"术"、"势" 中的 "术", 是改造了这种道家之 "术" 的结果。 否定行动、否定感情君主的 "无为虚心", 及君主再否定自己, 这是对臣下行动、感情的大肯定。 这里 "术" 也是通过否定的否定而对臣下的大肯定, 来确保统治者的地位。《太史公自序》中说的 "虚者道之常也, 因者君之纲也, 群臣并至, 使各自明也", 就是法家的 "术" 的思想。《经法·论》中有曰: "〔正〕生静, 静则平, 平则宁, 宁则素, 素则精, 精则神。 至神之□ (极), (见) 知不惑。 帝王者, 执此道也。" 就是以虚静无为为中心来考虑君主的。

以上两点是主要的。　还有，关于道家的"心术"思想，请参照赤冢忠博士的一系列论文等：

(1)《老子中虚静说的展开》。　东京《支那学报》第九号，1936 年。

(2)《道家思想的原初形态》。　东京大学文学部研究报告，《哲学论文集》1968 年。

(3)　全释汉文大系 86，《庄子上》，集英社，1974 年。

还有，我以《作为道家和法家交接点的术》为题，在第 25 届东北中国学大会（1976 年 5 月，弘前大学）口头发表过此说。

[6]　中江丑吉《关于公羊传及公羊学》，载《中国古代政治思想》，岩波书店，1950 年，1975 年。

[7]　日原利国《春秋公羊传的研究》，创文社，1976 年。

[8]　徐复观《两汉思想史》第二卷。　香港中文大学出版部，第 245，254 页。　1975 年。

[9]　徐复观，同上书，第一章。

[10]　关于经学的思维构造，在拙稿《经学思维构造之分析——据春秋公羊传》中，曾试图加以部分说明。《东方学》第 51 辑，1976 年所收。

第四章

后汉时期的气论

第一节　后汉以前时期的元气

一、阴阳家的则天主义

天地自然对于人事有着独立运行的自律性，而人类社会按照那种自然秩序进行日常运营时，才能实现天与人调和的平安世界。古代的中国人变得确信这一点，和渡过了各种社会危机，作为人为斗争结果的秦汉帝国的成立及宏大的人类文明事业的进行这些历史现实，无疑有着关系。

这一巨大帝国的复杂运行，当然就是统治人类社会的政治行为，而天地的秩序（即自然运动的法则）被想定为这种行为最根本的基调，认为通过对此的正确认识，毫不违背地顺应，就能使现有的政治体制及其机能得以存续，就可以把社会和人间引导到和平的世界。这就是说，以农耕和畜牧为基础的帝国统治，正如以那种时令思想为典型所示，只有依照四时的自然运行，根据它来进行恒常的节度并加以随顺，才是国家运行的必须的方法。西汉早期，这种想法已作为"阴阳家"的思想势力形成了最显著的思潮，风靡一世。

因"务为治"而竭尽智力的思想家集团，被汇集于西汉景帝时司马谈的《论六家要旨》中（见《史记·太史公自序》）。据其所云，信奉那些政治思想的集团中，司马谈推服的除了道家以外，阴阳家被列为其他四家之首。这就是要把顺随现在所说的"天道之大经"即自然运行的法则，作为遍布于多种多样的、极其复杂的世界，可以普遍贯彻于现帝国的"天下纲纪"，作为包括全人民都必须实行的根本原则。这正如儒家把自己信奉的礼乐作为天地的统治者，像《春秋》的子产所说的那样：

> 天之经也，地之义也，民之行也。天地之经而民实则之。

就是运用阴阳二气的消息运动，解明自然界的秩序；将其作为天时星历而制度化；通过统治者按年时发布政令和教令的形式，由代替天和自然，并依顺之的代表者——受天命的天子来统治、规制天下人民的社会生活。司马谈正是作为天官——太史的长官，执掌了为这种时令提供基础资料的"治历明时"，即观测天体和制定历法的工作。实际上，在六国末，据说是齐邹衍所作的《管子·四时篇》及其后学邹奭的著述《幼官篇》，到《吕氏春秋》十二纪，《淮南子·时则训》及《礼记·月令篇》等篇目中可见的时令，明确地表现出这种运用方法和支撑着它的政治思想。

四时，十二个月的天象推移和气候变化，被这样配置：在具有农事历性质的时令中，通过阴阳二元之气的循环消长，把整个一年详细地分节，根据阴阳二气的交流聚散，来说明自然生物的生育减杀状况；与此并行，是人事的顺应，而天子的统治行为则可以一一加以调节。应当君临天下和国家的天子必须以承继天象意志的形式，按四时按月来发布政令，而这些政令也就作为时令，成为月令。这就是天子管理统制按年的仪礼和年间的习俗，与其臣僚一起统辖运营各种各样的制度和祭祀，特别是周密地下达要人民不误农时命令的工作。统制着天象和人事相关关系的天子对于天下治政的责任和支配力的重大性，在这里也就可以明确了。 正如《管子·四时篇》中所述：

> 阴阳者,天地之大理也;四时者,阴阳之大经也。

还有，在《五行篇》中曰：

> 通乎阳气,所以事天也;经纬日月,用之于民。通乎阴气,所以事
> 地也;经纬星历,以视其离。

等等，是坦率地表现出了阴阳家时令观的根据，饶有兴味。 这是充分确认天子要忠实地按天地之秩序——自然运行法则行事，也就是充分确认依则天重要性的立论。

而其前提，是承认在自然现象和天子统治之间，自然和人事的交流，即天和天子——天下的感应作用。 阴阳家比这种历来的咒术性的交感作用更进了一步，认为包含人类的万物，都是由一气生成，尤其是万物中人的生命活动，与由和万物、人类同元的天地、阴阳之气而运动的自然现象之间，有着自然而然的交流。 也就是认为，遍布天地的物质的气，形成了在质和量方面有着各种差异之物，人和自然是由同元之气形成，而使自然运行成为可能的大气运动和作为人的生命现象的呼吸运动，在其根源上是由气这种物质的同一种类的活动力支撑着。 这就是把人的生命视为与自然中由到处存在的物理性运动而形成的四时推移相类似的现象，认为人类——万物的气息作用，与作为外气变化运动的烟雾、风云等气候的变移，也都有着现象上的类似性，而阴阳家的思想，则是进一步追究那种类似的根据。

被视为同类感应的类种概念的发达，是以对包围着人类社会的宇宙自然进行正确观察的深化为背景，是要把握住在现象性类似深处的法则性。 它包含着知识人已经经验过的具有古代逻辑学特色的正名思

170

想——"名实"论争的内容，成为在阴阳家完全使自然和人事的神秘合体分离的同时，由此重新修正确立自然和人事间调和交感关系的必要契机。

大气、云雾的变动、天体的运动及四时气象的规律性变化，被看作与人类的气息运动及生命保持之间是相同的、反复循环运动的一个过程，而这些自然和人类的各种运动，可以视作是物理性原动力——气的作用。当然，以人为首的生物体的生死，是由于气的聚散（《庄子·知北游篇》《管子·枢言篇》等等）；季节的变化，自然的推移，也是以大气为原动力。然而，由于设想了阴阳二元之气的消息运动（这可以说是对前者的反拨，或者说是补充），才使以有始有终的完整形态来解说全过程成为可能。那些没有终始的，永远不可能调整的状况，不能说明人生和宇宙。那种可以分别圆满地调节的自然和人间的平和状态，就是在不断流动变化中，作为一定的反复、循环这种圆环式终始反复的过程而加以维持的。那种平安，比如，无论在天文、历法中也好，在山川、地形上也好，或是在身体健康，家、国这种人伦和社会制度中也好，都是可以观察到的状态，是能够具体确定的。另一方面，与这种平安相反的状态，即被认为是由于二气的不均衡而产生的病态状况，可以看到产生了自然的灾异、身体的疾病，以及社会的动乱。确立把那种不均衡的气返回到正常的处置方法，努力使之调和回复，就是进行统治的君主——天子面对的课题。《庄子·在宥篇》中有曰：

> 天气不合,地气郁结,六气不调,四时不节。今我愿合六气之精以育群生。

这是作为天地阴阳之气的云将和作为更加根源性的混沌的鸿蒙（司马彪注作"自然之元气"）对话中的内容，确实代表了当时阴阳家的思想。

在阴阳家乃至泛阴阳思想中，设想了这种天人同元的二气并纵横地加以灵活运用，正如时令所象征的那样，对于以农事作为国家存立基础的秦汉帝国来说，这就具备了使经常维持那种均衡政治和平安社会的现实施行政策变为可能的调和回复机能。 与为了保持一定的人的健康，要讲求养生思想一样，使社会生活顺应为了农事的天候变化规律，对于永久地持续国家的平安是完全必须的。 总之，经过了似乎是永远持续的对立和抗争时代，在使前所未见的政治统一世界——支配天地间一切的帝国成为眼前历史现实的过程中，阴阳家从宇宙的规律，修正了对人间社会的理解，成功地使那种社会平安的回复具有合理性。

由巫祝们担负的历来对天地的观象和医术的处方，由于这种二元论的运用，开拓了合理的、科学的侧面。 通过军事技术等发达起来的望气术，气象观察；及为了制作地图的地形测量；对于历法来说是必要的天文观察，还有与此并行的医药方面的开发，所有这些以阴阳思想为基础的方术，都大大地振兴了。 这些，如果注意一下在《汉书·艺文志》中《兵书略》"兵阴阳"，《数术略》"天文"、"历谱"、"五行"、"刑法"，《方技略》"经方"、"房中"类中著录的书籍以及各序的解说，便也可略见其一斑了！

二、太极、太一、道

汉初阴阳家的时令思想，在探求阴阳二气消息法则方面极其详尽，同时也给予了天子的统治为了回复和维持平和以普遍的根据。 但是，在那里还没有出现探求在这二元论背后支撑着它的究竟是什么的形迹。而六国末在齐国出现的邹衍之徒，灵活运用那种"推知"理论，脱离了日常时令思想的制约，自由地发挥类推作用，以致达到了"天地未生之窈冥"的远古世界（在空间世界中，达到了为赤县神州八十一倍的大地理。 以上见《史记·邹衍传》）。 根据邹子终始五德说的"推知"理论和阴阳主运说有怎样的联系，怎样把循环调和的世界扩张到时空无限的世界，这虽颇有兴味，但只能在其他论考中去研究了。

而《易·系辞传》、《文言传》在"两仪"的后面设想了太极，却确实可认为与阴阳家的隆盛期是同时期的。《系辞》、《文言》两传，可认为在《庄子·天下篇》评论六艺，"《易》以道阴阳"以前便已成立了，将它们视作是西汉文景时期的作品，或是妥当的吧！ 这两传把乾坤两卦作为二元，以阴阳思想与之适应，代替历来的刚柔观念，说明了《易》的卦爻原理，而特别由于阴阳思想的导入，就把那二元的两仪置于其作用的根本之上，明确地求得了统一的中心。

> 一阴一阳之谓道，继之者善也，成之者性也。（《系辞上传》第四段）

把阴阳二元物质性的气的消息生灭运动视作是形而上的"一"——"道"的作用，"易有太极，是生两仪"（《系辞上传》第十一段），把存在的根据视为终极的"一"，把统一宇宙万物的中心，用"太极"表现出来，都是著名的事态。

《易传》用一元的太极来象征万物存在的根据。 另一方面，在阴阳家的宇宙论和时令思想之外，通过信奉礼乐的儒家之手，早就把根元理解为"一"——"太一"。《吕氏春秋·大乐篇》曰：

> 音乐之所由来者远矣，生于度量，本于太一。太一出两仪，两仪出阴阳……万物所出，造于太一，化于阴阳……道也者，至精也。不可为形，不可为名，强为之谓之太一。

这个"太一"与前面《易传》中作为统括两仪——四象——八卦，立于系统中心的实在形态——太极，几乎具有同种逻辑。 如车轮般终始反复循环，混沌离合的自然运行，被称之为"天常"，认为通过"道"的作用，可在那里求得支撑着度量（音律）的原理，求得大乐产生平安的根本，进行"平——公——道"的回溯。 在表现未形、未名之道的作用时，得到了与《易传》中的逻辑相同的东西，在这里集中以太一——两仪、阴阳——万物的形式表现出来。 这个太一，虽然似乎被认为和作为万物本源的天为同一之物，是与当时风俗信仰中所谓在天宫（紫微宫）中居住的精灵，后来称之为北辰星神的天神相联系的，但太一作为思想上的观念，无疑应当和作为终极的"一"、"根元性一"的思想有着关系(参照赤冢忠《中国古代思想家们"一"之探究》，收于《宇野先生白寿纪念东洋学论丛》)。

正如《鹖冠子·环流篇》中可见的那样：

> 有一而有气。有气而有意，有意而有图，有图而有名，有名而有形。有形而有事，事而有约。……一法之立而万物皆来属。

这个一，还有《庄子·天地篇》中所见的：

> 泰初有无，无有无名。一之所起，有一而未形，物得以生，谓之德。

就相当于统括天地万物的根源的一。 而这种一的思想，在《淮南子·原道训》中成为这样的说法：

> 夫无形者，物之大祖也……所谓无形者，一之谓也。所谓一者……大浑而为一，叶累而无根，怀囊天地，为道关门。

乃是想采取把无限的大地也包容在内的浑一之姿这种丰富的表现，来显示形而上的实体——道的作用。

前面《吕览·大乐篇》中，与论礼乐的《荀子·礼论篇》中所见"两者合而成文，以归太一"（《大戴礼记·礼三本篇》中也可见）这种强调事物合一方面的想法不同，可以认为是与作为荀况后学礼义说而显于世的《礼记·礼运篇》直接相联系的。 在《礼运篇》中有曰：

> 故人者,天地之德,阴阳之交,鬼神之会,五行之秀气也。

又云:

> 故人者,天地之心,五行之端也。

这发展了把人类作为天地中心存在的儒家礼说;还有曰:

> 故圣人作则,必以天地为本,以阴阳为端,以四时为柄,以日星
> 为纪。

可以看到,确是有着把时令思想运用到礼义上的状况,还有进一步超越它,趋向于天地根本的说法,那就是:

> 是故,夫礼必本于大一,分而为天地,转而为阴阳,变而为四时,
> 列而为鬼神。其降曰命(郑玄注:圣人象此,下之以为教令),其官于
> 天也(郑玄注:此圣人所以法于天也)。

阴阳家们所谓天子的时令,在这里作为圣人的教令(见郑玄注),作为儒家圣德君子的为政行为被一般化了,而应当则天的那些教令,则作为要在形而上的绝对的大一——"礼"的实体中求得一切的根元。 也就是要把礼教存在的根据,从相对宇宙的天人世界回溯到绝对的"一";从作为"天之经、地之义、民之行"的规范的礼仪回溯到超越天地宇宙的本体的大一。 这一些,从认为应当依则顺应本来的天地的阴阳家则天政治主张来说,反而是有着向观念世界脱逸之处,而从则天主义来说,《礼记·乐记篇》中所见的:

> 大乐与天地同和,大礼与天地同节……故明王以相沿也……和

175

故百物皆化,序故群物皆别,乐由天作,礼以地制。

等等,也可以说是揭示了阴阳理论的基型吧!

在另一方面,道家所谓的"一",则在表现"无状之状,无物之象"(《老子·第十四章》)这种无限的混沌状态方面被使用。《庄子·列御寇篇》中的"欲兼济道物,太一形虚",似是用来表现超越相对价值的无限的境地;而同样,《天下篇》评论关尹、老聃哲学的"建之以常无有(《庄子·天地篇》、《淮南子·说山训》中所见的'无有',都是永远的、没有相对限制的状态),主之以太一",则是用终极的一来表示它。 这种具有宇宙生成论的倾向,正如被认为与上两例成立时期相同的《淮南子·本经训》所云:

> 帝者体太一,王者法阴阳,霸者则四时,君者用六律——太一者,牢笼天地,弹压山川,含吐阴阳,伸曳四时,纪纲八极,经纬六合……阴阳者,承天地之和,形万殊之体,含气化物……终始虚满,转于无原(无限的本源)——
>
> 四时者……六律者……。

在这个场合的太一,是世界的造物主,是绝对唯一的宇宙统括者。正如:

> 是故体太一者……精神通于万物,动静调于阴阳,喜怒和于四时,德泽施于方外,名声传于后世。(《本经训》)

所云,与在阴阳家时令思想中所见到的统治天下的天子很大变化,这个帝王、霸君所体现的道(太一——阴阳——四时——六律)和具备的各种各样的德,只在形式上像时令那样被区分和配置。 而进一步具体地描述宇宙生成,则还存在着作为其根元的造物主——太一。

> 洞同天地,混沌为朴,未造而成物,谓之太一⋯⋯真人者,未始分
> 于太一者也。(《淮南子·诠言训》)

所谓真人,原是与太一重合一致的;所谓太一者,只不过是未分的同格
存在。

道家所谓"道"的思想,当是从汉初的黄老思想中提炼而成的吧!
《老子》有曰:

> 道生一,一生二⋯⋯万物负阴抱阳,以冲气为和。(见第四十二
> 章,马王堆西汉墓本略同)

如把后半句作为阴阳二气及它们的中和之气的话,可认为率直反映了当
时阴阳说的自然观,还可以认为,冲气和太极是相近的概念。 另一方
面,"道生一,一生二,二生三,三生万物"这种阶段性的生成论,是和
阴阳家的自然观没有关系的独自的道的思想,它已明显地表现出要把其
他的各种思想观念全都归纳入作为宇宙生成本体的道之中的逻辑。《淮
南子》的道的思想,和直接把"一阴一阳"作为道的《易传》不同,而
是如现在说的《老子》的道那样,包括综合所有矛盾对立的各种概念,
寻求称之为使其成立的根元之物,把这归结为道。

> 道曰规始于一,一而不生,故分为阴阳,阴阳合和而生万物。
> (《淮南子·天文训》)

《原道训》开头的章句把这一点以丰富的辞句叙说得没有余蕴。

> ⋯⋯其德优天地而和阴阳,节四时而调五行,呴妪覆育万物群
> 生。(《淮南子·原道训》)

等等，这是把具有阴阳家使用的各种概念，作为宇宙本体的道的属性全都一一地列举，通过道的作用，导出了阴阳家所说的天地自然的秩序，把这说成是由于道开始，由道才得以完成的。 还有，在《淮南子·原道训》中说：

> 幽兮冥兮，应无形兮。遂兮洞兮，不虚动兮。与刚柔卷舒兮，与阴阳俯仰兮。

这里在怎样程度上意识到了《易》的刚柔、阴阳概念，虽难以推测，但没有显示出对把《易传》中的二元（而不是二气）、阴阳和刚柔的想法也包括在内有任何的抵触。 这里对于寻求包括、超越占有阴阳、四时和八纮、九野等时间空间的相对宇宙的彼岸很强烈，想要把既成异端思想的各种概念作为自家笼中之物的企图是明显的。 因此，要说到阴阳和道的关系，是把道放在包容阴阳二气消息的本体位置上，还是从道这种绝对唯一的根源中生发了阴阳二气，寻问存在的根据或是探求生成根源，在这样的场合，不能作单一的或纯粹逻辑化的叙述。

还有，这种把自家主张的根本命题放在形而上学的至高位置的观念操作，并不只是信奉道的思想的《淮南子》（《原道训》）一家的做法。先前《礼记·礼运篇》礼的论说中看到的太一的定义似也是这样，《大戴礼记·曾子大孝篇》中可见的孝的思想虽然规模较小，可以认为也有同样的倾向。 其曰：

> 夫孝者，天下之大经也。夫孝，置之而塞于天地，衡之而衡于四海，施诸后世，而无朝夕……（《礼记·祭义篇》中也有论述，稍有异）

把这个"孝"的功能说得无与类比之大。 夸张的表述是向对抗的思想强调自己的主张。 总之，当时各种思潮的动向是把互相对立的其他思想势力的各种命题和主要概念互相纳入自家的主张之中，以尽量地谋求对于他者的思想上的优越性。

三、元的思想和元气

一元的太极，作为终极的一的太一，产生一的道，都是寻求宇宙发生根源及其生成秩序，或者说是要穷极作为万物存在根据的真正实在的思考的产物。 与此同列，产生了"元气"的观念。 这是指遍满天地的，作为万物原质的气的始元形态。 具有这种元气观念，使之成为典型的宇宙生成论的，还是在那《淮南子·天文训》的开头一节中：

> 道始生虚霩，虚霩生宇宙，宇宙生元气，元气有涯垠，清阳者薄菲为天……（据《太平御览》卷一"元气"条）

所谓"宇宙"，正如高诱注中作"宇者，四方，上下；宙者，往古，来今"所示，是六合、古今，即确立四维的世界。《淮南子》总论作为"至高无上，至深无下"（《缪称训》）的道的思想，在《原道》、《俶真》这两篇中展开结束后，紧接着《天文》、《地形》、《时则》三篇，对时空"宇宙"开始分别论述。 想要叙述被道的原理包摄的现实的时间空间世界——天、地、四时，以及其秩序的正确性。 认为"宇宙"产生"元气"，或者在那里，"元气"被生成了。 这虽是和历来遍布天地的气性质没有变化的，也是作为万物活动原动力的物质，但正如在这里以"覆天载地"（《原道训》）式夸大表现中可见的那样，认为那元气是反过来生成"天"和"地"之物，认为其间产生的精气有阴阳二气的团聚。 在元气——阴阳——四时——万物这种阴阳思想的系列中，按宇宙——天地——日月、星辰的程序排列，在此，把这一切都称之为空虚的、无限广阔的"虚霩"，包容到了茫茫然无限的大宇宙中。 据这样的看法，在《淮南子》中只见过一回的"元气"这个词，是否可以作为运营四时、统合阴阳二气的根本的一气来理解，即是否有着后来的始元之气的意味呢，现在还不确定。 但是，它与《庄子·至乐篇》从"芒芴之间"产生

"气"(恐怕是阴阳二气)的宇宙生成形象相比,则是远为规模宏大的奇观了。

在与黄老思想有关的《黄帝》一书中有云:

> 芒芒昧昧,因天之威,与元同气。(见《吕氏春秋·应同篇》。《淮南子·泰族训》、《缪称训》也可见)

这个"与元同气",如作为胜于霸者的武力,王者的仁义,与作为帝者之天的元气同化之意(《应同篇》高诱注),则当是根据东汉时期一般理解的产物,而如果这样,那么,"元气"的观念在秦汉之交当就已经成立了,现在提出资料:

> 天地者,形之大者也,阴阳者,气之大者也。(《庄子·则阳篇》)

这里,《庄子》把阴阳之气作为各种各样大气中最基本的重大的二元之气,另一方面,则有着天地"一气"(《大宗师篇》、《知北游篇》)的表述,虽有把那种弥漫于宇宙的大气的具体典型视作"云气"的情况(《齐物论篇》、《在宥篇》、《天运篇》等),但还未出现探求统括阴阳二元的根元的"一"的想法。《列子·天瑞篇》中所见的"太初者,气之始也"云云,被视为是包含"四始"想法的,通过东汉时期发达起来的观念的最终结集形态的观念,在此就不论述了(请参照第一编《总论》)。

说起来,全面地采用阴阳五行思想来解释《春秋》的,是董仲舒。他根据天人相关说,在阴阳和五行的原理中寻求休祥灾异的根据,与此同时,追究自然和社会始元的重大性。

董仲舒在"元年"的解释中有曰:

> 一者,万物之所从始也。(《对策一》)

第四章　后汉时期的气论

天地之气,合而为一,分为阴阳,判为四时,列为五行。(《春秋繁
露·五行相生篇》)

所谓一元的天之气,被认为是分化的支配诸现象的天地阴阳之气,或许
还是五行之气的活动源泉力(即那种混沌无限的"一")。而把这种
"一"元作为"元"始状态,是这里的特征。如果说,把它作为相当于
"道"的作用(即万物所以然的存在根据),把它作为时空生灭过程的
始元,那么,指的就是后者设定了万物生成的开端,由此开始了万物新
的创造的"气"的状态。而在另一方面,有曰:

谓一为元者,视大始而欲正本也。(《对策一》)

这里巧妙地解释了元年(春、王)正月的"元正",认为只有始元,才
是启示天地最真实形状的状态,它同时也是寓存着作为天的混沌一气之
力的场所。而作为实行治政的王者,要使社会中产生的各种现象做到
天之正,即返回到自然的形态是正之,也就是说,只有尊重天地万物的
始元,顺随在那里显现的自然法则,才是依则天意的为政者的责任和义
务。那种在时令思想中见到的阴阳说的则天主义,通过董仲舒的政治
思想,就更增强了自然对人事的干涉。自然的理法通过政治,制约了
整个日常的人事。由于设定了贯穿天地自然和人间社会,作为最高的
"一"的元,完成了天人相关的理论。在这个场合,作为始元的真
正形态,比起观念上的构筑来,那些天象的恒常性以及四时季节的循环
法则,更作为其象征而被列举出来。还有,以天人感应为前提的休祥
灾异治政论,通过这种元的思想——天人相应的原理,被无限制地在现
实的政治世界中应用;而同时,这种元的原理的功德,在具象的感觉中
被作为"元"之气的作用,也是容易在阴阳思想的延长线上来理解的。
与《礼记·中庸篇》"诚"的思想那更纯粹的观念产物相比,这种元的
思想呈现出阴阳自然思想和春秋治政论在则天主义方面的折中状况,这

是不可忽视的事实。

假如根据《易》家的说法，早就有着把乾坤视为生成万物二元的想法。 但是，没有像董仲舒的《春秋》解释那样，把论述天地阴阳还有天人相关关系的治政论作为中心。 乾坤两卦的卦辞作"元亨利贞"，"元亨利牝马之贞"，其《象传》分别作：

> 大哉,乾元。万物资始,乃统天。(乾卦《象传》)
> 至哉,坤元。万物资生,乃顺天。(坤卦《象传》)

这里未见阴阳说的影响。 西汉景帝时，据说是韩婴或丁宽作的《子夏易传》中训作：

> 元,始也。亨,通也。利,和也。贞,正也。(《周易正义》、《周易集解》并引)

因此，是把"元"作为始元之意，乾卦具有的始元功用，是创造万物，象征天之德；坤卦的始元作用是生育万物，象征地之德。 与《子夏传》同时期成书的《系辞传》、《文言传》中，也可以看到具有始元之意的乾元思想。 有曰：

> 乾知大始,坤作成物。(《系辞上》第一段)

这和下面的《文言传》一起，沿袭了《象传》的内容：

> 乾元者,始而亨者也,利贞者,性情也。乾始能以美利,利天下,不言所利大矣哉。

这里虽又把乾元称作"乾始"，并解释了与其他三德——亨、利、贞的关系，但也没有判明是否适用阴阳说。然而同一乾卦《文言传》开头所见的"元者，善之长也"（《左传·昭公十二年》中也有）这种古时的说明，与"元者，体之长也……"（《左传·襄公九年》）一起，可以认为或是当时阴阳家圈外的解释。这且不论，前面《系辞传》也好，《文言传》也好，执掌万物创生的乾坤之德的始元性和覆育这些生命，使之有始有终的坤卦的补充性格，是以易象的二元观作为特征的，可以设想，这种想法的背后，已经有阴阳思想的渗透。乾元、坤元，由于是控制万物创造及其生育的生生根源，是表现始原之物，所以，对于作为生生作用活动源的原动力来说，当然就被想定是天地阴阳的二元之气了。本来应作为对等两仪的乾坤二象，由于导入了阴阳说，把乾元作为易象的根源，作为原理性的天而被赋予像太极般的作用，将那种始元性说成是"元，气之始"（荀爽《九家集解》）也就是必然的结果了。把万物的创生和生育的生生活动理解为宇宙生成论的过程，设定那种作为原动力始元的存在，这当可视作是在表现为太极—两仪—四象—八卦—吉凶—大业及天地—四时—日月—富贵（俱见《系辞上传》）的易象和祸福、自然和人事这样的系列，根据一元的法则来加以统括的倾向中的，也就是《易传》努力的痕迹吧！乾元的"元"从何时开始解作"元气"的呢？这一点虽难以确认，但可以认为，是与《淮南子》的生成论和春秋家的"元"始说并行而起的思想上的连锁反应。

据《大戴礼·保傅篇》所载的说法，有曰：

> 《易》曰："正其本，万物理。失之毫厘，差之千里"（《汉书·东方朔传》引，"物"作"事"；"差之"作"差以"）故君子慎始也。《春秋》之元，《诗》之《关雎》、《礼》之《冠》《婚》，《易》之《乾》、《坤》，皆"慎始敬终"（《礼记·表记篇》亦载）云尔。（贾谊《新书·胎教篇》"敬终"作"敬忠"）

这段文字在贾谊《新书》的一篇中可见，"《易》曰"的全文，被《汉

书·东方朔传》所引，所以，这段话似为景武帝时期以前的易说，而后
来被易纬《通卦验》所采入的。据此可知，当时在易家中也存在着正
本的思想，而在这里，就指出了《春秋》的元，与《诗》以《周南》的
《关雎篇》冠首，《礼经》以《冠礼》、《婚礼》为始，以及《易》以乾、
坤两卦为元首一起，采用从隐公元年开始的体裁这一事实。在此同
时，各种典籍已经把那些经典的开端部分作为象征、统括内容整体的东
西，作为应当极其重视的始元的真正状态，也就是称之为"正本"的东
西。如从"元"的思想之流来说，《大戴礼记》成立之时，当正是董仲
舒出现以后约半个世纪吧，而天人始元论，是以春秋家（公羊说）为代
表，明确了这一点，因此似可以认为，"元气"的概念也是由他们为主
导的吧！在此《保傅篇》中，北周的卢辩云：

> 元，气之始也。夫妇，化之始也。冠婚，人之始也。乾坤，物之始
> 也……

在天地自然的秩序（即气——化——人——物）之中来理解人之道，以
"重始令终"作为主旨。在应当以人事为终始的礼论中，说到了元为
"气之始"，可以说，显示了西汉整个时期的自然观（即天人相应的自
然天道观）的归结，是两汉之际及此以后属于一般常识性的反映。

在作为公羊家春秋说而流传的春秋纬《元命苞》中曰：

> 黄帝受图立五始。"元"者气之始，"春"者四时之始，"王"者受命
> 之始，"正月"者政教之始，"公即位"者，一国之始。（《谷梁传》、《左氏
> 传》隐公元年疏中并引）

这是《春秋》"五始"的解释。可以看到，元的思想中，称之为"气之
始"的想法，是在始元之气（还有阴阳之气）——四时（等于受
命）——政教——国家这种自然·天道和治国·人道的关系，以及在统

括这一切的概念确立中产生的规定，并不是单纯语义上的训诂。 连接这五项内容的天人原理的发明，渊源于董仲舒，这"五始"之语，最早是在前述的《大戴礼》成立的宣帝时，王褒的《圣主得贤臣颂》(《汉书》本传、《文选》卷四十七)中所见。 有曰：

> 《春秋》法五始要，在乎审己正统而已。

五始观念的确立和"元气——四时（等于政治）——国家"系统几乎同时完成，这就是《大戴礼记·保傅篇》"慎始令终"论中，与其他经典并列而把《春秋》置于首，使之与"元"相匹配的原因。《春秋繁露·王道篇》的治政论中，参有着浓厚的灾异说，叙述了以上的情况：

> 《春秋》何贵乎元而言之？元者，始也，言本正也，道王道也。王者，人之始也。王正则元气和顺，风雨时，景星见，黄龙下。王不正，则上变天贼气并见。

这是说，王道（人道）和自然（天道）有着交流，真正的治政行为与元气的和顺互为应征。 如相信《繁露》著述的话，那就是把《春秋》的"元"年作为用"元气"解释的最明显的例子吧!《盐铁论·论灾篇》中，文学们说："江都相董生，推言阴阳，四时相继，"而御史大夫方面则主张："《易》明于阴阳，《书》长于五行。"通过这间接的证言也可以知道，西汉昭宣帝期间，纵横地运用阴阳说，提高儒家典籍时用效果的，无非就是《易》和《春秋》。 而这两经传，都推穷万物生成的根元，追究宇宙所以生成之理法——《易》(《易传》)是把太极，而《春秋》是把元（元气）作为最高的真实存在，作为造化者的。

四、《易》的太极和《春秋》的元

把《春秋》重视自然天道的法则，使王者的统治行为依则于天道的思想——那种也可以称之为春秋阴阳说的思想,与《易》的象数所具有的数理合则性有机地结合起来的,是西汉末期的刘歆等。 在《汉书·律历志上》之中,是想用数、声律,度量衡及通过历法,来对宇宙秩序作形而上学的解释。 春秋学者刘歆等的条奏文辞和解说这些文辞的班固的说明,则当作成为"三统历"名称基础的三统说而被记录下来:

> 〔《春秋》〕经"元",一以统始,《易》太极之首也。春、秋,二以目岁,《易》两仪之中也。于春,每月书"王",《易》三极之统也。于四时虽亡事必书时、月,《易》四象之节也。时,月以建,分至启闭之分,《易》八卦之位也。象事成败,《易》凶、吉之效也。朝聘、会盟,《易》大业之本也。

这是说,《春秋》经的"元",是"一以统始",无非就是《易》所谓的"太极之首"。 春和秋的阳中、阴中,相当于《易》的两仪。 三个月书"王",是《易》的天、地、人"三极"之统。《春秋》书"时、月",就是《易》的区分"四象"。 这样,把《易》(即《易传》)和《春秋》,作为起到尽"天人之道"的两部经典,而其中,用太极和元气,分别来作为象征。

这《汉书·律历志上》的总论,是在上面谈到的《易·系辞上传》:

> 是故,《易》有太极,是生两仪。两仪生四象,四象生八卦。八卦定吉凶,吉凶生大业。

这种世界生成发展的"五位"原理中,通过巧妙地使《春秋》的始元论(即作为天人相通概念的"元"和"王"与人事成败,政治大事〈朝聘、会盟〉等系列)与之并行,与之适合,而发现其中"天人之道"(即天道和人道的相关关系,宇宙自然法则和人间社会统治原则)普遍一致性的产物。 这就是把《周易》的吉凶和大业来代表着人事的各种情况，使这些人间社会的大事，依则于以四象和八卦为象征的必然的法则（即一种数理性的法则），也就是使吉凶，大业这些人道，依则于自然的法则——"天道"。 这样的想法，正是和吸取了阴阳说的春秋家以四时、八节气（二至、二分，立春立夏，立秋立冬）这种时令的节分以统治人事使之规律化的则天主义共通的。

刘歆等"推法密要"而制定历象，这可以说是把统合《春秋》"元"的三统，即天、地、人（天施、地化、人事）的作用加以理论化努力的结晶。 这种《易传》和董氏《春秋》说的统合，意味着要在使杂糅了阴阳五行思想的春秋系统的治政理论——统括天地人的"天人之道"论进一步原理化的基础上，将《易传》（尤其是《系辞传》）自太极以下的各层次加以整比的生成展开逻辑置于其构造的基底，以完成综合体系。因此，应当被统括的天地和人事的秩序，通过"太极"和"元（元气）"而确立并在此之下被归一，在理论上也被置于各种层次和阶段，相对应地被加以解释。 所谓：

> 太极元气，函三为一。极，中也。元，始也。（《汉书·律历志上》，宋本《文选》三十四《七启》，李善注引"函三"作"含三"，六臣注本同）

是特别重视三、五之数及其周期，用数理来论说的刘歆的"律历"性宇宙解释，也是率直地表示了在此基础之上，寻求中和的绝对唯一，以"《易》和《春秋》"的概念为轴心而展开情况的文字。

> 三代各据一统……登降三统之首，周还五行之通也，故三五相包而生……五行与三统相错。《传》曰："天有三辰，地有五行。"（《左氏传·昭公三十二年》）……《易》曰，"参五以变，错综其数，通其变，遂成天下之文；极其数，遂定天下之象"（《易·上系》）太极运三辰五星于上，而元气转三统五行于下。其于人，皇极统三德五事。（《汉书·

律历志上》、《宋书·礼志一》"青龙五年(237年)诏"中亦引之)

这样,在作为世界的真实存在、作为天地造化者的《易传》的太极和《春秋》的元气基础上,三辰和三统合为一体,五星和五行相互一致,以《尚书·洪范》所谓的皇极来统三德、五事的人之道,由于这样的理论,贯穿天地和人事的法则就完全地齐备了。

以上那样的解说天地自然和人间社会诸事象,想从原理、性质及其功用、机能两方面来究明宇宙法则的想法,在东汉的经学中似已普及了。《礼记·乐记篇》曰:

> 大乐与天地同和,大礼与天地同节。

郑玄(127—200)注作:"言顺天地之气与其数",这就是把穷极、正大的礼乐之道,解释为经常顺随生养万物的元气功用和在阴阳律吕及仪节中表现出的数理(即命数的必然合则性)这两方面的产物,而以气(元气)和数(太极,还有道)来解释礼乐的作用是可能的。

在论述进入东汉以前,还必须举出阴阳灾异出现的早期例子。陆贾的《新语》中有曰:

> 圣人因天变而正其失,理其端而正其本。(《思务篇》)

把这种则天主义和上面所引"正其本,万事理"的易说及《春秋》的正本思想相结合来看,日常的治民施政行为,就如:

> 恶政生于恶气,恶气生于灾异,蝮虫之类,随气而生,虹蜺之属,因政而见,治道失于下则天文度于上。(《明诚篇》)

所云,具体地展现了天人相关现象。这一原理,也就是认为,圣人根据:

则天之明,因地之利,观天之化,推演万事之类。(《明诚篇》)

这种则天主义,通过观察、获得天地自然的法则,以发现解决人间万事的方法。 这在《新语·道基篇》的开头被定式化了:

《传》曰,天生万物,以地养之,圣人成之,功德参合,而道术生焉。

认为自然界的所有生物, 由于是"天地相承,气感相应而成者"所以为政者从俯仰天文, 观察地理出发, 渐渐地发展为先圣——神农——黄帝——后稷——禹——奚仲——皋陶——中圣这样的人智文明,直到后圣才定下《五经》和"六艺"。 人伦、人道,都是通过宗法天地而"天人合策,原道悉备"(《道基篇》)的。 作为西汉早期的政论,虽在文献中散见有使人想到是以后时期色彩的用语,但如果将其视作是文景时期思考的产物,那当然也就可以设想出与《易传》和春秋灾异说相联系的脉络了。 (金谷治《秦汉思想史研究》三——二)

　　这样的天人相关思想, 作为显然的历史事实——可以看到, 刘汉帝国的治政论中春秋灾异说有极大发展, 而与此并行, 孟喜、京房等的卦气说,在西汉后期的元成时期出现了。 虽说这是把《易》的卦爻分别与时令的各日月、节气相匹配,以推测各卦之气的消长与占候人事的预兆,但再通过前面说的"律历性"的宇宙观,可以进一步数理地解释和表现天地自然的法则,尤其是通过在历法中,从《春秋》和《易传》来求得人事和天道自然的统一原理,可以说,就完成了西汉阴阳说的宇宙观。 天人统一的法则,是"太极"和"元气"都可以象征的,把天道和人道,天地自然和人间社会都归结到作为它们唯一根元的原理基础上,使其秩序化之物。

五、元气概念的成立

　　西汉末由扬雄 (前53—后18) 提出的"玄"的思想, 是把宇宙论的

奥妙加以理论化的尝试。 他设立了规定万物生成和运动以及其秩序
的，所谓与《老子》的"道"同质的，作为最高原理的"玄"，而同时，
把元气表现为根源性的活力。 有曰：

> 玄者，幽攡（舒张之意）万物而不见其形者也。资陶虚无而生乎！
> 规搄神明而定摹，通同古今以开类，攡措阴阳而发气。一判一合，天
> 地备矣……（《太玄经・玄攡篇》）

"玄"，是没有分化为阴阳二气的混沌未形的总体，是二气结合运动的
"规模"（即宇宙的整体规律），具有"虚无、神明"的性格而贯穿于时
间空间世界，存在于天地万物之中，具有着相互联系的作用。 它也是
把现实社会的智、仁、勇和圣、命、道以及仁义、业、阴阳这些相对有
限的作用统括于冥冥之中的绝对原理。 认为"经莫大于《易》"（《汉
书・扬雄传赞》）的扬雄，借用《易》的经传形式，以《易传》的阴阳说
和《老子》的天道观为基础，通过对当时律历、天文知识和阴阳五行理
论的独特运用，把天地万物的形成、变化以及其法则加以体系化了。
与其一生的不遇相比，其所著的《太玄经》虽被指摘为夸张和难解，被
周围讥嘲为：

> 深者入黄泉，高者入苍天，大者含元气，细者入无间。（《解嘲》。
> 《汉书》本传，《文选》卷四十五并收）

但这种表现"玄"的作用的极大性，一般地拟为"元气"等等的情况，
倒不如说是属于当时常套的事吧！

　　另一方面，玄的思想，被当时的识者认为是与《易传》的太极和
《春秋》的元（元气）同质同格的宇宙法则，是使世界得以成立的根本
原理。 称赞扬雄的桓谭（前23？—后56）评定这"文义至深"（《汉书》
扬雄传赞引）的著述——《太玄经》曰：

　　扬雄作《玄书》，以为玄者，天也，道也，言圣贤制法作事，皆引天道以为本统，因而附属万类、王政、人事、法度。故伏羲氏谓之易，老子谓之道，孔子谓之元，而扬雄谓之玄。《玄经》三篇，以纪天、地、人之道……（桓谭《新论》，《后汉书·张衡传注》，《资治通鉴》卷三十八注并引）

所谓伏羲的"易"，当是指太极和其以下各层次的诸概念；所谓孔子的"元"，当是春秋说的元的思想。 这是用当时被确定的时代顺序排列，把太极、道、元（元气）以及扬雄的玄视为相同性质之物。

　　还有，班固（321—392）在《典引篇》文辞的开头，是以"太极之原，两仪始分。 烟烟煴煴，有沉而奥，有浮而清"（《后汉书》本传、《文选》四十八作"太极之元"）开始的，这虽与《淮南子·天文训》的宇宙生成叙述相似，但实际上，可以认为，这是在作为刘歆"律历性"宇宙观的《易传》的太极上，增加"烟煴"的元气而综合成的宇宙原始形象，可以认为是已经确定了的形态。 所谓"烟烟煴煴"，蔡邕（133—192）认为是"阴阳和一，相扶貌也"（《文选》四十八《典引》注），魏张揖《广雅》卷六《释训》中，训释为"元气也"，指的是天地根源活力的混沌状态。 在这时候，就不只是"天地絪缊，万物化醇"（《易·系辞上传》）的《易传》宇宙观所能限定的了。 同样，班固的《东都赋》有"降烟煴，调元气"（《汉书》本传、《文选》卷一）烟煴（絪缊）和元气几乎被表现为同义，是进一步具象地把握了那种根源性活力状态。 这些辞句中下面的李善注（《文选》卷一）中引春秋纬《命历序》，云：

　　　　元气正则天地、八卦孳也。

可以看到，在两汉之际开始盛行的图纬书中，也已产生了认为从原作为春秋说概念的"元气"中反而孳生了易象的两仪（天地）和"八卦"，这种生成过程的新阶段说。

　　这就显出，从西汉晚期各家的多种多样的宇宙论的发展中产生的诸项概念，都有着综合地加以把握修正，并加深形而上学理解的倾向。
春秋纬《说题辞》中可见有：

> 元清气以为天，混沌无形体。

师事东汉末郑玄的宋均注曰：

> 言元气之初如此也，混沌未分也。〔言气在《易》为"元"，在《老》
> 为"道"，义不殊也。〕（《文选》卷三十四，曹植《七启》注引。〔〕或为李
> 善的解释）

在把"太极之初，混沌未分"（曹植《七启》）的混沌解释作元气状态已变
得普遍的汉魏之交的文章典故中，引用春秋纬，是应当注意的事情。
而把气（元气）作为与《易传》的元（乾元）和《老子》的道同义——
如果把这作为宋均的解释——那么，这可以说也就显示了东汉初期以来
对宇宙论综合理解的一斑了。

元气，如上所述，从西汉春秋家"元"的思想——正本主义出发，
主要的发展，就是与《易传》数理的合则性相结合，在宇宙生成论的体
系中，一举成为赋与天地万物以生命，育成其形体的根本的原动力，进
而成为存在根据的真实存在。 春秋纬《元命苞》有曰：

> 元为气之始，如水之有泉，泉流之原，无形以起，有形以分……
> （《公羊传》隐公元年疏引）

这是和同时代何休（129—182）《公羊解诂》的内容相重复的（关于发起
于无形，而分化于有形的思想，请参见第一编《总论》的后半部分）。

> 变"一"为元，"元"者，气也。无形以起，有形以分，造起天地，天

地之始也。(《公羊传》隐公元年注)

这都是沿袭西汉末开始流行的元气论，是在东汉、魏晋时期成为定诂的
"元，气也，气之始也"(也就是把《春秋》的元视为与当时通行的元气
的作用同一性质)基础上的一般性解释。 班固《幽通赋》(《汉书·叙
传上》、《文选》卷十四)的《乱》中曰："浑元运物，流不处兮"，其妹曹
大家 (班昭) 注曰：

> 浑，大也，元气运转也。物，万物也。言元气周行，终始无已，如
> 水之流，不得独处。(《文选》卷十四,《幽通赋》注)

这些是把"元"解作气 (元气) 的训诂上的早期例子，还有，唐代颜师
古 (581—645) 把"浑元"解作"天地之气也"(《汉书·叙传上》注)，也
是生成天地万物的元气之意。 在被视为与东汉初期班固、曹大家等同
一时期，具有纬书性质的礼乐通论——《礼统》这一文献中有曰：

> 天地者,元气之所生,万物之祖也。(《后汉书·班固传下》《东都
> 赋》注引,《御览》卷一,《释日本纪》卷五等同)

实际上，就是明确地把元气说成是创造自然界中天地、万物原动力的
解释。

六、王充的气论

在公元一二世纪，被称为礼教国家的东汉帝国，进一步深入地把这
种宇宙论朝丰富的形而上的世界——后来所谓"三气·五运"这种天地
生成理论的方向推进。 留下了各种各样的谶纬书和扬雄、张衡、王符
等精巧的生成论 (参照第一编《总论》后半部分)。

而另一方面，东汉早期的王充 (27—96?) 确立了排斥主观、重视

客观情况的道家系统的自然观，灵活地运用了"气"的概念。 他否认从作为有支配意志的宇宙主宰者的存在出发返回到合乎规则的自然世界——这种目的论的世界解释，论述了在"自然无为"的客观必然之中，"气"起到了作为物质元素的作用。 在他所著的《论衡》中有曰：

> 天之动行也,施气也,体动气乃出,物乃生矣……天动不欲以生物,而物自生,此则"自然"也。施气不欲为物,而物自为,此则"无为"也。谓天"自然无为"者何? 气也。恬淡无欲,无为无事者也。(《自然篇》)

遍布于自然间而存在的"气"，伴随着包括自然运行在内的宇宙运动而运动，从这气中，自然而然地生成了万物。 这就是"天地含气，万物自生"(《自然篇》)。所谓气，虽不像烟雾那样保持一定的视觉形体，而是并非超感觉性的物质。 所谓：

> 使天体乎,耳高不能闻人言;使天气乎,气若云烟,安能听人辞? (《变虚篇》)

气，不是作为自然存在的，某种有意志的"天"地的创造物。 因此，"天"道和人事不可能以自然的大气为媒介体而有超越性的相互感应。

王充认识到以前的阴阳二气的想法，而进一步扩大了这两种元素作为原动力的作用，论述了由这两种气集散而产生的物理性的交合乖离运动的结果，形成万物生成和死灭的情况。 曰：

> 人所以生者,阴阳气也。阴气主为筋骨,阳气主为精神。(《订鬼篇》)

那些阴阳之气，被总称为元气。 认为：

> 人未生,在元气之中;既死,复归元气。元气荒忽,人气在其中。
> (《论死篇》)

这里元气并不等于作为分化成阴阳二气的始元,作为本体的太极、道的元气的意义。 王充的“元气”,是指变成为具体物体的气和化成为人及生物的躯体、精神等的气,作为基本元素的自然的气(大气)。

对于人的生命来说,在根本上,是从客观自然中禀受这种气而形成其肉体和精神的:

> 人禀元气于天,各受寿夭之命,以立长短之形……用气为性,性成命定。体气与形骸相抱,生死与期节相须。(《无形篇》)

这里具有否定死后灵魂的存在,认为人的精神活动和肉体生命一起生灭的“气”一元唯物思想,把桓谭(前23?—后56)的无神论彻底化了。这就给予东汉国家以祖灵崇拜为根基的礼教道德和国家祭祀的宗教性性质以打击。

还有,由于从外界自然中禀受到气的厚薄,自胎儿形成的人性,则是:

> 禀气渥则其体强,体强,则其命长。(《气寿篇》)

在那禀气中,包含着才能、操行这种主体性的价值和肉体性的特质,他认为有受“正气”的完璧的“性命”和受“变气”的不完全的性命,这就解明了具有教化可能一面和不能改变一面的赋性问题。 然而,王充根据这种“气”论,尊重排除过度人为干涉的道家所谓的“自然”状态,相信自然必然的运数的支配,陷入了完全缺乏人的主观能动性的深刻的命定思想(宿命论)。

那种所谓的“命”,有着以出生时的“气”为物质性基础的赋性,同时，还是寄寓在个人之中，支配肉体生命的寿命（强弱寿夭之命），和决定社会境遇的禄命（富贵贫贱之命）。把由于世间的偶然邂逅而生的祸福，也作为"所当触值（应当这样遇到）之命"，这就否定了把赋性及幸或不幸与因果相联的当时的随命说。他还想定了"国命"等等，把家和国的盛衰也置于其支配之下，无限制地扩大了人间实践力所不及的运数支配领域。这中间，有着针对采用谶纬说的经学国家论（那是刘汉王朝的国策），从形而上学的宇宙构成论来加以掣肘，使帝国统治的政治权力相对化的内容，而王充所论，排除这些东西的目的是显著的，尤其有着与当时白虎观议论（建初四年，即 79 年）中所表现出的礼教支配的体制理论（《白虎通义》中可见）相对立的内容。他从反尚古主义和这种运数说命定思想出发的，力持汉家是绝对的想法，和班彪、班固父子主张的汉家刘氏打倒新莽政权是与应当再兴的运命相联系的刘汉受命说，反倒是深深相通的。

他孤傲的批判活动和彻底的运数支配说，结果没有起到现实的作用，正如东汉晚期的蔡邕把《论衡》作为一种谈助（话题），视为秘玩那样，只是作为一种奇特的论说，在知识人之间流传。

广泛地把握东汉前半期"气"作为一个词的状态的公正资料，通览《说文解字》，这是一个方法。通过探求公元 100 年成稿的许慎（58?—147?）这本字书的解说，当可求得当时用语的实际状况。下一节论考的末尾附载有介绍，可以参见。

（户川芳郎）

第二节 训诂中出现的气的资料

这篇论稿，作为基础的工作，想以汉魏训诂的丰富材料，作为探明思想史之资；采用小学乃至文献批判的形式，以进一步地研究。

现在一般使用的"气"字，据许慎（58?—147?）的《说文解字》，是这样解说的：

　　　气，馈客之刍米也。从米、气声。（七上·米）

小篆的气，是"馈饷"，即把食粮给予同族或不属于同一集团的客人之意。　另一方面，本论中作为问题的"气"，则解作："气，云气也。　象形。"（一上·气）

　　《说文》一书，是解说文字的字书。　重视"从米"的字形，把它与"气"分离开来这样解说。　必须看到，许慎根据以自己的六书作为基础的文字论，整理修订了当时通行的字体。　为什么这样说呢？　因为通观现在长沙马王堆出土的两种《老子》，都是把大氣，志氣的氣，写作"氣"，而未见作"气"者。《老子甲本》是公元前206—前195年间抄写，以近于篆书的字体写成，中有两字："沖氣"，"心使氣"（见今本四十二章、五十五章）。《老子乙本》是公元前194—前180年间抄写，以隶书写成，中有两字："专氣"、"心使氣"（见今本十章、五十五章）。同时出土的《老子甲本卷后古佚书》有"氣"字十例、《乙本卷前古佚书》的"氣"字三例，也都作"氣"。　西汉早期的这些汉墓帛书，并不像东汉（100年成稿）时完成的《说文解字》那样，写成"气"。

　　从西汉后期到东汉初期变得国教化的儒家学术，为了由它们来保证现实国家政策的展开，对儒家的经典累积了各种各样的解释。　分别尊奉数种经书的学派，把那些经典作为自己论述具有权威的源泉，相互拮抗。　五经博士的学官，不断地提供支撑刘汉帝国存立的思想根据，同时，还具有被称为"纬书"及稍后汇集起来如图谶那种新构思的思想资料，以此来补充增强古代圣人的经典。

　　这些学术称为经艺或经术，与作为当时政治方法的政艺、政术密切相联。　解释经书的经学，当然不是清谈空理之物。

　　然而，在王莽的新室政权及东汉兴起的时期，与官学的经艺、经术相对抗的新的学术出现了。　由刘歆开始，以杜子春和郑兴、郑重父子及贾徽、贾逵父子为主角，并相承继的，就是这样的学术。 灵活使用谶纬的方法技艺，虽是在任何一个学派都可以看到的流行的现象，但信奉内容和解释与官学大相歧异的《周官》、《春秋左氏传》等经传这些新出的学问，与把经术集中于政术运用的学官系统的今文经学相比，显得有更多的理想主义。 这就是被称为古文学的学术。

它向往恢复理想的王朝——周初的文化；构想应当存在的王朝社会，并以此为基准，想要粉饰现实的刘汉帝国，同时，使之相对化并加以批判。 比起儒家的教主孔子来，它更追慕作为王朝文化创始者的周文、武和周公的伟业，努力想把汉世置于远古时代理想国家再现的地位，也就是构筑了与秦汉帝国相对应的新的国家论。

许慎以这个古文学派的贾逵（30—101）为师，在《说文》中，以"贾侍中曰"的形式，引证师说。 自己也因此而重视古文学派的学说，他说："其称《易》，孟氏；《书》，孔氏；《诗》，毛氏；《礼》，《周官》；《春秋》，《左氏》；《论语》，《孝经》，皆古文也。"（《说文叙》）这篇《说文》（十五上的《叙》），比什么都明显地带有古文学派的色彩，描述了三代秦汉的文字变迁史——这是史实和理想相掺杂的，半为理想式的文字史。

现在，让我们再一次看看《说文》（七上·米）对"气"字解说的全文吧！

　　　　氣，馈客刍米也。从米，气声。《春秋传》曰："齐人来氣诸侯。"槩，"氣"或从既。"餼"，氣或从食。

据此所云，"气、槩、饩"三个通行文字中，以小篆的"氣"为正体，以重文"槩、饩"为或体，这里罗列了多样的字体。 这样的场合，与其说当时的文献是如此，不如认为，这说明，是把这本书作为包含着所有应当具有的性质的规范字书，充分地表述了心得。 所谓《春秋传》，当指古文经学的《左氏传》，而在其桓公十年中，则作"饩"。 还有，在当时，由于"气"字已在大气、志气等意义上使用，因而与其音义不同，作馈饷的词，只要稍涉猎文献，就可以判明，被写成"饩"或"既"（槩）。 在后来的小学研究中，作为古今字，认为"氣"是馈饩的古体或本字，"气"是大气、志气的古体或本字，这样来加以说明。（《左传·桓十年》阮元《校勘记》引惠栋说。马宗霍《说文引春秋传考》同）还有，运用假借说，认为，云气的"气"，由于假借了作为馈饷字的"氣"，因此，作为馈饷音义的专用文字，与"氣"相区别，就另造了"饩"字（段玉裁说）。《说文》一书的体系——那是具有文字史观念的，这些解释，在尊重其体例的范围内，是合理的；还有，对于把这本字书作为典范的后世的正字法来说，也是具有现实意义的说明。

比如，古文经学的经书《周礼·夏官》大司马职郑玄注中所见的"云气"，陆德明的《经典释文》曰："本或作气，同。"这可作为在魏晋以降出现的忠实于《说文》正字版本的一个例子吧！

然而，古今字的看法也好，假借的看法也好，这些都是以秦汉之交的正体字——小篆和汉代通行的文字——隶书之间错综交叉的文字使用实际情况为背景，在统一帝国仕宦的日常使用文字基础上，要求提高到国家规模加以规范化的呼声中设想出来的分类法（六书）和文字解释的产物。 而那些说明的方法，虽可认为是在西汉晚期，专攻此学的知识阶层人士中已明确地意识到的——比如扬雄（前53—后18）的《别国方言》，与其同出一辙——是追求规范化过程中产生的一种整比的方法，却未必能断定是反映了文字变迁的确切的历史事实。 换句话说，正如被认为是直接反映了两汉之际的文字观，尤其是古文学派用字法的《周礼》、《汉书》中使用的所谓古字和西周金文虽属同一范畴，却发生"短路"而不能论述一样，通过《说文解字》的正字体和正字意识，想要弄清是否实际地记录了两汉通行文字，反而会导出不正确的结果。

《说文》上述"馈客刍米"的说解，与现在《左氏传·僖二十九年》的"馈之刍米"的例子相似。 只是《说文》所引的《春秋传》，无疑是古文学派的主要经传《左氏传》，现在的传文作"齐人，饩诸侯"（《桓十年》)而不作"来气"。《说文》中的"来",是作为致饩之意的动词,读作"来气诸侯"(带气给诸侯),而"气",是作为物名(名词)即刍米之意。 如是,则《说文系传》(小徐本)的解说作:"馈客之刍米也",就成为与这里所引《春秋传》相适的例子了(段注《说文》即采《系传》说)。 而且比起《左传·桓十年》来,"齐人馈之气"(桓六年)与这《春秋传》似更契合适当。

也就是说,《说文》的解说,一是作为名物(名词),是馈饷给宾客的刍豢、禾米(《系传》)。 而另一方,正如开始读到的那样,是把那样的食粮稟给客人,解作馈饷(动词)。 这两种用法,就成为这个"气(饩)"字的意义。 事实上,《左传》桓十年、僖十五年、襄二十九年、哀二十四年,分别有"饩诸侯","馈之粟"(僖十五年,《释文》作"饩"),"饩——粟","饩——牛",作为馈饷牲牢、米禾、刍薪、醯醢等食粮(作动词)的意义来使用。 而另一方面,如据《左传》隐十年,桓六年,桓十四年,僖三十三年,哀十二年的"饔饩","馈——饩","致饩","饩牵","归饩",杜预的注一贯作"生曰饩,熟曰饔"。 即,如以畜肉的生、腥、熟分类(参照《论语·乡党》,《周礼·掌客》注解),与烹熟的饔,生牲的牵相对应,把牲腥作饩。 这也是和"饩羊"(《论语·八佾》郑玄注),"不致饩","献饩"(俱见《国语·周语》韦昭注)相同的,是指为了吉礼和祭礼奉献馈食而准备的畜牲中,牲肉的特定形态。 顺便提一下,关于这牲肉的说法,在《毛诗序·小雅·瓠叶》"牲牢饔饩"下郑玄的笺中,似可导出魏晋韦昭、杜预等以下训诂家的说法。 郑玄(127—200),是继承许慎、马融(79—166)的经学集大成者。

《郑笺》:牛、羊、豕为"牲",系养者曰"牢"。熟曰"饔",腥曰"饩",生曰"牵"。(《毛诗·瓠叶序》)

而,《仪礼·聘礼》"饩之以其礼"下,此郑玄又注曰:

《郑注》：凡赐人以牲，生曰"饩"。"饩"犹禀也，给也。

这里把"饩"解为名物（名词）和动词的用法，后来便成为定诂。

通过以上可见，无论作为馈饩（动词）、或饩牵（名物）都没有发现如《说文》所述的那样，写作"氣"字的典籍。在《仪礼·聘礼》中，可举出与这两种用法相同的用语十数例，都作"饩"。只有一例，那就是在《聘礼》篇的"记"中所见的"饔饩"，据郑玄注作："古文，既为饩"，则郑玄注本的《仪礼》中，采用的是今文作"饔既"的文本，而指出另外有古文系统作"饔饩"的本子存在。也就是说，当时在这个地方，不是郑注本原样，而是以古文的"饔饩"流传着。

在武威出土的新室时代的汉简《仪礼》中，少《聘礼》篇，《仪礼》中只有在此篇中集中出现的"饩"字，在两汉之际的字体状况也就不明确了，这令人遗憾，但同一地区东汉早期汉墓中出现的《武威汉代医简》中所见的医药书中，有"上氣，热氣"等十例，全都写作隶书的"氣"（不是氣），由此推断，在几乎是同时代的简策《仪礼》中，相当于馈饷的饔饩这个字，是写作"饩"或"既（槩）"，肯定不写成含含糊糊的"氣"。还有，《大戴礼记·朝事篇》中，含有与《礼记·聘义》重复的部分，在《聘义篇》中所见的"饔饩（《释文》本）"，"饩客"，"饩牢"，在《朝事篇》中分别如今文那样，是"饔既"，"既客"，和"饩牢"。

还有，被认为从"饩"上述两种用法的意义中派生出来的，有"稍食"即禄廪（月俸）之意。《礼记·中庸》的"既廪称事"，由于与前面的《大戴礼记》相同，所据的是今文经学的文本，郑玄的注作："既，读为饩"。所谓饩廪，是稍食（郑玄注），也就是作为禀食的俸禄。在这《中庸篇》的《释文》中，也作"既，依注音饩，许氣反"，将当读为"见未切"，开口，三等（jì）的"既"字，取读为"晓未切"、开口、三等（xì）的"饩"（《说文》槩）字的音义。对于"廪人献饩"（《国语·周语中》），"公与之饩"（《越语上》），吴韦昭注作"禾米也"，"食也"，《左传》的"百人之饩"（昭元年），西晋杜预注作"食同禄"。《礼记·王制》的"常饩"，郑玄注作"廪也"，也是作禄廪。

此外，郑玄把广泛的救恤赈赡（动词）注作"赈饩"（见《礼记·王制注》，《毛诗·鸿雁笺》），似也是这个词的基本用法。《孟子·万章篇》"百官、牛羊、仓廪备"（《万章》上下篇同）的赵岐（？—201）的注中作："百官致牛羊，仓廪，致粟米之饩，备具馈礼"，也是指一般作馈饷用的粟米（名物）之词。

然而，"饩——既（槩）"（读作"晓未切"，开口，三等），是否完全没有如《说文解字》所示，作"氣"的文本呢？不，仅有一例，《考工记·玉人》"致稍饩"的郑玄注，作："致稍饩，造宾客（的馆舍），纳禀食（食米）也。郑司农云：饩或作氣。杜子春云，当为饩。"郑玄虽是从杜子春之说，但也说明，大司农郑众（？—83）有作"稍氣"的本子存在。只是，从这个训注也可以知道，当时已与大气、志气相混淆的"氣"字，在这样的场合，也已不允许使用。

而与饩字相互有通假关系的"既"字（读"见未切"，开口，三等），可看到似有与"氣"音义相同的痕迹。《论语·乡党》的"肉虽多，不使胜食气"，在《说文》中作：

　　既，小食也。从皀，旡声。《论语》曰："不使胜食既"。（《五下·皀》）

《论语》的《释文》作："食气，如字。《说文》作既，云'小食也'。""既"字的解说，对于不是其通诂的"已尽"，"尽"，"已经"之意，历来有疑问，也有以为《说文》的"小食也"是"稍食也"之误的说法。但是所引经传中《论语》的意思，尚欠详细。无论敦煌出土的郑氏注本还是何晏《集解》本，俱作"食氣"，然也未加注解。而《释文》所引的《说文》"既，小食也"，北宋邢昺的《疏》，未示所据出典，改为"气，小食也"，似在转引《说文解字》以外，也没有发现可得到"食气"意味的启示。后面叙述的大气、志气的气，是否包括这个"食气"，也不明显。皇侃（488—545）的《论语集解义疏》，就是如此。

> 食，谓他馔也。"食气"多而"肉"少，则肉美。若"肉"多而他食少，则肉不美。故"不使肉胜食气"也……（《乡党篇》"肉虽多、不使胜食气"条下）

从这个《义疏》的说明和《释文》作"如字"的"气"字解释来推断，则汉魏的经、传的解释，正如读作"肉以外的食物（菜）"或"食气"那样，不可想象是作"食饩"。《吕氏春秋》的高诱（160?—212?）注中，引这段《论语》的章句来解释养生说（《本生》、《重己》、《孝行览》），也都引作"不使胜食气"。其中《重己篇》"理塞，则气不达。……胃充，则中大鞔"的高诱注作：

> 鞔，读曰懑。"不胜食气"为懑病也。"肥肉厚酒，烂肠之食"（《本生篇》），此之谓也。

这中间也把《说文》所引的"食既"作"食槩（饩）"，从汉魏的训诂来说，似就是无理的了。遵守《说文》解说（作"小食也"），也有作"不使胜、食既"句读的说法（参照马宗霍《说文引论语考》），而现在从那里开始穿凿，就离题太远了。

只是既（槩），在《说文》中作"从皀，无声"（五下·皀）。就字形来说，左偏旁的"皀"在金文中作"皀"，相当于经籍中盛黍稷、稻粱的簠簋（《周礼·舍人》郑玄注）的"簋"。同音（见旨切，合口，三等）的甌、匦，是其古文（《说文·五上》竹部"簋"）。这个皀附"无"音为"既"字，而"无"，解作"饮食气逆，不得息"，即打嗝（《说文·八下》"无"），因此，解释"既"字的全体，被说成是背朝着皀（簋），吃完了东西已经餍足了，向后反顾张口的样子。（见白川静《说文新义》卷八下·"旡"字）而且与《说文》解作"张口气悟也。象气从人上出形"的呵欠的"欠"字，在字形上有互为正反的关系。即反"旡"便成"欠"。不过，欠，作为向前大开口角打呵欠的样子，在金文中，则作"㒫"字。根据作为既（槩）之音的旡（见未切、开口、三等）和欠（溪醆切、开口、三等），声韵相互不同，字形有着这种对照性的说法，就有可能在根源上相对地推测既（槩）的音义了。然而，在这样的场合，还不如说，如果能发现按"旡——既——㤅（㤅＝爱）——僾——概——慨（忾）"这样形声文字的谐声音符——旡、既系可得到的，成为各个词意义中核的，即表示其意义的东西，那比起单纯检讨字形的结果来，就更能把握作为词的实体了。

"旡——既"和"气"，都是中古音去声（八未）的三等韵，"㤅（爱）——僾——概——慨（忾）"，是去声（十九代）一等韵。在平声中，微韵开口三等和哈韵（开口呼）的一等，根据《切韵》系统的中古音上推，其韵母有着非常亲近的关系。平声（十六哈）韵中，包括来、开、哀，而我国万叶假名中的苔，邪马台的台，也是开口一等的哈韵。在日语上古特殊假名中，可读为相当于才段乙类"卜乙"的音节。与这个开口呼哈韵为一组的合口呼"十五灰"一等韵的梅，可相当于万叶假名中的"メ乙"——也就是《日本书纪》中的"モ乙"。上声"十五海"韵，包括海、改，相当于日语的助词"乃"，可分别读为万叶假名中的"ノ乙"，还有安倍的倍，其合口"十四贿"的"每"，可读为《日本书纪》中的"ベ乙"、"メ乙"。去声的"十九代"中，与合口的"十八队"韵的"昧"字读为"メ乙"相对，"概"、"慨"，相当于《日本书纪》中的"ケ乙"，"礙"，则相当于"ゲ乙"。而同是"十九代"的"爱"，不是セ行"江"，和ワ行"エ"，而是读作相当于ア行的"エ"。从相当于日本上古语乙类母韵的事实，可以作为推定中国中古音的中舌韵母（即非圆唇、非前舌的弛缓的音）是哈、灰（代、队韵）韵主母音的一个根据。"爱"字，正如"えひめ（爱媛）"、"えち川（爱知川——

在近江)"、"えの岳（可爱的岳——在日向)"还有"おたぎ"（爱宕)"
的"エ"、"オ"，恐怕是相当于中舌音吧！　而在另一方面，应当注意平
声"八微"三等韵的"衣"，"依"，当读作"エ"，希"当读作"ケ
乙"；其去声"八未"三等的"既"，"气"，在万叶假名中，同都读作
"ケ乙"，这一事实。　也就是说，微（未）韵开口三等的"无——既"
与哈（代）韵开口一等的"炁（恶＝爱）——僾——概——慨（忾)"在
六朝以前的汉魏音中，有着属于同一韵类的痕迹。　从诗人通押的例
中，也可以这样认为。（见于海晏《汉魏六朝韵谱》，罗常培《汉魏晋南北
朝韵部演变研究》)而东汉末刘熙的《释名》中则曰：

> 气，忾也。忾然有声无形也。（《释天》，宋本《太平御览》十五
> 《气》引《释名》作"气，犹忾也。忾然……"，今据毕沅《疏证》本。)

作为以"忾"（"溪代初"，开口、一等）的音义来解释"气"（"溪未
切"，开口，三等）的声训，这可以说是一个很好的例子。　而"爱"字
在解说两汉之际字义的《说文》中，作从"无声（既声)"的"炁"
（"愛"为古文，见十〇下，心部)，必须说，也有其理由。　作为文献上
无徵的字体，那是当时的"手写字"，还是许慎采用的正体字，已无法
判明，但无论是哪一种情况，可以认为，这反映了后来在分化为微
（未）韵的"无·既·气"和哈（代）韵的"爱·僾·概·慨（忾)"的
过程中，还有某些共同音义存在于其根底上的情况。　换句话说，必须
将这看作是说明在上古音中，它们都归属于微部（阴声，开口）的一个
具体例子。

段玉裁《说文解字注》在"无"字（八下·无部）和"僾"字（八
上·人部）下，把《毛诗·大雅·桑柔》"如彼逆风，亦孔之僾"的
"僾"，作为"无"的假借字。《桑柔篇》的《毛传》则曰，"僾，唈
也。"《尔雅》中也作："薆，隐也。""僾，唈也。"（见《释言》)顺便提一
下，《释文·尔雅音义》中作："皆音爱，乌槩反。　唈，鸣合反。"对于

"偯"，东晋郭璞注《尔雅》作"呜偯，短气也"。 即气塞喘息，也就是一旦不知什么原因气息填塞，一下子胸中觉得不堪的状态。《淮南子·览冥训》高诱注中"欷偯，失声也"的欷偯，就是《尔雅》郭璞注中说的"呜偯"，即抽泣叹息。 由某些原因而悲伤的感情及其动作，也有作"于邑"者。（见《楚辞·九章·悲回风》，王逸注作："气逆愤懑，结不下也。"）

〔与前面所引《尔雅》"蔉，隐也。"有关，《方言》卷六"掩，蔉也。"的郭璞注中引《诗·邶风·静女》作"蔉而不见"，而《说文》的"偯，仿佛也。"（八上，人部）引《诗》作"偯而不见"，但现行的《诗经》中则作"爱而不见。"可知其字体，音义俱可通用。〕

还有，《荀子·礼论篇》唐代杨倞的注中有"唈偯，气不舒愤郁貌"。 双声词"唈偯"也是形容气息塞胸的连文。"忾（慨）"正如《广雅》"忾，满也"（《释诂一上》）所训那样，是形容气息充满胸中，一旦失声，大口呼气吸气之状。 今本《玉篇》的口部五十六中，引此《广雅》，而"忾"作"嘅"。 对此，王念孙根据《方言》十二"忾，饱也。"这一条音义，取作综合餍饱和愤懑之状的意义。（见《广雅疏证》一上"忾，满也"条下。）

由此可见，根据东汉的诸家训诂，正如《释名》所作的声训"气，忾然（饩然）……"那样，"无——偯——慨"所表示的意义，是吸入气息塞满胸中，同时带有饱满和愤懑的感觉，进而大口吐息之状。 因而可以判明，在这里摆在我们面前的"气"，可把它作为具有对那样一个过程起作用性质的物象来认识。

〔还有，《说文》"镇，怒战也。"（十四上·金部）引《春秋传》"诸侯，敌王所镇。"在《左传·文四年》作"诸侯敌王所忾"，郑玄在《诗·小雅·彤弓篇》诗序的《笺》中所引同文，也作"所忾"。《说文》唐代的音注作"鎎"，晓未切，开口，三等，而《左传》《毛诗》都作"忾"，"溪代切，开口，一等"。经籍中的"愾"字，不作"晓未切"，而是如《礼记·祭义》的《音义》那样，作"开代反"（"溪代切"，开口，一等）。这里也可参照《经典释文·毛诗音义》有关《毛诗·彤弓》的内容。〕

既·旡（见未切，开口，三等）——氣·气·忥（溪未切，开口，三等）——忾·愾·唏（晓未切，开口，三等）在中古音中，声母相互不同，而有着相同的去声的韵（八未），但另一方面和迄吃（见迄切，开口，三等）——乞（溪迄切，开口，三等）——迄（晓迄切，开口，三等）的入声（九迄），正好有阴入对转的关系。

〔存在着把"忾"在"至（到……为止）"的意义上，即作为"迄"字使用的文献上的例子（见《礼记·哀公问》）。在这样的场合，《释文·礼记音义》将"忾"注明"许乞"、"许气"二音，即表明入声和阴声共通的状况。〕

在此，就必须谈谈乞匄的"乞"和这个"气"的音义和字体的相互关系。

首先是关于作为反训词的"乞匄"。正如"敛"可作为"欲"和"与"，"贷"可作借和"与"，"稟"可作"受"和"与"，可见它们分别有着相反的意义一样，"乞匄"也可在"求"和"与"这二种意义上使用。《广雅·释诂三上》"敛、匄、贷……稟……乞、遗、予、〔与〕也。"王念孙在"敛"字下，对于上述的反训，作了说明（见《疏证》三下）。在中文中，把像这样互为反义语的两个以上的语义用一个字来表示的情况，往往可见。这种把有相近语义，但可以从相反方向来理解的字义，用一个音义来认识和表达的现象，就是所谓的反训，而上面就是把一个音义作两种训释，在语义上多元地来辨别和表达时所见到的情况，也是训诂中常见的形态。把古代中国语的特点，在音义的各种场合一起来加以说明的这种现象，对于"乞·匄"来说，文献上有如下的表现：

"乞匄"的常用例，当然是作为《广雅·释诂篇》的"与也"，及相反的"取求"之意。《左传》中频见的"乞师"、"乞盟"和"乞食"，还有"强匄"、"匄夺"（见昭公六年，昭公十六年）等等，都是作为乞取之意。 然而在此外，也有如上述《广雅》的训释那样，将"乞匄"作"施与"之意使用之处。

"更乞匄之"（《汉书·朱买臣传》），"乞其夫钱"（同上），"尽取善缯匄诸宫人"（《汉书·景十三王·广川王刘去传》）、"我匄若马"（《汉书·西域传下》）、"诏曰，乞杨生师"（《后汉书·儒林上·杨政传》）、"匄施贫民"（《后汉书·窦武传》）等等，都是这样的例子。 在这些场合的音注，皆作"乞，音气"（见颜师古《汉书集注》、李贤《后汉书注》），而不是求取之意的"乞匄"（音"乞盖"）。《集韵》去声"八未"中有："乞，与也。 或通作气"，这是辞书中的说明。 还有"匄"，如据《广韵》、《龙龛手鉴》等所云，则有"盖"和"葛"（割）二音，在作施与之意使用时，后者音"葛"，似读作乞匄（气割之音）。 段玉裁认为这些是"皆强分别耳"（《说文注》十二下·亡部，"匄"字）。 只是尊重六朝隋唐经师们的说法，才把反训的音义这样来加以辨别。 乞匄（乞盖）和乞匄（气割）恐怕是近于同声的！ 正如"乞"和"气"那样，"盖"（见泰切，开口，一等）和"葛·割"（见曷切，开口，一等）有着去声——入声的阴入对转关系。 现在存有把这一些用训诂说综合地加以说明的资料，见《左传·昭公十六年》孔颖达《正义》：

> 乞之舆匄，一字也。"取"则入声，"与"则去声也。此"匄"亦有"取"、"与"。此《传》言"匄"，谓取也。诏书称"租调匄民"，谓与民。

这里虽未言及"匄"的音（盖，割），而末尾诏书之例与上面所举《后汉书·窦武传》的一例类似，殆是汉魏之际常用的套语。 还有西周金文中所见的"气求"字例，另外可作参考。

　　《说文·一二下·亡》中有曰："匄，气也。"据《一切经音义》（包括玄应·慧琳二本）所引的《说文》数十例，则《说文》这里与今本的"亡人为匄，逯安说"的解说稍异，"从人从亡，人亡财物则（行）乞匄"这一句可能脱落了。也就是说"匄，气也"的"气"，不是云气，而是乞求的"乞"之义。然而，如上所述，从汉魏的训诂来看，乞匄的"乞"，有作"求取"之意和"施与"之意的两种用法，其在作"施与"解的场合，如字的入声特地要转读为"气"（去声）的音。恐怕"乞"和"气"在字体上曾经也是没有区别的！即使写作"匄，气也"（《说文》），但正如在隋唐的音义·注疏中，都作"匄，乞也"所示的那样，必须看到，"气"字也不仅是云气（去声）之意，还包含着后来另读为"乞"（入声）的意义。也就是说，在《说文解字》中，作为当时实际使用文字的乞匄的"气（＝乞）"，正确的写法应当分别把云气写作"气"，把馈饷写作"氣"，而在《说文》的说解中，混入了那样的内容。

　　现在在通观作为现存汉隶基本资料的汉魏碑铭时，比起西汉早期马王堆的帛书来，就显得更加多样化了。以气·乞·乞……〔译者按：以上原皆为隶书体字〕表示作乞求、施与的"乞"字，也可看到后来异体字"乞"的原形（《隶释》、《隶续》、《隶韵》的九迄；《隶辨》九迄，八未；《隶篇》卷一）。从以氣·氣·氣……〔译者按：原书隶书体〕这同类的字形来表示"气"字（《隶释》、《隶续》、《隶韵》八未；《隶辨》八未；《隶篇》卷七）可以判明，乞·氣都是相同的，把"乞·气"部首作为字体的一部分而混同书写。据此，不仅《说文》的解说，就是在东汉、魏晋的训诂中，要把气和乞在字形上实际地加以区别，也是困难的，因而，在音义方面，要把"气"作为云气之意，把"乞"作为求取、施与之意的文字来相互加以区别，肯定也是不可能的。《说文》的主张在《说文解字》一书中被遵循，笔者调查的陈昌治校刊大徐本（据孙星衍覆宋刊的一篆一行本）的解说中的氣字，除去其中有"氣声"文字的十九字和有"氣

209

声"的二字以外，尚存九十字，前面唯一作乞求之意解说的"匄，气也"以外的八十九字，全都作大气·志气之意使用。 其中精气（一上·示部禩下）、阳气（十〇上·火部威下）二字作"氣"以外，如《说文》所云，概统一为"气"字。 然而，正如已重复叙述过的那样，必须说，在整个《说文》的体系内，训诂中残留下的而将大气·志气作"气"的书本，几乎完全没有。 对于《周礼·夏官·大司马》的"皆画以云气"，陆德明在其《经典释文》中指出，一书作"气"字，云：

"云氣"，本或作"气"，同也。（《周礼音义下》）

然也不过所见的这样程度。 也就是说，认为如通常之例那样，把大气、志气写成是从"米"的"氣"或其异体字，另一方面，把作求取、施与的乞，用"乞·气"字或其异体字来表示，是向隋唐楷书字体演变时的情况，也许更合乎历史的事实吧！

〔顺便说一下，六朝以后所见的"炁"字，作为气的异体字，正如《广韵》去声八未中所载："氣，氣息也。去既切。……炁，同上，出道书。"那样，在道教有关的文献乃至佛书中被使用。经籍《周礼·春官眂禩职》有关望气的记载，郑众（？—83）注作："辉，谓日光炁也。"使用这个氣的异体字，是希见的情况。从《义疏》中引用的例子（见《周礼》贾《疏》、《毛诗·灵台篇序》的《正义》等来看，与炁（＝爱）字容易混淆的"炁"字，也许是混入的魏晋以后的字体吧！〕

如前所述，从气（去声）和乞（入声）具有阴入两声间非常亲近性质的现象中，可以认为在音义上有着亲族的关系，并试与两周金文的用例等相对照，进行了大量的综合解释。 认为"气·乞"的求取之意是其原意，施与之意是其引申义，并把它与作为禀给的馈饩联系起来说明。 确实，作为求取的"气·乞"，在秦汉以后数例中开始，表现为读作"氣"音的施与之意，这殆显示了原义和派生（引申）义的关系吧！然而，在其互为反训而使用时，"气·乞"和大气·志气，从"米"的"氣"，在如上所述的用字中，是明显被区别开的，还有作施与的"乞勾"和馈饩，作为其音义和用法都相异的词，是各自独立被使用的。现在，猝然地将这些杂糅起来，把原本以各个个别章句为对象的一条条训诂，在被抽象了的坩埚中牵强地融化为一体，这是应当慎重的事。

总而言之，"氣"，如以前面《释名》的声训和单语族的方法来看，"充塞，充满"（见藤堂明保《汉字语源辞典》第185页）是其基本意义，可以说是表示了在其音义的根源中存在的感觉和动作。而作为"气"的个别具体的形态，是在气息中，随着感情的起伏，自己可以感觉的呼吸运动的冲动，更具体地说，是指作为生命现象的呼吸运动及其气息。通过以上所述，当可以理解作为生命活动源泉原动力的"气"了。

〔举一个在训诂上表现以上内容的例子。《礼记·祭义》"气也者，神之盛也。魄也者，鬼之盛也。"对此，郑玄注曰："气谓嘘吸出入者也。耳目之聪明为魄。"孔颖达《正义》曰："言神是人生有之气。气者，是人之盛极也。"对于郑注，《正义》曰："谓气在口，嘘吸出入。此气之体，无性识也。但性识，依此气而生。……则识从气生，性则神出入也。故人之精灵而谓之神。"〕

而火气，蒸气等的作用，是从生物的气息中自己类推出来的，作为山川烟雾和自然界运动的"气"，虽形形色色地反映了先秦时代开始发达起来的自然观，但恐怕以人的气息来比拟其生命现象那样的情况，在汉魏间已作为遥远过去的事实，也就是作为常识而存在，附加新规定的意味和内容的东西，几乎是看不到的。

作为附录，从《说文解字》和《释名》这两本字书的解说中，把当时通行的"氣"字的用例汇集如下：

211

首先，是关于气息者。

△鼻，引气自畀也。（《说文》四上）

　　鼻，嘒也。　出气嘒嘒。（《释名·释形体》）

　　歉，引口气也。（《说文》八下）

　　歇，一曰，气越泄。（同上）

　　嚏，悟解气也。（《说文》二上）

　　欠，张口气悟也。（《说文》八下）

△哼，口气也。（《说文》二上）

　　词，象口气出也。（《说文》五上）

　　了，象气之出难也。（《说文》五上）

　　于，象气之舒于。（《说文》五上）

　　呜，舒也。　气愤懑，故发此声以舒写也。（《释名·释言语》）

△胸，犹如唴。　唴气所衡也。（《释名·释形体》）

　　肺，勃也。　言其气勃郁也。（同上）

　　膈，塞也。　隔塞上下使气（＝肺）与榖（＝胃肠）不相乱也。

　　（同上）

作为支撑身体的气力、活力：

　　勇，气也。（《说文》一三下）

　　詯，胆气满，声在人在。（《说文》三上）

　　嚣，声也。　气出头上。（《说文》三上）

　　嗔，盛气也。（《说文》二上）

　　歇，盛气怒也。（《说文》八下）

以下，是身体上出现的情况：

　　色，颜气也。（《说文》九上）

　　皰，面生气也。（《说文》三下）

而身体的疾病，老死，也用气力，活力来加以说明：

　　瘁，气不定也。（《说文》七下）

　　厥，逆气。　从下厥起，上行入心胁也。（《释名·释疾病》）

212

瘇，胫气足肿。（《说文》七下）

　　肿，钟也。寒热气所钟聚也。（《释名·释疾病》）

△疾，……客气中人急疾也。病，并也。与正气并而在肤体中
　　也。（同上）

　　人始气绝曰"死"。（《释名·释丧制》）老死曰"寿终。……
　　终，尽也。生已久远，气终尽也。"（同上）

　　关于这个病死的解释，在其背后的是当时已经高度发达的方技——
医术。对此可参考有关专论。

　　如我们离开人体，移到外界，那么，首先就可遇到蒸气，火气。
它们带着色彩，有着香臭：

△融，炊气上出也。（《说文》三下）

　　粥，……孰饪五味，气上出也。（《说文》三下）

　　馏，饭气蒸也。（《说文》五下）

　　脀，蒿也。香气蒿蒿也。（《释名·释饮食》）

△烝，火气上行也。（《说文》十上）

　　烟，火气也。（同上）

　　焅，旱气也。（同上）

　　如改变一下，看看充溢于山川的自然之气，则有：

　　山，宣也。谓能宣散气，生万物也。象形。（《说文》九下，据段
　　注本。）

　　雾，地气发，天不应。（《说文》十一下）

　　霜，天气下，地不应。（同上）

　　雾，冒也，气蒙乱冒覆地之物也。（《释名·释天》）

　　坺，气出土也。一曰，始也。（《说文》十三下）

　　云，山川气也。从雨云，象云回转之形。（《说文》十一下）

　　气，云气也。象形。（《说文》一上）

　　滃，云气起也。（《说文》十一上）

曀，翳也。 云气掩翳，使日光不明也。（《释名·释天》）

△捲，气势也。 ……《国语》曰，"有捲勇。"（《说文》十二上）

晕，捲也。 气在外捲结也。（《释名·释天》）

风，氾也。 其气博氾动物也。 风，放也。 气放散也。（同上）

正如身体中存在着热气、寒气（参照《武威汉代医简》），外界也有气温：

雪，绥也。 水下遇寒气而凝。 绥绥然也。（《释名·释天》）

既有带来灾异的气，也有休祥之气，可从其具有活力这一点上来理解：

祲，精气感祥。 ……《春秋传》曰："见赤黑之祲。"（《说文》一上）

祲，侵也。 赤黑之气相侵也。（《释名·释天》）

氛，祥气也。（《说文》一上）

霓，……此灾气也。 伤害物……（《释名·释天》）

虹，阳气动也。 虹，攻也。 纯阳攻阴气也。 ……（同上）

运用阴阳二元的观点，以补充、调整说明森罗万象的运动，这肯定已是秦汉之际在这方面主流思潮中的说法。

△魂，阳气也。 ——魄，阴神也。（《说文》九上）

鬼，人所归为鬼。 ……鬼，阴气贼害，故从厶。 （同上）

△情，人之阴气有欲者。（《说文》十下）

性，人之阳气，性善者也。 （同上）

所谓阴阳五行思想，使世界显出秩序。 讲干支而明数理，由于前节中所述的"律历"世界观，就更加完备了。

水，准也。 北方之行。 象众水并流，中有微阳之气也。（《说文》十一上）

△甲，东方之孟，阳气萌动。（《说文》十四下）

乙，象春草木冤曲而出。 阴气尚彊……（《说文》十四下）

丙，位南方。……阴气初起，阳气将亏。……一者，阳也。
（《说文》十四下）

丁，夏时，万物皆丁实。象形。（同上）

戊，中宫也。……——己，中宫也。（《说文》十四下）

庚，位西方。象秋时万物庚庚有实也。（同上）

辛，秋时，万物成而孰……。（同上）

壬，位北方也。阴极阳生……。（《说文》十四下）

癸，冬时水土平，可揆度也。……（《说文》十四下）

壬，妊也。阴阳交，物怀妊也。（《释名·释天》）

△子，〔孳也〕。十一月，阳气动，万物滋。……（《说文》十四下）

丑，纽也。十二月，万物动用事。……（同上）

寅，髌也。正月阳气动，去黄泉欲上出。阴尚强也。……（《说
文》十四下）

卯，冒也。二月。万物冒地而出。……（同上）

辰，震也。三月。阳气动，雷电振。民农时也。（《说文》十四下）

巳，已也。阳气已出，阴气已藏。万物见，成文章。（同上）

午，牾也。五月，阴气牾逆，阳冒地而出。（同上）

未，味也。六月，滋味也。五行木老于未。（同上）

申，神也。七月，阴气成体自申束。……（同上）

酉，就也。八月，黍成可为酎酒。（同上）

戌，灭也。九月，阳气微，万物毕成，阳下入地，五行土生于
戌，盛于戌。（同上）

亥，荄也。十月，微阳起接盛阴。……亥而生子，复从一起。
（《说文》十四下）

子，孽也。阳气始萌，下孽生也。（《释名·释天》）

巳，已也。阳气毕有已。（同上）

午，仵也。阴气自下上，与阳相仵逆也。在《易》为离。离，
丽也。物皆附丽阳气以茂也。（同上）

215

△十，数之具也。 ……四方中央备矣。（《说文》三上）

九，阳之变也。 象其屈曲究尽之形。（《说文》十四下）

八，别也。 象分别相背之形。（《说文》二上）

七，阳之正也。 从一。 微阴从中表出也。（《说文》十四下）

六，易之数。 阴变于六，正于八。 从入、八。（同上）

五，五行也。 从二。 阴阳在天地间交午也。（同上）

四，阴数也。 象四分之形。（同上）

三，天、地、人之道也。 从三。（《说文》一上）

二，地之数也。 从耦一。（《说文》十三下）

一，惟初太极，道立于一，造分天地，化成万物。（《说文》一上）

由阴阳二元之气而象征化了的世界秩序，由于在根本上有着广大无边原始基础的存在，进一步地被包括了。 那就是生出阴阳二气相辅交替，互相补充完备的整个运动和其活动力的、混沌未分的根本的一气。它是贯穿宇宙时间、空间的实质存在，它也就是被称作元气者。 在《说文》中有三处，《释名》中有一处可见：

地，元气初分，轻清阳为天，重浊阴为地。 万物所陈列也。 （《说文》十三下）

昊，春为昊天，元气昊昊。（《说文》十下）

包，象人怀妊。 ……元气起于子，子人所生也。（《说文》九上）

广平日原，原，元也。 如元气之广大。（《释名·释地》）

即使在上面对字的解说中，也可以知道，在东汉初期，已经完全综合地把握宇宙生成的原理和自然与人类相关的秩序了。

最后，关于"气"概念在先秦、汉代这个长时期中的发生和发展状况，虽在这第一编各章节中被收罗了，但进一步的探求明白，尚待在别的部分展开。

在小学上，"气"和"器"有意义上的关系。 比如气息和譈器、气量和器量等。

　　说到天象，战国时期的兵家和汉初黄老的望气术，与《墨子》守城各篇中所见的观气等综合地考察，这一次是开始进行了，而在另一方面，《周礼·保章氏》的"五云"和《眠褑》的"十煇之法"（《晋书·天文志》同）中可见以妖祥观候术为代表的"云气"、"晕气"。这种观天望气，是秦汉之交以后，历史中出现的现象。东汉明帝即位（永平二年，59年）在明堂的灵台"望云物"（见《后汉书·祭祀志中》），也是"望元气，吹时律，观物变。"（《后汉书·明帝纪》）这种在汉魏以后也进行的对"云物"、元气（天气）的观察与国家风俗活动的关系也必须考究明白。关于《左氏传》、《史记》以下正史中出现的，包括蜃气在内各种各样妖祥氛气的自然"气类"，还有对此进行日常观测，从事天事的太史（西汉的天官、东汉的日官、史官）职务，也要更确切地加以认识。

　　关于支撑着身体的健康、肉体和精神活动的"气"，虽在养生、医疗方面列举了各种论述，但还残留着从士人的"士气"，任侠的"气节"还有时人的"气风"等这些人格侧面来理解的内容。在所见的"气决"，"才气（材气）"，表强壮的"锋气"等词以外，表示气息闭塞那样的气氛和社会状况被称作"累气"，"累息"等等，是"气"作为构成围绕着人与人的社会和自然，并使之运动的生命体和万物活源力的巧妙表现。这一些也不可脱漏。关于这些语汇，还必须进行极其细致的调查。

（户川芳郎）

第二编

儒、道、佛三教交融中的气的概念

——从魏晋到五代

总　　论

古代中国的固有文化——以儒学为基杆的中国古代学术思想——具有很高的水准，而其大致的终结，是在公元前 3 世纪末到公元 1 世纪初的前汉王朝时代。这些学术思想的具体内容，在刘向（前 77—前 6）《七略》，及继承它的班固（32—92）《汉书·艺文志》中，被分为：（一）六艺略（即经学）、（二）诸子略（即思想）、（三）诗赋略（即文学）、（四）兵书略（即军事学）、（五）数术略（即科学技术）、（六）方技略（即医学）六大部分，有着详细的记载，这在前汉王朝末期大致终结的中国固有文化，以后就在西邻已经繁盛的宗教文化，具体地说，是和印度西域的佛教开始有了正式的交流。

与印度西域佛教的交流，开始于后汉明帝之时，正如在被称为"诵黄老之微言，尚浮屠之仁祠，洁斋三月，与神为誓"（《后汉书·楚王英传》）的楚王英的信仰中所见的那样，虽有着显著的祭祀咒术的性质，但不久从印度西域源源传来的佛教文献，以在这之前大致终结的中国固有学术思想为基盘，全面地进行了汉译，也就是被纳入了传统的汉字文化之中；进而经过依据被汉译的佛典对佛教教理的注释和解释，经过对教理内容的不一致甚至矛盾系统地加以疏通，统一地体系化——即教相判释的过程，到净土、三论、涅槃、天台、华严、法相唯识、禅等中国佛教各宗派成立的公元 6—8 世纪，即隋唐时代，外来的佛教不要说在中国的一般社会，甚至在学术思想界都已扶植起了牢固的势力和影响力。

另一方面，与佛教的传入并行，受其刺激，在这以前作为道家"道"哲学的始祖，作为讲究黄老"玄"教的哲人而被尊重的老子（李聃），在 2 世纪的后半叶，后汉桓帝时代被神格化而成为帝王祭祀的对象（《续汉书·祭祀志》）。此后，与老子说的"道"的真理被神格化一起，出现了"太上老君"、"太上道君"，这太上道君到 6 世纪时，进而

气 的 思 想

成为了道教的最高神"元始天尊",[1]随着唐王朝的出现,又出现了老子所姓的"李"与王室之姓的"李"被一体化的情况,迎来了与帝王、国家政治权力密切结合的唐代道教的划时期的黄金时代。

公元 2 世纪中叶,后汉顺帝时代,宗教性的革命理论书——《太平清领书》《太平经》在琅邪地区(今山东省)出现;认为"后颇有其书"(《太平清领书》)(见《后汉书·襄楷传》)的张角的太平道宗教起义(中平元年、公元 184 年起兵);被认为与张角的太平道"教法略同"的汉中张脩,以及被认为是"增饰脩业"(以上俱见《魏志·张鲁传》注引《典略》)的张鲁五斗米道(天师道),还有被推定为在这种五斗米道(天师道)教团中用作对信徒进行宗教教育的《老子想尔注》的制作等,都是与这种把老子神格化或宗教教祖化的动向密切相关联的。 而 4 世纪初,以老子的"道"或"玄"的哲学作为金丹不死神仙术理论根据的葛洪(284—362)的《抱朴子》的著述;还有 6 世纪初同样是把老子"玄"的哲学作为所谓茅山道教(以茅山——在今江苏省——为其圣地)宗教哲学根据的陶弘景(456—536)的《真诰》的编述;以及忠实地继承了陶弘景道教的唐代道教的天师们——潘师正、司马承祯、李玄静、杜光庭等的道教宗教哲学,在其根底上的,还是老子"玄"的哲学,以及被作为神格化的老子(太上老君、太上道君、元始天尊)启示、诰授的神秘、宗教咒术性质的真理。

在中国成立发展了的佛教学,与以中国固有学术思想为基杆的儒学以及经学儒教有着密切不可分割的联系,这通过佛教文献传来的开始,佛陀在中国就被作为圣人——印度的圣人;记载佛陀教义的典籍与记录儒教圣人教义的"经"被以同名称呼;作为"经"的典籍正如上述的那样都被汉译而纳入汉字文化之中;还有,由于对被汉译的典籍的教理解释是依据佛教经典,所以,传统的儒教经典的经典解释学方法就照样被采用;凡此等等的情况,是很容易被了解的。 事实上,中国佛教学的巨匠们,比如不论六朝时期的支遁、道安、慧远、僧肇,还是隋唐时期的智顗、法藏、湛然、澄观,他们对佛教经典的解读,教理解释的方法

222

态度，基本上都是依旧地继承了儒教中经典解释学的方法和态度。 支遁解释般若经典教理的著述——《大小品对比要钞序》以及澄观解释华严经典的《大方广佛华严经疏》等等，就是这方面最好的证明。

还有，印度传来的佛教与作为中国固有哲学——形而上学——最好代表的老庄道家的"道"（"玄"）的哲学有着密切的关联。 这通过把《庄子》哲学中称呼达悟者的"大觉"、"真人"等作为"佛陀"、"罗汉"的意译语；把老庄道家哲学中的"道"作为表现佛教根本性真理的"菩提"的意译语，把"无为"作为表现佛教终极境地的"涅槃"的意译语；[2]还有，把佛教称之为"道教"，把沙门称为"道人"，把佛教教理称之为"道法"等的情况，也是容易了解的。[3]而在梵本佛典的汉译中，采用了"道"、"无为"等老庄哲学概念的译语，比如，正像在僧肇《注维摩》、昙鸾《净土论注》中所见的那样："道无不通"，"法身无为无不为"，"损之损之，以至无为"等等，把老庄道家的理论照样地纳入到佛典的教理解释中去，可以说如实地显示出两者密切关联的一端。作为所谓民族宗教的狭义的道教，把老庄道家的"道"以及"玄"的哲学置于其神学的基础上，和同样把老庄道家的"道"以及"玄"的哲学导入其教理解释中的中国佛教，在这一点上是类似的，有着共同的东西。 道家道教和中国佛教，以及儒教经学和中国佛教的思想交流（从使之折中、融合的"顺"的方向也好，还是从进行批判、排斥的"逆"的方向也好）可以说，是在佛教被中国接纳的开始，使佛陀具有中国传统观念中"圣人"的性质、把佛教的典籍作为圣人的"经"、把佛教作为"道教"、把沙门作为"道人"这种理解的必然趋势。

在如上所述，认为儒教和佛教，佛教和道教的思想交流发展有着内在必然性时；在把这样的儒、道、佛三教的交流发展，以当前作为课题的"气"的思想为基轴进行考察时，有着怎样的相互关联性，或可以看到怎样的思想折中现象呢？

正如已在《道家的气论和〈淮南子〉的气》一节（第一编第三章第

223

一节）中论述的那样，儒家和道家的"气"的思想，以《老子》"道生一"云云的宇宙生成论和《易》的"太极生两仪"云云的宇宙生成论的一体化为中心，在公元前3世纪成立的《吕氏春秋》以及承继此书，在公元前2世纪成立的《淮南子》中，早就有着被融合、折中的倾向。这种倾向，和前汉以孟喜、京房（前77—前37）为代表的象数易学；以及公乘阳庆《脉书上下经》以降，继承他的仓公淳于意的临床治疗理论（见《史记·扁鹊仓公列传》）；还有《汉书·艺文志》中所载《黄帝内经》（现行本《黄帝内经素问》及《灵枢》的原本）等方技医学中的"气"的思想都有关联；经过了提出"混元"、"浑元"、"元气"，可以说是《老》、《易》折中哲学的集大成者扬雄（前53—后18）《太玄经》的著述，在3世纪中叶的三国魏的时代，产生了《老子》的"道生一"云云的"道"和《易》的"太极生两仪"云云的"太极"完全一体化的想法。阮籍（210—263）《通老论》中：

> 道法自然为化……《易》谓之太极……《老子》谓之道

的论述，就是这种想法的最好的代表。

这种使《老子》的"道"和《易》的"太极"一体化的倾向，在6世纪道教神学的集大成者陶弘景（456—536）《真诰》中，就可见到：

> 道者混然，是生元气，元气成然后有太极，太极则天地之父母，道之奥也。（《甄命授第一》）

这样的论述（但这是作为清灵真人，裴玄仁的话而被引用的，未必就认为《老子》的"道"和《易》的"太极"有着平等的关系。这在后面还要论及），还有在7世纪的前半叶，唐代初期作为儒教经学代表的孔颖达（574—648）的《周易正义》中，则解作：

> 太极,谓天地未分之前,元气混而为一,即是太初、太一也。故《老子》云"道生一",即是此太极也。(《系辞传上》)

把《易》的"太极"与《老子》的"一"(一元气)一体化了。

折中《易》和《老子》的生成论,或把《易》的"太极"和《老子》的"道"一体化,或是把它和《老子》的"一"(一元气)一体化,在唐代,就"气"的思想(元气的生成论)而言,儒教经学和道家道教几乎是没有区别,两者都同样是把元气生成论作为形而上学。9世纪,唐中期的华严宗佛教学者宗密(780—841),在其所著的《原人论》中,在批判儒教经学和道家道教这些中国传统的教学的同时,首先就以"儒道二教说"作为前提,把

> 道法自然,生于元气。元气生天地,天地生万物。

这种元气生成论理解为儒道共同的形而上学,也是这一点最有力的证据吧!

以上的情况,在第一编第三章《道家的气论和〈淮南子〉的气》一节中已论及了,而在折中《老子》的生成论和《易》的生成论,使之一体化时,这里就产生了两种想法,因此就分化为两种见解。一是把《易》的"太极"视为与《老子》"道生一"的"道"同格的想法,还有一种,就是把它与"生一"的"一"视为同格的想法。前面引的阮籍《通老论》的"《易》谓之太极……《老子》谓之道",还有晋代纪瞻(253—324)《易太极论》(见《晋书》本传)中曰:

> 《老子》云"有物混成,先天地生",诚《易》之太极也。

这都是把太极解作"道"的前者的代表例子,而纪瞻《易太极论》引用王氏(王弼)的"太极天地",宋郑道子的"太极为两仪之母……彼太

极者，浑元之气而已"(《弘明集》卷五)等的学说和上引的孔颖达《周易正义》曰：

> 故《老子》云："道生一"，即此太极是也……混元既分，即有天地，故曰"太极生两仪"，即《老子》云"一生二"也。

等等，则可以视为是把太极解作"一"（一元气）的后者的代表之例。陶弘景《真诰》中载裴玄仁的"道混然是生元气，元气成然后有太极"（上引），虽可看作是把"太极"置于"道"的下位，与"道"所生的"一"（一元气）同格的，但在其下文还可见"太极道之奥也"等的论述，关于"太极"与"道"，或与"一"（一元气）关系的论述，存在着暧昧性。 还有，《易》的纬书《乾凿度》中，有作为"孔子曰"的：

> 易始于太极，太极分而为二，故生天地。

郑玄注"太极"曰：

> 气象未分之时，天地之所始也。

这和孔颖达《周易正义》中的：

> 太极谓天地未分之前，元气混而为一

同样都可以视作是把"太极"解作与"一"（一元气）同格的后者的例子。

一般说来，汉代象数的易学中，把《易》的"太极"解释作元气（混元之一气），而把元气（混元之一气）就那样地看作与《老子》的"道"同格的倾向很显著，而与此相反，在魏晋以后义理的易学中，把

226

《易》的"太极"视作与《老子》的"一"（一元气）同格，把《老子》的"道"置于《易》"太极"上位的解释，则可以说是普遍的。晋纪瞻作为王弼的解释而加以引用的"太极天地"，和孔颖达的《周易正义》的"（《老子》）一，即此太极是也"的解释等等，都是站在义理易学的立场之上的。而把《易》的"太极"视为与《老子》的"一"（一元气）同格，把《老子》的"道"置于《易》的"太极"的上位的义理易学，在东晋时代就产生了把《老子》的"道"作为超越生灭变化世界的不动本体——"理"来解释的支遁的般若佛教学，并朝着把这种"理"置于"元气"或"混元之一气"上位的隋唐时期的中国佛教学发展。顺便提一下，在《易》的"太极"上再加上《老子》（第二十八章）"复归无极"的"无极"，主张"无极而太极"的周濂溪（1017—1073）的《太极图说》，也可以置于像上述那样的把《易》的"太极"视为与《老子》的"一"同格，把"道"（即无，无极）置于"太极"上位的王弼、孔颖达以来的义理易学的延长线上吧！

东晋的支遁（316—370）根据老庄的"道"的哲学来解释佛教中般若波罗密的真理，曰：

> 至无空豁，廓然无物者也。无物于物，故能齐于物……是故夷三脱（空、无相、无愿）于重玄，齐万物于空同，明诸佛之始有，尽群灵之本无。……赖其至无故能为用。……至理冥壑，归乎无名，无名无始，道之体也。……故理非乎变（变化的世界），变非乎理。故千变万化，莫非理外。……以之不动，故应变无穷。（《大小品对比要钞序》）

这里，《庄子·缮性篇》的"道，理也"，同书《则阳篇》的"死生非远也，理不可睹"，还有《易·说卦传》的"穷理尽性，以至性命"，《礼记·乐记篇》的"灭天理而穷人欲者"等想法中的"理"的概念，经过西晋郭象（《庄子注》）"物有自然，理有至极"，"理无不通"，"体神居灵，穷理穷妙"，乃至"至理无言"，"至理畅无极"等对"理"概念的形而上学的、本体性的解释，作为与后来宋代理学相联系的本体的形而上学的概念而被确立这一点，是引人注目的。

东晋以后的中国佛教学，把支遁般若解释中，这种作为"道之（本）体"的"理"的概念置于其根底，在 7 世纪以后的唐代，产生了华严佛教学的"理事无碍"，以及"理法界"构想雄大的宗教哲学，把佛教作为终极境地的真明世界理解为"理"的世界的这种佛教宗教哲学，必然地把道教等传统中国哲学作为终极原理论说的"气"以及"元气"完全视为形而下的存在，而把佛教的"理"置于"气"的绝对上位。华严宗的宗密严厉地批判了主张：

> 道法自然，生于元气。元气生天地，天地生万物。

的"儒道二教"，提出：

> 天地之气本无知也，人禀无知之气，安得欻起而有知乎？草木亦皆禀气，何不知乎？
>
> 则欻生之神，未曾习虑，岂得婴孩便能爱恶骄恣焉？（《原人论》）

等等的论述，是最能代表他思想立场的。

像宗密《原人论》中所见的那样，把"真性空寂之理"，"心境皆空"的"大乘实理"作为比"混一之元气"、"天地之气"更根源性的东西，把"理"置于"气"上位的想法，虽然最能代表唐代作为"理"的哲学的中国佛学，但这样的想法并不是在唐代才开始成立的，在此以前六朝时期的中国佛学中便已可指出了。比如南齐释僧顺批判当时认为"道，气也"的道教徒的主张，曰：

> 夫道之名，以理为用。得其理则于道为备。（《弘明集•释三破论》）

梁代刘勰也批判了主张"道以气为宗"的道教徒的议论，曰：

> 大乘圆极，穷理尽妙。
> 据理寻之，则知其伪。（《弘明集·灭惑论》）

都是这方面的例子。

刘勰还说：

> 夫佛法练神，道教练形。形器必终……神识无穷。

这些词语——"神"和"形"，可以说是最确切地表现了讲求"理"的宗教哲学——佛教，和讲求"道"的宗教哲学——道教的本质差别的东西。 在六朝隋唐时期中国佛教中，"气"不具有重要意义，"元气"哲学被彻底批判的理由，也就在于此。

六朝隋唐时期的道教以折中《易》的生成论和《老子》生成论的"元气"哲学为基轴，把"气"的思想置于形而上学和养生论的中枢部位；与此相反，佛教方面，则把"气"的思想作为该教应当超脱克服的生死轮回的、妄念世界的形而下的原理，给予否定性的评价。 它在把《易》和《老子》（老庄）哲学置于其形成教理的根底这一点上，虽和道教是相同的，但是批判"气"的哲学，完全倾向于"理"的哲学。 当然，就是在道教中，倾向于折中《老子》和《易》的"理"的哲学的人也不是完全没有。 在与佛教的理论斗争高涨的唐代则天武后时代，这样的倾向相当突出，[4]一方面，尽管宗密把儒教的形而上学视为元气哲学，与道教一括论之；但可以说，就整体而言，儒教基本上是倾向于"理"的哲学的。 继承唐代儒学，标榜"无极而太极"之理学的宋学，紧继其踵而兴起，可以认为正是由于这个原因。 中国佛教在这一点上不如说更近于儒教，比儒教更强烈地倾向于更彻底的"理"的哲学。

但是，即使在这样的中国佛教中，也并不是完全否定、摒弃了

"气"的思想,并不是在其教理和实践与"气"的思想完全无缘。 在佛教重视的禅定和坐禅、数息观等等中间,与道教所说的坐忘、胎息服气及吐故纳新的道术有密切关联的方面也很多,作为佛道修行者的服气法,《达摩大师住世留形内真妙用诀》、《昙鸾法师服气法》等著述的流传,就显示了这一点(《云笈七签》卷五十九收载)。 达摩的《妙用诀》记述道:

> 凡人呼吸与圣人殊。凡人息气出入于咽喉,圣人息〔神〕气常在气海,即元气之根本所居之处也。

昙鸾的《服气法》有记述曰:

> 徐徐长吐气,一息二息,傍人闻气出入声,初粗渐细,十余息后,乃得自闻声。

正如在这些记述中可知的那样,在服气法中,佛教也好,道教也好,两者在此道术方面,有着共同之处。 佛教的数息观(即数出入之息以停止心想散乱的禅定观法),如把"息"作为是呼吸,也就是"气"的话,则与道教中胎息服气法,以及吐故纳新的呼吸调整道术,有着密切的关联。

与服气法或数息观相关联而引人注目的,是佛教医学与道教医学的关联。 比如,属于佛教经典经集部的《金光明经》,早在5世纪初就由北凉的昙无谶作了汉译,8世纪初唐代义净作《金光明最胜王经》进行了新的汉译,但在这《最胜王经·除病品》中,多可见到:

> 节气若变改,四大有推移,此时无资药,必生于病苦。
> 谓针刺伤破,身疾并鬼神,恶毒及孩童,延年增气力。

还有:

何时风病起,何时热病发?

当随此时(译者按:指一年中二二为节,共六时)中,调息于饮食,入腹令消散,众病则不生。

等等与道教的医书, 比如孙思邈 (581—682) 的《千金要方》(参照书前照片*。 又《道藏·太平部》所收)等共通或是重复的记述。 还有, 佛教经典中记述的医药, 对六朝以后的中国医学, 尤其是道教医学以重大影响, 虽也可举出多种例证, 但关于这个问题, 由于已经有了黑田源次氏《佛典中出现的医药》(《气的研究》所收)等研究, 有关详细的内容, 请加以参照。

还有, 作为与佛教医学相关联的道教医学理论著作, 可举出被推定是唐高宗乾封 (666、 667) 以后成书的杨上善的《黄帝内经太素》三十卷(1955 年,北京人民卫生出版社刊)、司马承祯 (647—735) 的《服气精义论》(《云笈七签》卷五十六)、陈少微的《七返灵砂论》(同上,卷六十九)、卢道元的《太上肘后玉经方》(同上,卷七十四)、孙思邈的《太清丹经要诀》(同上,卷七十一)、成于高宗开耀二年 (682) 的苏游的《三品颐神保命神丹方》(同上,卷七十八)、以及在文中引用了唐代罗公远 (758—760。 译者按:此或有误)《三岑歌》的唐无名氏的《元气论》(同上,卷五十六)等。

(福永光司)

注　释:

　[1] 详细内容, 请参照拙稿《昊天上帝、天皇大帝与元始天尊——儒教的最高神和道教的最高神》, 载东京大学中哲文学会编《中哲文学会报》第二号。
　[2] 比如, 唐代法琳的《辨正论》中, 有曰:"夫佛陀者, 汉言大觉也。 菩提者, 汉言大道也。 涅槃者, 汉言无为也。"
　[3] 把佛教理解为"道教"的情况, 比如在公元 3 世纪, 魏代康僧铠汉译的《无量寿经》中有曰:"无量寿佛……广宣道教", "如来以无尽大悲……光阐道教"等等, 在公元 5 世纪后秦僧肇的《注维摩诘经》中, 也往往把佛教称之为"道教"。 还有, 把沙门称为

---

　　*　译者按:原书前有照片若干,译本中皆略去。

"道人"的，在《智度论》卷六十一中有："唯涅槃为实……随无为故名解脱，如实得道者名道人"；把佛教教理称为"道法"的，比如公元 5 世纪，东晋慧远的《沙门不敬王者论》等中间可见。

[4] 比如，在没于则天武后神功元年（698）的王晖（洪元先生），（由其弟子王大霄笔录）讲释道教教理的《玄珠录》（《道藏·太玄部》七二五册）中，就可以明显地看到这种倾向。

第一章

魏晋南北朝的气的概念

第一节　儒家思想中的气和佛教

在考察魏晋南北朝气概念变迁时，首先可以明确预见到，这个时代（包括隋唐时代）是既继承了以前研讨过的、在秦汉时期大致完成的气概念的各个侧面（将此作为传统的意义上），又徐徐地向不久作为宋代理气哲学而被体系化的概念深化作准备的时代。尽管在事实上，气并不是这个时代的主要哲学概念，但在上述意义上，追寻气概念变迁的踪迹，可以认为，这作为思想史的问题，仍有一定意义。因此，本节虽以儒家思想中气概念和佛教的关系为主题，但想顺着更广阔的思想史之流，首先从汉魏之际刘邵《人物志》中传统的气出发，探讨在何晏、王弼那里的气的位置，作为魏末的代表，想举出阮籍、嵇康。接下去，一方面想探讨从杨泉《物理论》开始朝宇宙论发展的倾向，另一方面，则想探讨从杜预《左传注》开始到《正义》为止的经学世界；作为晋代的思想，想研讨有若干道家倾向的郭象的《庄子注》及其他；到南北朝，主要是根据《弘明集》来研究儒、佛交流中的气；最后，想研究一下可称为六朝学术一个总结的颜之推的《颜氏家训》，作大致的结束。

一

在刘邵《人物志》中，可以看到反映汉末风气的论定人物的理论和期待英雄的理论。 在十多处散见的意味气的内容，也顺应这一主题，多说到人的气力。"天地气化，盈虚损益，道之理也"（《材理》），在此中间：

> 凡有血气者,莫不合元一以为质,禀阴阳以立性,体五形以著形,其在体也,木骨,金筋,火气,土肌,水血,五物之象也。(《九徵》)

这无非就是人从以气化为实体的天地中，禀受阴阳五行之气而产生的这种传统观念。 这时虽说"五行之火为人体之气"，但这是把气作为活动力的源泉来考虑的! 这气，是决定静、躁之类人的性质之物（这也是传统的观念，整个六朝中，这种观念很强），在日常之中，作为心气（即感情）呈现为"声音动作"（《九徵》），此外，就整体而言，气被认为是体内活动力的源泉（《体别》以下七例）。 气这种意义上的分布，可以说是使在作为天地自然的实体，作为构成万物者的同时，还作为组成人体、且在体内循环的生命源泉这种气的传统意义，更朝着体内方面倾斜的具体表现。

而在魏代，气是怎样被使用的呢? 如要从《全三国文》堪为思想资料的文章中捃拾气的用例，那是相当罕见的，只不过存在于曹植的著述和任嘏《道论》等文中。 在曹植（192—232）那里，正如：

> 〔魏武以前〕,元气否塞,〔天地〕阴阳舛错,〔魏武〕以道凌残,义气风发。(《魏德论》)
> 时变则物动,气移而事应。(《辨道论》)
> 建安二十二年,疠气流行。(《说疫气》)

等等所云，是把作为天地根源和一般风潮的气，说成是时节、传染病的气（天地气化的一种），还曰：

> 方士行气导引。（《辨道论》）
> 左慈等令断谷近一月，颜色不减，气力自若。（《释疑论》）

看到了从体内的气发展到方术方面的气。

任嘏《道论》，有"火气人强而躁"等等，把五行之气说成是人的性质特征的情况，和《人物志》是相同的。从这些仅见的例子中要推测出一般的情况是困难的，但至少可以认为，在魏代，对气的本身并无大的关心，在使用时，也未能脱出传统的意义。

在这种社会潮流中，魏国代表性的思想家何晏、王弼对于气是采取怎样的态度呢？虽由于文章亡佚过多，难以确定，但如限于可目睹者，则何晏（193？—249）对气几乎没有什么关心。只有"是观泰山崇崛而谓元气不芒者也"（《无名论》）的用法。所谓元气，当是构成物体的根源性活力吧！在《论语集解》中，《论语》本身说到气的地方就少，而何晏的注解中则一处也没有。对于《里仁篇》的"德不孤，必有邻"，注作"方以类聚，同志求，故必有邻，是以不孤"，这是引用了《周易·系辞传》，而把《乾·文言传》中常说成"同气相求"之处特意改成"同志"，这不正表示了何晏对气的如何冷淡吗？因为何晏作为立脚点的观念性的无，和物质性的气本来就是不相调和的。可以说，这种情况和后来在神灭不灭的论争中，观念论性质的神不灭论者方面对气的冷淡的态度是相应的。

王弼（226—249）的文章比何晏有所残留，气的用例也有数处，但从量和质的方面来看，也不能说对气有着关心。首先，如看看《周易注》，《乾卦·文言传》"乾元用九，乃见天则"，注曰："此一章全说天气"；《复卦·象传》："反复七道，七日来复"，注曰："阳气始，剥尽至"云云，只不过是明示了《易》中的气；《萃卦·象传》："观其所聚而天地万物之情可见矣"，注曰："情同而后乃聚，气合而后乃群"，这和《周易略例·明爻通变》的"同气相求，体质不必齐"一起，是把气作为结合整个人类和万物的东西，无疑和《乾卦·文言传》"同声相应，同气相求"有关，而不是王弼发明的东西。《文言传》的本身，就有着在作为类的团聚力中寻求其规律性的思想。

《老子注》中也没有显著的特征。四十三章"天下之至柔"条下曰："气无所不入"，是作为气体的气，而这和水一起，作为"至柔"和无为关联起来；在第五十五章"心使气曰强"，有"心宜无有，使气则强"这样尊重无作为的注，对本文作了若干敷衍，显示了贵无论者的一个侧面。但是，这种思想原来就存在于《老子》之中，第十章"专气致柔，能婴儿?"的专气，注作"任自然之气"，就明示了这样的关系。气，作为体内的自然之物，形成了人，使之活动，但若有意识地使用它，则自然的调和就会破绽——这就是注所说明的内容。这种调和的气，正如第四十二章"万物负阴而抱阳，冲气以为和"所云，被称之为冲气，注作："虽有万形，冲气一也"，而在这有名的"道生一，一生二"云云的章中，对"一"注曰："由何致一，由无也"，所以，冲气与无是处于同一范畴的。如从《老子》本文中来说，作为冲气的说明似也可说是阴阳之气，而说"冲气一焉"时，则可以理解为要排斥物质性的气，把冲气与无相重，加以抽象化的贵无论者的立场。但是，其反面，则可说，对于"一"、"无"和"冲气"关系的说明没有说服力，"无"和物质性的气，完全不调和。这虽说只是一个语义的问题，但也可以说是王弼的思想怎样与传统的世界不同的一个证明吧!

下面，如看看韩伯(4世纪后半叶)的《系辞传注》，则有《系辞传上》第四段"精气为物"条下"精气，烟煴"云云；同书第八段"鸣鹤在阴"条下，鹤鸣于阴，同气则和云云；《系辞传下》第二段"圣人作易"条下，阴阳为其气，变化始于气象云云；还有《系辞传上》第一段"在天成象"条下，《系辞传下》第五段"山泽通气"下的注等等，量虽然少却颇细致的附注。但在意义上，一步也未出传统的内容。在这中间，如果要注意的话，则可以说，是在感应的说明中使用了气，把气作为世界调和与否的概念。 这和王弼一派在观念上坚持的"无"不同，是作为使现象显现出来的存在性原理，因此，在被议论的这个问题范围内，气具有着精粗浓淡的各种各样程度，执拗地登场了。

下面，作为魏晋之际代表性的思想家，想列举阮籍、嵇康。 他们根据所谓的自然，批判了名教，与其说是儒家，不如说更带有道家的倾向；但是，也有着要从形骸化的名教中拯救儒教本来精神的姿态——现在且不议论立场问题。 当然，根据著作来说，倾向是不同的，但两者都常使用"气"，对阮籍（210—263）来说，如《大人先生传》那样规模雄大的作品中，"云气"这样的表述有六例以外，还有数条作为天地自然之气和生命根源之气的例子，但始终都是传统的用法。 这也许是最能代表阮籍道家倾向的东西了。 在《达庄论》中，除了"山泽通气"这种《系辞传》的文字，"一气盛衰"这种自然的气以外，"身者，阴阳之精气也"；"至人者⋯⋯心气平治"；"气分者，一身之疾也"；"丧气而惭愧于衰僻"等身体中内在化的气引人注目。 但是，这些也没有从传统的意义中脱逸出来。 这之外，在《通易论》中，有着无疑就是《易》中间的所谓自然的气；在《答伏义书》中有着所谓"随六气之虚盈"这种就气而言，是自然的，就境界而言是道家的例子。 而最能显示儒家用法的，是《乐论》。

> 昔者圣人之作乐也,将以顺天地之体,成万物之性也⋯⋯开群生万物之情气。〔译者按:原引文略有出入,下不一一注明〕

这里的情气，就是作为情的气，即感情吧！ 其后"道德荒坏"，

> 故圣人(孔子)立调适之音⋯⋯度数者,应先王之制。入于心,沦于气。心气和洽,则风俗齐一。

237

这里沦于气的气，是比意识的心更根源性之物（此外也有心气并列的例子），所谓"心气和洽"，当是人民之间的心气和洽吧！

> 昔先王制乐，非以纵耳目之观，崇曲房之嬿也。必通天地之气，静万物之神也。
>
> 乐者，使人精神平和，衰气不入。

等等，论述了调和人之气，使天地秩序之气安定的情况。总之，气贯穿于天地人间，而音乐则是具体体现其秩序的东西。在阮籍那里，气是自然的，又是人的内在之物，而在其根基上，则有群生就是气这样的认识，在那里，气的两方面是统一的。但这无非还是气的传统意义，天人相关在气概念中确立以后，对于气概念的新发展，至少是对于精神和物质的精密分析，必须要有相当的积累。

嵇康（223—262）那里，关于人，以及关于体内的气，是极多的。这是因为，比起像阮籍那样，让心在自然界中遨游，发展空想境界来，他更关心人类的生命、性质、组成、机能等问题之故吧！而限于有关气的用法，最有代表性的著述，当是《养生论》及其《答难》，以及《明胆论》了。《明胆论》的基本，就在于：

> 元气陶铄，众生禀焉，赋受有多少，故才性有昏明。

被禀受的要素，正如

> 五才存体，各有所生，明以阳曜，胆以阴凝。

所云，乃是阴阳五行之气。在这里，明与胆所受的气是不同的，既有偏受一气者，也有二气存于一体者。这些论述，如限于与本节有关的内容，乃是自《人物志》以来，关于人的能力、性质不同的通常说法。

如把禀受气的方法具体地作为问题来探讨，那么，这就是决定论，而不是辩证法的人类形成论。 这种决定论，作为分析现象、抽出特征、加以类别时的理论根据，正如《人物志》中可看到的那样，对于执政者更为便利有益；而在不把执政作为课题的时候，它是把现存之物看作就是那样的，以此为根据使之安定的保守想法。

　　把《明胆论》的理论具体地与生命活动相结合的，是《养生论》及其《答难》。 所谓"神仙……特受异气，禀之自然"是决定论的极端性情况，而在常人，"食物之气"影响性质和身体。 这里，就有着养生的可能性，也是嵇康得免于常套式决定论的根据。 在这一点上，向秀（227？—277？）的《难论》有着：

　　　　时有耆寿耇老，此自特受一气，犹木之有松柏，非导养之所致。

那样的反驳，可以说是根据历来的决定论的产物。 在养生的立场上，如断谷、食芝那样地选择食物，心不为外界所累而使精神安定，就可达到体气和平、神气条达、性气自和的状态。 而世人由于要食五谷等等，就会：

　　　　香芳腐其骨髓，喜怒悖其正气，思虑销其精神，哀乐殃其平粹。

在这里，气处于骨髓和精神的中间地位，值得注意。 它虽不像精神那样是抽象的，也不像骨髓那样是肉体的，是所谓感情心情之类的东西，但因为有"练骸、易气、染骨、柔筋"这样的表述，所以比起感情来，是更具有物质性的东西。

　　此外，还有"远气毒之患"（《难宅无吉凶摄生论》）、"口之激气为声"（《声无哀乐论》）这种具有疫气和气息倾向的表达，在《声无哀乐论》中，还可以看到四时之气和律吕对应这种传统的表达。 总之，在嵇康那里，虽说以身体性的气为特征，但从《养生论》出发，如朝科学的方向前进，则与医学相关联；如朝方术的方向前进，则与道教相关联。 在嵇康那里比较频繁出现的表达，是典出《庄子》的神气，这与其说是道家，不如说更可感到道教的气氛。

这种身体的气，在后世发展成为吸收了易纬气论的道教人间生成论（比如，在《广弘明集》卷十三释法琳〔隋、唐间〕《十喻九箴篇》下的《答九迷论》、《老身非佛》中，就显示了这种发展的过程）。 而另一方面，阮籍的自然之气，如加以体系化，则与宇宙论相联系。 尽管有着这样的可能性，但对哪一方面也不偏向，阮籍在传统的方面，嵇康则在身体的方面有着特色，这就是两者气的思想吧！

二

阮籍的自然之气虽可和宇宙论相关联，但这个时期把气作为根本性概念来考虑世界构成的，则是杨泉（吴—晋）的《物理论》。 这是从唯物论立场出发的非常明晰的议论。

> 皓天，元气也。……所以立天地者，水也。
>
> 夫水，地之本也。吐元气，发日月，经星辰，皆由水而兴。……星者，元气之英……气发而升……名之曰天河。……游浊为土，土气合和，而庶类自生。

地形的变化，乃因"气势之始终"，"石，气之核也"。 凡此等等，把天地的构成，都用气来说明。 所谓元气，是万物的根本，是像蒸气那样的东西；所谓因阴阳二气之引而有四时、昼夜；风为阴阳之乱气；气因方位而异；等等，是对于季节等天然现象的说明。

又曰：

> 人含气而生，精尽而死，死犹澌也，灭也。
>
> 人之内气，因喜怒哀乐激越而发也。

第一章　魏晋南北朝的气的概念

智慧多，则引血气。……元气胜谷气，其人瘦而寿。

等等，这是说明人的生命和感情，连养生术也包含在内。气是在体内巡回的活力。这样，《物理论》把各种各样的现象都以作为构成万物元素的气来说明，可以说是六朝时代特出的气论。

这以后的宇宙论，有刘智（魏—晋）的论天，虞耸（晋）、虞昺（晋）的穹天论，姜岌（晋）的浑天论，梁武帝（464—549）的天象论，祖暅（梁）的浑天论等等，如通观这些论述，没有像《物理论》那样彻底的气论，因此，气虽还不能说是中心概念，但气的意义本身，有着这样大致的范围，在这个意义上，气的概念没有变化。还有，这些气和历代天文志等等文献中频见的气的用法（比如，观天望气之类），也是相通的。

气，在身体方面，是科学领域的医学的一个概念，又构成了宗教领域的道教的神秘世界；同时，在自然方面，是科学领域宇宙论的根本概念，又是占术领域中当时迷信的技术用语。

下面，想研讨一下属于儒家本来的经学世界，却多有这种占术用法的杜预（222—284）《春秋经传集解》，并涉猎孔颖达（574—648）的《春秋正义》，试考虑一下这些经中间的六朝议论。

首先，如从数量上来进行分析，则气在《春秋左氏传》中出现十三项，而此下，以气来注释之处只有七个地方。《左传》的气多有明了的意义，并不太感到在训诂学意义上有应当加以敷衍的必要。但是，在没有说到气的二十七项中，以气来进行了注解。因此，可以认为，杜预相当重视气，同时，又是带有一定的倾向来进行附注的。虽不能认为气的意义在本质上有变化，然而经过从先秦到汉代的各种各样气论，在这个时期，气终于有了明了的轮廓，《左传》中尽管显得漠然，但也是确切地在以气来表述的。与此四十项左右相对，《正义》几乎是没有，或只是简单的说明；而在六处（昭公元年〔二处〕，七年、十五年、二十年、二十五年）则有详细的说明，可以窥见，在六朝时代，气概念已进行了大体的整理而体系化了。

那么，语义的倾向如何呢？ 在《左传》中，"夫战，勇气也。 一鼓作气"云云(《庄公十年》)以下，大致都是作为气力或血气这种人间的、体内的气。 不是这样用法的，除了"天有六气，气为五味"(《昭公元年、二十五年》)这样说明天地构造的场所外，属于妖气类(《庄公十四年》)的只有一例。 这种气，正如"楚氛甚恶"(《襄公二十七年》)那样，在《左传》中一般作"氛"，如看一下"氛，气也。 言楚有袭晋之气"(同条下)，"氛，恶气"(《昭公十五年》"丧氛也"条下)，"氛，气也"(《昭公二十年》"梓慎望氛"条下)这些注解，就可以知道，作为特殊用语的氛，被包括在更普遍的概念"气"之中，气的意义被扩大了。

然而，注的倾向如何呢？ 大致的使用分布是，作为气候上的阴阳以及季节的气凡九例；作为天地风雨之气和厉气等等凡十五例；易之气(大致是自然的)三例；如军势等众人的气三例；体内的气七例(因在同一条下，有不同的使用方法，所以和前述之数的合计不一致)。 因此，《注》和《传》完全形成对照，关于天地自然的用法较多。 而关于人的十例中，复述传文，或只是稍加敷衍的有六例，还有前述的"氛，气也。 言楚有袭晋之气"，与其说是倾向于身体内在的气，不如说更近于自然的气，这样看来，可以说《注》是绝对地注重于天地自然方面的。 可以认为，潜在于《传》中的这种世界，通过气的概念而被明确化了，也就是说，在《左传》及其《注》中的气，朝着自然世界的方向扩大了意义。 不是可以说，与《传》中卑近的、具体的、狭窄视野的人间之气这样的世界相反，杜预是从包括人间社会及与之有关的天地自然这样广阔的视野出发来进行附注的吗?《正义》比起《注》来，气出现的场所要少，但进行了有重点的、体系性的详述，可以寻求到一步步经学构筑的踪迹。 也许可以说，与《传》相比具有右的倾向性、"气"显著频出的《注》，在这一点上，是想要把《传》叙述的世界，变质、升格为经学的世界吧! 但《注》的实际状态，多是一些说明性的短句，不能说一眼便能明了那样的意图。那么，就让我们也考虑到《正义》的意图，试来研讨几条注解吧！

"金鼓以声气也"（《僖公二十二年》）注作："鼓以佐士众之生气"，把《传》的"声气"（宣倡勇气，动词＋宾语）作为哄喧的声势这样的名词句式，使《传》的生动感概念化了。这和《传》中是作为体内的气的因素多，而在《注》中是关于天地自然的因素多（即比起把气作为感觉上近于身体之物来，更作为是一般的抽象性概念）的情况不是没有关系吧！

"祝宗用马于四埔，祀盘庚于西门之外"（《襄公九年》）注作：

> 祝，大祝。宗，宗人。埔，城也。用马祭于四城以禳火。……城积阴之气，故祀之。凡天灾……

云云，《注》相当长，是经学性质的。如果和"城鄫，役人病"（《僖公十六年》）的《注》"役人遇厉气"合起来看的话，对于城之类来说，要想定那是怎样的气，也许很普通；但那是否明确说明了《传》的晦暗之意呢？没有确切证据。而且，有着城有积阴之气，要考虑到防火目的的合理性解释，这种说法在《左传》中也就有被优先考虑的可能性。《正义》的疏解作：

> 积土为城，土积则阴积，积阴之气或能制火。故祭城以禳火，礼亦此法。

这是增加上了经学性的合理性，使之完善的说法。

"人生始化曰魄，既生魄，阳曰魄"（《昭公七年》）的《注》曰："阳，神气也"，就是把阳视为气，把魂的作用作为神、作为神气。这些是把当时的常识简洁地规定下来。而《正义》在此曰："人禀五常以生"，下面有着用气来说明生命的详细解说。这如果和"君子有四时"

（《昭公元年》）条下的《正义》合起来看的话，不是可以见到体内气论体系化的踪迹了吗？ 还有，"天有六气"（《昭公元年》）条下，以及"夫礼，天之经也"（《昭公二十五年》）条下的《正义》中，有着关于自然之气（当然，也关系到人间之气）的详细论述，由此看来，可知，即使气的意义本身没有变化，但在六朝经学中，整个天、地、人的气论，被进一步体系化了。 可以说这也是有关自然法则和人间精神问题，经过与佛教深刻论争的反映吧！ 这些虽然包含有庞大的问题，而其本身则有加以个别论述的必要。 即使关于《杜注》，如要详细地看一看的话，也有着种种的问题，前面所记的那几个例子，只是作为大致意义分布状况的提示，以此来考虑整个的倾向而已。

三

晋代思想史上，最重要的著述之一，就是郭象（252？—312）的《庄子注》。 从形式上来说，它无疑是应当属于道家的，但如果把附注的精神视作是儒道合一，是在道家的著作中加以巧妙的隐蔽解释以拥护西晋王朝的话，那么，它也就具有了作为儒家思想中有关气的内容来加以研讨的资格。 因此，现在就来对它进行一些探讨！

从《注》的整个倾向来看，在本文中说到"气"而注中未说到"气"的有三十例左右，本文中没有"气"而注中有"气"的有二十三例左右，其中，关于自然的以及关于体内之气的数目几乎相等，仅从量上来看，没有任何的特征。 对气既不特别冷淡，也不特别关心。 还有，对于本文和注来说，没有本质上的意义差别，注中也没有特殊的用法。 对于郭象来说，气不是最重要的概念，只不过是将本文中的气依样反复，敷衍而已。

下面就来看看若干例子吧！ 就《逍遥游》、《齐物论》等篇的论调来说，很必然的，"云气"和"六气"之类的自然之气为多，而对于姑射山神人注作：

第一章　魏晋南北朝的气的概念

　　神人非五谷之所为,特禀自然之妙气。

与嵇康《养生论》的意义相同。《德充符》的"受命于地,唯在松柏
也……受命于天,唯舜独也正"也同样,这被注作是受到自然的"锺
气"、"正气"。 与《养生论》的不同之处,在于这些话可以说带有决定
论性质,没有常人要养生锻炼这样的倾向。 如果要忠实地敷衍以气之
聚散说明生死(见《知北游》"人之生,气之聚也"条下等等)的《庄子》,那
就不应当进一步想要技术性地追求长生,而应当处于把生死视作一气的
聚散(《大宗师》"彼,游方之外者也"条下注等),把万物视作一气(《至乐》
"万物皆出于机")的万物齐同境地了。 这种境地虽可以说成是神气自若
的完善状态,但这是万物齐同观念的产物,决不是把气作为体内之物来
具体地加以把握的吧!

　　与此相对,本文的体内之气还有着生动之感。 这也许是由于在确
实地创造思想的过程中,和根据一定的见解来加以注解的时候,立场有
着差异之故吧! 比如,《人间世》曰:

　　若一志,无听之以耳而听之以心,无听之以心而听之以气,听止
　于耳,心止于符,气也者,虚而待物者也。

这是将耳→心→气作为连锁反应,认为气是比意识性的作为脏器的心更
深一层的根源,是以不定的形状、根据对象而灵活地反应之物。 对
此,郭象注作:

　　遗耳目,去心意,而符气性之自得,此虚以待物者也。

《列御寇》"宵人之离外形者"条下注:"性气伤于内",这个"性气",
如将其作为是以性来规定气,是体内的阴阳之气,是有着阴阳这种性质
之气的话,那么所谓"气性",则可以设想为是以"气"来规定"性",

245

是气的性质，是气的某种存在状态。这样的话，虽然比起本文中没有限定的"气"来说，要显得具体，也容易理解，但要把它和"虚"相结合，则有着牴牾。这不也是不创造思想的观念性的注解吗？郭象的创造性意识，也许和"气"没有什么关系吧！还有，与本文中具有活生生之感的"气"相比，注则是观念性的，这种情况（虽说观念性的内容不同），在《左传》及其注之间也可以看到。这也许可以说是注所具有的一般性性格吧！

对"气"的本身不关心，从在《大宗师》"伏羲氏得之以袭气母"，《应帝王》"是殆见吾冲气机也"，《至乐》"察其始"等等论述元气、气发动之机微、由气组成天地生命的场所，即对于"气"来说是十分值得注解之处，连训诂都未加等情况中也可以看到。从以上的论述中，大致可以作出，郭象对于"气"既不特别关心，也无所发明；而把"气"作为万物齐同的根据来使用的情况则是很多的这一结论了吧！

下面，如考察一下《全晋文》有关思想史资料中晋代气的用例，则有庾阐《郭先生神论》的"生资聚气之迹"，纪瞻（253—324）《易太极论》中引顾荣之言："天地以气为名，则名阴阳"，干宝《山亡论》的"冲风暴雨，天地奔气"等是作为天地自然之气，把生命说成气之聚散的《庄子》之气；傅玄（217—278）《傅子·通志》的"凡有血气……皆有争心"，袁准《袁子正书·论兵》的"有气者，志先其谋"等等，则与《人物志》的气相通；干宝《山亡论》的"人有四肢五脏，精气往来……彰为气色"，苻朗《苻子》的"羿容无定色，气战于胸中"等等，则是体内的气。这以外，作为魂气的"游气"，作为外物的"邪气"等等，既有的气，几乎都出现了；但其意义、用法都已形成、固定，不能认为是通过气开拓了新的视野。反映时代的，只有江统《徙戎论》中"其性气贪婪，凶悍不仁"，康相《言天》中"鲜卑之众……皆有将大之气"等等，说的是民族的气质，风气；袁准《才性论》曰"物何故美？清气之所生也"，认为根据禀受之气的清浊，产生了万物的美恶等比《人物志》以来的才性论有所进步的东西，才值得注意。

东晋时代的经学，有范宁（339—401）的《春秋谷梁传集解》，而《集解》中的"气"只有四处，范宁本身的注，只有《庄公二十五年》"鼓用牲于社"条下"凡有声皆阳事，以压阴气"这一条中用到"气"。可见"气"是怎样不重要的概念了。

四

东汉时期传入中国的佛教，在东晋以后，为士大夫们所信奉。到南北朝，理解也深入了，当时受到政权的支持而盛行。因此，这里主要想通过《弘明集》，来讨论一下佛教的信徒们是怎样来理解气概念的。

《弘明集》具有汇集了佛教信徒对于种种佛教批判的反驳和中国的佛教信徒的佛教论这样的特色，因而与佛经不同，而与中国固有的思想关系很深。其中有八十余条"气"的使用之例（文字数还在此以上），另一方面，在汉译的佛典中，也有不可说"气"[1]的情况。因此，对气的用例的分析，也具有着探明佛教与中国固有思想交流的相当重要方面的意义。

《弘明集》中的气，基本上和将它作为组成自然和生命的根本物质这一传统意义没有差别，但由于是在佛教的文字中使用，所以必然有着佛教性的变形。其倾向，有着因果报应论、众生论、神不灭论三个方面。此外，明僧绍（南齐）的《正二教》等一些议论中，可以看到道家性质的"气"，僧敏（宋）《戎华论》、《折顾道士夷夏论》等道教批判的文字中，道教性质的"气"频繁出现。这以外，如除了若干传统的意义，可以说"气"基本就是和上述的三论有关而被使用的。

孙绰（晋）《喻道论》中有曰：

> 夫父子一体,惟命同之。故母啮其指,儿心悬骇者,同气之感也。

这是称赞儿子深厚的孝心的儒家观点，而同时，也可以说，在把感应作为气的内在作用这一点上，是发展了"同气相求"的产物。这种感应论如沿着时间的轴线，佛教性地加以普遍化的话，就成了因果报应论。这在世界的佛教性解释中，就是使一般人信仰佛教的一个根据，是当时的主要问题之一。将此加以理论性专门论述的慧远（334—416）的《三报论》中，有着"祸福之气"这样的表述。这就是产生祸福的气，是认为气有着造成因果的潜在能力。如把这进一步定型化，就成了颜延之（384—456）《释何衡阳达性论》中的：

> 凡气数（物质的、运命的世界）之内，无不感对，施报之道，必然之符。

《又释何衡阳》中的：

> 福应非他，气数所生。

（但是，在《重释何衡阳》中有曰："伊颜犹共赖气化"故不入圣人之城。这不能说是把气直接地作为佛教教理的根据。气数虽与气有关，但比起单纯"气"的场合，有着更强的观念性）。

因果报应论，具有面向未来，修积善因的修养论和用因果来说明现状的决定论这样两个方面，正如目不可见，报应之理皆由昔定（见《三报论》）所说的那样，它在本质上是决定论。然而，如果把这作为在整个三世通贯于气数之中的东西的话，那么，原来的这一切就成为远远超越于一个一个人的所作所为的另一范畴的场景，这不正好可以使气概念所具有的机械性的包括世界的规模和所具有的决定论性质相联系，使气的理论化更深入吗？从气概念来说，这也可以说是一种发展吧！

三世因果的根据之一是气，这当然要以生命是由气形成作为前提。将此特地按佛教说法来表述，那就是具有生物（特别是人）意义的含气（见宗炳《明佛论》等）。禀受气这本身，佛教者（慧远《答桓玄书》中曰"咸禀两仪之气"云云）和反佛教者（范缜《答曹录事难神灭论》中

曰："人之生也，资气于天"云云）说法虽然相同，但其所具有的价值则
是不同的。 何承天（370—447）在《重答颜永嘉》中虽说"阴阳陶气"
而生人，但认为不能说亚圣之人与鱼介同气，又在《释均善难》中说：
中国人禀清和之气，故与异民族不同，这是把气的赋与看作决定论的传
统性想法。 与此相对，颜延之在《释何衡阳》中说：在含灵气这一点
上，人与动物不同；但在禀气而生这点上，则是相同的。 这是在气之
中把众生视为是同一的，这也就成了要戒杀生和济度众生的根据。 这
不可以说是传统气概念的佛教限定吗？

　　为了使三世因果得以成立，承受报应的主体就必须具有永续性，而
对此进行理论性保证的，就是神不灭论。 但是，由于用气的聚散来说
明生死的庄子的观念是传统性的，把人规定为含气，这和神不灭论不抵
触吗？ 因此，如果研讨一下在神灭与不灭论争中的气，就可看到，奇
妙的是气成了双方的根据，而当时的佛教解释怎样被传统的想法所制约
的了。 这也就是使双方的议论不彻底的一个原因吧！

　　在神灭论方面，可以看到，作为古典，桓谭（东汉）《新论》的形神
说被采录；有生人者血气、气索则死的思想。 这可以说是医学性质的
想法，而后世所谓的神灭论，则把庄子的思想作为常识。 慧远《沙门
不敬王者论·形尽神不灭》中提出的：

　　　　夫禀气极于一生……既化而为生，又化而为死，故知神形俱化，
　　原无异统，精粗一气。

就是其典型，此外还有类似的议论。 在慧远的同一著作中，只有在这
里频频出现"气"，可知，只有在形神问题上"气"才是重要的（正如
后述，结果是对此加以否定），与本来的佛教思想是不调和的。 神灭论
的代表者范缜（450—515?）的议论，虽不是把主张的根据置于气论上
那么简单，但由于肯定了季札的有名的话"魂气无不之"（《礼记·檀
弓》），还是招致了曹思文的批驳。 神灭论，确实是不彻底的议论。[2]可

以说，神灭论中所见的气概念本身，几乎可以认为是以《庄子》中的意义为始终。

在神不灭论方面，从以季札的话为其佐证的阶段性说法（曹思文《难范中书神灭论》等等）开始，到郑道子（364—427）主张的物质性的气甚至连太极在根源上与万物也是同一的，所以神是更进一步的灵妙之物（《神不灭论》），直到慧远的神是万物中最灵妙的，不可能说明的，在冥冥中转移过来的这种超说明的东西（见前引书）为止，有各种各样。慧远以及庄子也被视为是不完全的神灭论者，在这里可看到被称之为格义性的佛教理解性质。但是，由于神不是物质性的东西，用气来说明神不灭，在理论上是不可能的。郑道子之论虽在此意义上没有破绽，但是，由于把作为万物根源的气视作根据，只是指出了其有界限而暗示神的无限，所以，即使可对气加以说明也不能作为对神的说明。结果，慧远的超说明论最确切地显示了神不灭论的性质，在那里，不用说到气。因此可以说，对于神不灭这样的思想观念，和"气"是不能相容的。这和何晏、王弼观念中"无"的思想与"气"不相容是同样的情况。但是，作为气的概念，在部分神不灭论中，与永远的精神性主体相关联，与因果论中的气一样，可以说被抽象化，深刻化了。

佛教本来的思想中不存在"气"，佛教的批判者和拥护者的论争中"气"频频出现，这意味着，佛教方面吸取了"气"的传统性，使佛教发生了中国式的质变，而另一方面，"气"也被佛教化了。"气"以上述的三论为顶点，被附加了比用以说明天地万物组成更高层次的意义，换而言之，被提高到永远地贯彻于世界所有一切之物的高度。至少说到因果论和神不灭论，是在与人间整体的或个别的"理"的关联中来考虑"气"，这是值得注意的。这种"理"虽是宗教性的东西，但它融合到天下国家的政治合理性中，不就是以后宋学中气思想的展开吗？

即使探索一下《广弘明集》以及《全三国文》以降的佛教资料中气的用例，似也未有《弘明集》以上的情况。《广弘明集》到南北朝为止的资料中，"气"出现了六、七十条，那是一些自然和人间的"气"，道家、道教性质的"气"，用"气"来解说佛说的情况很少，就是有也未见深刻的意义。在《全三国文》以降的资料中，几乎没有"气"，称作气力、气息者仅有数处，不是特别的观念性的东西。中国佛教徒的代表著作《肇论》中，成为思想性问题的如"万物一气"的"气"，似也只有二处出现，总之，可以认为，作为佛教来说，对于"气"并没有什么特别的关心。

其次，如看看《全宋文》以降南北朝"气"的一般用法，则几乎没有可作为思想性问题的内容，颜延之《庭诰》和顾愿（宋）《定命论》的用法虽仅可注意，但也是把具体的人的存在方式和生命的由来作为问题来说到"气"，在此意义上，没有变化之处。最后，如看看也可称之为六朝学术总结的颜之推（521—591）的《颜氏家训》，出现"气"的仅有十二处，作为"气息"意义的三例，"血气"等的三例，文章风格的二例，"天有积气"等与天体论有关的"气"四例。作为体内之物与作为其以外之物的各占一半，虽可以说是平均地表示了"气"的用例，但由于和著述的整体相比，那是微不足道的，似也可以说，在以宇宙构造等作为问题时，也是把"气"作为中心概念的，但就气论而言，它是不能作为六朝学术的总结的。

本节中，对六朝时期儒、佛二教中的气，从较广的资料范围进行了考察。是以较多地显示了传统用法的刘邵《人物志》作为出发点，可以看到，把气作为天地自然的实体，是形成万物，流于体内的生命源泉和活力的内容。对于这种传统的气来说，何晏、王弼观念中的"无"的思想，是完全不调和的。韩伯的《易注》比起王弼的《易注》来更具有传统性，而这也反过来说明了王弼的独立性。在阮籍那里，多是传统性的"气"，《乐论》最突出地显示了儒家的思想，但有着把气作为自然的，存在于体内之物，在此根底上则把群生作为气的认识。嵇康那里，具有养生倾向的体内之气引人注目。这本来具有着决定论的性质，但嵇康却考虑到了通过摄取食物之气来养生的可能性。

在这传统的气的世界里，杨泉的《物理论》作为把天地的构成都用气来说明的唯物论气论，在六朝的气论中引人注目。 以后，就天体论而言，气频频出现，而如进入到宋学以降的视野，那么，它们在思想史上虽然也重要，却并没有超过杨泉的气论。

另一方面，如看看杜预《左传注》中经学的气，那么，与《左传》的在感觉上是接近身体的体内之气相反，《注》中天地自然之气占绝对多数，气的视野被扩大了。 虽可以说是把《传》叙述的世界作了经学性的变质，但在孔颖达《正义》进一步的体系化之中，可窥见六朝经学中气论的深化。

如看看郭象《庄子注》中晋代的气，则虽有禀受自然的养生论的气，但缺乏具体性，只是在支撑万物齐同观念的方向上被使用。 总的说来，看不到对气的关心。

气虽然和佛教的本来思想不调和，而如果看一下《弘明集》中的用法，则在因果报应论、众生论、神不灭论中，有着佛教性质的变形。"气"被认为是发现因果的潜在能力，重视了生物禀受气而产生这一点，提出了"含气"。 这是和把人看作禀受特殊之气的传统思想不同性质的平等论。 在神灭不灭的论争中，神灭论方面大致是只把生死看作是气的聚散的庄子的想法，神不灭论方面，在某种程度上以气为根据，而在理论上则超过了它。 把气与关于人间世界和精神世界的理联系起来的考察，可以说对以后的气论以一定的影响。 经学上的气也通过与这种在理论上深化了的佛教气论的斗争而深化了。

以上，通观六朝整体，可以认为，大体是以传统的气论为始终，但在经学中，在批判佛教和拥护佛教的论争中，则有着相应深化的踪迹。但是，由于资料宏富，应当论述的事还有很多，因此，在此范围内，只能对气论作十分不充分的研讨，这是非常遗憾的（还有，引用的资料，为了方便，省略的部分也未一一注明）。

（蜂屋邦夫）

第二节　道家、道教中的气

魏晋南北朝时代，是承后汉礼教国家体制崩溃之后，由这以前的儒家一统天下向多样性价值体系调和、并存、变化的时代。作为知识人必须的教养，有玄、儒、文、史四科之学，以敷衍《周易》、《老子》、《庄子》哲学的"三玄"之学被置于首位，宗教方面儒、佛、道三教的并存，是这种情况的确切表现。在这样时代状况下的所谓道家，自然不是像先秦道家那样有着独创性的思想家集团，而是作为实际上站在儒教基础上的道家思想家存在着。因此，在本节中作为道家而列举的人物中，有一些也就是前一节中同样被提到的。

另一方面，在这个时代的道教中，有两大流派。一种是在战国时代末期齐燕方士倡导的神仙思想之流上形成的，主要是通过少数精华人物神仙术的实践以求拯救自身（升化为神仙）的神仙术道教流派；还有一种，是在远古中国的天的思想和《墨子》鬼神论之流上形成的，在绝对信仰宗教基础上，意在拯救并非特定的众多民众的教团道教之流。这两者相互影响，不久就合流，形成了作为民族宗教的道教本身。[3]

这种道家和道教，作为根本的法则或实际存在，在都以《老子》的"道"作为其根本的这一点上，有着共同性。但在如何解释"道"这一点上，则各自有着较多的独立性。而这两者的共同性和独立性，就那样地作为其气论的共同性和独立性而显现出来。本节中，就在这样概观的基础上，首先通过王弼《老子注》、郭象《庄子注》、张湛《列子注》、河上公《老子注》等来研讨道家的"气"；其次，在道教的"气"中，先是研讨作为神仙术道教系统的嵇康《养生论》、葛洪《抱朴子》、陶弘景《真诰》等中间所见的"气"，最后研讨作为教团道教系统的《太平经》、《老子相尔注》，以及若干道教经典中所见的"气"，同时，想通过气论上的关联来看看与佛教的关系。

一、道家中的气

魏晋时期所谓的道家，首先可举出王弼。 但是，在王弼的思想领域内，"气"被认为不是重要的概念。 他所依据和阐述的先秦道家的"气"中，大致区分，可分为生成论的"气"和养生论的"气"，但根据现存的资料，王弼对此都没有积极性的议论。 如果考虑到在王弼加以注释的《老子》中，似未太把"气"作为问题，而比他的《老子注》稍迟的河上公的《注》，却把"气"作为《老子》解释的重要支柱，这应当说，王弼思想的本身，有着重要原因吧! 当然，在王弼的《老子注》中，也有"任自然之气"（第十章）、"气无所不入"（第四十三章），"心宜无有，使气则强"（第五十五章）等等，从自然之气一直言及人内在之气的内容，但这是沿袭了传统的观念，只是对现存状况的肯定，并不是作为对他的思想来说是重要的概念而积极地加以提出的。

他的生成论，正如：

> 凡有皆始于无……故未形无名之时，则为万物之始。（第一章）

所说的那样，认为从作为"无"的道生成"有"的万物，而完全没有言及作为先秦道家以来通常观念的、介于从道（无）到万物（有）之间，可使生成论具体化的"气"。 王弼的关心，在于万物生成的根源，与此同时，正如第四十二章"道生一、一生二"云云的注"万物万形其归一也。 何由致一? 由无也"所说的那样，专门对作为使现实世界的多样性存在得以统一调和的原理——"无"进行了注释。 王弼被称为贵无论者的理由，也就在于此。 但这完全是在观念性抽象范畴中的东西，而在具体地说明现实世界诸现象的场合，却不得不从这种立场大幅度地后退。 而在这时，传统性质的"气"就出现了。《老子》第四十二章接着说："万物负阴抱阳，冲气以为和"，王弼对这部分注曰：

第一章　魏晋南北朝的气的概念

> 万物之生,吾知其主,虽有万形,冲气一焉。百姓有心,异国殊
> 风,而得一者,为王侯主焉。

不得不提出了使现实世界变为统一的冲气,进一步提出了作为人间社会秩序原理的王侯。 当然,他有着使这些和"无"相重合的意图,但这些关系是暧昧的,没有说服力。 可以说王弼的思想作为观念论似是优秀的,然而表里不一,在这里呈露出了那种脆弱性。 这是因为在时代中出类拔萃的王弼思想,在其内部深处,也没有完全地切断传统气论的羁绊。

比王弼稍晚对《庄子》进行注释的郭象那里的"气"是怎样的呢?可以说,在郭象那里,也和王弼一样,对"气"未怎样加以关心,是把在《庄子》本文中见到的"气",几乎就那样地继承下来加以阐述。 但可以认为,郭象把安分自得的哲学和万物自生自化的观点贯穿于其注之中,他的气论在这样的范围内,具有着独特性。 对于《齐物论》的"夫大块噫气,其名为风"注曰:

> 夫噫气者,岂有物哉? 气块然而自噫耳,物之生也,莫不块然而自生。

注《大宗师篇》"彼以生为附赘悬疣,以死为决疣溃痈",《知北游篇》:"性命非汝有,是天地之委顺也,孙子非汝有,是天地之委蜕也"曰,所谓生,是气在自身结聚;所谓死,是气从自身离散。 这虽是沿袭了《知北游篇》:"人之生,气之聚也,聚则为生,散则为死"的思想,但分别加上了"自身"这样的限定,认为气的离合集散运动是自然地自发产生的,并没有什么实体来支配、统括这种运动。 这一点,从《则阳篇》"四时殊气,天不赐,故岁成"注曰:

> 殊气自有,故能常有,若本无之而由天赐,则有时而废。

否定了天对四时之气循环的支配中，也可以看到。

在郭象那里，在把气作为支撑着万物终极齐同原理的同时，也是赋予万物多样性的原理。《至乐篇》"万物皆出于机，皆入于机"，《寓言篇》"万物皆种也"等的注中，阐述了万物万形虽不停地变化，但如还原到气的话，结果则是同一的这样的意思，以气为媒介来说明万物的齐同。 还有，关于《知北游篇》藐姑射的神人，说它是禀受了自然的妙气，《德充符篇》中，把松柏在冬天仍然青葱，优于众木的理由，归之于禀受了自然的钟气，自然的正气。 这种把物的优劣及多样性以其禀受之气的优劣为根据的决定论，和后面要叙述的嵇康《养生论》中神仙的定义是相同的。 这样，可以认为，郭象那里的气，大致是沿袭了先秦道家的气，作为构成万物的要素，同时，也是支撑着那种同一性和多样性的原理。 但是，关于生成论的气，他反复强调在气的本身之中，有着内在的自发聚散的契机，这可以说是其特色。

下面，让我们再来研讨东晋张湛的《列子注》。 在他那里，也和王弼、郭象一样，对气不太关心，在言及气时，基本上是沿袭传统的气概念，但也不是没有相对独特性的东西。 比如他把万物生成过程中的原始的气，不是作为没有限定的东西，而是把它限定理解为一气，就是这样的态度。 在《天瑞篇》中，对太易——太初——太始——太素这样一系列生成过程的最后阶段——"气形质具而未相离"的浑沦状态，注作：

虽浑然一气不相离散，而三才之道实潜兆乎其中。

接着，对"易变为一"，注作：

一气持之而化。

还有，在杞人忧天故事的部分中，注作：

夫混然未判,则天地一气,万物一形。

这些,都是把万物生成的原始阶段理解为一气,可以说,这和《庄子·大宗师篇》的"而游乎天地之一气",《知北游》"通天下一气耳",《至乐篇》郭象注:"一气而万形"等等的"一气"被作为万物齐同原理的情况,在旨趣上是不同的。 还有,把身体作为"是一气之偏积者也"(《天瑞篇》"是天地之委形也"注),不以传统的阴阳二气的交会和冲和之气这样的东西作为媒介,把人与原始的一气直接地联结起来,也引人注目(但在其他地方,也有冲和之气为人的说法)。 还有,在《天瑞篇》,荣启期说万物之中,可以产生人,是为一乐的部分中,有注:

人之神气与众生不殊,所适者异,故形貌不一。

用气的表现方法的不同来说明事物的多样性,这是和郭象等认为特殊之气的说法,在倾向上不同之处。

最后,来看看与王弼的《老子注》并列,魏晋时另一个《老子》注释的代表——《河上公注》。 原来,《老子》本文中有"气"的词语只有三处,如前所述,在王弼的注中,几乎没有涉及"气"。 与此相反,在《河上公注》中,"气"频频出现,想用"气"来贯穿《老子》哲学加以解释的态度是显著的。 在生成论的"气"和养生论的"气"相互关联的基础上,大致平均地列举出来,可以说这也显示了魏晋道家气论的大致情况。

《河上公注》对道的作用,作了这样的规定:

吐气布化,出于虚无,为天地本始也。(第一章)
布气天地,无所不通也。(第二十五章)

这样，道就被认为有着吐出万物根源性的构成要素——气，并使之在天地间流行的具体性作用。 而且是"天地含气生万物。"（第一章）认为道吐出的气被包含于天地之间，在那里进行万物的生成。 这种道——气——天地——万物的生成过程，不正是沿袭了《淮南子·天文训》中以道——虚霩——宇宙——气——天地——万物（《太平御览》引《淮南子》，"气"作"元气"）这样的形式集大成的道家生成论吗？ 但是，在《河上公注》中，虚霩、宇宙被省略了，而且曰：

> 从道受气……今万物皆得道精气而生。（第二十一章）
>
> 万物皆归道受气。（第三十四章）
>
> 道养育万物精气……道清净不言，阴行精气，万物自成也。（第二十五章）

等等，反复地以气作为万物和道的媒介，将其密切地联系起来，而在《淮南子》中占有重要地位的天地化育之德则被轻视了。 而且说：

> 天地之间空虚，和气流行，故万物自生。（第五章）

认为天地只不过是单单把道吐出的气纳入其空间，为万物提供了自生的场所。 这在认为万物自生自化这一点上，和郭象的《庄子注》是共通的，但在说明道和气（即道和万物）的生成关系这一点上，则持正相反的立场。 还有，这"气"如从"元气生万物而不有"（第二章）"万物中皆有元气，得以和柔"（第四十二章）这样的说法来看，则与元气是同一的，认为道吐出始元之元气，在那里万物自生自化——这就是《河上公注》的生成论。 这种道——元气——万物的生成论，即是沿用了在后汉已经完成的宇宙生成论，同时也是道教的生成论。 在这一点上，和从王弼开始到张湛的魏晋玄学与道教几乎没有关系的情况不同，可以认为，《河上公注》和道教的发展有着相当密切的联系。

从另外的方面来想象这种情况，就是"一"的规定。《河上公注》说"德，一也，一主布气而畜养"（第五十一章"道生之，德畜之"注）之时的"一"，被认为有着与第一章中道的作用相同的作用。而且，如参照"一者，道始所生，大和之精气也"（第十章），则道和一是相重合的，而且可知，一是被理解为气的。这不可以说就是在道教中"道，气也"，"道，元气也"这样定义的前一阶段的内容吗？

而爱惜、涵养这种自身中内在化的气，以保持生命的养生论，在《河上公注》中也是共通的。这之外，因禀受气有厚薄就生成圣贤和贪淫之人，这种作为多样性原理的气（第一章），以及考虑到贯穿天界和人界之物的精气，使人君行为和天之气相关联的、作为天人相关原理的气（第四十七章）等等，是继承了传统性气概念之物。

以上，概观了魏晋道家中的气，王弼、郭象、张湛等人的"气"，并没有在他们独自的思想体系中占有地位，只是作为附随的东西进行了一些考虑，未被作为重要的概念。与此相反，《河上公注》则把"气"作为《老子》解释的基础，而且，其气论与道教系的气论有着关联，可以说是处于道家和道教的连接点上的东西。这以后，在南北朝——限于管见所及——似就没有值得一看的道家气论了。这种情况也就说明，对于这个时代的道家，气只不过是一种怎样次要的因素了。

二、神仙术道教中的气

下面，就转到对神仙术道教系统气的研讨上来。神仙术道教虽以实现不老长生、升化成神仙为目标，但作为其手段，养生和炼成丹药则有各种各样的方术。给这种养生加上理论性根据的是嵇康。在这里，为了避免和前节重复，试从与养生论有关联的范围内来看看嵇康的"气"。

嵇康认为，产生万物的根源是元气，根据其禀受状况的多少产生了才性的昏明（《明胆论》）。但是，特别优秀的人——用他的话来说就是至人、神仙——并不只是禀受的气较其他人为多，而是从自然中禀受了异气，不是凡人学了以后便可形成的（《养生论》），这与针对郭象《庄子注》及向秀《养生论》的《难论》同站在决定论的立场上。 只是，与向秀把从这种决定论立场出发的一般人养生的努力也否定的情况相反，嵇康虽然认为神仙和凡人在本质上是不同的，但持有要通过养生的努力以得到千年万年寿命的立场。 那么，怎样这才可能呢？ 主要的，如和气关联起来加以考虑的话，则就要使人体内内在的气处于调和的状态，不使衰竭，导入新鲜之气。 而"凡所食之气，蒸性染身，莫不相应"（《养生论》），食物中所含的气，对体内的气有很大的影响。 认为世人喜爱的食物，即使是使味觉得到某种满足的东西，一旦进入到身中，就会"竭辱精神，染污六府，郁秽气蒸，自生灾蠹"（《答难养生论》）。 因此，在不食郁秽蒸气的同时，还要积极地通过饮食含有清洁之气的流泉甘醴、琼蕊玉英，使体内和气充溢，澡涤五脏之污，"练骸易气，染骨柔筋"（《答难养生论》），这是十分重要的。 正是这种"纳所食之气，还质易性"（《答难养生论》），即把外在的气导入使身体内的气发生变化的思想，才是成为神仙术道教基干的东西。

继承并发展了嵇康的养生论，集神仙术道教理论大成的，是葛洪（283—343?）的《抱朴子》。《抱朴子》由《内篇》二十卷和《外篇》五十卷组成，在《自叙篇》中他说道，《内篇》言神仙方药，鬼怪变化，养生延年，禳邪却祸之事，属道家；《外篇》言世间得失，世事臧否，属儒家；集神仙术大成的，是《内篇》。 如把内、外两篇比较起来看一下的话，在《内篇》中多可见有"气"词语，与此相反，《外篇》中"气"的词语则仅有可见。 而且，在《内篇》中所见的"气"，从生成论的气到咒术性的气，范围广阔，可窥见在神仙术道教体系中气概念的重要性。

在《抱朴子》中，未必明确地谈到生成论的气。 但是说到：

> 浑茫剖判，清浊以陈，或升而动，或降而静，彼天地犹不知所以然也。 万物感气，并亦自然，与彼天地，各为一物，但成有先后，体有巨细耳。（《塞难》）

第一章　魏晋南北朝的气的概念

> 玄者……胞胎元一,范畴两仪,吐纳大始,鼓冶亿类。(《畅玄》)

"浑茫",是表示道的状态之词,"玄"是道的另一种说法,因此,所说的就是道生一(元一)、一生二(阴阳二气)、二生三(天地万物)这样的生成论。这只不过是忠实地阐述了《老子》第四十二章的生成论。还有,在上述《塞难篇》文字后面,有曰:

> 天地虽含囊万物,而万物非天地之所为也。

从明确地否定天地的造化作用这一点,和不承认《河上公注》中所见的道吐出气,道和气的直接生成关系等等来看,可以说它对于生成论,也只不过是沿袭了魏晋玄学的内容。

在《抱朴子》的神仙思想中,"气"起着怎样的作用呢?首先,他把"气"作为构成万物的根本要素,对于人来说,则从作为生命源泉这样的认识出发(《至理》)。而人通过父母禀受"气"(《塞难》),这时就产生了禀受多少的差异,这种多少的差异就决定了人的寿夭(《极言》)。这种差异,是根据在受气降生之际属于什么星而偶然决定的(《塞难》)。这种气在生命活动中消耗,在用完禀受之气时,人便死了(《地真》)。如果一旦使用完气而死,就永远失去了再生的机会(《至理》、《地真》),因此,对于实现长生不老,升化为神仙来说,首先就要求防止这种气的尽竭。在这里,《抱朴子》吸取了嵇康在《养生论》中提出的理论,详细地叙述了为了不消耗体内之气的呼吸法(胎息)、把外部新鲜的气导入体内使之到处循环的方法(行气引导)、摄取包含有自然的精华之气的食物和不摄取污染体内之气食物的方法(服食辟谷)、不使体内的精气外泄,以资阴阳之气调和的方法(还精补脑及房中术)等多种多样的方术。在嵇康那里,这些被认为只不过是延年的补助手段,神仙与一般人的质是不同的,所以不是学便可至的。《抱朴子》中也基本继承了这样的想法。因此,在《抱朴子》神仙术的体系中,要使凡人到神仙的

261

质变成为可能，完成灵药——金丹被认为是唯一绝对的方法。 但这是非常困难的工作，不得不后退到只有先天便具有升化为神仙可能性的人才可做到（《对俗》、《辨问》）这样的立场，可以说这就是《抱朴子》的界限。

在更具有宗教性的体系中超越这界限的，是由陶弘景（456—536）集大成的茅山派道教。 下面想根据他编纂附注的《真诰》、《登真隐诀》，来研讨他的气论。

首先应当注意的就是所谓：

> 道者混然,是生元炁(气的异体字),元炁成然后有太极,太极则天地之父母,道之奥也。(《真诰·甄命授第一》)

这种由道——元气——太极——天地的生成论。 道——元气——天地这种宇宙生成论，是在《真诰》以前便已经存在的古典的内容，这在前面已论述过了。 但是，在元气和天地之间配以太极，这是什么缘故呢？在这里使人想起的，就是孝经纬《钩命诀》所说的"五运"，即根据太易、太初、太始、太素、太极这五气渐变形成的生成论。 这孝经纬《钩命诀》成立的年代虽不清楚，但五运之论在晋代皇甫谧（215—282）《帝王世纪》中便已可见，可以确定，在晋代，这种生成论便已形成了。《帝王世纪》作为在魏晋之际最后使生成论得以完成的作品，其影响力也是颇大的[4]。 很容易地可想象到，《真诰》中所见的内容，是在古典的道——元气论和五运相结合基础上成立的。 这种根据五运的生成论，按其原样被吸取到后来道教体系中的情况从唐代《道教义枢·混元义》中引用《洞神经》等情况也可看到。 在那里，"未见气"的太易，被认为就是道。 在《真诰》中，也把太易视为道，认为形质未具的物质原始——太极以前的、无形无象的四气，是和元气相重合的。 因此，可以说，《真诰》的生成论，是显示了道教体系吸取魏晋生成论的过渡性形态之物。 但在上述引文所附陶弘景的注中有曰：

此说人体自然与道气合。

可以看到"道气"之词。 这是在那个时代的道教经典中经常被使用的词，恐怕有着体现道之气，作为道之气这样的意义吧！《老子》的道在道教中被神秘化、拟人化，不久虽发展成为元始天尊这种至上神，但它本来则被认为是无形的，在现实世界中，是作为气而显现的。 这在"道，气也"，"道，元气也"等的规定中被最确切地表现，而将此用一个词来表述，就成了所说的"道气"。 因此，在《登真隐诀》中，以太上老君为首的天上诸神，被统括地称为"道气"，成为祈请的对象。 它在后面所说的《三天内解经》等六朝经典中，被作为共通的东西。 可以说，这是随着道教的形成，气概念宗教性发展的一个例子。

像这样的宗教性发展，即使对于神仙思想来说，也是显著的。 神仙思想，本来就是以超越死亡，使现存的肉体永远地保持着而飞翔到天界作为目标的思想。 为此，金丹的炼成被认为是不可缺少的，但在这里，受到复杂的方术和繁琐禁忌这种大壁障的阻碍。 还有，神仙思想，就其本质来说，是对于生者而言的，死者被置之其度外。 打破这种神仙思想的界限，把救济死者也考虑在内，朝救济思想发展的，则是五世纪时期的神仙术道教。

那么，死者的救济（升仙）是怎样被考虑的呢？ 在《真诰》中的情况，如下所述：生前积善行，志在修仙道者如果死了，死后其魂魄就会成为死者世界的官僚——地下主。 这种地下主有三个等级，其最上级者被允许游于天上的仙人世界，认为在那里：

> 受学化形,濯景易气,十二年气摄神魂,十五年神束藏魂,三十年棺中骨还附神气,四十年平复如生人,还游人间,五十年位补仙官,六十年得游广寒,百年得入昆盈之宫。(见《稽神枢第三》)

这样，在死者世界中的再生升仙，被认为是经过靠获得、涵养新的精华

263

之气，使肉体回复这样的过程，可以说这是天地万物的生成过程在死者世界的投影。 道教中的生成论，是从被神格化的道开始的，因此，死者的再生也被认为是在以道为至上神的天界中，在那神主宰的控制下进行的。 被认为与《真诰》几乎是同时期的道经——《太上洞玄灵宝无量度人上品妙经》卷一，是叙说这种在天上靠新的生成而为神仙的经典，在附于此书的南齐严东的注中，有曰：

> 大神常飞玄在上而诵洞玄之经，以自然之炁，拔度学道之人。
>
> 有神婴之童，一歌无量之章，立反形三炼之房，身受自然之气，得欢乐无极之龄。

明确地指出，天神司主生成。 这可以说，和佛教中有作为救济形式的成佛，脱离六道轮回没有结果的转生，达到终极的悟的境地，然而对转生的构造却不加关心形成了很好的对照。

以上，概观了神仙术道教中的气，对于生成论的气来说，没有特别值得一看的东西。 但是，在《真诰》等文献中，可以看到把当时流行的生成论神秘化而纳入道教体系，想要调整以被神格化的道为顶点的天上诸神与人的关系的踪迹，这可以说就是特色。

三、教团道教中的气及其与佛教的关系

以并非特定的众多民众为信徒，在宗教的绝对人物控制下想要对他们进行救济的所谓教团道教，以后汉末张角的太平道和稍迟于它的三张五斗米道为嚆矢。 五斗米道也称为天师道，在整个魏晋南北朝时期，有很大的影响力。 在这里，想研讨一下被认为是传布了太平道教团以及五斗米道教团的《太平经》和《老子想尔注》还有南北朝时期若干道经中所见的"气"，最后想略微言及与佛教的关系。

首先，来看看《太平经》中生成论性质的气。 在《太平经》中，物的生成被认为是从元气开始的。

第一章　魏晋南北朝的气的概念

夫物始于元气。（丁部十六）

元气乃包裹天地八方，莫不受其气而生。（丙部六）

夫天地人本同一元气，分为三体。（丁部十五）

等等，有着反复的论述。 此外，曰：

元气与自然太和之气相通……三气凝，共生天地。（丙部十四）

认为这里的"太和之气"、"自然之气"作为次要之物，也参与了生成。而现在如果更细地看看其层次的话，有曰：

气之法行于天下地上，阴阳相得，交而为和，与中和气三合，共养凡物。（丙部十四）

天，太阳也。地，太阴也。……两气交于中央……乃共生万物。万物悉受此二气以成形，合为情性。（辛部）

等等，认为从混元一气——元气中，分为阴阳二气，阴阳二气相交而生中和之气，由此阴阳中和之三气而生成物。 由此看来，必须说这是非常古典的生成论。 而元气和道的关系，被说成是：

元气行道，以生万物。（乙部）

道无所不能化，故元气守道，乃行其气，乃生天地。（甲部。译者按：当为"乙部"）

等等，道被看成是构造宇宙的终极原理，是法则这一点，与后汉张衡及王符等的生成论是共通的。 这一点与《河上公注》把道理解为吐出气的存在有着很大的不同。

其次，在《太平经》中，认为有贯穿于人间世界和天上神仙世界

265

的、与修养的阶段相应的序列,而把神仙的职掌与前述的生成论明确地联系了起来。 这序列据说就是:奴婢——善人——贤人——圣人——道人——仙人——真人——大神人——无形委气之神人(丙部八)。 无形委气之神人,也称"委气神人"或单称"委气",就是没有形的气那样的神人的意思。 而且,正如:

> 无形委气之神人,职在理元气;
>
> 无形委气之神人与元气相似,故治元气。(丙部八)
>
> 乃得与元气比其德(丙部八。译者按,当作丙部六)
>
> 今是委气神人,乃与元气合形并力。(丙部九。译者按,当为丙部八)

等等所述的那样,被认为它在天界中治理作为万物生成始元的元气。很明显,由于使从元气开始的生成过程和以无形委气之神人为顶点的世界构造相对称,这就使无形委气神人具有了权威。 但是,在《太平经》中,两者的关系还是并列的,把这两者完全地组合成为一种生成论,还必须要等到在五、六世纪的道教中。

还有,在《太平经》中,正如"天理乃以气为言"(辛部)所说的那样,认为天的意志是以气表现出来的。 因此,认为,如果地上的人顺随天的意志,就会出现阴、阳、中和三气完全调和的太和状态,这种太和状态中产生太平之气,而赋予地上以太平。 反之,如果违背天意,天就会使地上的凶年之气、灾气、乱气、刑气、囚气等等流行,因此,地上就产生了灾害、兵乱、凶年等等。 像这样天人之间以气为媒介,同时认为所有的自然现象、社会事态,都是由于与之相对应的气的流行而引起的,这可以说是《太平经》气论的特色。

《老子想尔注》,据说是因为五斗米道教团中诵读《老子》,由张鲁作成的。 在《想尔注》中,气似乎不是那么重要的东西,它的数目也不多。 但是,道的神秘化、拟人化则相当明确地可以看到,与此相关联，虽也讲到道气，却只作了那是在宇宙中普遍存在、清微而不可见之物的说明。 还有，对于生成论的气也不关心。 稍为引人注目的，是"一"与道并列而被神格化，正如：

> 一在天地之外，入在天地之内。但往来人身中耳。一，散形为气，聚形为太上老君，常治昆仑，今布道诚而教人。（第十章）

所述，气、太上老君、一，被视为同一之物。 太上老君本来是老子被神格化的产物，而由于和道的神秘化、拟人化也有关联，因此这也可以看作和前述《河上公注》的场合相同，是"道，气也"这种思想的萌芽。

在南北朝的后半期，道教的气是怎样的呢？ 这个时期的道教，到达了本身形成的最后阶段，在所有方面都被体系化了。 特别是其世界观，在传统的宇宙生成论和神秘的生成论的结合与再编过程中被体系化了。 其典型的产物就是《三天内解经》。 它认为，道和将它神格化了的道德丈人以下的千百万重道气是世界的根源，此后，从幽冥之中产生空洞，从空洞中产生太无，从太无中产生玄气、元气、始气这三气，这三气混然杂合而产生玄妙玉女，产生老子。 老子散布三气，玄气上升为天，始气凝结为地，元气为水形成世界，而冲和之气则为人。 还有，在《九天生神章经》中，认为三洞神格——天宝君、灵宝君、神宝君本来是同一的神格，其分而为玄、元、始三气，进一步每气都分为三而成九气，由这中间产生了天地万物。 在这里，传统的宇宙生成论中元气的始元性因与玄、始二气并列被相对化了。 把这三气作为万物生成始元的思想起源于何处，目下还不清楚，但恐怕和三洞说以及调整天、地、水三官还有在和佛教的交流过程中三十六天说的形成等等不是没有关系吧!《道教义枢》中引《太真科》，有着三气为三清天，由此产生九炁而为九天，九天各生三天而为二十七天，它和原先的九天相加成三十六天这样的说明，可以作参考。 由此可知，南北朝时期的道教，是融合了它以前的所有气论，改组成以至上神为顶点的神秘的宇宙生成论，逐渐形成了世界观。这在隋唐的道教中，作为更有体系性的东西而被完成。

最后，与气相关联，想略谈一下南北朝时期的道教和佛教的关系。在这个时期的佛道论争中，佛教方面对道教的攻击，就在于"道，气也"这一点。这可以在《弘明集》所收僧顺《答道士假称张融三破论》中所载：如果把道作为气，那它就像《庄子》中所说"聚则为生，散则为死"那样，是生灭聚散之物，不能说是常住不变的存在——这一驳难中窥见。道教方面的逻辑，恐怕认为世界终极性的创造者——道，具体地，是作为气存在于万物之内，因此，道的普遍性，道和万物的一体性才被显示出来。因此，产生了把保气称之为得道（《辨正论》引《养生服气经》）的想法。与此相反，佛教方面提出，气是形而下的存在，以此想否定道的绝对性。这一论争直到隋唐时期还在继续，成为佛道论争中的主要争论点之一。

还有一个引人注目之处，就是关于道像的议论。老子的神格化在后汉时代就已经开始了，据说桓帝把黄老与佛一起祭祀。这种老子的神格化，不久发展到把《老子》的"道"以及"一"的神秘化，拟人化，在南北朝末期到隋唐时期，把元始天尊作为最高神，完成了道教的神统谱系。桓帝祠黄老之像与否虽没有确证，但在南北朝期间，元始天尊的像在一部分道教信徒之间被祠奉。然而，道本来被认为是无形无名的，据《辨正论》所云，梁、陈、齐、魏以前没有天尊之像，传说陆修静（406—477）模仿佛家造了天尊之像。又据北周道安的《二教论》云，则在道士中间有奉祠服侍金刚藏、观世音二菩萨的老子像者。这样，道像的造作，是受佛像奉祠影响的产物。而在被认为作于六朝末、唐初时期的《三洞奉道科戒营始·造象品》中，对天尊、道君、老君之像，作了详细的规定。还有，《隋书经籍志》"道经叙"中，有曰，传说由于北魏太武帝皈依道教，所以刻天尊以及诸仙人之像而供奉之，殆如前《辨正论》所述，是从梁陈齐魏之际开始道教的神像才被祠奉的吧！对于道教方面这种道像的制作和祠奉，佛教方面加以了激烈的攻击。 据《辨正论》云，梁陶弘景兼修佛道二教，在其山居中修建了佛堂、道堂，日隔一日地供奉，而和在佛道中祠奉佛像相反，在道堂中没有像。 其理由就是，道本来是无形之物，从元气中产生，古来的通儒也都把气作为道，不是并没有说有作为道的神吗？ 这恐怕是事实吧！在陶弘景那里，"道，元气也"这一规定，是不允许动摇的。 这也许由于他系当时第一流的知识人，而和他信奉的神仙术道教基本上不是以并非特定的民众为对象也大有关系吧！ 但是，在要使多数民众教化的教团道教中，尽管也有"道，元气也"这样的定义和那种神秘性的生成论存在，却战胜不了具有神像的神秘教化力的魅力，可以认为，这和罗马帝国统治下的基督教是同样的吧！

通观魏晋南北朝时期的道家、道教中的气，可以说，首先，在魏晋道家的思想范围内的多数场合，气未被作为重要的概念提出，到后汉时期已成立并确定的气概念，依样被继承了下来。 但《河上公注》作为道家和道教的连接点，对气有着相当的关心。 与此相反，在道教范围内，其生成论中，神秘性的气论得到极大的发展；还有，由于把道规定为气，可见到本来作为宇宙构造终极性原理的道，被说成是气在万物中的内在化——可转化为气一元论世界观——思想的萌芽，等等，一些值得注意之点。 这个时期的道教，正如《三天内解经》中所见的那样，可以说，起到了把这以前所有气论加以融合的坩埚的作用。 这些，不久在唐代道教中成熟，为宋代气思想的发展作了准备。

（麦谷邦夫）

第三节　医书中所见的气论
——中国传统医学中的疾病观

中国哲学史家任继愈在论述中国古代医学和哲学时说，《黄帝内经》的思想，继承发展了秦汉之际的阴阳五行说，为后汉王充的无神论作了准备。[5]姑且不论置于这样位置的当否，历来的哲学史中没有把医学思想纳入，倒是应当奇怪的事，而在此后，笔者寡闻，见到冯友兰也在道家的思想中，研究了医学思想。[6]

作为论说的着眼点，与上述任继愈的情况相似，台湾李汉三的论考中，也把医学和阴阳五行说的关系作为中心。[7]在我国，或是由于重视《伤寒论》汤药系医学中阴阳的概念被重视吧，故也注意到了阴阳五行中的概念，[8]但在《黄帝内经》针灸系医学中，比起作为操作概念的阴阳来，反而更重视接近实体概念的"气"。[9]

我国的中国思想研究中疏落的医学问题，在西欧的道家道教研究中，马伯乐*（Maspero）早就提了出来，[10]科学思想史家李约瑟**（Needham）对中国传统的医学有着极大的关心，[11]从比较医学史的立场，言及了"气"的理论。[12]

关于"气"，提出联结哲学和医学存在论性质的问题，超出了拙论的范围。拙论首先从纵向的角度，窥视一下中国人的疾病观，同时研讨一下"气"概念导入医学的过程；其次，则从横向的角度，试对内经医学的生理、病理理论作若干考察。如果据此能导出中国思想史上某些问题的话，那么也就达到了拙论的目的之一了。

一、风和水——气医学的生成

1. 语源学和病因论

后汉许慎在语源学之书——《说文解字》中，分析了"医"这个文字，曰：

> 治病工也。……殹，恶姿也。

---

* H.马伯乐（H. Maspero, 1883—1945），法国中国学者。研究中国古代史和宗教史，著有《古代中国》等书。
** 李约瑟（J. Needham, 1900—1995），英国皇家学会会员，剑桥大学冈维尔和凯厄斯学院院长，著名的中国科学史研究专家，著有《中国科学技术史》等书。 ——译者注

引《世本》，曰："古者巫彭作医"。 后世的语源学者似苦于对"殹，恶姿也"的解释感到困惑，但从咒师中寻求医的起源，却是没有疑问的。这种情况，或被认为是当时神秘思潮的某种反映。 在一个个疾病的记述中也未能见有神秘性的要素。 到了比许慎稍后的刘熙《释名》，开拓了在某些病理的解释中导入"气"概念这样的新生面。 当然，在《说文》中也不是没有如"瘠，疒气也"，"痿，气不定也"那样用"气"作的说明，但在《释名》中，没有如"疾，病也"，"病，疾加也"那样的循环性定义，而正如：

> 疾，病也。疾，疾也。客气中人急疾也。病，并也，与正气并在体中也。

所说的那样，援用了医学性的术语加以区别。 这可以说，是导入了当时形成的医学理论的病因论。 这之外，《释名》中用"气"来说明病因、病理的有十二条。[13]

像这样对语源学给以病因论的影响，虽可认为是汉末的情况，但原本的医学理论的形成，则是从先秦时代开始的。 但是，在医学中巫咒因素和经验因素的混合，一直持续到后汉末。 也就是说，巫和医在那时还没有完全分离，这似乎是确实的。[14]

2. 风神和扁鹊

汉武帝元封二年（前 109 年），在长安建立了蜚廉观和桂观，在甘水建立了益寿观和延寿观。 正如从飘溢着神仙色彩的观名上也可以知道的那样，在喜好神仙的武帝周围，方士汇集。 下面的插话可以很好地说明当时的医术气氛是一种怎样的状况。 据说，皇帝生病的时候，一个巫凭依鬼神称作神君。 皇帝把他祀于甘泉宫，病就痊愈了。 此后就为神君建寿宫，每夜前去会见，但以巫为媒介，神君不现出本来之姿。 武帝建立上述诸观，就是根据方士公孙卿所说，这样可以让神仙居住的建议。 后汉应劭所云："蜚廉为神禽致风气者"，所以，这无非

271

就是梦想仙人乘鸟和风而下凡。蜚廉原来是风神之名，关于此神的状况，晋代晋灼曰："体如鹿，有角，蛇尾"，这和《山海经·东山经》中所见"其状如牛，白首，一目，蛇尾"的蜚当是一物吧！据该书云，此怪物出现便发生大疫，也就是说，此乃疫病之神。《山海经》中疫疠之神，多以异型鸟兽为表象。[15]据藤堂明保氏云，蜚廉（piər-liam）和《楚辞·离骚》的飞廉、丰隆，《尔雅》的焚轮同源，原来都意味着风和风神，是风（pliəm）的二音节化之词。此外，和殷人认作的风神的凤（bliuəm）也是同源之语。[16]在古代殷人的一支作为根据地的山东地区，似有着对管理风的鸟神的信仰。在甲骨文中，风神明显地存在着，据说四巫控制着风的灵力，而僧侣们则以四巫为中介，"或行禘仪，以求吹好风，在谷物的成长过程中，风调雨顺；或行宁礼，以防恶风"。[17]据赤冢忠氏云："在殷代，季节的循环被认为是由风来控制的，这是探求宇宙的运行及其规律性的初步尝试"，由此，"考虑到了万物等质的根本成因"，朝着"气"概念发展，而我们可以认为，在这样的发展过程中，病因论成了重要的桥梁。在殷代人的病因论中，疾病被认为或是由上帝降下，或是由鬼神和祖先神作祟，或是由称作蛊的异物而引起，或是由风引起的。[18]这里可以看到把疾病的起因归之为恶灵和异物那样实体的存在论性质的疾病观。说到风，正如上面所说的那样，是一种神灵之力。在甲骨文中，表示气象的除了风以外还有雪和月晕（月的阴影），据严一萍所云，上述三种病因，是《春秋左氏传·昭公元年》的"六气说"之渊源所在。在此书中，医师——"和"认为，晋侯的疾病不是由于鬼神和饮食，而是由于女人的蛊惑，谈到了一般性的病因论。也就是说，阴阳风雨晦明这六气过度，就会分别产生寒疾、热疾、末疾、腹疾、惑疾、心疾。而由于女属于阳，过度的沉溺，就会产生"内热盛蛊"之病。"蛊"字明显地包含着巫咒的内涵，而上述的六气说，不如可以说是在认识到气象条件和疾病关系基础上的经验性的病因论。《春秋左氏传》的成书年代虽还不明确，而风引起的疾病在这里只被作为末疾（四肢障碍）。但是就在风和"气"交替的体系性医学的形成期，风也依然被作为主要病因。

《素问》的《异法方宜论》，把中国医学中五种治疗方法的起源，用如下的五种方位从空间上加以配置：

东方……砭石（用石器制具的外科疗法）

西方……毒药（药物疗法）

北方……灸焫（热刺激疗法）

南方……九针（针刺疗法）

中央……导引，按跷（运动，推拿疗法）

这样的做法是否正确呢？　或是从有分类爱好的想法中产生而不可信的，而据日本医学史家之说，则可分为：

黄河文化圈……针灸系医学

长江（江淮）文化圈……本草系医学

江南文化圈……汤液系医学

这样三类。　如把时间因素也考虑进去，本说恐怕是妥当的。　而医学史上有名的扁鹊，则肯定是属于黄河文化圈。[19] 从文献上看，扁鹊的生存年代是在公元前七世纪到公元前四世纪的三百年间，以扁鹊之名而见称的名医似有数名。[20]《史记·扁鹊仓公列传》中，扁鹊的出生地在齐的渤海。　近年从山东省曲阜微山县两城山出土的后汉画像石上，有描绘着在打针灸的半鸟半人的浮雕，据刘敦愿说，这神物和图腾的崇拜有关系，恐怕是被神圣化了的扁鹊。[21]《史记》传记中，说它是得透视之术，可以透视"五脏症结"等，颇有巫术家的色彩。　然而"在像飞鸟一般放浪于各地的巫医团中，装扮成僧侣性鸟"[22] 的扁鹊，在邯郸时女性受尊重则为妇科；在洛阳见老人被爱戴则为耳目口鼻科，在咸阳小儿被喜欢则为小儿科，如此变幻自如。　但扁鹊与魔法医学有明确的界线，在"六不治"之中，有"信巫不信医"之说，说明它接近于经验医学。　他有一个望诊齐桓侯预言其死的故事。　疾病随着时间的推移，而从腠理一步步地进入血脉、肠胃、骨髓，治疗的方法也与之相对应而变为汤熨、针石、酒醪，最后到了骨髓中有病时就只能等死了。　正如所见的那样，诊断、治疗都是朝着经验性的方向演进，还有在记述"尸厥"等病理之际，达到了用阴阳和"气"加以合理性说明的地步，仿佛是秦汉时代不断被体系化了的内容。 在扁鹊那里可以看到疾病局部存在论的想法与液体病理论想法的混合，也许和尔后的医学中存在论的疾病观和液体病理论的并存有着关系。

从殷代的"风"到扁鹊的发展和山东地区有着很深的联系，这和神仙思想在该地区的兴起不是没有关系。《汉书·艺文志》中分为医经（基础医学）、经方（临床医学）的医书和房中（性交技术）、神仙一起，实际上都归入方技略的范畴。 从战国时代开始到汉代的一般观念中，"方"意味着包含有祭祀、祈祷、长生不老、神仙、医术等相当庞杂内容的技术，巫术、神仙、医术原来是从同根上产生出来的东西。[23]神仙说产生的齐（山东地区）也就是扁鹊的故乡，在这里寻求中国传统医学的渊源之处，大概不能说是勉强为之的吧! [24]或许是硬行联系，我以为齐地自然哲学的兴起——农具、农业的发达——金属医疗器具的产生，有着相关的关系。 不仅如此，正如前述的那样，由于齐在殷人的势力圈内，所以被认为巫风盛行。 控制着风的神灵之力的巫、追求延长生命的方士和以驱赶侵入人体恶灵为务的医，确实有着共同的基础，这就是"风"以及"气"的观念从这一带产生的原因。

3. 风和气

关于作为风之化身的凤，《淮南子·览冥训》中有曰，发自东方，暮宿风穴，所以，似有着风是从穴中出入的传说。 这从《诗经·大雅·桑柔》篇中有曰："大风有隧，有空六谷"；还有《山海经·南山经》中可见，自育遗（育隧）谷中发出凯风这样的记载中也可以看到。 在上述《诗经》的下一章中有曰："大风有隧，贪人败类"，大风被用来比喻贪婪者害人，由此看来，大风被视为带来危害之物。《淮南子·本经训》中，出现了把大风作为食人的神话性怪物的记载。 还有，宋玉《风赋》，把大王的雄风和庶人的雌风加以区别，前者中人，使人寒冷怵慄，但可愈病通耳目；后者中人，则恶乱郁悒，生病为热。 宋玉把前者属于大王的特权，后者则作为万民共有，极明显地呈露出对于王者的谄媚。

内经医学认为有病以风为始。 当然，对于人体有影响的不只是风。 邪风和正风有着区别。 邪风中人时，其贼伤的部位深而不能自退，正风中人时，由于在身体的浅显部位，所以自行退散（《灵枢·刺节真邪篇》）。 但是，从病因论来说，由于正风大致没有重大的意义，所以另外又分成正邪和虚邪（《素问·八正神明论》）。 正邪是由于身体条件，完全没注意时中了虚风；虚邪是自"虚乡"袭来而带有疾病之物。 与虚风相对的实风，是从正的场所吹来司主养育生长万物的风。 从实风的相反方向吹来的风就是虚风。 自然之"虚"和人体之"虚"相感应，则是最恶的，疾病达骨髓，伤五脏。 医师也就必须是观测四时之风的气象学者。 风观察的标识是八风，《灵枢·九宫八风篇》详密地记有方角、风名、伤害部位的情况。 比如有曰：

> 风自南方来，名曰大弱风。其伤人也，内含于心，外在于脉。

据家本诚一氏云，即使从东、南风的轻易性和西、北风的严厉性来看，也可以肯定这是季风的生命气象学。 风是内经医学病因论的基调，即使说"疾病的风一元论"也言不为过。[25] 八风，在《吕氏春秋·有始览》和《淮南子·地形训》等处便已可见，《史记·天官书》中载有魏鲜观测八风的记载，由此可以知道这种生命气象学由来的古老性。

据《素问·风论》，则风袭中五脏六腑，袭中与之相对应的俞穴，就会分别诱发器官之风。 由风引起的病变也称为风。 风中头从风府入则为脑风。 风府就是俞穴之名，而且也是邪风的入所（《灵枢·岁露篇》）。正如所见的那样，可知与神话上的风穴观念有着惊人的类似之处。 因此，用针来刺因邪风引起之病的治疗点也就是风府。 把风作为最广泛的病因论的概念，也就是代替"气"的场合，邪气入侵的体表部位被称作气穴，而这不也可以说就是已察知的经络的异常反应点的治疗点吗？

由于在内经医学中古典编纂的时代层次不明确，可以看到，"气"

和风的概念是相当交错丛杂的。 但是，可把风改说成"气"的场合也
很多，无疑，在初期也存在着直接就把"气"作为风的可能性。《太素》
卷三中有曰："气〔以〕天地之风〔名之〕"，可见"气"与风的一致
性。 富士川游氏也说："其根本，始于观察人之呼吸，及与之相对的天
地之风"。[26]在思想史上，可以说，恐怕与从先秦到汉代的诸子思想有
着关系。 比如，《管子·四时篇》有"东方曰星，其时曰春，其气曰
风"，[27]还有《淮南子·精神训》中有"血气，风雨也"[28]等等的说
法，由此看来，把"气"与风作为同一的基础，在思想的传统上似也是
存在的。 不，甚至不如说，把气（空气、气息）与风视为同一（正如后
面所述的那样），是一种普遍性的观念。 但是，在内经医学中，即使病
因论方面"气"与风是同一的，而在生理、病理论方面也未必同一这样
的事实，说明，"气"比起风来与生物体有更密切的联系，由于"气"概
念的导入，给疾病观上也带来了一些变化。

4. 药物与异物

正如前述的那样，由风引起的疾病也称作风。《山海经》中记载了
治愈风的药物。《中山经》中依轱山叫做獭的兽，鼓镫山的荣草，还有
《北山经》中叫做鹢的鸟，就是"食此已风"的药物。 据伊藤清司氏所
云，风狸、风生兽、风母兽等是从其排出物中可取得治疗风疾药的动
物。[29]风疾很难以用现代的病名来比拟，只不过限于前面说的末疾和
中风而已。 关于其症状，《素问·骨空论》中有曰："风从外入，令人振
寒，汗出头痛，身重恶寒"，看上去像感冒，而如同书《风论》中所云
"风之伤人也，或为寒热，或为热中，或为寒中，或为疠风，或为偏
枯，或为风也"的那样，似乎是自律神经失调而引起疾病的总称。[30]

在《山海经》中探求本草源流的中尾万三氏把此书中的药物分为：
（一）食而有药效者，（二）佩或服有药效者，（三）现而兆吉凶者，
（四）有药效或其他效用者，（五）害人者五类，指出，本草药物的三品
分类是远承《山海经》为基础的。[31]正如本草和神仙思想有很深关系
那样，《山海经》和原始宗教有着很深的关系。 因此，此书的病因论未

越咒术＝宗教的雷池一步，也就是必然的，《神农本草经》也继承了这部分内容。据说是成立于汉代的《神农本草》，虽经陶弘景校定而流传，但据说其校定本在唐代也亡佚了。[32]因此，现在只能据复原本来窥其面目。《神农本草经》的病因论，作为病因，一方面举出了风系统的邪气，另一方面举出了超自然的存在，比如，精魅、鬼物，还有蛊毒、三虫那样不知其状的异物等等，带有浓厚的巫术色彩。而这如果考虑到本草的来源，则不当感到惊奇。但想要注意的是，采取了经验＝合理的病因论的情况。在《山海经》中，治愈风的，是神话＝咒术的动物，作为其前提，引起风的也肯定是风的灵力，而《神农本草经》中，至少是由经验证明了的药物。对于风湿、风痹、风寒、风热等有疗效的药物多可见到，还记载着"防风"这种对防大风、恶风有显著效力的植物。

在《神农本草经》的序录对上、中、下三品药物性能的记述中关于下品之药，曰："主治病……除寒热邪气，破积聚，愈疾"，重点在于除去侵入体内的异物。而"主养命……轻身益气，不老延年"的上药，"主养性……遏病，补虚羸"的中药，对于在体内任何地方的异物"症结积聚"状态都有药物作用，还兼可"荡涤五脏六腑，开通闭塞，利水谷之道"，"利九窍，通血脉"。像这样把停滞在一处的异物加以疏通的，就是药物的作用。事实上，针灸也是同样的。

5. 水利和经络

在《神农本草经》的生理观中，就作为任何皆可通的道而言，血脉，水道，恐怕是像常识那样被作为前提的，但还未见有经络的观念。把疾病加以理论化时，不单在病因方面，而且对于生物体复杂组织的把握乃至假说，是必要的。内经医学的成立，在排斥非合理性病因论的同时，还把合理说明疾病构造的概念置于体系化的过程中。其中可看到的最大的内容，就是与西洋近代医学解剖生理学也可相当的经络理论的导入和完成。据一般通常的说法，先是发现了有针感的反应点（所谓穴位），在把它们联结起来的线的背后，认识了经络现象。但是，像这样的原子论式的想法在古代中国是否存在呢？笔者认为，与经验性的医疗实践并行，同时，作为生理构造设想了流体通行的经络，这样才演绎成经络概念的。这种概念生成的过程和先秦以来古代中国的思想有密切的联系。

以"水"作为生命根源的思想，在《管子》中便可见到。该书《水地篇》，据罗根泽所云，是汉初医家的著作。[33]《管子》认为，水是万物的本原，是所有生物的宗室。曰："人，水也，男女精气合，而水流形"。认为人的成形过程，是三个月，从五味生五脏，由此而肉成形，生九窍，五个月，人体成形，结果，十个月而降生。水可以说是地的血气，与筋脉的流通同时存在。正如从以上可知的那样，《管子》的"水"相当于内经医学中的"气"。当然，在《管子》的其他篇中，也可见到把"气"作为存在根源的说法，所以可认为两种说法在秦汉时期是并行存在的。

《管子·水地篇》中还有两个应当注意的思想。一个是说水由于清净，想用它洗清恶、污的卫生学观念；另一个是认为风土和人的关系决定人的性质的地理病理学观念。比如，齐的水道流躁，所以其居民贪欲粗野；越之水浊重沁入陆地，所以其民愚钝，染有疾病和污垢；秦之水淤滞，所以其居民贪戾云云，正如这里所说的那样，"水"不仅是人体构成的因素，而且还是涉及体外（即自然）作用的要素。

由于水浊滞污垢，就会诱发疾病，因此，不断地清洁就是必要的。由于井容易发生疾疠，所以正如该书《禁藏篇》所见的那样，要进行疏浚井户以去毒的预防医学性质工作。还有，在《四时篇》中，有着到春天，要祈祷预防灾害之神开通闭塞了的四方，要治堤防，修沟渎，浚井户，通水道的记载。据李约瑟（Needham）所云，在秦汉时代便已通过水导管来供水。[34]近年来地下的发掘，使那时下水道的设备变得明确了。[35]范行准认为，中国从战国时代开始就存在着下水道。下水道被称为阴沟，还有阳沟、御沟等名称，不仅是从市外引水还是排出污水的水道。[36]据《管子·度地篇》云，都市沿着经水设计，都市中，围绕四周造"落渠之写"，注入大川。[37]这里值得注意的是经和落（＝络）之词。 经水是纵贯流通到海之川；落渠是横着与经水联络的沟渠。 由此看来，人体中的经脉和络脉从水利工程的思想中产生出来的可能性，是不能否认的。[38]不单从预防医学方面，而且治水、排水等水利工程用语和经络体系中某种用语的一致性，也超过了单纯的比喻。

《管子·度地篇》的水工，《周礼·地官》的遂人，《考工记》的匠人等，水利的专门人员在古代中国就存在着。 像这样的政府官职，泛称为司空。《礼记·月令篇》中记载，季春之月，雨水泛滥之际，命司空修利堤防，道达沟渎，开通道路；到孟秋之月，使堤防完全，注意壅塞，以备水潦，这与在《吕氏春秋》和《淮南子》中所见的时令说是相同的。 如与各季节的时令背道而行，则被认为会使国民多发生疾疠。 不仅疏通壅塞的水道，而且导引洪水也是当政者的任务。 夏禹以来的水利工程的历史，在《史记·河渠书》中可见，其中有名的有战国时代魏国西门豹的事业和秦国郑国的事业。[39]在后者的场合，由于郑国渠的完成，"用注填阏之水，溉泽卤之地四万余顷，收皆亩一钟。 于是关中为沃野，无凶年"，使得以后秦国富强起来。 灌溉使土地肥沃，生产丰饶，在《荀子·王制篇》中，就有：

　　修堤梁，通沟浍，行水潦，安水藏，以时决塞，岁虽凶败水旱，使民有所耘艾。

这样明确的记载。 治水事业除了处理洪水的意义外，还有为了在不毛的土地上从事农业而进行的排水工程这样另一层意思。[40]反正，基本的意思是正确地浚通河川，及由此而产生的引水灌溉土地，后来则转用到如后面所见的在医学上对人体生理的说明。

后汉的王充在《论衡》中曰："血脉之藏于身也，犹江河之流地"（《道虚篇》），说到了血脉和经水的相似性。 在其他篇中，也明确地说到："水之在沟，气之在躯，其实一也"（《寒温篇》），可见在这个时代，经络思想已经逐渐形成了。 在被体系化了的医学中，替代了在经水沟渠中的水的是在经络中流注的气血。 把血作为说明生理、病理的概念，虽完全是由于经验性的动机，但"气"的导入，可以认为，《管子》、《吕氏春秋》、《淮南子》等的思想起了很大的中介作用。 前述《管子·水地篇》中所见的水和血气的类似性；《内业篇》中把精气藏于内的泉渊称作气渊，认为其不涸，则四体完固；泉水不竭，则九窍通利；《吕氏春秋·恃君览·达郁篇》中曰：

> 凡人三百六十节，九窍五藏六府。肌肤欲其比也，血脉欲其通也……精气欲其行也。

还有，《淮南子·精神训》中曰：

> 血气者，人之华也。而五脏者，人之精也，夫血气能专于五脏而不外越，则胸腹充而嗜欲省矣。

等等，可作为其充分的证明。

关于体系化了的医学中的生理、病理，后面要叙述，在此，把经络说中若干水利工程学的用语列之如下：

(1) 隧——五藏之道，皆出于经隧，以行血气。（《素问·调经论》）

(2) 会——肉之大会为谷，肉之小会为溪，肉分之间，溪之会，以行荣卫，以会大气。[41]（《素问·气穴论》）

(3) 泑——邪气中人，泑诉动形。[42]（《太素》卷十九）

(4) 渎——三焦者，中渎之府也，水道出。（《灵枢·本输篇》）

(5) 灌——渗于诸阳，灌于诸精。（《灵枢·逆顺肥瘦篇》）

(6) 溉——下焦下溉诸肠。[43]（《太素》卷十三）

以上用语和《周礼》、《管子》等的水利工程学上用语的类似性是显然的。[44]据说是比《黄帝内经》稍晚出的《难经》中，在说明"奇经"的条内曰：

圣人图设沟渠,通利水道,以备不虞。天雨降下,沟渠溢满,当此之时,霶霈妄行,圣人不能复图也。此络脉满溢,诸经不能复拘也。(《第二十七难》)

奇经被视为是异常出水时放水路性质的东西。[45]还有,多可看到,在经穴的名称中,包含有水道,水沟,中渎,以及沟、渠谷、泉、池、泽等文字,也可充分说明经络思想和水利工程学的密切性。

如前所述,水利土木,就是把淤塞之所加以开通,反之,水塞滞则是异常的;所以,在人体中,也同样地把局部地区的闭塞视为疾病的疾病观,当然也就可以从上述的水利思想中被归结出来。《吕氏春秋·季春纪·尽数篇》中在说到养生的条内,在叙述了精气为根本以后,说道:

流水不腐,户枢不蠹,动也。形气亦然。形不动则精不流,精不流则气郁,郁处头则为肿为风,处耳则为挶为聋……

云云,认为"气"的郁滞会招致各种各样的病变。而流体"模特儿"的导入给疾病观带来了变化,则是很明白的。原来,由于风是与病因论有关的概念,因此把它作为带来疾病的本原的观念是很强的,但是,"气"也继承了风在这方面的作用,因此,就具有了既是从身体外侵入的异物,同时又是在生物体内环流的能量这样的二重性。当然,这是在古代中国人思想中一元化"气"这种连续体被分解化了的产物,而各种各样的"气"——有相同的实体,只是机能各异。

二、气和血—气的医学构造

1. 宏观与微观

西洋医学是随着解剖学,以构造和机能的关系为中心发展起来的。[46]与其相比,可以说,中国医学在解剖学上处于幼稚的阶段,比起一般的实体概念来,不如说更注重构想机能的概念。据此,则脏腑也可以说成是"机能的复合体",经络则是"机能现象"。[47]高桥晄正氏在谈到中国医学的本质时说,它未"超出素朴现象论的阶段",而另一方面,对于针灸医学的脏腑经络观则说:"离开了纯粹现象论的观察,可以看到想要接近实体论的倾向。"[48]从近代科学的观点来解释中国医学的概念,也许包含有许多问题,而拙论下面则想把实体＝机能概念,即把经络作为机能概念来加以考察。

已经指出,和病因论与气象学有着亲缘性一样,生理、病理理论和水利工程学也存在着类缘性,但在内经医学中看生物体,也可以超越水利工程学,从宇宙学乃至地理学的观点来认识。《灵枢·邪客篇》中在讲到人和天地的对应关系时,首先可把形态性的特征说成是"天圆、地方。 人头圆,足方",其次,可把日月——两目,九州——九窍,四时——四肢,五音——五脏,六律——六腑,三百六十五日——三百六十五节,十二经水——十二经脉等等繁繁复复地列举出来。 最后关于经水和经脉的关系更是极其烦琐,如据该书《经水篇》所载,十二经脉外合经水,内属五脏六腑,有如下的合与属的关系:

〈经脉〉 〈经水〉 〈脏腑〉

足太阳经——清水——膀胱

足少阳经——渭水——胆

足阳明经——海水——胃

足太阴经——湖水——脾

足少阴经——汝水——肾

足厥阴经——渑水——肝

手太阳经——淮水——小肠

手少阳经——漯水——三焦

手阳明经——江水——大肠

手太阴经——河水——肺

手少阴经——济水——心

手心主经——漳水——心包

这十二经水，正如：

> 外有源泉，内有所禀，皆内外相贯，如环之无端。

所说的那样，人的经脉也在体内周流循环不息。 经脉和经水，与其纵贯的样式相同，在其机能上，也同样被确定为"受血（或气和血）而营之"，及"受水而行之"。 但是，经水只是分别单独地循环往复，而经脉正如表1所示，是从手太阴肺经出发，按顺序号进到足厥阴肝经结束，形成"封闭式的环"，[49]在这一点上，不能说单纯是宏观世界的投影。

表1

脏			腑		
太阴	手	肺①→②大肠	手	阳明	
	足	脾④←③胃	足		
少阴	手	心⑤→⑥小肠	手	太阳	
	足	肾⑧←⑦膀胱	足		
厥阴	手	心包⑨→⑩三焦	手	少阳	
	足	肝⑫←⑪胆	足		

宏观世界和微观世界互相对应的思想，是普遍的信仰，在中国，道教徒将此推向了极端，[50]医学思想为其作了准备这自不用说，而在此更前阶段，则是汉代的神秘思想。 但天人相关说和医学上宏观＝微观的照应说的不同，在于后者对站在生命气象学立场上的自然与人体关系，有着理论性认识这一点。 正如《素问·离合真邪论》中所说的那样：

> 夫圣人之起度数，必应于天地，故天有宿度，地有水经，人有经脉。天地温和，则经水安静；天寒地冻，则经水凝泣。……夫邪之入脉也，寒则血凝泣，暑则气血淖泽……

具体地论说了空间的、时间的因素，与身体的生理、病理有着怎样密切的关系。 在这里，完全看不到神秘的东西。

2．搬运和贮藏

内经医学是根据二分法来区分身体。 基本的工作范畴，不用说就是阴阳二元论。 如说到人体表面前后，则外侧为阳，内侧为阴，背为阳，腹为阴；内脏器官中，六腑为阳，五脏为阴（《素问·金匮真言论》）。 关于内外、表里的上下范畴，则上半身阳，下半身阴。 前面所记经脉的分类中，围绕着手和足，行走在外侧的为阳，内侧的为阴是理所当然，并认为从手、足的末梢开始朝向躯干、头部的为阳，反之则为阴。 经脉交通联络内外、表里，形成了"生物体机能的有机统一"。[51] 作为这十二经脉联络站的五脏与六腑之间，被认为也有着相关的关系。 也就是说，肺和大肠、心包和三焦、心和小肠，胃和脾，肝和胆，肾和膀胱，各自之间有着表里关系。[52] 据高桥晄正氏所云，则各组之间的

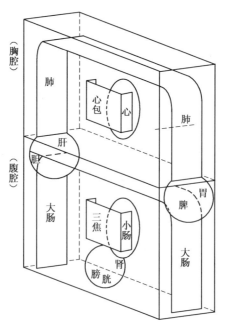

图1 （据高桥晄正《汉方的认识》NHK 丛书版）

关系有着"以素朴解剖学所见为基础的形态的类似性",[53]显示出了如图 1 那样的模式。 对于理解中国人的身体观来讲,不仅经络说,而且关于脏腑观的理解也是不可缺少的。

《素问·灵兰秘典论》对五脏六腑有如下的说明:

> 心者,君主之官也,神明出焉。肺者,相傅之官,治节出焉。肝者,将军之官,谋虑出焉。胆者,中正之官,决断出焉。膻中者,臣使之官,喜乐出焉。脾胃者,仓廪之官,五味出焉。大肠者,传道之官,变化出焉。小肠者,受盛之官,化物出焉。三焦者,决渎之官,水道出焉。膀胱者,州都之官,津液藏焉,气化则能出矣。

上述文字,是关于十二脏腑(五脏中加上膻中)相使贵贱(使与被使的上下关系)提问的回答,是以相当于君主的心脏为中心的机制构造的。如据高桥氏的模式,就成为像图 2 那样(但把心包换成膻中)。

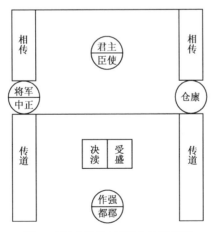

图 2　(据高桥晄正《汉方的认识》)

看一下这张图首先注意到的是,上下被整齐地一分为二,可以认为,上是"使"者,或者相当于知识阶级;下是"被使",相当于劳动者阶级。 中正官恐怕可以说是辨别黑白的裁判官，相廪官可以说是能量的补给者，所以属于"上"，都是知性、思考、感情、知识性的管理者。属于"下"者之中，作强官和州都官的意义不清楚，但相当于前者的肾被认为是水脏，是精力源泉器官，也就是司主生殖的器官，恐怕是可归入排泄的范畴的吧！ 后者是地方官吏，含有与中央相对的下方的意味。 像上述那样，从机能方面把内脏分为两类，大致地说来，可以讲，上部是贮藏机能，下部则是搬运机能。 据马伯乐（Maspero）的说法，道教的身体分类，上部是"有关生命的知的部分"，下部是"生命的生理机能为主者"。[54]

上述十二脏腑中，完全没有素朴解剖学基础，可以称之为"有名无实"（《难经》）的三焦和膻中，是一个问题。 膻中既可说成与心包相同，也可说成是别的东西，而在《灵枢·海论篇》中，则被作为与"气海"相同。 正如中国有四海那样，据认为在十二经脉中也有四海（髓海、血海、气海、水谷海），经脉就汇注到那里去。 气海就是宗气的贮藏之处。 宗气是大气（空气）自口吸入积于胸中的气海，由肺到口吐出者（《灵枢·五味篇》），所以，膻中似与呼吸作用有着关联。 丹波元简说："膻乃今之甑箄，即盛饭的道具。 水火之气上蒸而使饭熟，与人身之膻中相似"（《素问识》）。 据以上所说，则膻中似有着贮藏从空中吸取的"气"，使之上升，这样帮助心脏使喜乐的感情得以发泄的机能。 另一方面，三焦和"气"也大有关系。 三焦在机能上可以分为三个部分。《灵枢·营卫生会篇》有曰：

上焦如雾，中焦如沤，下焦如渎。

这明显地包含着水利工程学的思想；而据柴崎保三氏云，则三焦的机能是："以帮助饮食物的消化分解，且使气、血、津液运行到身体的每个部位为主。 为此，就要随机应变，开通那些通道，或诱导之，使之一刻也不停滞地流动。"[55]可以说，与膻中对上方向的作用相反，有着对下方向的作用。是综合了属于搬运范畴的下部器官的机能。三焦尤为重要的机能，就是排出作为生命源泉的"气"和血，或者说是卫气和营气。

人不仅从大气中吸收"气"（先天之气），而且从水谷中吸收（后天之气）。水谷精气变化的产物就是卫气和营气。三焦之中，上焦出卫气，中焦出营气。卫气的性质是慓疾滑利，所以不能进入经脉之中，在皮肤和肌肉之间行进（《素问·痹论》），其机能是主对邪气的防卫。与此相反，营气，正如《灵枢·营卫生会篇》所说的那样：

> 泌糟粕，蒸津液，化其精微，上注于肺脉乃化而为血，以奉生身，莫贵于此，故得独行于经隧。

是行于经脉之中，有着荣养的作用。卫气、营气都在体内不断地循环。卫气一日行全身五十周，昼在阳部二十五周，夜在阴部二十五周（《灵枢·卫气行篇》）。其经路据说有五条。[56]营气则随上面所述十二经脉的图像环流全身。营气在血中也有变化，所以结果就在经络中，和"气"血一起流注。但是，气、血、营、卫是后天之气，和先天的气，即与宏观世界相通的"气"有着怎样的关系呢？实际上，构造是不清楚的。后天的气中，有一种被称作真气的，就是《灵枢·刺节真邪篇》中作"真气者，所受于天，与谷气并而充身"者，还有一种，就是前面所述的宗气。但宗气又是进入胃的水谷精气的一部分，是汇集气海，上行而走息道，下注气街，流注四肢者。宗气的机能除了呼吸以外，还使血气流通顺畅；也有认为水谷之气与大气相结合而成者便是宗气之说。[57]

《灵枢·本藏篇》总括五脏六腑各自的机能特性曰：

> 五脏者，所以藏精神血气魂魄者也，六府者，所以化水谷而行津液者也。

而五脏中包含肾，六腑中包含胆、胃，这和前面所述的上下分类有若干不同。《素问·五脏别论》中，把除了胆的六腑说成是：

> 天气之所生也，其气象天，故泻而不藏，此受五脏浊气，名曰传化之府。

与此相反，五脏则是：

> 藏精气而不泻也。

前者是"实而不能满"，就是说其中有纳物的空间，但由于一直要送出，所以不会充满；而后者是"满而不能实"，就是说，由于一直是充满的，所以没有容纳他物的余裕，这正与上述的搬运和贮藏的两机能相当。

五脏中的肾和两方面的分类都有关系，所以它不仅是进行生理活动还是进行精神活动的器官。对于精神现象，正如《素问·宣明五气论》中所云：

> 心藏神，肺藏魄，肝藏魂，脾藏意，肾藏志。

各种精神分别处于五脏。《灵枢·本神篇》在更详细地叙述了天德、地气是产生各种精神现象的由来以后，说道：肝藏血，血舍魂。脾藏营，营舍意。心藏脉，脉舍神。肺藏气，气舍魄。肾藏精，精舍志。不厌其烦地把精神分派在各个局部，在此后，说：肾气虚则厥（冷），实则胀。肾气涉及精神活动和生理作用两个方面，作为贮藏精的器官，看来似侧重于前者，不如说是以后者为主体。就生理机能的一部分来说，肾有关于人体的形成，主司骨髓和脑髓的生成。西洋医学中，从古希腊时代开始就被认为是精神中枢的脑，在中国医学中被认为是髓之海。 认为，如髓之海不足，则会肢体疲劳、耳鸣、目眩等等(《灵枢·海论篇》)。 总之，脑完全是生理作用的场所，而不是精神的中枢。把作为生物体机构中枢、置于下部的肾和作为"四未"置于上部的脑相照应的想法，不也正是中国式的想法吗？

3．流通和闭塞

上述两节对身体观和生理观进行了若干的考察，下面，想移到对病理论的研讨上来。 正如在前一节中所见的那样，认为恶灵和异物等实物侵入了身体之内便是疾病，或认为是由此而引起疾病——这种所谓存在论的疾病观，在古代是极其普遍的。 把这种咒术＝宗教病因改换成经验＝合理病因的，是内经医学的病因论，一方面，不能否定它具备了存在论疾病观的倾向，但在另一方面，也存在着从水利工程学的思想中导入了流体的模式，认为流体性质的能源——"气"和血不调和就是疾病这样的看法。 因此，也许不如称之为存在论的——流体病理疾病观，更得其正鹄。

近代西洋医学的发达，简单地认为，说这多有赖于维萨里的解剖学和哈维（俱为译音）的生理学也许是可以的吧！ 解剖生理学作为历来的液体病理说向固体病理说的转折点，不久就导致了疾病完全是局部存在的见解。 但在中国医学中，姑且不论解剖学血液循环的想法成了生理学所谓的基础。 从三焦排出的营卫二气中的营气，或云是化作血液，一起在经络中流通，"如环之无端"，周行全身，毫不止息——这样的理论，前面已经论述过了。 血液循环当然可以经脉的行走样式中被归结出来，但在血液循环的发现之前，想定经脉行走这样的可能性即使是存在的，那也就是从水利思想中演绎出的经络思想——这是前面所述的见解。 这里的转变，和疾病观有着密切的联系，正如在秦汉思想中所见的那样，认为水停滞就会招致腐败，所以必须要决渎的想法；还有为了防止水的泛滥，必须要正确调节，适当放水可以带来肥沃和丰饶的想法——这些水利工程学的思想，酿成了认为体内"气"和血停滞就是疾病，它们流通就是健康的疾病观。 比如，《论衡·道虚篇》中有：

> 血脉在形体之中,不动摇屈伸,则闭塞不通,不积聚,则为病
> 而死。

这样明确的记载,在这以前,《吕氏春秋·季春纪·先己篇》中有云:

> 凡事之本,必先治身,啬其大宝,用其新,弃其陈,腠理遂通,精气
> 日新,邪气尽去。

这也包含着如上所述的疾病观。 还有,《史记·扁鹊仓公列传》中所见的,散步以调理筋肉、血脉的所谓"写气",与同书中所见的"挢引"、"案杌"之类柔软体操一样,都是以开通"气"的停滞,来治疗疾病,进行预防。 这样的疾病观和治疗方法,在内经医学中也当然可以看到。

内经医学疾病观很大的特征就是把身体外因素和身体内因素的相关关系作为问题来考虑,因此,正如《史记·扁鹊仓公列传》所载的那样,时间在此也就成了重要的中介。 身体外的因素随着时间的推进而移动过来。 身体组织的一定部位中被邪气侵入,就叫作客或者舍。 据《素问·缪刺论》所云,则邪气客于身时,先客于皮毛。 在那里滞留不去,则次舍于孙脉。 孙脉是络脉进一步的分枝。 在那里滞留不去,则次舍于络脉。 在那里滞留不去,则次舍于经脉。 由此连及五脏或散入胃肠。 这样,邪气就从表层开始一步步地向深部变换进去。 移动的方法是流体式的而不是固体式的,但疾病明显地是处于局部的场合。《灵枢·痈疽篇》中在说明痈肿病理的条中,说道,天地失去法度,则水道流溢,草木不成,五谷不殖,径路不通,民不能往来,邑居孤立。血气也同样,寒邪客于经络中则血泣,血泣则不通,不通则卫气归到局部而不循,在那里就发生痈肿。 可见,比起把因外邪而器官闭塞造成气血不调和作为疾病的单纯说明来,这里认识到了较复杂的构造。 如像这样认为疾病是由组织的闭塞而引起的话,将其开通不用说就是正确

的治疗方法。最好的治疗，就是病在毛皮间加以处置，其次在肌肤，再次在筋脉，又次在五脏，到了最后的阶段，就成"半死半生"（《素问·阴阳应象大论》）。那么，疾病进入经络后的情况又如何呢？

据《素问·调经论》，邪的发生有阳和阴两种，前者是风、雨、寒、暑这些外在的因素。后者是饮食、居处、阴阳（的调节）、喜怒这些内在的因素。首先，风雨的邪气从体表渐次移动，进入经脉的场合，血气和邪气一起客于分腠之间，经脉就变得坚大。这种状态称为"实"。而寒湿的邪气伤害人体时，皮肤不紧，肌肉坚实，荣血泣，卫气立去。这种状态称为"虚"。其次，内在的原因中，如不抑制喜怒的感情，则阴气上升而支配阳气，这就是"实"。如不节制喜悲的感情，则"气"消失，经脉变空，血泣，这就是"虚"。以上，在说明病理的原理中，新创出了虚、实的范畴。作为理论来说，虽然烦杂，但合理性更彻底了。关于虚实，一般是把邪气盛，定义为"实"，夺去精气，定义为"虚"（《素问·通评虚实论》）。都是属于闭塞的现象，对于要回复到气血的调和，即正常的流通，可以对经络的反应点（也即作为治疗点的气穴〈经穴〉）加以处置。其措施有对"虚"状态的补（气的补充）和对"实"的泻（除去气）这样相对的方法。由于经络是联结体表的气穴和体内诸器官所谓的通信者，所以不止是经络，其他器官的病变也可由气穴来传送信息，通过对气穴加以处置，反过来也会对病变起作用。如果把脏腑作为生理性的身体，则经络也许可以说是"与生理性身体不同范畴的准身体"。[58]

如前所述，"气"和血流注在经络中，日夜在体内不停地循环，但使其决绝，卫气稽留，血气分离，无秩序，因此使百病发生的，不仅有外在的因素，还有"阴阳喜怒、饮食居处、大惊卒恐"等内在的因素（《灵枢·口问篇》）。由外在的因素而发病，无疑是与内在的因素造成了身体的"虚"相依存的。尤其是精神的影响很大。五脏是各种精神所在的场所，而据《灵枢·本神篇》云，心怵惕则伤神，损伤肌肉和身体毛发。脾忧愁则伤意，四肢不灵活。肝悲哀则伤魂，筋痉挛。肺喜

291

乐过度则伤魄,狂而皮革枯。 肾盛怒则伤志,忘物而腰骨不伸。 最后,恐惧则伤生命之源的精,"气"无而至死。 还有,种种的感情会损伤内脏的各种器官也就不必说了(《素问·举痛论》)。 像这样,就是认为精神和身体有着相关关系,[59]其病理也用"气"或血气来记述,它们的调和就维持了机体的恒常性。 医术的根本就在于对这些的调整。 用《灵枢·海论篇》中的说法,就是:

得顺者生,得逆者败。知调者利,不知调者害。

4. 气的时间学

在内经医学中,关于人的空间上的存在方式,重视了与环境的关系,谈到了气象医学和地理病理学——这已如前所见;关于对作为时间上的存在者——人的理解,前面也有所涉及。 关于四时的秩序和"气"——疾病——五脏的相关关系,《灵枢·本输篇》有这样的叙述:

此四时之序,气之所处,病之所含,(五)藏之所宜。

如据《素问·四时刺逆从论》所云,则春天由于像天地开,地气泄,冰融水流那样,经脉也流通了,所以人气就集于经脉。 夏天,由于经脉满而"气"溢,孙脉受血,所以人气集中在那里。 秋天天气收,腠理闭塞,皮肤紧密,人气集于皮肤。 冬天由于是盖藏的季节,血气入骨髓,人气也集中骨髓。 因为邪气是随着四时之气而客于局部,所以必须确定其经脉而除去邪气。 如果采取不适合四时秩序的治疗法,则乱气生,病反而会加剧。 比如,在春天刺络脉,则血气流溢于外,就会发生患者的"气"减少的事态。 因此,医师必须运用天文学、气象学的知识,"因天时而调血气"。 正确地测定时间和"气",方始能正确地治疗。 作为那种观测知识的一个例子,《素问·八正神明论》中说道:

> 月始生,则血气始精,卫气始行,月郭满,则血气实,肌肉坚;月郭
> 空,则肌肉减,经络虚,卫气去。

还有,月和海水、经络和血气之间存在着照应的关系(《灵枢·岁露
篇》),《黄帝内经》的著者不是把这作为类比,而是真正理解为对应并加
以确信的。

四时和疾病的关系并不仅仅像上面那样简单。 还有在上一季节里
潜在的疾病萌芽,因季节交替而显露的情况。《素问·阴阳应象大论》
中曰:

> 冬伤于寒,春必温病,春伤于风,夏生飧殀泄,夏伤于暑,秋必痎
> 疟,秋伤于湿,冬生咳嗽。

还有,该书《金匮真言论》中说,春天邪气在头部,夏天邪气在胸胁
部,秋天邪气在肩背部,冬天邪气在四肢,分别会发生疾病,所以想在
春天不产生颈项的疾病,冬天就不要进行按跷(等扰乱阳气)的活动云
云,考虑到了季节的循环,强调了预测未来发病的必要性。 这里,无
疑预防医学变得重要了,还和养生思想产生了联系。《素问·四气调神
大论》叙述了与四时对应的四种养生法,认为:春谓发陈(开通之
意),是天地俱生,万物以荣之时。 要夜卧早起,广步于庭,被发缓
形,以使志生,生而勿杀,予而勿夺,赏而勿罚。 此谓"养生之道",
如逆此法则,就会伤肝,夏天生寒病。 夏谓蕃秀(繁茂之意),是天地
之气交而万物生长的季节。 夜卧早起,无厌于日,使志无怒,"气"不
郁积于体内。 此谓"养长之道",如逆此法则,就会伤心,秋生痎疟。
秋谓容平(形平定之意),是天气以急,地气以明的季节。 使志安宁,
以缓秋刑,收敛神气,使秋气平。 此谓"养收之道",如逆此法则,就
会伤肺,冬生飧泄。 冬谓闭藏,是收藏阳气的季节。 使意志若伏若
匿,使"气"无泄皮肤。 此谓"养藏之道",如逆此法则,就会伤肾,

春为痿厥。 以上是有关四时之气和养生的要点，而且认为，一日之中，"气"也有消长。 与四时相对应，朝——春，日中——夏，日没——秋，夜半——冬，被分为四。 人之"气"生于朝，故邪气衰。 日中，"气"势变盛，可胜萌发之邪气。 傍晚，"气"渐渐衰微，邪气则兴起。 入夜，则"气"咸伏，而体内唯有邪气。 因此，疾病也随着"气"而变化消长（《灵枢·顺气一日分为四时篇》）。

在更大的时间水准上，"气"和人的一生也有关系。 五脏在作为寓宿精神的器官，同时，又分别有着不同的"气"，支配了人的一生。 人生十岁，五脏定，血气通。 二十岁，血气变盛，三十岁血脉满足，四十岁脏腑经脉达到鼎盛。 接着从五十岁开始，肝气始衰，六十岁心气衰，悲忧而血气懈惰。 七十岁，脾气空虚，八十岁肺气衰而魄分离，九十岁肾气枯而经脉空虚，百岁则五脏空虚而神气去（《灵枢·天年篇》）。 这样，"气"随着时间分阶段地从身体中消去，最后只留形骸融合到自然之中去。

5. 医学的乌托邦

由于疾病是随着时间而转移的，所以对此，就必须预见到未来会发生的疾病，在现在就加以处置。《鹖冠子》中载有魏文王问扁鹊有关扁鹊兄弟三人优劣的故事。 扁鹊回答说，长兄最善，中兄其次，我为最下。 长兄病而视神，未形便除之，故名不出家。 中兄治病在毫毛，故名不出闾。 而到了我，由于刺血脉，投毒药来进行治疗，所以名声在诸侯之间。 就连扁鹊那样的名医，在预见未来的治疗法前，都相形见绌。 认为发生了疾病再投药已经迟了，而把"圣人不治已病治未病"（《素问·四气调神大论》）作为理想。

那么，对于预见的未来的疾病，不用攻治疾病的物理性手段，有没有预防、治疗的方法呢?《灵枢·贼风篇》中说道，对于难以透视，被认为是鬼神作祟的疾病，巫的祈祷便可治愈。 巫在经验（即合理性）的医学中出现，乍看起来会有一种奇异之感，但这决不是意味和魔法咒术的妥协，而不能不认为和《黄帝内经》著者的历史意识有关。 他们具有像往古的人民那样——和禽兽一起，动身避寒，入阴避暑——自然地生活的，无内外欲望、恬淡处世的老庄式的历史观，认为在那样的往古，没有必要用毒药针石，所以治病"可移精祝由而已"，即只能靠巫的祈祷，移精变气而已。 当今之世，忧患苦劳而伤身，不守四时秩序，贼风虚邪至于五脏骨髓，伤害空窍肌肤，所以祝由也难以治病了（《素问·移精变气论》）。 即使内经的著者认为物理性的医疗技术比起咒术性的精神疗法要相形见绌，但一步步苦心构筑起来的经验医学也无法推倒，在采纳了认为上古是黄金时代，批判文明社会的道家思想时，产生以上的想法也可以说是必然的事了。

　　把在黄金时代，通过对"气"的管理而使生命体永存的真人作为理想的人的形象，如仅从医学的水平上来看，可以说，在根本上潜存着对当代文明论的批判。《素问·上古天真论》中，猛烈地批判了现代之人，说他们：

　　　　以酒为浆，以妄为常，醉以入房，以欲竭其精，以耗散其真，不知持满，不时御神，务快其心，逆于生乐，起居无节。

因此，现代人半百之岁，寿命殆尽。 而与此相反，知"道"的上古之人，可有百岁的寿命。 这是由于他们掌握了：

　　　　法于阴阳，和于术数，食饮有节，起居有常，不妄劳作。

这样的养生法。 进一步调节气的人，可以获得永久的生命。 同一篇中所见的真人是：

　　　　提挈天地，把握阴阳，呼吸精气，独立守神，肌肉若一。

故能寿命同于天地，无有终时。 还有，至人是：

> 和于阴阳,调于四时,去世离俗,积精全神,游行天地之间,视听
> 八达之外。

其寿命可以如意地延长。 这里的真人、至人,不用说是继承了庄子的
思想。 医学和神仙思想一起,处于似乎是连结道家和道教的中点的位
置,正是由于有这种养生思想的缘故吧![60]而在其根底上,有着始终
生命问题这就更不必说了。

结　语

在古代人的生命观中,风和气(空气、气息)被视为同一之物,这
或可看作不仅是中国,而且是古代思想史上的一个特征。 在印度,把
气息作为风的同时,还把它作为魂,也就是生命。[61]认为疾病是由气
息,由它分配的异常而引起的。[62]古希腊的阿那克西米尼首先提出了
气息说。 气息,即空气,即魂,是统括一切存在的原质。[63]阿那克西
米尼之徒,医生第欧根尼认为:"空气是生命的要素,与血液的调和性
的混合,乃是健康的条件"。[64]在他们思想影响下的医师希波克拉底继
承了气息说,但不是适用于病理(四体液说)理论方面,而是专门适用
于病因论。 气息分为体内之气(气息)和体外之气(空气),不仅是生
命的根源,还是智力的源泉。 因此,它和脑有着关系。 认为:"脑是身
体中的一种 antenna(触觉装置),是把由气息带来的智力性质的东西,
在身体中翻译,再传到各脏器的媒介者。"[65]气息和脑的关系如和中国
医学中"气"和经络的关系比较一下的话,是非常有兴味的。 还有,
精神的局部性存在问题也可作为比较医学思想考察的对象,但在这里就
不想赘言了。[66]

亚历山大利亚医学中,有排斥液体病理学、站在原子论立场上的埃
拉西斯特拉图斯(Erasistratus)*的精气说。 认为从空气中来的气息从

---

　　* 埃拉西斯特拉图斯(Erasistratus, 约公元前304—前250),希腊医学者,解剖学者,
初步区分了运动神经和交感神经,基于解剖学,奠定了人体血液循环的理论。

肺静脉进入心脏，成为生命精气，其一部分在脑中成为灵魂精气，通过神经到达全身。 到了罗马的盖伦（Galen）*，则气息进而被加上自然精气而分为三。 与前二者支配运动、知觉机能相对应，后者则支配消化、排泄、生殖等的"植物机能"。[67]

　　印度的气息说、古希腊的气息说和中国的"气"说之间有着很大的类似性，这是很明显的。 这不仅是和哲学有关系也是和医学有关系的概念。 原先把世界和人类理解为一个整体时，不论大洋的东西方，都想到了使所有存在者得以存在的原质，这是从哲学史中可知的内容。生命的原理在古希腊哲学中被作为灵魂来认识，而"以与外部进行新陈代谢的形态，从自然学说的见解"来认识时，它就是气息。[68]但在中国，从两种见解来认识的原理则是相同的，那就是"气"。

（加纳喜光）

注　释：

　　[1] 见下一章第一节《儒、佛、道三教中的气》（福井文雅）之四《译经中所见的气——气的定义》。

　　[2] 蜂屋邦夫《关于范缜〈神灭论〉的思想》，《东洋文化研究所纪要》六一号，第95页以下。 1973年。

　　[3] 关于这一点，请参见麦谷邦夫《初期道教中的救济思想》（见东京大学东洋文化研究所《东洋文化》第五十七号，1977年）。

　　[4] 关于这一点，详见户川芳郎《帝纪和生成论》（《中国哲学史的展望和摸索》，创文社，1976年）。

　　[5] 任继愈《中国古代医学和哲学的关系——从黄帝内经来看中国古代医学的科学成就》，载《历史研究》1956年5月。

　　[6] 冯友兰《先秦道家哲学主要名词通释》（1959年）中的《先秦道家思想与医学的关系》（《中国哲学史论文二集》所收，上海人民出版社，1962年）。

　　[7] 李汉三《阴阳五行对于两汉医学的影响》（上、下），载《大陆杂志》第三十卷，一、二期，1963年。

　　[8] 比如，田中吉左卫门《体系中所见的素问的思想》，见《汉方和汉药》第三卷九号，1936年。 同作者的《汉方中五行说的意义》，见《本草》二五号，1934年。

　　[9] 比如，丸山昌朗《关于气》，见《经络治疗》十六号，1969年（后收入《针灸医学和古典的研究》，创元社，1977年）。 顺便说一下，第二八次日本东洋医学会总会（1977年6月）讨论会的议题就是《关于气》。

　　[10] 马伯乐《道教——不死的探究》，川胜义雄译，东海大学出版会，1966年。

　　[11] 李约瑟《东西比较医学史》，《医学史研究》三八号 1972年。

　　[12] 李约瑟，*Clerks and Craftsmen in China and the West*, 1970, Cambridge. pp.267—268。 山

---

　　* 盖伦（Galen，约129—199），罗马医学者，遗有医学著作甚富，他有关解剖、生理、病理的理论，在欧洲文艺复兴以前，一直在西方占统治地位。 ——译者注

田庆儿译《东方和西方的学者和工匠》下，113 页。 河出书房新社，1977 年。

[13] 参照余岫云《古代疾病名候疏义》（自由出版社，台北，1972 年）的释名病疏。

[14] 狩野直喜《支那学文薮》40—44 页，みすず书房，1973 年。

[15] 伊藤清司《山川之神（三）》载《史学》第四二卷二号，1969 年。

[16] 藤堂明保《"风"考》，《对"文明"的反逆》，中央图书，1972 年所收。

[17] 赤冢忠《中国古代的宗教和文化》440—442 页，角川书店，1976 年。

[18] 严一萍《中国医学之起源考略（上、下）》，载《大陆杂志》第二卷八、九号，1951 年。

[19] 石原明《汉方》40 页。 关于三分类，见 25—42 页。 中公新书，1963 年。 还有，高桥晄正《汉方的认识》18—25 页，NHK 丛书，日本广播出版协会，1969 年。

[20] 中尾万三《扁鹊的疗法和淳于意的疗法》，载《同仁》第四卷一号，1930 年。

[21] 刘敦愿《汉画象石上的针灸图》，见《文物》1972 年 6 月。

[22] 石愿明，前书，第 42 页。

[23] 参照福永光司《封禅说的形成》，《东方宗教》第六号，1954 年。

[24] 藤木俊郎《素问医学的世界》22—26 页。 绩文堂，1976 年。

[25] 家本诚一《素问·风论及其他（一、二）》载《原典》第一、二号，1976 年。

[26] 富士川游《支那思想　科学（医学）》，载《东洋思潮》，岩波书店，1934 年。

[27] 参照赤冢忠前引书 442 页。

[28] 黑田源次氏认为，如分血气而言，则风是气，雨是血。《气的研究》，1977 年，东京美术版，70 页。

[29] 伊藤清司《古代中国的民间医疗（三）》，见《史学》第四三卷四号，1971 年。

[30] 藤堂明保《"风"考》。 前引书，20—21 页。

[31] 中尾万三《支那思想　科学（本草思潮）》，载《东洋思潮》，岩波书店，1934 年。

[32] 冈西为人《中国医书和本草考》269 页，南大阪印刷中心刊，1974 年。

[33] 罗根泽《管子探源》91 页，太平书局，香港，1966 年。

[34] 李约瑟，前引书，p.361（日译本 275 页）。

[35] 北京中医学院编《中国医学史讲义》第 15 页。 医药卫生出版社，香港，1974 年。

[36] 范行准《中国预防医学思想史》51—52 页。 人民卫生出版社，北京，1955 年。

[37] 公田连太郎的注作"落，络也，国都之内围绕四方作沟渠，以泄写（泻）秽恶之水，又因大川流流之。"（《国译汉文大成·管子》）

[38] 李约瑟也注意到了经络体系和水利工程学的一致性。 但似着眼于"气"的贮水池性来说。 李约瑟前引书，p.291（日译本 140 页）。

[39] 关于战国时代的水利事业，详见杨宽《战国时代水利工程的成就》（《中国科学技术发明和科学技术人物论集》所收，三联书店，1955 年），方揖《我国古代的水利工程》，新知识出版社，1955 年。

[40] 贝冢茂树、伊藤道治《中国的历史 1.从原始时代到春秋战国》，336 页，讲谈社，1974 年。

[41] 《太素》卷十一的杨上善注中有曰："分肉相合之间，自有大小，大者称谷，小者名溪，更为小者以为沟渎，皆行营卫，以舍邪之大气也。"

[42] 《太素》卷十九的杨上善注中有曰："渎谓沟渠，即腠理也"，同书卷二十四的注中有曰："渎谓毛孔也"。

[43] 《太素》卷十三的杨上善注中有曰："下焦别回肠，注膀胱，譬之沟渎下溉诸肠"。

[44] 《周礼·地官·稻人》中有曰："以潴畜水，以防止水，以沟荡水，以遂均水，以列舍水，以浍写水。"同书《遂人》的郑注中有曰："遂、沟、洫、浍，皆所以通水于川也"。 据《尔雅·释水》，则作"水注川曰溪，注溪曰谷，注谷曰沟，注沟曰浍，注浍曰渎。"

[45] 藤原知《针灸医学试论》89 页，医齿药出版，1976 年。

[46] 品川嘉也，品川泰子《人体和计算机》13 页，医齿药出版社，1974 年。

[47] 长浜善夫《东洋医学概说》178，179 页，创元社，1961 年。

[48] 高桥晄正，前引书，84，296 页。

[49] 藤原知，前引书，91 页。 还有，表 1，据上海市中医学会编《经络学说的理论及

其运用》（香港，1973 年）。

[50]　H.马伯乐，前引书 98 页。

[51]　藤原知，前引书，88，91 页。

[52]　长浜善夫，前引书，33 页。

[53]　高桥晄正，前引书，75 页。

[54]　H.马伯乐，前引书，83 页。

[55]　柴崎保三《黄帝内经素问新义解》，第二卷，387 页，东京高等针灸学校，1969 年。

[56]　黑田源次，前引书，92—95 页。

[57]　吴国定《内经解剖生理学》391 页。国立中国医药研究所，1969 年。

[58]　汤浅泰雄《身体——东洋的身心论试探》，305 页，创文社，1977 年。

[59]　详细请参照相见三郎《汉方的心身医学》，创元社，1976 年。

[60]　参照大冢敬节《东洋医学史》（与巴陵宣祐《西洋医学史》相配）281—282 页，山雅房，1941 年。

[61]　中村元《世界思想史 1.古代思想》，《中村元选集》第十七卷，348 页，春秋社，1974 年。

[62]　伊瓦·贝里西（译音）《精神医学的历史》，タセヅエ文库，白水社，1974 年。

[63]　中村元，前引书，350 页。

[64]　贝里西，前引书，26 页。

[65]　木村雄吉《古希腊的生化学》，108—110 页，中央公论社，1975 年。

[66]　目前，请参照中山茂《日本人的科学观》，创元社，1977 年。

[67]　川喜田爱郎《近代医学的历史基础》上，84，107 页，岩波书店，1977 年。

[68]　村上阳一郎《近代科学和圣俗革命》，164 页，新曜社，1976 年。

第二章

隋唐五代时期的气的概念

第一节　儒、道、佛三教中的气

由于规定了隋唐五代这样的时间界限以及三教交流这样的范围，如仅仅提出这三个时代、三教中的气加以解释，也许不会得到本文议题所想求得的正确答案。 因为仅仅如此，就不能判明这个时代的气是什么。 只有与其他时代相比较，判明这个时代出现的气的特征（也就是说，只有显出其时代的风貌），在此前提下，我们才能作出在这三个时代，三教中的气是如何状态的解释。 反之，如果不归纳出时代的特征，即使怎样博识缜密的说解，对于读者来说，这种诠释也只不过是资料的罗列吧！

因此，探讨与这以前六朝时代相比，隋唐五代时期三教中的气有何不同，便成了拙稿的任务。 如要辨别其不同之处，则就要辨别其时代的特征，[1]也就要回答标题中的问题。

但是，从儒家的正史、《五经正义》到道教、佛教的典籍，如实际地看一下当时的文献，就可注意到，显示时代风貌的资料，实际上是很少的。 对于"气"的记载数量虽然庞大，但关于气概念的内容，与先秦及汉魏六朝，几乎是没有变化。

比如，在正史《宋书·五行志》"元康六年"条中，记有"荆扬二州大水"，而其说明，却原封不动地只是引用前汉董仲舒之说；《礼志》中，尽管有关五行的记载频见，而前后时代中变化的例子却未能发现。《唐书·五行志》"天祐元年"条，"大历二年十二月"条内，虽然分别地谈到了地气、黑气，这只是指气的种类，对于气来说，并没有给予特别的时代意义和解释。《汉书·律历志》中曰："律以统气、类物。一曰黄钟……"，而梁《五行大义》的"第五论配干幹"也有同说，甚至到了《隋书律历志》也未见有所变化的解释。似只附加上了传统的"节气"。

当然，正史中的《志》，因开始就规定了其记述的对象是天候和季节，所以，或认为不应有新的解释，但即使在围绕着气的自然观方面，在变化比较容易发生的情况下，这种思想的时代变化痕迹也都几乎没有发现。

儒、道文献中的气，同样只是继承了在《易》、《庄子》等著作中所见的看法，正如栗田直躬《上古时代支那典籍中所见的气的观念》[2]中缜密地分析的那样，未越出先秦时代气概念的范围。因此，如与先秦时代的气内容相同的话，即使在这里再一次地提出，也无法显出时代的特色。

虽然气的概念没有变化，但从气的"用法"、"价值"这一点来看一下的话，似可认为在隋以降出现了某些特征。本文就拟揭示这方面的某些内容。如能涉猎六朝、隋唐、五代所有资料的话，也许可能指出其所有的时代特征，但现在笔者不仅做不到这一点，甚至只是三教的文献，也很难说都已查阅。因此对于标题来说，难免是"挂羊头卖狗肉"，而在此，想揭示一些在探索三教主要典籍时可以发现的（当然，这是笔者的看法）时代特征，以完成作为分担者担负的任务。

回答"气是什么？"这个问题，是本书全体的最终目标，因此，笔者想用研讨佛典中所见的气的译文的方法，以对此作出解答（选择这一方法的理由后述）。 以唐代以前的译经为资料，在时代上是一致的，这也可作为本文议题的一种答案吧！

一、五行之气的顺序——金木水火土

被认为是组成万物的水、木、金、火、土，所谓"五行"，仅此而言，是单纯的物质，或是五种元素，而在与阴阳思想的交流过程中，它成了使人事和自然发生变动的力量，五行被一一与气相匹配地加以解说。[3]把五行称之为气，《史记·五帝本纪》中"黄帝修德、振兵、治五气"，似为最早的例子。

作为五行的作用，有五行相胜（水、火、金、木、土），五行生成（水、火、木、金、土），五行相生（木、火、土、金、水）之说，此自不待言，而看一下正史，作为王朝交替的理论，是相生说还是相胜说，则根据各个时代的情况来选择。《晋书·载记》慕容儁、姚苌、苻坚等的传中，掺杂两说以说明五胡十六国的兴衰。 在隋以前北齐时成书的《魏书·礼志》中，高闾引用相生说，由于汉（火）→魏（土）→晋（金）→赵（水）→燕（木）→秦（火）这样的顺序，所以主张后魏当定土德。 还有，《隋书》卷二十三《五行志下》，载隋任火德，接下去唐为土德，所以，隋唐的交替，也是用相生说来说明的。 唐代的宗密在《大方广圆觉经略疏》（《续藏》一——一五)的卷一中，也是持相生说来立论。

从这些例子来看，相生说在隋唐期间受到重视，似可把它作为这个时代的特征之一，但是，比起相胜说来，把相生说作为王朝交替的理由，原来就比较合适，所以，在其他时代，相生说也会得到重视，因此，将此确定为时代的特征，还有进一步调查的必要。

同样是关于五行，比这更鲜明的时代特征，在隋代以降显现了出来。 这不是生成、相胜、相生的任何一说，而是对"金、木、水、火、土"这一五行顺序的重视。 比如，《隋书经籍志》云："五行者，金、木、水、火、土"，就是这样的例子。 还有，作为儒教圣典《礼记》的唐代公认的注释——所谓《正义》中，在解说"五行四时"(《礼运篇》)"五常之行"(《乐记篇》)时，也出现了金、木、水、火、土这样的顺序。应当看到，《隋书》、《正义》都是公开的文书。在《五代史》中，未发现有关的记载。

还有，在七世纪，唐太宗时代活跃的成玄英注《庄子·杂篇》、《盗跖篇》中的"五纪"，也出现了金、木、水、火、土的顺序。

佛教方面的例子，同是唐代的神清《北山录》(见《大正藏》卷五十二)"三皇五纪之尊，何者为上?""五纪"的注中，慧宝(唐—五代?)也云：此乃金、木、水、火、土。

从隋到宋初成书的《黄帝内经素问》卷七《脏气法时论篇》和《黄帝八十一难经》的七十五难中，也可见到同样的顺序。

笔者把金、木、水、火、土这一顺序，作为隋代以降的时代特征，这是因为，在六朝末以前，那样的顺序并不是经常出现。据笔者所知，这一顺序的最初出处，是前汉刘向《说苑》卷十八《辨物篇》"五星之所犯，各以金、木、水、火、土为占"这段文字吧!作为这种顺序思想的萌芽，可以认为是《国语·郑语》中"故先王以土与金、木、水、火杂，以成百物"(前面所述《北山录》中把五纪与五行连结起来这一例子的理论性的发端，恐怕可以上溯到《春秋左氏传·昭公十七年秋》条。)

用这样的顺序来说明五行，后汉班固《白虎通》卷上《五行》是最早的。此后，后汉应劭以五行的这一顺序，解说了在《史记·历书》、《汉书·律历志上》中的"五部"，西晋杜预同样以"金、木、水、火、土"的顺序，对《春秋左氏传》"昭公二十五年"中的"五行"，二十七年的"五材"，作了注释。而如将此与相生、相胜说相比较的话，则六朝时代类似的例子几乎是等于没有。就在汇集了先秦到隋代五行说的梁萧吉的《五行大义》中，也没有明确地表示这一顺序。

因此，进入唐代，正史和《正义》以这样的顺序来解释五行，把五行认为是气，这是应当注意的事实。而且，由于佛、道的典籍中也有这样的情况，因此，笔者把"金、木、水、火、土"这种五行的顺序作为是隋唐五代时期三教中气使用方法的特征之一，未必是勉强的吧！

但是，由于《五行大义》和隋虞世南《北堂书钞》卷一五一《五行篇》中未见这一顺序，故这顺序是入唐以后才被重视的。

那么，为什么这一顺序在唐代被重视呢？ 没有明确的证据。 但这一顺序，是以土德为中心，别的都围绕着这来思考，则是确实的。 前面所举《国语·郑语》的文字和《汉书·五行志下之上》，引《传》，曰："时则有金、木、水、火、沴、土"，表明了以土为中心的想法。 即隋为火德，唐为土德。 前面，是以相生说来对此进行说明，也就是以此作为王朝交替的理论，而在王朝成立后，从要把唐作为世界的中心来进行统治的思想出发，围绕土德的"金木水火土"的顺序就被重视了。这样的推测，也许不会错吧！

二、精、神、气——"三奇"

从六朝到唐代，虽然不断地进行着儒、释、道三教优劣的论争，但以气为对象的议论，除了唐代法琳《辨正论》的第七篇以外，几乎没有可观者。 然而，看一下整个论争，则现出了对于气的某种倾向性的见解。 这里首先想以梁僧祐的《弘明集》、唐道宣的《广弘明集》（《大正藏》卷五十二，按本书之例，省略出典的页数），为资料来说明这一点，此后，再揭示此外的特殊的气的用法。

在三教间的论争中，人的生命和精神到底是什么，这往往成为议题，而与此相关联，便言及"气"。 在这样场合的"气"，就是作为宇宙生成根源的气。 而且这个气的重点，是放在"聚散"作用上。 比如，东晋慧远的《沙门不敬王者论》中，就谈到了这一点。 概括地列之于下：

> 人的精神，原不过是阴阳之气变化的产物。阴阳二气以聚始，以散终。肉体全，则气聚而精神存；肉体毁，则气离散而精神之辉也灭。〔译者按：此乃作者的概括，非原文。〕

入唐以后，对此问题，法琳《辨正论》第七《气为道本》章中曰：

> 人之生，气之聚，聚则为生，散则为死。

是同样的说法。

但是，实际上，上述的说法，只是沿袭了《庄子·知北游篇》中所见的气之聚散的想法，并不是特别的新的看法。上引《辨正论》的文字，只是在《庄子·至乐篇》：

> 杂乎芒芴之间，变而有气，气变而有形，形变而有生。

这段文字前，添加一点东西而已。

传统的思考方法，是气集散而形成生死，也生成了宇宙。气的聚散形成宇宙，在《淮南子·天文训》中已可见这种理论的原型（此理论的详细内容，参照福永光司撰本书第一编第三章《道家的气论与〈淮南子〉的气》），而从六朝到唐代，也继承了这种想法。比如，北周甄鸾《笑道论》卷上引《三天正法混沌经》，主张"混沌之始，清气为天，浊气为地。"唐代法琳的《辨正论》卷六也引《灵宝九天生神章》，云："气清高澄，积阳成天"，"气结积而成地"叙述了同样的理论。总之，道教、佛教尽管相互进行理论性的批判，而作为共同的宇宙观，在进入隋唐以后，正是继承了先秦道家的理论。

在儒教中也有相同的理论。比如《易·系辞传上》"精气为物"，唐代《正义》曰：

> 阴阳精灵之气，氤氲积聚而为万物也……积聚极则分散。〔译者按：原引文略有出入〕

是以传统的气的聚散说来解释气的作用。

如果说，三教共同继承了先秦道家的气一元论，在气的内容方面，看不到时代的变迁，那么，在隋唐五代，何处可见气的特征呢？笔者以为，那就是把"精、神、气"作为一组的看法。这种组合，在隋代时期佛、道二教中出现，后来便称之为"三奇"。这种组合方法的出现，意味着比起前代来，气变得更受重视。

在先秦道家的典籍中，把肉体或生命，从形、气、神（或作精）这三个方面来考虑。比如，《吕氏春秋·季春纪·尽数篇》中，把形、精、气系列地加以记载，《淮南子·原道训》，列举有形、气、神这样的组合。关于心，在道家中，退而由"神"代之是常有的，还可以看到把气的作用置于心之上的想法。这与儒家，尤其是《孟子》中，认为气虽然也有价值，但要低一级的看法正相反。[4]

还有，进入六朝，在神灭不灭的论争中，人之形与神的关系，常常成为议论的出发点，这也是众所周知的事实。比如，刘宋颜延之《庭诰》、梁刘勰《灭惑论》中，有"佛法练神，道教练形"这样的例子。（详细内容，参照麦谷邦夫撰前一章第二节《道家、道教中的气》）再以前的例子，则有东晋葛洪《抱朴子·内篇·至理第五》的"形者，神之宅也"。

从这样形与神两方面，或形、气、神（或作精）这三要素来思考人的见解，隋代以后，就变成为"气、精、神"这样的组合。对此详细加以叙述的，是《辩正论》卷六的"气为道本"。这是"考古通人"和"占衡君子"二人之说，其叙述气、精、神关系部分的要旨如下：

> 如据《阴阳（或作阳气、二阳）黄精经》这本书所记，则流丹九转结果而生之气为精，精化为神，神变为人。阴阳二气交合而降精，精化而成神，精与神凝结上于九天而成九天之气[5]，其下于丹田与神合，结果则生人。因此，并无道神那样的东西司万物之生成。河上公注《老子》五千言中所记的"夷、希、微"，实际上就相当于精、神、气。如据《灵宝九天生神章》，陆修静、臧矜、顾欢、孟智周等人之说，则认为

清、白、黄元始三气合而成圣体(或云,至人法体),而精为精灵,神为
变化,气为气象。道中原先有气,保气则可得道,得道则长存。保精
则神明,神明则长生。精去则死。

这段文字的重要,首先就在于给气以最高的价值。同一文中,还
云:"检道之宗,以气为本",把气置于道之前。类似的思想,在梁刘
勰《灭惑论》"道以气为宗"之中,也可见到。

上面文字重要的第二点,是把夷、希、微与精、神、气相匹配来进
行解释。在河上公注的《老子》中虽言及这一点,现行本河上公注
中,第二十一章"孔德之容"中,说到"道之精气",第三十三章"知
人者智"中,说到"天之精气",说到天地之气相通,但未出现上述的
那种组合。在玄宗的注中也未出现。而到了北宋王雱(王安石之子)
的《老子注》(《道藏》三九五),则用精、神、气来说明了人的生命。

宋代,十一世纪前半编集的《云笈七籤》卷四十九引《玄门大论三
一诀并叙》,也有精、神、气组合的例子,引人注目。认为此书的问世
可追溯到六朝末期,这是勉强的,似为隋代时的作品[6](这种组合在明
代王守仁《传习录》中也出现)。

而这三者的组合,后被称之为"三奇"。宋以前问世的宁全真授,
王契真编《上清灵宝大法》卷五十九(《道藏》九六〇)中曰:

夫三光者,天之正气,日月星也。乃是天三奇,日、月、星;地三
奇,乙、丙、丁;人三奇,精、气、神,三合成九阳数也。

是这样的例子。把日、月、星视为三奇,在中唐梁丘子注《黄帝内景玉
经》(《修真十书》卷五十六所收。《道藏》一三一)中,也有这样的例子:

《大洞经》云,三光(日、月、星)隐化则成三官。一曰太清之中三
君也,二曰三丹田神,三曰符籍之神,故曰三奇灵。

如包括《外景玉经注》，则共有四次，在《黄庭经》中出现这"三奇灵"一词。

总之，把气、精、神概括为"三奇"的思想，可以说是从隋代，通过唐代，在道教中逐步确立起来的。应当注意的是，后来，"三奇"成了道教中重要的思想而被继承，一直到现代。一九〇二年，成都二仙庵主阁永和在《重刊道藏辑要序》中说道："人有三奇，三奇者，精、气、神也。人无三奇，无以成道"。一九六二年刊行的戴源长编、李乐俅校的《仙学辞典》中，也有"三奇"项，用精、气、神来说明。

只是三奇思想之始，尚不明确。上述《上清灵宝大法》将刘宋时道士陆修静列为第一加以尊敬，《玄门大论三诀并叙》中解说精、气、神这"三"的孟法师，殆指梁代道士孟智周，所以，如把前述强调精、神、气的《辨正论》文中也出现此二人这一情况并加考虑的话，三奇思想的萌芽，也许可以上溯到五世纪的刘宋时代吧！"三奇"一词最初出处，据笔者所知，东晋葛洪《抱朴子·内篇·仙药第十一》中有"三奇会则佳"之例，但此"三奇"何指，则未详（在同书《遐览第十九》中亦可见。还有，在《登涉第十七》中，有"三口忎"一词，换一种说法则是"三忎"，其内容也不明确）。

正如前例，以日、月、星与乙、丙、丁相匹配的想法始于何时也不详。以五行配十干，始于《吕氏春秋》十二纪，而《管子·四时篇》和后来的《五行大义》中也可见。《春秋左氏传·昭公九年四月》条的《正义》中，引用了以甲乙为木，以丙丁为火这种阴阳书之说。数术家的《三命通会》中，也可见这样的匹配，但《三命通会》的成书本身就不清，所以还是无法确定。

应当注意，"三奇"还有相当于别的内容的情况。那就是与三种经典相匹配。比如，北周，即六朝末期的《无上秘要》（《道藏》七七八卷九十五）中曰：

三奇第一之奇，《大洞真经》三十九章，第二之奇《雌一宝经》，第三之奇《太上素灵洞玄大有妙经》，此传已成真人，不传于始学也。

与此经名稍有不同而同样匹配的例子，在被认为七世纪末期成书的《道门经法相承次第》卷下(《道藏》七六二)和《洞真太上素灵洞玄大有妙经》(《道藏》一〇二六)中也可见到。

这样，似可认为，日、月、星"三奇"和精、气、神"三奇"与上述三种经典的内容有着某种相关的关系，但现在这也只是一种推测。

三、元气与外气、内气

在道教中，对不老长寿，所谓成"仙人"之法，有着大量的研究。这种方法的具体例子，有服用灵药之"丹"，避食五谷和被称之为"导引"的特殊的身体锻炼术。而其中最重要的是"服气"法。它和所谓"行气"、"胎息"都是一种呼吸法。

仙人呼吸法，具体来说怎样做才好呢？东晋葛洪《抱朴子·内篇·释滞第八》，有着如下的大体说明：

> 得胎息者，能不以鼻口嘘吸，如在胞胎之中，则道成矣。初学行炁，鼻中引炁而闭之，阴以心数至一百二十，乃以口微吐之。……以鸿毛著鼻口之上，吐炁而鸿毛不动为候也。渐习转增其心数，久久可以至千，至千则老者更少，日还一日矣。……其从夜半以至日中六时为生炁，从日中至夜半六时为死炁，死炁之时，行无益也。〔译者按：原引文略有出入〕

这种方法，在七世纪时唐代孙思邈的《枕中记》(《道藏》五七二)中也可见，有着闭户横陈，枕高二寸半为好等说明，变得更加详细。其中对于呼吸，也变得更喜讲"元气"(宇宙根源之气)。据认是唐代的八世纪，或九世纪时作的《元气论》(《云笈七籤》卷五十六)的序文中，有：元气乃先天地而生，"元气先清升上为天，元气后浊降下为地"，

"夫情性形命，禀自元气"这样的说明。(译者按：此处文字，非尽出于《序》，亦有《元气论》的内容)这种宇宙生成说，只是稍改变《淮南子·天文训》的说法并无新意，但可以看到，"元气"变得更被重视了。这篇《元气论》的注，甚至有："元气有六寸，内三寸，外三寸，人能保一寸，延三十年寿……失一寸，减三十年之寿"这样的说法。

在对天地之元气重视的同时，人类体内的元气也被设想出来。此《元气论》中，在上述文字后有曰："人之元气亦同于天地，在人之生，生于(右)肾也"便是其例。在唐代，把这种体内的元气称作"内气"，把外界的元气称作"外气"，而给予内气以更高的价值。这种区别及对"内气"的重视，是唐代以降气观念的时代性特征之一。[7]

外气与内气的区别，比如在八世纪末的《嵩山太无先生气经》(《道藏》五六九)卷上序：

> 道之要法，不在经书，悉传口诀。其二景，五芽、六戊诸服气，皆为外气……至如内气，是曰胎息。

这段文字中也可见。唐末宋初《太清调气经》(《道藏》五六九)中有"服气者本名胎息，如婴儿在母腹中"所服者(即只服体中产生的内气)这样的说明，甚至主张："旧经云，鼻引外气服者，深非正法也。"

如看一下时代稍后，11世纪时成书的《太清服气口诀》(《道藏》五六九)的《服气十事》章，则说明得更详细：

> 凡服气总有十事，(心、肝、肺、脾、肾分别出为五气)，并阳气、阴气、和气、外服气、内服气，名为十事。今时正咽者，只是内服气一事耳。
> 气常自口鼻出行，使其不出，脐下丹田，时常可满。

也把内气作为最重要的气。

继此，甚至出现了"元气外气，决不相杂。"这样的话。 这里的元气是指内气，从《胎息精微论》(《云笈七签》卷五十八)把此元气改说成内气，也可判明。 甚至还作出了区分外气与元气的口诀(《道藏》五六九,《云笈七签》卷六十二《辨肠转数法》)。

这到十二世纪末，金朝张行简《人伦大统赋》(《十万卷楼丛书》)卷上的夹注 (元代，1313 年，薛延年) 所引《洞源经》，变得更加具体：

> 气有二焉,有内气,有外气。散如烟雾,聚如毛发。见于皮肤之上,有青、红、黄、白、黑五色,外气也。夫人之气出于丹田(为内气)……小人之气出于肝膈,如猴呼鼠啸……不能寿也。

等等，甚至规定了外气的颜色，而内气也有"小人之气"与非"小人之气"的区别。

内气、外气的区别，是基于"胎息"这个词的联想而产生的。 前引《抱朴子》文中，关于胎息的方法，虽没有唐代那样具体的说明，但正如从禁止午后服气这种情况中可知，是由于容易吸入外气中，那种混浊的空气。 因此，从胎儿呼吸的联想中，设想出对于外气而言，是绝缘纯正之气，即"内气"的存在，也就是容易理解的了。(事实上，"内气"这个词，最初见《抱朴子·内篇·杂应第十五》"合口食内气"。 但是，在那里没有内外二气的区分，也未见关于内气的详细说明。)

这种内气外气的区别，在北宋中期开始新兴的金丹道中，就被设想为"内丹、外丹"的区别。 金丹道的主张是，如能在体内炼成一粒金丹，置于脐下丹田，便可得不死之道。 因此，认为也要从脐下丹田中生成内气，应以内气充满丹田的内气说与金丹道之间，似存在着某种影响关系，而探明这一点，则是今后的课题。

四、译经中所见的气——气的定义

要回答气究竟是什么，这是本书共同的目标。 但是，只从慧远及其他思想家的文章，即汉文文献的用例中，要得到这样的回答，是相当困难的。 采用那样的方法，也许可说明气有"作为人身中具体之物的气"和"与人相脱离的气"两种，"九气"是什么，外气是什么等问题，但这只是诠释，是对气的种类的判别，只是将气分类，而不是对"气是什么（即气的内容是什么）？"的回答。 因此，在这里必须采用其他方法和资料来思考气概念的本质何在。

这种方法，就是以唐代以前的汉译佛典，即所谓译经为资料。 在把梵语佛典进行汉译时，如使用"气"字，则通过调查对应的梵语，可大致判明中国人是怎样理解"气"的。 在当时，由于中国人与外来僧侣共同翻译的情况是很多的，两方面一致的解释当反映在译文中，中国人本身所理解的气的本质，也当在这里表现出来。

而在译经中，有着相当多的异译经典。 如把这些按照年代的顺序加以对照，如能发现把"气"用别的汉语改译的话，那么，在那里窥见气观念变迁的踪迹，也是可能的。

如果说，调查中国人本身的翻译，近代严复译的《天演论》，和中国学者的英文研究著作等都是很好的线索，然而，从唐代以前的资料，即从宋学以降对气附加了特殊意味以前的著作中来调查气本来的意义，价值更高。 而且，这与本文讨论问题的时代也是相应的。（关于近代中国人的解释，请参照本书的附论《西洋文献中"气"的译文》）

如采用上述方法，实际地调查一下从后汉到唐代的汉译佛典的话，与儒、道二教相比，译经中气的用例几乎是等于没有。 作为译文中使用的例子，仅有如下的不到二十例（按时代顺序排列，这里不涉及译时，译人的真伪问题。 为避免繁冗，出典在《大正大藏经》中的卷数、页数俱省略。）：

火气、地气、风气（见后汉支曜译《阿那律八念经》） 气息（失译，附《后汉录》的《分别功德论》卷四） 四气（吴支谦译《佛开解梵志阿颰经》） 元气（吴康僧会译《六度集经》卷八） 出气、入气（西晋竺法护译《生经》卷二《佛说迦旃延无常经》第十七）　气嘘（后秦鸠摩罗什译《十住毗婆娑论》卷六《分别功德品》第十一，北凉昙无谶译《大般涅槃经》卷十九《梵行品》。《南本涅槃经》也同）　气味（唐玄奘译《佛地经论》卷六）　毒气（唐义净译《大孔雀咒王经》，不空《佛母大孔雀明王经》）

作为可确认的与汉译相对应的例子，有：

香气　gandha（吴维祇难译《法句经》上，西晋法炬〈共〉法立译《法句譬喻经》卷二，后秦竺佛念译《出曜经》卷九）

吸气　Rāhu（西晋竺法护译《正法华经》卷一）

云气　ap 或 Abū, abda, arbuda（西晋法立〈共〉法炬译《大楼炭经》卷二）

人气　vāta（失译人名，附《东晋录》，《那先比丘经》）

气息　āśvāsa（后秦佛陀耶舍〈共〉竺佛念译《长阿含经》卷二）

精气　ojas（后秦鸠摩罗什译《妙法莲华经》卷七，隋阇那崛多〈共〉笈多译《添品妙法莲华经》卷六）

气力　bala（唐不空译《佛母大孔雀明王经》卷中）

像上面那样按时代顺序排列，相应地就会产生种种的问题，但鉴于本书的性质，对此的解释就省略了。 若谈结论的话，那就是：仅从这些例子要直接地推测怎样理解气的概念，是困难的。

不仅是译文中使用的例子少。 在密教等部中，作为用梵语音写的字，尽管似乎也常使用"气"，但令人吃惊的是，译文中却完全没有发现那样的例子。 据儒莲（Stanislas Julien）的《梵汉音写字复原法》（*Méthode … Paris*, 1861），作为例外，虽说时代稍后的南宋宝云《翻译名义集》卷五中有音写的使用"气"的例子，但也不能确认。 斯坦尼斯拉斯的记录不会是错误的吧! [8]

译经中"气"的使用例子如此之少的理由，可以认为有这样两条：

一，由于气完全是中国独有的概念，印度没有对应的概念，二，由于道教中多被使用，嫌其带有道教的色彩，故意不使用。

但是，这里有一个应当注意的、重要的、例外的用例。 这就是vāsanā的译文"习气"（后秦鸠摩罗什译《大智度论》卷十一，他处甚多）。"vāsanā"是佛教思想中非常重要的概念。 对于它的翻译，尽管存在着上述的二个理由，但还是采用"气"字这一点，首先就必须应当注意。应当注意的第二点，"习气"是佛教中的新造词。 与前述的译例"毒气"、"气力"等都是套用既存的汉语不同，对于"vāsanā"，"习气"是特地新造的译文。 第三，调查一下"习气"的异译，有"薰习"、"残气"、"余气"，还是留有"气"字。 这不就可以证明，"气"是词的重点所在吗？

如注意到以上这三点，就不能不认为，在这样的情况下，确定翻译成"习气"，是由于原文vāsanā有着必须用这个"气"字才能表达的意义。 如是这样，则原文与"习气"肯定在本质上是相当一致的概念。

所谓习气，被认为是产生了诸如烦恼、困惑，而消除了以后，其结果仍在无意识中，作为潜存结果还留下的气分（译者注：此为日语词，这里表示情绪感觉、下意识的惯行趋向），是过去行为的习惯性的潜在余力。 经常比喻长期戴着枷锁的囚犯，即使从牢里出来，还是习惯地、下意识地拖着脚；从香袋中取出了香，但袋中还残留着香那样的情况。用通俗易懂的话来说，在成为习性这样的场合，就相当于习惯性。

在这里，更加详细地来说明习气，介绍各种各样的解释，是没有必要的，总之，作为习气属性的重要方面，就是"习惯性的潜在余力"。也就是说，它不是单纯的静止的力，而是一直在变动的力。 是在身体中活动着，不断地起着影响的力。 由于"习"，有着"反复进行，作为熟悉亲近的结果而沾染、积聚"这样的意义，因此在汉译时，vāsanā概念中的习惯性，就用这个"习"来表示，而表示"内部的变化，自身不断变动的潜在余力"，就是用"气"这个字了。 在汉语中似乎也可以用"力"和"势"，但是由于在这里不能充分地表达vāsanā概念的内容，所以不用"力"和"势"作为译语。

这样，气究竟是什么的答案大致就可明白了。它就是有着上述意义的力，简单地说，可以认为是一直伴随着某种运动的潜在的力，潜在的活力。应当注意的是伴随着运动这一点。当然，"气"还可以有别的定义。但在定义中，由于这是缺少了它就无法成立的属性，是反映本质的东西，所以，至少对于隋唐以前的"气"，上述的答案当是可以成立的。

如用上面的定义再反过来看看气的用例的话，则可注意在某种事物运动时，对它加上"气"字而造出的连用词。前面所举的译经中的用例，似就是如此。比如，毒气也好，香气也好，仅仅是毒、香，不能感觉到运动，而加上了"气"字，就可以感到，毒在发挥着毒的作用，香也就确实在发散着香味。Ojas 被译为"精气"，也就是因为这个原因吧！因为 Ojas，确是表示肉体的力的强度，活力原理的词。对照隋唐以前儒、道二教含有气的词组的用例（这里省略了一一的对照），就可以确认上述气的本质的属性。

在译经中，几乎是故意地很少见"气"的用例，是三教交流中的重要事实。正如在本文上述的考察中已自然地表现出那样，最重视气的，是道教。就是说，先秦以来，气在道家系统的典籍中，最多地被作为问题。反过来说，似可以这样认为，把气作为问题的文献，则与道教有着一定的关系。被认为系后汉安世高译的《大安般守意经》和六世纪智顗的《天台小止观》等，就是这样的例子。而这与本文只是提示而未解决的一些问题一起，就留待作为今后的课题吧！

（福井文雅）

第二节　儒、道的气与佛教
——宗密的气

佛教被中国社会所接受，在中国社会中扎根，中国佛教诸宗的形成，是在隋唐时代。这也是佛教徒脱离了探求佛教教义，而对于宣明佛教真理抱有自信的时代。这时，出现了从佛教的立场对儒教和道教进行批判者。

三论宗的集大成者吉藏（549—623）对儒道二教进行了彻底的猛烈的批判。特别是对于老庄，从六方面论证了它比佛教低级。承此传统，初唐的佛教徒法琳等也对道家的学说进行了论难。但到了中唐，就不是单纯的排斥和批判，而是要把儒道二教纳入佛教的体系中去了。玄宗朝代的道教保护政策，加速了这一点。八世纪前半叶活跃的华严宗的慧苑，就使老、庄在自己的体系中占有一定的位置。而到了天台宗的湛然（711—782），则在自己著述的书中，大量地引用老、庄的话。华严宗的澄观、宗密，也把老、庄和儒教包摄在华严的体系中，给予一定的位置。这就不只是单纯地批判和对抗，而且开拓了发展到融合的道路。既批判，又包摄，不是更彻底地贯彻了佛教的立场吗？反之，这也就是在中国的思想中埋没佛教的过程。佛教本身由于与儒道二教的交流而改变自身面貌的同时，到了宋代儒、道二教则形成了受到佛教很大影响、作为新儒教的宋学和作为新道教的全真教。

在宗密的《原人论》中表现出来的气的思想，对宋学的形成是否有某些影响呢？在此，想举出其特性来加以探索。

一、唐代佛教的发展

在中国，佛教的传入，如从文献上来说，是后汉哀帝的元寿元年（公元前2年），而实际上，佛教经中亚细亚传到中国，恐怕是在纪元前后，和商队一起，从印度和西域诸国渐渐传来的。

经过后汉，三国，到了两晋时代，佛教逐步被中国社会所接纳。特别在五胡十六国时代，到了佛图澄以及其弟子道安（314—366）出现，中国的佛教扎下了根基。在那个时期，大翻译家鸠摩罗什（344—413）以被视为大乘佛教代表的《法华经》为首，翻译介绍了《维摩经》、《阿弥陀经》等等，以及龙树的《中论》、《百论》等佛教典籍，确立了中国佛教接受印度大乘佛教的基础。

到了南北朝时期，在北魏时期，佛教与帝王的权力密切联系，佛教团体被整顿，得到迅速地发展。在佛教的理论方面，成立了地论、摄论、成实、三论、涅槃等学派，在学问上，佛教被广泛地加以研究。还有由于菩提达摩的来到，禅宗兴起，而由昙鸾开创了净土教。这禅和净土，在唐中期以后，形成了中国佛教的主流，成为中国佛教的中核。

中国佛教史上，中国独立诸宗的产生，是在从 6 世纪到 7 世纪这个时期。北周武帝断然实行严厉的废佛毁释政策，一举截断、废绝了北魏以来隆盛一时的南北朝时期的佛教，但由于这样的废绝，反而产生了作为中国人宗教的新的佛教。本身经历过北周废佛，并有着深刻认识的天台智顗（538—597），成立了天台宗。另一方面，继承了鸠摩罗什翻译的龙树佛教传统，又提出了独自的空的观念的，是三论宗的集大成者吉藏。还有基于当时的末法史观，吸引了大量信徒的宗派——信行的三阶教。

到了唐代，为求经典前往印度的玄奘（600—664）归朝后，传布了印度瑜伽行派，特别是护法的唯识说。玄奘的弟子慈恩大师基（632—682），新成立了法相宗，在长安的佛教界中吹进了新风。克服了这在高宗时代兴盛的法相宗的教理，想要扬弃三论宗和法相宗教理的，是在武周朝产生的华严宗。华严宗由杜顺（557—640）所开创，第二世祖智俨（602—668）接受了地论宗南道派的学说，提出了独自的思想，由其弟子贤首大师法藏（643—712）集大成。华严宗的教理，是基于《华严经》的圆融思想，同时包括了《庄子·齐物论》的思想，还采纳了佛教的空的观念和唯识的教义而产生的。特别是其中的性起说，后来对禅的思想史有很大的影响。

到了玄宗时期，善无畏（637—735）、金刚智（669—741）、不空（705—774）等分别从印度到来，传来了《大日经》等密教经典。采用咒术，进行祈祷的密教，作为以内道场为主的宫廷佛教，有着很大的势力。

由菩提达摩到来而传布的禅宗，在五世祖弘忍以后，分为两派。

一派是开创北宗的神秀（606？—706）派，还有一派是慧能（638—713）。北宗禅宗在神秀以后有普寂（651—739）、义福（658—736），在长安佛教界占有很大势力。作为中国禅，慧能的南宗最为兴盛，北宗禅灭后，只有南宗独盛。六祖的弟子中，有南岳怀让（677—744）和青原行思（？—740）两人，由南岳系统兴起了洪州宗，由青原系统兴起曹洞宗。洪州宗内，马祖道一（709—788）、百丈怀海（749—814）两人活跃在8世纪到9世纪初。与宗密的晚年同时代的禅师，则有黄檗希运（？—850？）、临济义玄（？—867）等等。而在青原门下的曹洞宗里，在8世纪到9世纪，尽管也涌现了石头希迁（700—790）、药山惟俨（745—828）、与宗密的生卒年完全相同的云岩昙晟（780—841）等人，但宗密在其著作《禅源诸诠集都序》和《禅门师资承袭图》中，几乎都没涉及，这也是有着某种理由吧！

下面，拟叙述受到北宗猛烈攻击的菏泽神会（670—762）的法系。神会的弟子中，活跃的有磁州法如（723—782），无名（722—793），黄龙山惟忠（705—782）等，而与宗密同时代，只有东都奉国寺神照（776—838），云坦在816年、宣州志满在805年已逝，菏泽宗的宗势以800年为界限，急剧地衰退。宗密在菏泽宗的威势和思想中寄托着自己的整个命运，而由于菏泽宗急剧地衰退，他对于菏泽宗的大赌注就造成了错误。9世纪初中国禅的主流，已转移到洪州宗，只有洪州宗才是后来时代中国禅的主流，宗密虽具慧眼，却未能见出这一点。

华严宗在法藏以后，有使华严宗中兴的澄观（738—839）。澄观从南山律宗的昙一那里学律，从荆溪湛然那里学天台教，从金陵的玄璧法师和成都的慧量法师那里学三论学。关于禅宗，据说从牛头慧忠、径山法钦、洛阳无名那里受南宗禅，从慧云那里受北宗禅。而对华严宗，是从慧苑的弟子法钦那里学得。这样，澄观在精通三论、天台、华严、禅、律的同时，根据华严的立场将其统一起来。那综合性的佛教教学的建立，是中唐的一大伟观。《原人论》的著者宗密，是这位澄观的弟子，学的是华严学。

二、宗密的三教观

最典型、简略地表现宗密对儒、道二教态度的是《原人论》。而他在自己所著的《圆觉经大疏钞》、《圆觉经略疏钞》等书中，也表明了对儒、佛、道三教的看法，因此，想对此作若干探讨。

宗密对儒、佛、道三教的特性，作了如下的说明："古来诸德皆判，儒宗五常，道宗自然，释宗因缘也"（《圆觉经略疏钞》卷四）。据此，他认为儒教讲求五常，道教讲求自然，佛教讲求因缘，进而又论述了在佛教中，随着从小乘教变为大乘教，对因缘的解释也深入了。《圆觉经大疏钞》卷七之上，对儒道二教作了说明。在解说道教时，列举了《老子道德经》的文字，引证了《河上公注》等进行了说明。对于儒教，则举对《周易》"太极生两仪"的注释来说明。应当注意，这与《原人论》中在论述儒道二教时，也把重点放在道教的自然以说明儒道二教的教义的情况，是非常类似的。

宗密在《圆觉经大疏》的序中曰：

元亨利贞，乾之德也。自一气始。

常乐我常，佛之德也。本于一心。（《续藏》1—14—2、108d）

据此，一气是生成元亨利贞的根本，佛教常乐我常的根本是基于一心，则一气和一心被视为同样的根本原理。[9]接下去，认为乾有动用不息之意，是阳气的精粹，与阴体的凝静是不同的，与此相对，佛有觉之意，是菩提之智，与涅槃寂灭之体也是不同的。

接着，宗密整理了儒道二教的思想特性，从佛教的立场对其进行了批判。《圆觉经略疏钞》卷五中，有曰：

疏先于诸法者，儒道二教所说，人畜草木万物，以天地为先，天地又以混沌一气最为其先，故立元始之号。又老子云："有物混成，先天地生",意云,天地人畜,万物皆从混沌而有。

> 今正教所明,则天地人畜是别业所感。所感能感,皆从自己妄识
> 之所变起,则以妄识为先。妄识由迷圆觉真心故有,则以圆觉为先,
> 故下经云:"种种幻化,皆生圆觉妙心,至于虚空,亦从识变。"当知唯
> 有圆觉是最先之义,故云先于诸法也。(《续藏》1—15—2,133cd)

据此,说是人畜、草木,万物一切都以天地为先。 而《老子》的
"有物混成,先天地生",认为天地、人畜、万物皆是从混沌而生的存
在。 从佛教方面来批判这种说法,则认为由于天地人畜是别业之所
感,而所感、能感皆是自己的妄识所变,所以妄识是最终的根本。 如
说到妄识是怎样产生的,则是因圆觉真心的迷惑。 因而,表明了在佛
教中只有圆觉真心才是根本的唯心立场。 这里是认为,比起儒道二教
来,佛教的心意识论要更胜一筹。 宗密的这种想法,当然作为《原人
论》的思想而表现出来。

三、《原人论》的结构

《原人论》,正如其题目所示,是探明人的本性,本源的作品。 但
为什么宗密必须要站在佛教的立场来探明人的本质呢? 那是由于当时
排斥佛教的儒者活跃。 是由于在宪宗之时,韩愈上《论佛骨表》,批判
责难佛教,而宗密拥护佛教,存在着必须要从佛教的立场来展开关于人
的论争的客观形势之故。 韩愈在《原人篇》中,认为人类只是天地间
生物之主,针对这种想法,宗密基于华严宗的哲学,认为人的本性汇集
于真心,因此人类是胜于万物的存在。

下面,拟简单地叙述一下《原人论》的内容。《原人论》中,首先指
出了儒、道二教的错误。 接着,叙述了佛教中的人天教、小乘教、大
乘法相教的各种说法,批判这些教义不能探究人的本性。 最后举出了
华严宗的哲学,认为真实的教义必须是一乘显性教。 但是,反过来,
站在作为终极之教的一乘显性教的立场,反复研讨佛教诸学说和儒道二

教的教义，认为这些教义中也说出了一部分的真理，各自都有存在的意义。 总之，是针对当时信奉儒教和道教的学徒批判、责难、排斥佛教的风潮，为了强调佛教的优点而写了这篇《原人论》。

《原人论》写于何时？ 此事不明。 如据其自己在《原人论》的序文中所说："数十年中，学无常师"，则也可认为是宗密晚年的著作。 但是，(1) 在《原人论》中，完全没有论及禅宗，没有在晚年的著作《禅源诸诠集都序》中所能看到的关于禅之三宗的记述，可以认为，这说明《原人论》是比较初期时所写。(2)《原人论》也有关于儒道二教的论述，而宗密在青少年时代曾学习儒学，也可以认为，《原人论》是其舍弃儒学转向佛教的时间不太久时所写。(3)《原人论》中说到的一乘显性教中，只说到教宗，而完全看不到对菏泽宗和洪州宗的区别。 与《禅门师资承袭图》比较，思想上是相当不成熟的。 如这样来考虑的话，也可以认为《原人论》是比较早期的撰述，当然，也不能作肯定的结论。 而加地哲定氏则云："他著《原人论》在几岁之时，尚不能明，但从其所论述的内容来看，殆是他思想成熟了的相当晚年的作品吧！"[10]

但要探求《原人论》的产生过程，有着有力的资料。 这就是《圆觉经大疏》卷中之三中所叙述的儒道二教的教义。 如将此《圆觉经大疏》的文字与《原人论》进行比较的话，可知《原人论》是相当简略化的叙述。 尤其是《圆觉经大疏》是列举出典根据来论述，而与此相反，《原人论》是完全不举出典。 由此看来，《原人论》不就是把《圆觉经大疏》中所述的儒道二教之说简略化地加以论述吗？ 但这也可以反过来说，也可以认为《原人论》是初期所作，而《圆觉经大疏》则是以《原人论》为基础而举出出典根据。 顺便说一下，由于《圆觉经大疏》的撰述年代是在长庆三年到四年，如认为《原人论》的撰述是在其后的话，也可以说是宗密晚年的著作，但要确定这一点，在目前的研究情况下，还做不到。

让我们根据《原人论》所附的宗密自序来简单地看一下《原人论》的内容吧！ 宗密认为，宇宙间的一切生物，都有其本源。 山川草木等一切现象的产生，也都有其根本。世中没有无根本而只有枝叶者。何况万物中最灵的我们人类，其生成自当不无本源。儒教讲求修身治国平天下，注重所谓事实，与此相反，佛教则主张探明自己的本源。宗密在数十年间，学儒、修禅、研求华严，曾仕奉许多老师。这样，才得以探明自己的本源。宗密在总序中，把自己理解的儒道二教和佛教的教义作了如下的说明：

儒道二教中，是怎样叙述人类的根源，人类出生的根本原理的呢？关于人类出生的原理，可以从远近两个方面来看。首先从近的方面来看，我们的身体，受自父母，父母还有父母，即受之祖父母。也就是说，由祖先到子孙，传体相续。而从远的方面来看，作为天地未分之根源的混沌一气分而为阴阳二气。阳气上则为天，阴气下而为地，天地相互和合而生人，这就是生天地人的"三"。此三才为根本，由此而生万物。万物也好，人也好，其本源都是以混沌的一气为基础，这就是儒道二教关于本源的教义。

与儒道二教在气中探求人类的本源相对应，在佛教中又是如何呢？佛教中也是从远近两方面来考虑人类的本源。首先是近的方面，如据人天教之说，则云吾等在生前的前世造业，其业善，则其报也善；其业恶，则其报也恶；认为是随业受报。

与此相对，在佛教中，也有从远的方面来看的小乘教和法相宗的教义。在小乘教中，如说到我们的业是由何而引起的呢？它认为是由惑不断依次辗转而成的。在小乘教中，认为由种种的惑业，世界和自己的心身也相继轮回。认为只有阿赖耶识才是人身的根本，那是法相宗的说法。

孔、老、释三圣的教义中，有一致之处，但从佛教的立场来进行批判的话，儒道二教不过是权教，佛则是兼权实而有之。尽管儒教中说"天命"，道教中说"虚无"，由于都未能探明人类的本源，所以不过是假的教义；在佛教中，人天教说"业"，小乘教说"惑"，法相宗主张阿赖耶识，而由于也未能究明人生的根本之义，所以也不过是假的教义；

由于只有一乘显性教阐明了人类的本源，所以才可以说是真实的教义。
但是，在伦理道德方面，儒佛道三教都要策万行、惩恶劝善。 其终
结，儒教成为君子，道教成为真人，佛教成为菩萨，同归一于圣人，所
以三教皆可遵行。 可知，作为权教的儒道二教也决不是可抛舍之物，
它们分别对人伦有着作用。 然而讲求伦理道德的儒道二教也还是权
教，要推穷万法，终究真理，探明人性的本源，还须佛教。 不是佛教
中的人天教，小乘教，大乘法相教，大乘破相教，而必须是讲求真心、
灵性、真性的，主张真实的一乘显性教。 断定只有一乘显性教才说明
了生死的本源、人类的本性。

　　宗密之时，众多的学者是，学儒教者便执着于儒教，学道教者便执
着于道教，而不学其他教义。 即使是佛教学者，也有执着于一宗一
派，为使自己的教义绝对化而失却了佛教真实意义者。 由于这些学者
视野狭隘，所以不能够明达宇宙人生的根本之义。 宗密宣言，要坚定
地"内"研佛教教理，外学儒道二教，以推穷万法之理。 因此，在《原
人论》中，一开始，就说明浅显的儒道的教义(《斥迷执第一》)，接着，
在佛教中，也是从最低级的人天教依次地到高级的小乘教，再到属于权
大乘的法相教、破相教，逐一说明其教义(《斥偏浅第二》)，然后，说到
最深远的实大乘的一乘显性教(《直显真源第三》)。 最后，论说一乘显
性教，说明宇宙万物怎样从一心真如依次地生成。 由于明确了在宇宙
中存在的万物，皆不可离真如，所以在《会通本末第四》中，扬弃了不
过是假的教义——儒教，道教，小乘教，法相教，认为从高的角度来
看，它们也都有着部分真理，说明所有的事物都应当融会贯通。 因
此，反过来，从破相教开始到法相教，从法相教到小乘教，从小乘教到
人天教，进而到儒、道二教，甚至一切事物的末端，包容在一乘显性教
中，是可能的。《原人论》正是有着这样的结构，抱着这样的目的，把全
文分为四篇。《斥迷执第一》，是斥儒道二教的谬误，《斥偏浅第二》，是
斥佛教中的人天教、小乘教、大乘法相教、大乘破相教的教义，《直显
真源第三》是说明真实教义的一乘显性教，最后的《会通本末第四》，

是阐明把前面排斥、批判过的所有的教义，归一到真性的本源。

四、儒道二教及其批判

宗密在《原人论》中，对儒道二教的教义，有如下的叙述：

> 儒道二教,说人畜等类,皆是虚无大道生成养育。谓道法自然,
> 生于元气。元气生天地,天地生万物。故智愚贵贱,贫富苦乐,皆禀
> 于天,由于时命。故死后却归天地,复其虚无。

天地万物，人类畜牲等一切，都是从作为万物根源的虚无的大道中生成
养育的。 如叙述从虚无的大道中生出万物的顺序过程，则是：虚无的
大道作为自然，从中生成元气，由元气而生成天、地、人三才，进而生
成万物。 由于各时天的因素，由于天命，也就产生了吉、凶、苦、乐。
所有人事，无非皆系天命。 而人死后又如何呢？ 在儒教中说是人的魂
归于天，在道教中则说是归于虚无。 从虚无的大道中生成的以人类为
首的所有万物，在其死后，又回归到原来的虚无的大道，这就是儒道二
教的说法。 因此对"道法自然生于元气"，在佛教的《原人论》注释著
作中，历来就有二种读法。 一是据宋代净源的《发微录》，读为："道
法于自然而生元气"。 另一是圆通《论解》的读法，读为："道法于自
然中生成元气。"净源的读法，是基于《老子》的"人法地，地法天，
天法道，道法自然"之说。 而据圆通的读法，则成为以虚无的大道为
根本，在自然中生成元气，由元气生成天地，由天地而生成世界的一
切。 在这里，元气被认为是根元之气，是成为阴阳二气根本的生
命力。

宗密认为，儒道二教专以修身为主，所以未能探明身之根本、人的
本源。 叙述万物，也只是谈及根据感觉而理解的现象的世界，而不论
述超越现象的本质问题。 即使指大道为根本，也只是单纯地把万物产
生的原因作为问题，而不是佛教中所说的探明生起还灭之因缘。 习儒

道二教者，不知儒道二教乃是假教，只不过方便一时，固执于二教，视之为完善的教义。因此，他简单地列举要点，批判儒道二教。这就是对儒道二教（1）大道说、（2）自然说、（3）元气说、（4）鬼神说的批判。

宗密首先批判大道说：如果说万物皆由虚无的大道所生，则大道就成了生死、贤愚、吉凶、祸福的基本。作为基本，就长存不动。因此，以人力也就不能除却祸乱，也不能求得福庆。如大道是万物的基本，万物皆由大道所生的话，则给人畜以害的虎狼等也系由大道所育，大道必是凶恶的。使万民受苦的暴君，夏桀、殷纣也为大道所生，则大道必是无道的。而孔丘的弟子颜回、冉伯牛，尽管是圣人，但年仅三十便早夭；伯夷、叔齐尽管是君子，不还是要饿死吗？

第二是批判自然说：如果说万物皆生于自然，则不以因缘为必要，因此，即使没有因、缘，也必可生成万物。如是这样，则石或生草，草或生人，人就或可生畜了。而万物不待因缘由自然生成的话，则神仙不藉丹药之力，也当可以自然地成神仙了，这与道士认为服丹药便可成神仙不是甚为矛盾吗？

第三是批判元气说：如果说从既无知觉又无思虑的元气中生成了万物、产生了人的话，那么，刚生下来的赤子之心当没有任何的知觉和思虑。但是在实际上却是有着爱恶之心，这是为什么呢？如果说在元气中即使没有知觉和思虑，赤子之心也可以自然地产生爱恶之念，为所欲为，那么，作为圣人要长时间学习方可得的五德六艺当也都可自然地想一想便被理解了。然而却说要长期学习，逐渐成就，这又是什么原因呢？——宗密就是这样批判的。

第四是批判鬼神：如果像庄周那样，认为人生则气集，人死则气散，以此来论述生死的话，人们就可提出"鬼神到底是何物？""气聚散说与鬼神说不是完全矛盾的思想吗？"这样的问题。关于死后，也是同样情况，死后并非气散而忽无。祭祀、祈祷圣贤鬼神，在《书经》和《礼记》等典籍中明有记载。但是，人们也可以问，死了的人复苏而叙说幽界之事，或死后现形感动妻子的事，不是现在和过去都没有出现过吗？

作为对儒道二教鬼神说的批判，他提出，如果人死后就成为鬼神的话，那么自古以来无数死了的人的鬼神，当是谁都可以看到的，但为什么却看不到呢？ 对于这个问题，佛教徒认为人死后，未必成为鬼神，而是在六道的世界中轮回。 人死而成鬼也还是要成为人。 因此，就不会有到处都充满了过去的鬼神而永久存在的情况。

最后，是批判儒教的天命说。 在儒教中，认为贫富、贵贱、贤愚、善恶、吉凶、祸福皆系天命，但如果任何都系天命的话，天在分赋人们贫富贵贱时，为何要给予人们不希望的贫贱祸多，而给予人们所期待的富、贵、福等要少呢？ 其理由便是不可理解的。 如果给予多少，其分量的增减之力在于天的话，那天岂不是何其不公平呵！ ——宗密这样批判。

此外，天反逆善恶祸福的例子是十分多的。 如果有祸，世乱，国中出现反逆者皆由天命的话，那一切责任就在于天命，而人便无罪。因而孔、老等圣人设教，要为善而不为恶，就是责人而不责天，是不合道理，不妥当的。 其结论就是：奉行大道、自然、元气、天命诸说的儒道二教之徒，只是限于现世来叙说人生的根本，而不能推究人类的根源。

五、宗密的"气"

宗密《原人论》中论及儒道二教的部分和最后会通诸教的场合，有着关于元气的见解。 特别是在会通诸教的场合，把元气放在《大乘起信论》的思想发展过程中的一定位置，从中国思想史上来看，在佛教和中国思想的交流这一点上，是必须十分加以注意的。

宗密关于元气的叙述，首先是在论说儒道二教要旨"道法自然生于元气，元气生天地，天地生万物"（《斥迷执第一》）这样的论述中可以看到。 在这里论述的元气，是作为宇宙万物生成根源的生命力的元气。

这样的元气在儒道二教的教义中，有着重要的意义。而他对于这种元气说的批判中，有如下的论说：

> 又言,皆从元气而生成者,则欻生之神,未曾习虑,岂得婴孩便能爱恶骄恣焉?

此句中有"欻生"这个词，而这个"欻生"，与"忽生"[11]同，是说忽然地，不是由因缘而生。关于"忽生"，在批判鬼神说时也被使用：

> 若生是禀气而欻有,死是气散而欻无,则谁为鬼神乎?

从这段引文中可知，生就是禀气忽然产生而作为有的存在，而死则是气散而忽然地变为无，成为非存在。气集则其作为存在是生，气散则一切都归于无。可见，在这里气对于使物生成有着重要的作用。如要在佛教中寻求与此相类似的思想，则佛教中有所谓"缘聚则有，缘散则无"，认为因缘时而满，具备了因与缘，就产生了物的存在；如没有因缘，物的存在也就泯灭。由此可见，儒道二教中把这种作用视为由气产生的，与此相反，在佛教中，一切都是由因缘而产生的。

接着，宗密对天地之气作了如下的叙述：

> 且天地之气本无知也,人禀无知之气,安得欻起而有知乎? 草木亦皆禀气,何不知乎?

在这里，天地之气被认为是"无知"的。无知是佛教中重要的概念，特别是僧肇的《般若无知论》等著作中所说的无知，是表示般若的智慧之辞，而这里意味着没有知觉和思虑。天地之气若是无知的话，禀受其气的人类当然也就是无知的。

宗密在这里批判了从元气中生成世界万物的元气说。他批判道，

327

天地之气在根本上是无知觉和思虑等的,那么,从那种无知的元气中生出的人类为什么会有知呢？ 从无知的元气中产生的人类,当然也应当是无知的。 假如从无知的元气中生成之物是有知的话,那么,就会产生这样的疑问:草木也是从元气中生成的,不也应当是有知的吗？ 然而草木无知,这究竟怎么说明呢？ 从元气中生出万物之说存在着矛盾,因而断定,这是不足之论。

宗密在《会通本末第四》中,会通了诸教,首先阐明了一乘显性教的教义。 关于一乘显性教,有如下的论述:

> 谓初唯一真灵性,不生不灭,不增不减,不变不易。众生无始迷睡,不自觉知,由隐覆故名如来藏。依如来藏故有生灭心相。

这段引文中的真灵性指真实灵妙的本性,其本性不生不灭,不增不减,不变不易。 众生中本来就具有这样的灵性,但由于迷睡,所以未自觉自己的本性。 如来藏 tathāgata-garbha,是在凡夫心中存在着的可成为如来的可能性,由于被迷蒙和烦恼覆盖着,所以清净性便被隐藏着。 这种"如来藏"的思想是《胜鬘经》、《楞伽经》中的思想,而宗密为了阐明《原人论》的一乘显性教而使用的"如来藏"概念,明显是基于《起信论》及8世纪初在中国撰述的《圆觉经》等。 特别是"依如来藏故有生灭心相"这样的话,明显是基于《起信论》。

《大乘起信论》有真谛三藏和实叉难陀的译本,而经常使用的是真谛的译本。 华严宗的法藏著有《起信论义记》,还有他的《妄尽还源观》,就那样地依用了《起信论》的一心二门体系。 华严宗的第四祖澄观也明显受到《起信论》的影响,特别对于宗密有决定性的影响。 宗密为了阐明一乘显性教,采用了《起信论》的"如来藏",在那"如来藏"的生灭相的发展过程中,纳入了佛教的人天教、小乘教、法相教、破相教的教义,进一步把儒道二教也纳入其中,甚至要把中国思想史中最重要的概念——气的概念,也在佛教学说的体系中置于一定的位置。

第二章　隋唐五代时期的气的概念

在大乘破相教中，把《大乘起信论》不生不灭的真心和生灭的妄相合而为一，作为阿赖耶识；而在破相教中，由于认为只有生灭的妄相是空，未必要否定不生不灭的真心，所以在一方面，与一乘显性教的真理相适应。在法相教中，对阿赖耶识的觉与不觉二义，只说不觉的一面，同样体现了一乘显性教的部分真理。下面小乘教中说的贪、瞋、痴的烦恼，相当于《起信论》的执取相、计名字相，而人天教的教义相当于《起信论》的起业相和业系苦相，所以，二者也都说到了一乘显性教的一部分。

而被视为比人天教更次之的儒道二教又置于怎样的位置呢？为了说明他是解释作为儒道二教根本的气的，拟引用《原人论》的一段文字：

> 禀气受质,气则顿具四大,渐成诸根,心则顿具四蕴,渐成诸识,十月满足,生来名人。

据此，则气初具地、水、火、风这"四大"，接着发达而成眼、耳、鼻、舌、身、意六根。其次，心初具受、想、行、识这"四蕴"，进而加上色蕴，这就成为人之姿，心也进而发达成六识及第七末那识，第八阿赖耶识。这样身心俱足经十月而产生的，就是我们人类。在这里，气顿具四大，生成诸根，是很重要的。

在《原人论》中，还会通了儒道二教的自然说、天命说、元气说等等，而这里想作为问题提出的，是元气说的会通。关于元气说的会通，有曰：

> 然所禀之气,展转推本,即混一之元气也。所起之心,展转穷源,即真一之灵心也。究实言之,心外的无别法,元气亦从心之所变,属前转识所现之境。是阿赖耶相分所摄,从初一念业相,分为心境之二。

329

在儒道二教中，把气作为根本，而进一步推究这气的本源的话，则为混
一之元气。 还有，进一步探明心的本源的话，则是唯一的灵心。 明确
地说，心外并无别的法，元气也是由灵心起动而产生的，只不过是作为
六转识变现的对象，是阿赖耶识的相分。 按《起信论》的说法，不过
是初动一念的业相，展现为主观之心与客观之境而已。 在儒道二教中
所说的气，按《起信论》的说法，无非是从业相分化的客观之境。 这
里重要的是，在外教中说的元气，如按唯识之说，则成为阿赖耶识的相
分，而按《起信论》的说法，则只不过是从业相分化出的境而已。 在
这里，中国思想中所说的元气成了阿赖耶识的相分，从佛教思想的构造
来说，它不是根源之物，元气终于在佛教思想中明确地确定了位置。
最后，宗密作出了如下的结论：

> 彼说自然大道，如此说真性，其实但是一念能变见分。彼云元
> 气，如此一念初动，其实但是境界之相。

儒道二教中所说的自然大道，虽与佛教中说的真如法性相似，而事实上
是完全不同的。 外教中的自然大道，只不过是佛教中说的阿赖耶识的
能变见分。 元气虽被说成是真如法性海中一念产生波动之事，而实际
上也只不过是境界相而已。 总之，宗密是把阿赖耶识的见分视为自然
大道，把相分视为元气，把大道和元气置于比一乘显性教中说的真心和
真如低一阶次的位置上，这虽是宗密认为佛教要比儒道二教要优越的必
然结果，但把儒道二教与佛教教义中的各个阶段相匹配，必须说这是他
的一种见解。

（镰田茂雄）

注　释：

　[1]　福井文雅《关于比较思想的方法论》。 见《哲学》六十三号，1976 年。
　[2]　栗田直躬《古代支那典籍中所见气的观念》，见《中国古代思想研究》，1949 年，

岩波书店。

[3] 栗田直躬，前书，见 97 页。

[4] 栗田直躬，前书，"心"与"神"，见 53 页及其他。

[5] 关于九天之气，其与三气的关系还有元气等等，见本书前一章第二节《道家、道教中的气》的解说。

[6] 吉冈义丰《道教与佛教》第二，见 67 页。 以下在本章中所引道教文献的年代排列，基本上据吉冈博士说。

[7] 关于服气、胎息的方法，法国已故的 H.马伯乐教授在《古代道教中的养生法》一书中有详细的考察，也言及内气、外气。 其中所引的资料，在此多被引用，关于时代的排列，也多有赖于教授之研究。 但是，内气、外气的区别是唐代对气的认识的特征这一点，教授未言及。

[8] *Mahāvyutpatti*（《翻译名义大集》）的 5225 中，有梵语 Çvāsa-visaḥ 这个词，相当于汉语的"气毒"，而这个"气"是指"气息"。 同书 1165—1188 中，也有气的用例，但同样都是指"气息"。《御制五体清文鉴》上（63）中，"气"与藏语对译，作 dbyugs-rlans，这也是作呼吸之气，事实上，在《藏文辞典》中，则译作"气息，口中呵气"。

[9] 宗密在《圆觉经略疏钞》卷一（见《续藏》一一十五一二，九〇丁以下）对"乾道"的解释中，关于"气"，有这样的叙述："一气，为道之宗，阴阳天地之本也，即天道未分，阴阳未伴，天地人物未见已前之物也"，还可以看到有乾之四德（元亨利贞）始于一气，佛之四德（常乐我净）在《起信论》中发于一心，而一气与一心是相类似的说法。

[10] 加地哲定《关于宗密的〈原人论〉》。 见《密教文化》十三，1950 年。

[11] 户川芳郎《忽生和变化》，岩波讲座《世界历史》月报二一，1971 年。

第三编

理气哲学中的气的概念

——从北宋到清末

总　　论

　　进入宋代，兴起了新的儒家哲学。 这在中国思想史、中国哲学史上，确是划时代的事件，如要对思想史、哲学史进行时代划分，这里就必须是一个分期。 气的思想在此也迎来了新的时期。 它被纳入新的儒家哲学（也称之为宋学。 尤其是朱子学系统，也称之为道学）的理论体系之中。"气"的概念与"理"并列，在宋学的哲学理论体系（我也把它称之为"理气哲学"）中，占据了中心的地位。

　　宋学，被视为是表明宋代新兴的地主阶级（同时作为官僚，知识人的阶层，又称之为士大夫阶层）自觉立场的学问和哲学，而其作为学问方面在明代也被继承，故把这种宋代和明代的儒学总称为"宋明理学"。 也有把这种"性理学"称为"理气心性学"的。 仅仅这些当然不是宋代以及明代儒学的所有内容，但是，作为哲学理论上的问题而被议论的概念方面最重要的内容，确实就是这"理气心性"。 概括而言，理，就是道理；气，就是物；心，就是人；性，就是人的本质。 由于心与性是重复的，所以在四者中，理、气、心是最基本的概念，这三者中，以什么作为根本来构筑世界观呢？ 如再加上"性"，如何来认识这四者的关系？ 这就成了宋以后直到清代中期各种思想的差别点。 现在说"心，就是人，性，是人的本质"，如这样的话，性就成了心的本质。 还有，心是由气组成的，可以认为，心所具有的各种各样的作用，是由气发出的。 这个范围内的心与性、心与气的关系，可以说是在整个这一时代几乎被共同考虑的问题。

一、宋学中的气

　　把气记作为物，这虽举出了这个时代的气在与理和气的对比中最有特征的性质，但不是正确的说明。 比较正确的说法，气是构成物的物质性根源。 它被认为是像空气那样气体状的，由于这种气的凝集，凝结而形成物质（因而是有形物）。 气就是这样的物质性的根源，同时，也是生命力、活动力的根源。 甚至可以认为，气具有生命力和活动力。

气是遍布于天地间的存在。 天地也好，天地间存在的万物也好，都是由气构成的。 这些天地万物的巡回、变化、活动，都是由于气的作用。 都是由气而产生的运动，也就是气（以及由气构成之物）的运动。 气是变化运动的主体，也是产生变化运动的力的根源。 人以及其他生物也是由气构成身体。 身体内也充满了气，并且有气的出入。 身体内的气与身体外的气相通，是相同的气。 由于这种气之力，人和其他的生物才得以维持自己的生命，才能生殖而延续生命，才能够进行活动。 视力、听力等等的各种能力，感情、欲望、思考等等心的机能，也都是由气产生的。 还有，这些各种各样的能力、机能其运行如不顺畅，那就有了病，因此，医学与气也就有很大的关系。

以上诸项，在宋代以前就是这样认识的，这在前面几章中已有论述。 然而，虽说气生成天地万物的思想以前就存在了，但把气作为物质根源这样的形态来认识、并纳入存在论之中，这可以说是在宋代才开始的。 其次，认为气中间有着阴阳两种性质，也就是所谓阴阳二气（阴气和阳气），这也是继承了以前就有的思想。 作为生成论的阴阳观念，认为根本上是由这两种类气的组合而生成了多种多样之物，这是为了说明多样性而具有的意义，这个时代中气的阴阳也具有这样的意义。 而且，为了更容易地说明其多样性，在阴阳之上又增添了木、火、土、金、水这五行。 五行被朱熹认为是"质"（与气相对的气），这在后面还要谈到。 确实，由于阴阳与五行（二和五）的错纵复杂的组合，被认为生成了多种多样的万物。 五行也是以前就存在的思想，但把五行置于比阴阳次一级的位置，将其作为生成万物要素（认为由五行，以及由阴阳和五行的种种组合而形成万物）的想法，似也是到这个时代方始出现的。

在前代气的思想中，虽与气、阴阳、五行一起是作为具有古老传统的思想，却又直接和这个时代理气哲学中的气相联系的，是道教中的气。但道教中气的思想并非就那样原封不动地被宋代所继承，把气（元气）、阴阳、五行合并、一起来处理的想法，在唐代就已存在，在宋学中，它被发展成由气（阴阳）到五行、由五行到万物这样阶段性的生成理论；还把"质"与五行相联结，将气与质合并而创造了"气质"这样的概念；不仅是生成论，甚至构筑了存在论和人性论的理论体系。这就是宋学（尤其是朱熹）的功绩。

一般认为是宋学（尤其是在性理学方面）创始者的周敦颐（濂溪，1017—1073）著有《太极图说》，正如众所周知，在图中描述了"太极→阴阳→五行→万物化生"这样的生成过程，并且加以了说明。但是，从太极到万物不是单纯地顺次生成，作为万物化生，是由太极、阴阳、五行这三者的相互作用而生成万物的。如后面所述，朱熹把这种太极作为理，阴阳作为气，五行作为质，但这是朱熹根据自己的理论来这样理解的，周敦颐本身没有说什么理和质。在《图说》中有："五气顺布，四时行焉"，"一气交感，化生万物"这样的话，从其前后文来看，五气是指五行，这是明确的，二气，可认为是指"乾坤"或"男女"，但阴阳是否被认为是气，则不明确。然而，作为传统的一般性看法，气和阴阳是相联系的，所以可以推测，恐怕周敦颐把太极、阴阳、五行也都是作为气来认识的吧！因此，可以认为，周敦颐的生成论，结果都是由气来构想的，只是气这个概念，对于周敦颐来说，并没有把它意识为如此重要。"质"，则完全没有被提起。明确地意识到"气"，建立起气生成论（以及存在论）的，是张载（横渠，1020—1077）。张载以气的聚散来说明万物的生灭。在宋学中，气的理论可以认为是由张载确立的。他认为，所谓气，也可以认为是阴阳之气；气聚则生有形之物。物亡则气散。把散的状态称作为虚，根源的虚的状态则为太虚。无论虚或太虚，这只是气散，并不是气无。他说："太虚即气。"（《正蒙·太和篇》）总之，张载的气，作为弥漫于天地间之物，明确地被确定为形成万物的物质性要素。 对于气，有"质"这样的用语(《经学理窟·学大原上篇》)，也有"气质"这样的用语(同上书同篇，《气质篇》)，但这似近于"气的性质"的意义，像后来朱熹所认为的那样，作为物的物质构成要素的"质"——这样的气质概念尚未产生。 但确实，最接近于由朱熹集大成的理气论的"气"的，就是张载的这个气论。 还有，张载与"气"一起，也使用"理"这个词。 然而，用例不多，可认为是作为"道理条理"这样的意义，并非作为存在论的理气论。

把理气一起多加论述，是自程颢(明道，1032—1085)、程颐(伊川，1033—1107)开始的。 程颢尤其多言气，"性即气，气即性"(《程氏遗书》卷一第五十六条)这样的说法，说明如何地重视气。 他也经常使用"理"或者"天理"这样的词，可理解为是法则性、秩序性这样的意义。 总之，程颢似对生成论和存在论不太关心。 程颐作为对朱子哲学有最直接影响的学者，他的哲学一般称之为理气二元论。 程颐也认为是由阴阳之气生成万物、产生了自然界的各种现象，只是程颐不太多论及气和阴阳。 未见有相对于气的质这样的用语，虽然有气质这样的用语，但都是作为"气的质"或"性质"这样的意义被使用的。 与很少论及气的情况相比，关于理的论述则很多。 经常论说"所以"之理，也用"理所当然"这样的说法(见《程氏遗书》卷二十三第十三条)，被认为是与朱熹的"理"相近的。 但是，也还没有确立作为存在论的理气论。

完成了理气哲学理论的人是朱熹。 朱熹在理气二元思想中把二程，尤其是程颐之说；在把气作为万物的物质性根源这一点上将张载之说；在阴阳中纳入五行认为由此而生成万物这一点上把周敦颐之说，作为主要的内容加以采纳，将这些综合而集其大成。 当然，不是单纯地汇集周、张、二程之说，还加上了朱熹独自的见解，尤其是确立理的概念，明确理与气的关系；在阴阳之气上新加上五行之质这样的概念(把质与五行固定地结合起来的也是朱熹)、确立了作为物的构成成分的气质这一概念等等方面。 不仅是作为这种生成论以及存在论的理气论，而且以生成论、存在论为基础，在其之上，完成了心性论、修养论的理气哲学体系（以理和气为基轴，贯穿于全体的理论体系）。与其中的气有直接关系的部分，正如本节最初谈到的气、质、气质的概念和性质，是在朱熹那里得以确立的，在这以后，虽因人而异，稍有差别，但认为气以及质是形成物的物质根源（这中间附随着生命力和活动力）这样的情况，直至清末都无大的变化。而残留下的，是气与理、心、性、情欲、善恶等等概念有怎样的关系，气在自己的理论体系中处于怎样的位置，还有怎样评价这些问题，围绕着这些方面，发展成为各种不同的学说。

二、理以及"理的哲学"

下面的论述，是把理作为道理，而把理作为道理来认识，可以说在中国是始终一贯不变的。只是道理也有各种各样的性质，所以，仅仅如此，概念的范围还是很广的。本书是以气的思想的研究作为主题，对于理不可能深入。但在宋学中，理实际上是一个很大的问题，正如前一节所叙述的那样，由于气的概念在朱熹以后几乎是确定不动的（朱熹以前也没有怎样大的变动），结果，理作为怎样的道理？怎样认识理和气的关系（这里所说的，当然是指认为理与心、性、情欲、善恶等等有怎样的关系）？这就成了决定理气哲学中各思想家思想的关键。在这样的意义上，有必要最少限度地谈一谈理。

"理"这个词，在先秦的文献中所见不多。作为宋学的"理"那样意义的用例，著名的始自于《孟子》中所云："心之所同然者何也？谓理也，义也。"（《告子上》）"始条理也"，"终条理也"（《万章下》）。与作为存在论的理气论中的理明确有联系的，似是佛教中所用的"理"，据福永光司教授的研究，这始于4世纪的支遁。也就是可以说，宋学的理气论，是直接地从佛教中吸收了"理"，从道教中吸收了"气"而构筑起来的。

进入宋代，正如前节中所述的那样，理与气一起，出现在张载和程颢、程颐的用语中，到了朱熹，则在生成论和存在论中确定下来。程颐往往把理作为"所以"来说明，给予理以规定物的状况的意义，因此可以认为理已被纳入存在论之中。 只是正如一般称之为理气二元论那样，在程颐那里是否明确地把理和气作为一组概念而意识到，这还是疑问。

到朱熹，则完成了这种所谓的理气二元论。 由气（气和质）形成了物，由物产生了事，各种各样的事物中，都有作为"所以然之故"的理和作为"所当然之则"的理的存在。 总之，理是作为规定事物状况的原理和事物应当具有状况的法则。 根据对理所作的那样的规定，开始，物生成了（物的物质方面由气形成），接着产生了事物；事物按照理存在着，有着机能，运动着；人的行为，也当是那样。 在那样的场合，关于理气的先后关系，朱熹认为，理气必定是同时的存在，而要归根到底的话，则是理在先。 这里所说的"先后"，是以生成论的时间先后为主来论述的，可以认为，作为存在论的理论性的先后，也是一并被考虑进去的。

一般说来，在中国自古对生成的问题就有很多论述，但论述事物存在的理论和构造却不太多。《老子》的"道→一→二→三→万物"论（第四十二章），作为生成论是确实的，但在这中间能否同时领会到存在论则是很大的疑问。 据户川芳郎教授的研究，类似存在论的出现，是从后汉末开始的。 明确的存在论的出现，必须要待到六朝以后的佛教中。 周敦颐的《太极图说》也是生成论的图。[1]阴阳、五行、男女、万物各种各样的太极用图来表示的话，这样太极就既支撑着这些存在，又兼为存在论之图，但把各种各样事物用太极来图示，这是朱熹的解释，周敦颐本身的意图未必明确。《太极图说》当也可视为纯粹的生成论吧！ 可以认为，到了张载的气论和程颢、程颐的理以及气论，就不只是生成论，而且还包含着存在论了。 张、程（甚至还有朱熹）是以"生"为主来论述的，也就是以生成的问题为主的，而张载的气之聚散说，明显地是说明物的存在的理论，特别是程颐和朱熹的"所以"，肯定是与存在有关系的原理。 在这样的意义上，朱熹的理先气后的议论，也可认为不是单纯说的生成论的时间先后。

朱熹尽管基本上是否定理先气后说，但到终极却不得不归结到理先气后，这是赋予理有"所以然"这样性质的必然结果。因此，朱熹的哲学虽被称为理气二元论，但具有强烈的把理作为此气更加根源之物的"理的哲学"的性质。因为理作为规定所有事物存在的根本原理，作为道德的法则（人们认为之当然），所以成为所谓名教的规范，有着规制人们生活的力量。

上面谈到，气的概念在朱熹以后，几乎是确定而不变的，而理在朱熹以后，则因人而看法不同，因此，关于理和气的关系也就存在着各种各样的见解。在这里虽不能就一个一个的学者、思想家持有怎样的理的观念来加以说明，但大致而言：（1）进一步强化朱熹的理，强调"理先气后"，认为理对于气有能动的支配力，这种想法是比朱子更明确的理的哲学。（2）强调理和气的不即不离的关系，因此，抽出理的"所以然"的性质，只把理作为道德的法则，这种思想，是理气不分或理气浑一的哲学。（3）进一步削弱理的性质，认为气，只有气才是独立的存在，而把理作为在气中间存在的条理。这是气的哲学。有着这样三种类型关于理的想法。当然，在这中间还有着多种多样的思想，但虽有着千差万别，而作为典型的类型，是以上三种。

作为第（1）种，比如明初的曹端（月川，1376—1434），对《朱子语录》中所说的"太极理也，动静气也；气行则理亦行……太极犹人，动静犹马，马所以载人，人所以乘马，马之一出一入，人亦与之一出一入"等等，表示了不满之意，论道：人成死人则不足为万物之灵，理成死理则不足为万化之原，活人乘马，则马之动全从人之驭，活理制气，当也是同样的（以上见《太极图说述解》附《辨戾》），还有，胡居仁（敬斋，1434—1484）认为："有理而后有气。有是理则必有是气，有是气则必有是理，以之为二则非是"，"理是气之主，气是理之具。"（以上见正谊堂本《居业录》卷八），就是如此。可明确地归于这第（1）类中的人不多，但有这种倾向思想的人是相当多的。一般强调理，就是将把理视为与上述看法相接近的思想，而这也就产生了把形式的规范（理的一种性质）强加于人的道学先生的倾向。 在这方面，与作为官学的朱子学的性格是相适应的。

第（2）类，持理气相即不离说的人非常多。 如仅就这一点而言，朱熹本身关于这样旨意的说法就很多，持第（1）类见解的人也往往可见有同样的说法。 但在这里要提出的是，并不仅仅如此，由于不赋予理以"所以然"的性质，所以自然就有不认为理在先的立场。 持（1）与（3）中间立场的人，如要概括的话，都可以归入到这一类，而在其中，下一节特别要提出的重视"心"的人多是如此。 其代表人物，无须多言，那就是王守仁（阳明，1472—1528）。 他是主张"理者气之条理，气者理之运用"（《传习录》卷中，《答陆原静书》）的理气相即论者，然而即使说"理者气之条理"，但他在"心即理"以及其他地方所说的理，并不是自然现象的条理，甚至可以说几乎全部都是作为人的道德的理，尽管如上所述，他是理气相即论者，但实际上，他对于生成论和存在论的问题几乎是不关心，所以直接涉及理气论的说法，上面所列举的资料以外，只有一处。 在心学者中，这样的人是很多的。

第（3）类的"气的哲学"，只把气作为生成的始源、存在的根源。关于理具有怎样的性质，则因人而异，有的作道德的法则，有的作为正确的条理。 尽管都认为理有很高的价值，但都不赋予理以存在原理的位置。 从明代中期，与王守仁同时代的罗钦顺（整庵，1465—1547）、湛若水（甘泉，1466—1560）、王廷相（浚川，1474—1544）等开始，经明末直到清代中期，存在着这一类思想的谱系。 关于这一些，就留待后面叙述吧。

三、心和"心的哲学"

在宋学中，与理、气相鼎立的原理是心。 前面已经说明过，心就是人。 自《孟子》以来，心被作为人身体中最重要的部分，作为具有最重要机能的器官而受到重视。 表示人的本质的"性"字以"心"作为偏旁，就是由于认为性与心直接有关系，决定性的根本的重要部分是心吧!

根据朱熹的理论，心占据着可以说是理与气交接点的位置。 因为心是身体的一部分，当然是由气形成，而另一方面，则认为作为人之理的性，就宿于心。 也就是心建于气之上而含理于内。 作为这样的形态，心具有总括气与理的意义。 还有，说"心为性之郛郭"(原为邵雍之语)，把心作为性的容器，作为宿场，此外，还常常有"心为一身之主"的说明。 而这种把"心作为一身主宰"的理解，在宋学中似是相当普遍的，程颐也说:"主于身为心"(《程氏遗书》卷十八第九十条)，王守仁也说:"主于身也谓之心"(《传习录》卷上第三十九条)。

把这"一身之主"的心作为比理和气更重要的根本原理的哲学，是"心的哲学"(心学)。 心学不像朱子学那样，把心分析为理和气。 是把主体的自我的心作为最高之物，而理则从属于心。"心即理"的命题就是由此产生的。

由于"心"也是与"气"不同的另一个概念，在此不想详细地谈论。 强劲地打出心学旗号，始自朱熹的论敌陆九渊(象山，1139—1192)。 在朱熹的理气哲学完成以后，自明初以降，以宋濂(1310—1381)、王祎(1321—1372)为首的儒学，一般都有很强的心学倾向，到陈献章(白沙，1428—1500)，自觉地树立起与朱子学不同的独立的旗帜，而心学到王守仁集大成。 其后王学的系统当然是继承了心学，但到明末清初以后，又急剧地失去了继承者。

总而言之，即使是心学，也有各种各样的内容，心学一般共同可说的，首先是，在心学的立场上，通常几乎不把理气论作为问题，也就是不关心物的生成和存在问题，而专把有关于心的修养法作为问题。 即使心学的代表性命题是"心即理"，但这个理也不是存在论的理，而是关于人的行为的道德的理，所以也决不是要提出心不是气而是理这样的主张。 陆九渊的"心即理"，是要说"心是具有理的伟大之物"，所以是与"首先要确立这个大的东西"的主张直接相联系的。 王守仁的

"心即理"也是强调心与理的不可分,所以结果,是在其中包含着不"外心以求理","心与理合致"这种修养论的主张来进行论述。

其次,心相对于在朱子学中视为比它更重要的性这一观念性的存在,是通血的活生生之物;在这样的意义上,心学具有与后来要叙述的"气的哲学"相近似的要素。 王守仁把心的本体称作为"性",也称作"良知",关于这个性,虽一方面说"性即理"(叙述"性即理"的资料所在多有),而在另一方面也说"性即气"(比如,《传习录》卷中,《答周道通书》)。 性虽是与理(道德的理)相一致之物,而同时又是由气形成的,所以认为"性即气"。 说"心即理",不说"心即气",而从"性即气"可以成立来推断的话,"心即气"当也是可以成立的。"良知"作为王守仁关于心的最重要的要素,这被说成是"天理"(总之是理),而在另一方面,关于良知则曰:"以其流行而言,谓之气"(《传习录》卷中,《答陆原静书》),可见是把良知视作气的运动。

再次,心学由于打出了强调"吾心"的旗号,所以强调心的权威,"我"的权威的倾向是强烈的。 作为其结果,自然,理的权威、经书的权威就相对地下降了。 王守仁有名的六经为吾心之载籍(《文录》四《稽山书院尊经阁记》)之语,是其最典型的表白。 在读解经书方面变得非常主观,这也是必然的结果。

心学,尤其是王守仁的心学,在中国被称之为主观唯心主义。 主观这一点,如上所云,确是如此;但能否称之为唯心主义,则甚有疑问。 不能说因为是把心作为最高原理的"心的哲学",所以就是唯心论,即使"人的良知就是草木瓦石的良知。 若草木瓦石无人的良知,不可以为草木瓦石矣。 岂惟草木瓦石为然,天地无人的良知,亦不可为天地矣"(《传习录》卷下第七十四条),或"充天塞地中间只有这个灵明(批'人心')。 人只为形体自间隔了。 我的灵明便是天地鬼神的主宰。 ……天地鬼神万物离却我的灵明,便没有天地鬼神万物了;我的灵明离却天地鬼神万物,亦没有我的灵明"(同上,第一百三十六条)。这样的说法,似是强调把心作为普遍的实在,看上去确实如唯心论,而实际上，在前一句，是以天地万物，"与人原只一体"，还有"同此一气，故能相通耳"作为其根据来进行论述的，在后一句，也是以"一气流通"为基础来论述的。因此，心决不是离开物而独立的，即使将其作为一身的主宰，作为对气和身体下达指令的主体，但也必须与气相联系来加以认识。

四、气 的 哲 学

作为理气哲学的理论，与理的哲学（比起气来，是把理作为根源的哲学）相反，把气作为比理更根源之物的哲学是气的哲学。即使称之为气一元论也无不可。由于把物视为根源，所以具有唯物论性质。

如把气作为根源，其必然的结果，就不能承认在气之先存在并可规定气的"理"，气在理之先，理就成了只是为气而存在的东西。在这样的场合，把理视为道德的正义性，或事物的条理的情况是很普遍的。人的心也好，性也好，都被认为是由气形成的。也就成了仅仅只是朱子学中所说的气质之性。如成了只是气质之性，那么，情和欲就成了性中固有之物而应当被肯定，但在实际上，即使基本上采取气的哲学的立场，否定情欲的例子也是很多的。

北宋张载和程颢的思想，虽也不能不把它称为气的哲学，但因作为朱熹完成了理气哲学以前的思想，故将其另作别论。在这里要说的是，作为理气哲学完成以后的思想，正如前面所述，是从明代中期的罗钦顺、湛若水、王廷相等开始的。[2]进入了清代，气的哲学的谱系还延续着，在理论上，到清代中期的戴震（东原，1723—1777）集其大成。属于气的哲学系列的思想也有各种各样，而如要在这中间举出两三个有特色的来叙述的话，那首先在它初期（明代中期）的人物中，作为气的哲学的性格最为明确的是王廷相，他说："理由气生"（《王氏家藏集》卷三十三《横渠理气辨》），是一个彻底的"气"的论者。他虽认为性也是由气而成，但因为对情欲持否定的看法，所以不取性善说，主张"性有善有不善"之说（《雅述》上篇）。在宋明的儒学者中舍弃性善说，这是非常少见的例子。

大体说来，持气的哲学的立场的人，最感苦心的一点（即对他们来说是最感到难以说明的一点），似就在于人性论和情欲论的调和。 一方面，性善说的传统很强；与此同时，情欲否定论的通常观念也强烈地存在着，而如果要用气来说性的话，无论如何也不能不把情欲作为来自性之物（因为把情欲作为气的运动也是常识性的一般观念），但这样的话，就不得不倾向于情欲的肯定论，所以，既要持性善说而又要不涉足情欲肯定论的人必然就大为困难。 因此，即使用气来说明性，却又作"性为气之灵"，或"义理之性为气质本性"（刘宗周《刘子全书》卷十一《学言》）这样的说明，把性与情欲分离开来的人也就出现了。 王廷相由于舍弃了性善说也就摆脱了这一点。 在这一点上，罗钦顺等关于理气的关系，在气的哲学方面虽稍显暧昧，而对于情欲，倒不如说是作了肯定性的说明，但与王廷相的想法，则有相当的差别。 据此也可以了解，气的哲学也决不是清一色的。

明末清初的王夫之（船山，1619—1692）是一个杰出的气的哲学家。 他认为，气之外没有独立的理（《读四书大全说》卷十等），对于作为宋代以来议论焦点的"道——器"关系（"道——器"关系就可以照样地写成"理——气"关系），认为："天下唯器"，离气则无道（《周易外传》卷五《系辞上传》第十二章）。 他把人的性也用气来说明，而且认为，性不是人生来时天命与之，就那样固定地使人具有之物，而是一日一日地天命于人，人则一日一日地从天受性，这样，性也就作为一天一天地长成之物（《尚书引义》卷三，太甲二）。 王夫之注重"动"，强调一切物都是动而变化的。 所以，认为性也是处于变化的状态，这是他思想中非常有特色的内容。 他即使对于情欲，也作了积极肯定的论述，在其哲学理论的各部分，都充分具有与气的哲学相适应的特征；但是在另一方面，也有与上面列举的说法旨趣相矛盾的话，在理论上存在着不十分完备之处。 气的哲学理论体系的完成，还在这以后，经过了颜元（习斋，1635—1704）和程廷祚（1691—1767，在理论上他与戴震最为接近），要待到戴震之时。 戴震以后，可以说是其后继者的焦循（1763—1820）、阮元（1764—1849）等虽提倡气的哲学，但在理论上未见有超越戴震的发展。 不如说作为气的哲学还有着后退的一面。 还有，到了焦循和阮元的时期，已进入了嘉庆道光年代，在思想史上，也到了向下一个时代区分的年代移变的时期。 基于理气哲学这样思想的哲学（因此，也包括气的哲学），在此宣告终结，气的思想将取得以后的新的发展。

五、理、气、心、性

在这个时期中，气作为理气哲学两根支柱之一，在存在论中占有确实的地位。 这是这一时期气的思想的第一重要情况。 只是在作为"理的哲学"的朱子学中，它虽也是两根支柱之一，却是较细的一根；气的地位虽然十分重要，但与理相比，尚属较次要。 在气的哲学中，气成了支撑所有万物存在的一根大台柱。 这是这一时期气的思想的第二个重要的情况，也是传统的气的思想发展的终点。 在这期间，心学（心的哲学）具有怎样的意义呢？ 这虽是一个困难的问题，而总之，是用心来取代理和气而作为支柱。 因为心与理、气双方都有关系，如一定要说的话，可称之为理气浑一的哲学，但由于它不承认与物的存在相联系的理，就其着眼点而言，心学的立场在存在论上和气的哲学是相近的。

其次，所谓的理，在人的社会生活方面，有着名教、道德的法则和规范的作用。 朱子学之所以能成为官学，也就因为它是在这样意义上的理的哲学。 与此相反，和现实生活（或者是支撑着生活的感情和欲望）上的要求相联系的气的哲学，与自己的心的主体性乃至其权威性的主张相联系的心学，由于对名教、道德也是危险的思想，所以具有着本来就不能成为官学的性质。 在这样的意义上，气的哲学和心学与作为理的哲学的朱子学相反，有着破坏朱子学权威的作用。 在这一方面也可以看到气的哲学与心学有着共同的要素。

心学，事实上就是陆学、王学，明确地树立起反对朱子学的旗帜。而且，在王守仁出现以后，从明代中期到后期，可以看到，在学术界、思想界中，王学有着凌驾朱子学的势力。在王学系统的思想中，既有所谓王学左派的情欲肯定论，又有因破坏名教等而受到指责的人物，但到明末（17 世纪）以后，王学的势力急剧地衰退了。

与王学的出现同时，出现了气的哲学，以后，在关于理、气的议论范围中，理的哲学方面不太看到强有力的主张，而主张理气相即不离说的倾向很强烈，无论怎样说，可以看到，气的哲学比理的哲学有着优势，虽然所有的学者、知识阶层的人都活跃地论述理、气，但由于没有留下这方面的资料，所以难以掌握实际状态。表面上即使没有明显地显现，而朱子学的势力似乎非常强大，进入了清代，即使在所谓的清朝汉学、考证学风靡学术界的时代，朱子学的权威也未衰败。信奉气的哲学的人物对于朱熹以及朱子学的态度，其反对旗帜的鲜明程度各种各样，尤其清代的颜元和戴震对朱子学的批判极为激烈。其中，作为气的哲学的集大成者戴震，在理和情欲方面强烈地攻击朱子学，凸显出气的哲学反对朱子学的性格，而在同时，朱子学阵营中对戴震的反击也很强烈，这也就显示了朱子学势力的根基之浑厚。

结果，心学也好，气的哲学也好，作为反对理的哲学——朱子学的思想，如上所述，有着破坏朱子学权威的作用；但即使是破坏，也只是多少地给予损伤，毕竟不具有将其打倒的力量。而在理气哲学的时代，最终也没有出现打倒朱子学的思想。

以上，以理气，或者说是以理、心、气的关系为中心，论述了这个时期的气的思想，而以上我的论述，也许也有偏重于生成论以及存在论的气和理气问题之嫌。在理气哲学中，由于气以及理基本上是作为生成论、存在论中的问题，所以，这样做我想也没有什么不当；但实际上，在宋学中最重要的是修养和道德问题，即使是作为理气哲学的理论，成为修养和道德问题直接基础的人性论也比生成论和存在论要显得重要。如果说理、气、心、性的话，性是最重要的。生成论和存在论起着作为人性论的基础理论的作用，在这样的意义上当然是极为重要的，而作为直接的价值，人性论方面则有着更大的意义。

把性规定为理的，是理的哲学（在朱子学中也有"论性不论气则不备"——见《程氏遗书》卷六第二十条——这样把气作为论性的必要概念的说法，但在论述性的本质部分时除外）；把气作为性的是气的哲学；不问理、气（或理也好，气也好都无关系），把性作为心的，是心的哲学；这样说也是可以的。由此，对所有理论的发展作出说明也是可能的。

（山井涌）

注　释：

[1] 把周敦颐《太极图学》的内容视为生成论的理解方法，与后面第一章第一节《易学的新发展》中叙述的今井宇三郎氏的见解不同，但也就不求见解的统一了。

[2] 拙稿《明清时代气的哲学》（《哲学杂志》第六十六卷、第七一一号，1951 年）中，列举了持气的哲学立场的人，在明代有罗钦顺、王廷相、王道（1476—1532）、蒋信（1483—1559）、魏校（1483—1543）、刘邦采、王畿（龙溪，1498—1583）、吕坤（1534—1616）、唐鹤徵（1538—1619）、杨东明（1548—1624）、孙慎行（1565—1638）、刘宗周（念台，1578—1645）等十二人；在清代有陈确（1604—1677）、黄宗羲（1610—1695）、王夫之（1619—1692）、颜元（1635—1704）、李塨（1659—1733）、程廷祚（1691—1767）、戴震（1723—1777）、程瑶田（1725—1814）、章学诚（1738—1801）、凌廷堪（1755—1809）、焦循（1763—1820）、阮元（1764—1849）等十二名。在这中间，明代当削去刘邦采；有必要加上湛若水、吴廷翰（生卒未详。1511 年为进士）等。在清代，则有必要加上方以智（1611—1671）。

第一章

道学的形成和气

第一节　易学的新发展

一

　　《易经》由十翼的产生而确立了作为经书的地位，但围绕着它的解释，多种易说得以发展。作为汉代易学的总称，这里称之为汉易；与此相对，则把宋代的易学称之为宋易。汉易的主题可以说是基于易的象和数的象数论。原来，易是以九、六两爻为基础，将其组合为六爻，成为六十四卦，所以在那里种种数理可被考察。特别是方位以及四时、十二个月与历的关系，在赋予其某种思想根据时，在最抽象的实在的数中寓以种种意味，把这些用古代中国民族的思考中明显存在的"配当"* 方法来表现，是常常被使用的。还有，在六十四卦产生的阶段如注意其卦形的话，很容易便可知道，那是八卦的重叠。《彖传》、《象传》以来，把卦分为上下二体的想法是明显存在的；而在作为其基础的八卦中，则设定各种各样特定的象，根据其组合的方式，来说明吉凶悔吝之占。

---

　　* "配当"，指相互匹配，使之相当。

因此，八卦中顺次有多种的象被解说。《说卦传》即其集大成者。 而进一步，荀爽（128—190，字慈明）的《九家集解》和虞翻（164—233，字仲翔）的《虞氏逸象》等，对扩大了的膨大的象作了解说。 这种根据易的象和数的象数论，是《易经》成立以后的必然的发展。

但是，《易》并非单是经书，还是占卜书；对于大凡儒家的经典，为了赋予其作为第一原理的思想根据，单单是解明吉凶悔吝的占筮书，单作为以此为根据的象数论，毕竟是不可能的。 需要有更原理性的思想根据。 这就是阴阳的思想，《系辞传上》所说的"一阴一阳是为道"，可谓一语道尽。 对于这种阴阳的解说，在《系辞传》中，以乾、坤二卦作为门户，而为了解明消息盈虚始终不断的流动，就必须以坎、离为二用，还必定会追究之所以一阴一阳的理。 这就是之所以需要宋易的原因。

在唐初，奉敕撰《五经正义》，确立了它作为整个唐代在国子学中教授用，同时又作为录用官吏科举中唯一绝对经义的权威，因此，唐代的经义汲汲地墨守这一旧套，完全没有新的发展。 在易学中也是如此。 然而宋开国以来，鉴于唐末五代藩镇势力的跋扈而彻底实行文治政策，这对外造成了被外敌侵犯的结局，而对内，与整顿官僚制度，选用人才相结合，文教却得以大大振兴。 特别是儒教，受到了唐代盛大的道教和佛教的思想性的刺激，在可能的限度内以此为根据，被应当开拓新儒学的机遇所促动。 在儒家的经典中，以最有赋予思想性可能的易学为中心，终于建立了宋代的新儒学，即所谓的宋学。 把这以前的情况作为易学史的发展而简明地加以叙述的，是汉上朱震（1072—1138）。 朱震是程颐的再传弟子，精通汉易，在《进周易表》（见《汉上易集传》）中，叙述了到宋代为止的易学传授谱系。 据其所云，则易学的传授，从商瞿学于孔子开始，前汉的官学四派中，孟喜、京房和作为民间学派的费直，同是以《周易大传》为根据来解《易经》，费氏易系统的马融、郑玄、荀爽、虞翻等也是以此为根据，展开了所谓的象数易学。 然而到了魏代，王弼舍弃了这种象数而说义理，杂入老庄之言；因此，《易》的象数和义理分为二，这经过了七百年。 宋兴以来，异人间出。 濮上陈抟以《先天图》传种放，种放传穆修，穆修传李之才，李之才传邵雍。 种放还将《河图洛书》传李溉，李溉传许坚，许坚传范谔昌，范谔昌传刘牧。 还有，穆修以《太极图》传周敦颐，周敦颐传程颢、程颐。 此时，张载讲学于二程和邵雍之间。 因此，邵雍著《皇极经世》之书，刘牧陈天地五十五之数，周敦颐作《通书》，程颐述《易传》，张载作《太和》、《参两》等篇。 或明其象，或论其数，或传其辞，或兼而明之，交互唱合，互为表里，未尽之处，有俟后学。 如将朱震此说分为三个谱系，用下图表示的话，便可成宋代部分的《有宋传易图》(黄宗炎《周易寻门余论》):

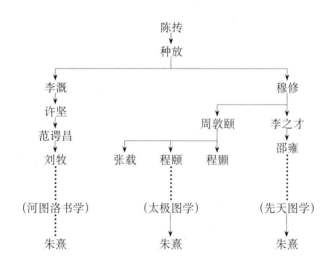

如上图所示，宋代的新易学有邵雍的《先天图》、周敦颐的《太极图》、刘牧的《河图洛书》这三易图学，它们都源于五代宋初道士陈抟一个源头。 只是关于源于陈抟一个源头的传授系谱，《宋史》的撰者已曰:"不知其所据。"(《朱震传》)还有，《四库提要》的撰者也曰:"其说颇为后人所疑。"(《汉上易集传》)关于这易学传授真伪的详细考证，由于在拙著中已详论之，在此就不再赘述。 只是对这三个谱系也将各人的生卒年代和受学年龄一起考察，则这中间既有断绝，也有跳跃。 硬把这些隶属于道士陈抟、种放一个源头，只有在北宋末强烈的崇道思想

影响下才被首肯。 如除了这个传授的谱系来看，三易图学作为宋代的新易学就完全可以成立。 之所以能成立，因为它把汉易解释的基础置于阴阳五行思想之上，通过将这些图表化而显示了新的发展。《先天图》在八卦的方位和次序上有着新的见解，对《说卦传》的这些方面赋予了合理的根据；《河图洛书》把阴阳五行作为十数图和九数图而图表化，以解明作为揲蓍立卦基础的策数；《太极图》在将阴阳五行图示的同时，有志于探其本源，显示了一个源头的宇宙生成论。 这些发展都是宋易的独创。 还有，关于图表化，如前所述，由于易是以数理和象征作为基本内容的，所以将其配当而图表化，当是十分便利的。 此外，唐代盛行的佛、道二教将其深远的教理图表化以资于理解，也是一种刺激吧！ 比如，在佛教中，圭峰宗密（780—841）把《大乘起信论》的教义作成一览表(《禅源诸诠集都序》下)、曹山本寂（840—901）把曹洞五位用《曹山五位图》(《大正大藏经》四七《曹山语录》)来表示。 还有，道家中也是这样，五代的真一子彭晓就把《周易参同契》的真契用八环的《鼎器歌明镜图》(《周易参同契分章通真义》)来图示。 这样，易图的多种多样的图表就出现了。 关于这些，清儒毛奇龄（1623—1716）的《太极图说遗议》和胡渭（1633—1714）的《易图明辨》杂取真伪，俱加以网罗。

以下，考虑到内容的连贯，拟根据《河图洛书》、《先天图》、《太极图》的顺序，来考察三易图学。

二

《河图洛书》的传说与九数、十数的象数论相联结的发展过程，大致有三变。 最初《尚书·顾命》、《论语·子罕》、《礼记·礼运》等处所见的河图传说，不必待清代易学者指出，那完全具有符瑞的性质。从它把大玉、夷玉等共同列举，把凤鸟、醴泉等共同解说的文意中，很容易地可以推察到所具有的符瑞的性质。 然而，到《易·系辞》的"河出图，洛出书，圣人则。"(上·十一)，就不止是在"河图"上加了

"洛书"，给前者增添符瑞的性质，而作为圣人法象的对象规范的性质，被认为具有更重要意义。 这里，进而谈到了伏羲画卦作易的传说（下二），显示了将二者统一起来的可能性。 这种传说无疑只不过是把易的神秘性和伟大性与权威相联系的托古改制，而重要的意义在于，把《河图洛书》与画卦作易相结合，系属于一个圣人伏羲，使传说容易地得以成立，是为第一变。

在继承了上述《易·系传》传说的同时，前汉末的刘歆对《河图》和《洛书》的产生，另作了《河图》与伏羲、八卦联结为一线，《洛书》与禹、洪范九畴联结为一线，把此两者统一起来的解说。（《汉书·五行志上》）这是《河图洛书》的二元说。 刘歆把圣人作为伏羲和夏禹二人，这是受到了当时盛行的各种纬书符瑞思想的支配，而其思想的根据，我以为是阴阳对峙的思想。《河图》与《洛书》对峙，与象数说相联系，互为经纬表里地被阐明。 这《河图》与《洛书》分离的二元说，是为第二变。

另一方面，九数论和十数论在汉代已经成立了。《大戴礼记·盛德》论说明堂九室之制的文中，罗列了从一到九之数，那种九数论就始于对"二九四七五三六一八"这九数的叙述。 这个序列以五为中央，形成三次魔法阵（四正四维各十五），结合到《说卦传》离南坎北、震东兑西的八卦方位之中，形成了"太一下行九宫说"（《易纬乾凿度》下，郑玄注）。 也就是所谓按照坎一、坤二、震三、巽四、中央五、乾六、兑七、艮八、离九方位顺序，太一神下行，巡行九宫。 如要把这九数论以五行之数来说明，则由于和月令的五行方位相矛盾，因此就以遁甲说和太一说来曲解旁通（孔广森《大戴礼记补注》）。 而即使这九数可以与五行之数和方位联系起来说明，这种特殊的序列也与之没有关系。仅仅由于将它作为九宫之数，发挥了那种数的神秘性。 因此到了宋易，去掉太一神性质的夹杂物，只根据那种数的神秘性来解说，把这称为"戴九履一、左三右七、二四为肩、六八为足"（《易学启蒙》本图书一），纯粹作为象数论来展开。（刘牧、朱熹）

那种十数论，始于《易·系传》中对天地之数（上九）的叙述。 这种把天一地二以下的十个数作为五行之数来理解和分配，从一到五之数称为生数（见《汉书·律历志上》），从六到十之数称为成数，论说一、六，二、七，三、八，四、九，五、十的配合，作为阴阳匹配的是后汉的郑玄（《礼记月令正义》其数八）。 根据把这天地十数作为生数和成数的阴阳匹配，如与五行之数及方位相结合，则很容易地可得到十数图。因为把奇数作〇，偶数作●，只要连接这些数，配置到月令五行的方位上就可以了。

重要的是在于能否把这九数论和十数论都系属于《河图·洛书》，进而以两者作为经纬表里，展开怎样的象数论。 到了宋代，把九数、十数的象数论结合到《河图·洛书》的传说中从而展开《河图·洛书》的象数论，是为第三变。 完成此事的最初的易学者是刘牧。 刘牧（字长民，又字先之，彭城人）的生卒年代不明，据说因为在仁宗庆历初年（1042）向朝廷献上《易数钩隐图》三卷、附《遗论九事》一卷，其象数论盛行而祖述者辈出。 但是，在刘牧说中最大的问题，是把九数图系于《河图》，把十数图系于《洛书》，而这些都源于唯一的圣人伏羲这一点。 据其《龙图龟书论》（见《易数钩隐图》下），伏羲的《龙图》（《河图》）以九数图来包辖四象八卦，四正四维的合数与"天地自然之数"（五生数之合十五）相一致。 对于从这天地自然之数中把《龙图》九数图、《龟书》（《洛书》）十数图从一个渊源导出，有刘牧的五十五图，但在把原来产生情况不同的两个图从一个渊源上来阐明这一点上，是很勉强的，这种画天左旋、画地右动说也就不能圆通而陷入矛盾之中。 要纠正这种矛盾，在于把十数图系于《河图》，把九数图系于《洛书》，依其产生视之为二元，使之互为经纬表里，而完成了这一点的则是朱熹、蔡元定（《易学启蒙》本图书一）。

根据朱熹、蔡元定说，《河图》是五行生成的十数，其象数与《洪范》五行的排列和九畴的子目五十五相合，《洛书》是《洪范》九畴的九数，其象数则为太极、两仪、四象、八卦之象。 这样，就有了把两者交互论述的可能。 在这之后的《易学启蒙》中，有着如下的论说。《洛书》(九数图)虚其中则为太极。 奇偶各二十是为两仪。 一二三四包含九八七六，纵横十五互成七八九六，是为四象。 四方之正(四正)乃乾、坤、坎、离；四维之偏(四维)乃兑、震、巽、良；是为八卦(《先天图》)。《河图》(十数图)的一、六为水；二、七为火；三、八为木；四、九为金；五、十为土，此原为《洪范》五行之数，五十五也系九畴的子目。 这说明《洛书》可以为《易》，《河图》也可为《洪范》。还有，《河图》不是《洛书》，《洛书》不是《河图》，怎样解释呢？ 这也不是不能解释的(本图书一)，就把《河图》十数与《洛书》九数交互从而来展开易的象数论。 如前所述，《河图洛书》的传说中，具有着作易的圣人在画卦之际应当有法象的规范性性质。 因此，交互两者来论述的象数论的主题，并不在于六十四卦，而在于使六十四卦得以成立，作为前提、作为根据者。 这就有待于对作为揲蓍立卦前提的蓍数五十(大衍数)和产生此数的基数五(小衍数)的阐明。 从作为《河图》实中，《洛书》虚中(本图书一)的天地之数五十五中减去五，在九数四十五上加上五，都可以得到大衍数五十。 这被加和减的五，其性质和思想根据是重要的。 这个五是基数五，是五行的土数，是叁天两地的小衍数。 朱熹在邵雍的圆星方土说中来寻求阐明这些的思想根据。 根据天圆地方的思想，认为天数(奇)用圆径一围三之三；地数(偶)用方径一围四、偶二用二；这天三、地二，叁、两便可得五。 进而以十数为偶，以九数为奇，赋予其意义，则十数作为常数为数之体，九数作为变数为数之用，以十数和九数作为数的体用，论述了其一源相即性。(《易学启蒙》)而由于把这些图像化，在五行的方位和流行中显示出新的发展，认为十数图中是相生的五行，九数图中是相克的五行，以此为根据来阐述画天左旋、画地右动之说。 这样，朱熹、蔡元定的《河图洛书》象数论很好地综合了传统的各种说法，使之具有条理，取得了宋易的新发展。 在以后的象数论中未见有什么新的发展，从这一点也可以看到，朱、蔡之说已成为定论。

三

邵雍（1011—1077，字尧夫，称康节先生）的《先天图》，是与根据《说卦传》中所述八卦的方位和次序而成的所谓《后天图》相对的。后天易与阴阳五行思想相结合，在汉代以后，发展为种种象数论，但作为其基本的八卦的方位和次序，则缺乏合理的思想根据。只是依据《说卦传》第五章中说的八卦的方位和第六章以下所说的八卦的次序。那方位就是：震东兑西、离南坎北、巽东南艮东北、坤西南乾西北；那次序就是乾坤、震巽、坎离、艮兑。由于这次序是基于"乾道成男、坤道成女"（《系辞上一》），把乾坤作为父母，把震（长男）、巽（长女）、坎（中男）、离（中女）、艮（少男）、兑（少女）作为三男三女，所以可以看到在父母、长、中、少的次序中是把男放在前面。但那方位中则什么根据也没有能发现。与此相对，邵雍同样把根据置于《说卦传》（《说卦》三），着眼于天地（乾坤）、山泽（艮兑）、雷风（震巽）、水火（坎离）的这些对卦，把这些配于离东坎西、乾南坤北、兑东南震东北、巽西南艮西北的八卦方位。进而把"易有太极章"（《系辞上十一》）的太极、两仪、四象、八卦的生成，用一阴一阳的图表来表示，据上述而作为乾、兑、离、震、巽、坎、艮、坤的次序。而且把这托古称为伏羲之物，与文王的后天易相对立，成为显得具有比较合理的体系性思想根据之说。这就是把作为次序根据的一阴一阳的思想，作为方位的思想根据。在后天易中，所说的一阴一阳是把乾坤二卦作为门户。但是把乾坤二卦作为门户，正如在虞翻的八卦纳甲说和孟喜的卦气说中可见的那样，不能阐明消息终始的思想。要阐明这一点，无论如何也必须以坎离思想——即以乾坤为门户，以坎离为二用的《周易参同契》的思想——作为媒介。这就是一阴一阳，即阴中的阳（坎）和阳中的阴（离）的真阴真阳的思想。邵雍以这样的思想为根据，确立了离东坎西、乾南坤北的方位，在阐明阴阳思想中，显示了作为宋易的新发展。如把这种坎离思想用图来表示，就成了周敦颐《太极图》的第二位，关于这一点，想到下面《太极图》一节中再来加以考察。

本书前面所见的《太极图》作为周敦颐（1017—1073，字茂叔，称濂溪先生）的天赋自得之物，朱熹同意并笃为尊信，他表彰这《图》以及《图说》，称周敦颐为道学始祖。根据朱熹的这一看法，《宋史》中在《儒林传》外新创设《道学传》，就把他列为首。对此《太极图》和《太极图说》，朱熹有详细之《解》，详述了所以将周敦颐作为其始祖的理由。随着朱子学的隆盛，朱熹的主张和说明也在此后的整个元明时代被采用，而到了明末清初，随着反宋学研究的抬头，有两个问题被提了出来。其一，是《太极图》的来源图问题，其二是《图说》首句的异同问题。但重要之处，与其说是这些问题，毋宁说是在于作为《太极图》以及《图说》所示的新发展的说明，在于朱熹作为宋学渊源的主题的说明。就论述的顺序而言，我们先谈前两个问题，然后涉及新发展和主题的说明。

其一，认为《太极图》不是周敦颐天赋自得，而是有来源图的。对此，可列举有道家系统的三图：《二用三五图》（毛奇龄说），《陈图南无极图》（黄宗炎说），《太极先天之图》（胡渭说）和佛家系统的一图：《阿梨耶识图》（武内义雄说），共计四图。关于这些，需要精密地考证，而在拙著《宋代易学之研究》中已颇详尽，由于也不认为在这之上有应增加之处，故在此就概予省略。只是主张有来源图的，是用溯源的方法，硬强调外形的类似点就加以断定，而对于其不同点则完全没有涉及。这一点尤其在对道家系三图的解说中很显著，都系似是而非之论，在那里甚至可发现从周敦颐的《太极图》中反向引出的托古之物。当然，即使是朱熹之说，也没有说这是毫无任何来源忽然天赋自得的。被视为其来源的，不在于道家系统的三图中，而可以在佛家系统的诸图中求得。与其说那是作为外形的图形，不如说是使图形成立的思想的根据。而在道家系统中，《周易参同契》具有坎离思想这是很明白的。

其二，是《太极图说》首句"无极而太极"的问题。这与来源图的问题性质不同。洪迈（1123—1202）所辑的旧国史《周敦颐传》中载有《太极图说》，其首句作"自无极而为太极"，朱熹尝寓目，认为附加"自"、"为"二字，是有关百世道学渊源的重大误讹，要求将二字删去（《朱文公文集》卷七一《记濂溪传》）。朱熹的这一主张被采纳，《宋史·周敦颐传》中就消去了这二字。这样，在周敦颐原来的著作中，"自"、"为"二字是否系被附加上的，就超越了考证学所能解决的范围。只是《汉上易卦图》上的《太极图》内，也有征引的《图说》，作"茂叔曰"，很明显没有"自"、"为"二字。关于这个问题，我以为比起是否被附加上去的考证来，对于"自"、"为"二字有无的意义上的考察更为重要。这到后面再论述。

《太极图》作为周敦颐的创作，与刘牧的《河图洛书》、邵雍的《先天图》一起，作为显示了宋代易学新发展之物，或据朱熹的看法，认为它是最为杰出的——这一点，必须要加以阐明。在此就必须首先设定周敦颐的《太极图》。之所以这样说，是因为即使《道藏》本所载之图不作为问题，而现存的就有《性理大全》本所载图和通志堂本《汉上易卦图上》所载图两种。如与《太极图说》对照起来考虑的话，朱震的图在此有不妥当之处，这里就拟以上述的《性理大全》所载，作为下面考察的对象图。为了说明显示新发展之处，我们从图的构成和《图》以及《图说》的思想内容这两方面来考察。

《太极图》的构成有五位，皆以圆环贯之。第二位，第三位显示了变化，所以在第二位的中央以及第三位的下部再现了第一位的圆环。这五位分别都有名称，第一位叫无极而太极，第二位叫阴静、阳动，第三位叫五行，第四位叫乾道成男、坤道成女，第五位叫万物化生。给第一位加上无极而太极之名，始于《宋元学案》本，这以前的《性理大全》本中无。这五位的名称基于《太极图说》，《图说》的要旨在其前段，可分为如下的五节（朱熹说）：

一、无极而太极。

二、太极动而生阳，动极而静，静极生阴，阴极复动。一动一静，互为其根，分阴分阳，两仪立焉。

三、阳变阴合而生水火木金土，五气顺布，四时行焉。五行一阴阳也，阴阳一太极也，太极本无极也。五行之生也，各一其性也。

四、无极之真，二五之精，妙而合凝，乾道成男，坤道成女。

五、二气交感，化生万物，万物生生而变化无穷焉。

如把这五节的意思简略地概括一下，就成为上述五位图的名称。如把它再进一步地概括略称的话，从上位开始，就成为太极，阴阳，五行，八卦，万物。第一位名称空缺，原来是标为《太极图》，这是由于认为太极是不言自明的吧！那么，在周敦颐的原图中，是否加有上述的名称呢？《图》是由五位组成的，由于第一位和第四位、第五位同是用圆环来表示，所以如果不加有上述名称的话，分别具有怎样的意义就不明确，其必然性也变得难以认识。鉴于《图》不是结束于表示变化的第三位，而是由五位组成，必须认为，上述的名称在原图中就已经有了。

这里，首先要考察《太极图》不用五位就不能成立的原因。《易·系辞》中对八卦的生成，有如下的解说：

易有太极,是生两仪,两仪生四象,四象生八卦。八卦定吉凶,吉凶生大业。(上十一)

叙述了太极、两仪、四象、八卦四位。关于这四位，如分别看一下汉唐旧注的话，可见把太极解作淳和未分之气（郑玄注）、太一（虞翻注）、太初（《正义》）；把两仪解作天地、乾坤（虞翻注）、天地（王肃注）；把四象解作水火木金（郑玄注）、四时（虞翻注）；把八卦解作乾坤坎离等小成八卦也不是异说。《正义》综合了这些，把两仪作为天地，四象作为五行（《系辞上十一·正义》）。根据这些可知，上文中太极、阴阳、五行、八卦的生成思想，就是诸儒所解。因为从把两仪解作天地、乾坤，把一阴一阳作为易的基本思想这一点出发，很容易就可

以把两仪和阴阳置换。　在这四位上再增加万物而成为五位的思想，在
周敦颐之时，邵雍也已经说过了（《观物外篇上》）。　如要追溯考察这五
位的生成思想的话，始于《吕氏春秋·大乐》的"太一"（太一、两仪、
阴阳）和《礼记·礼运》的"大一"（大一、天地、阴阳、四时），《淮南
子·本经训》的"太一"（太一、阴阳、四时、六律）、《春秋繁露·五行
相生》的"天地之气"（一气、阴阳、四时、五行）等中间也可看到这种
思想的萌芽。　还有在《周易正义序》（论易之三名）

中，提出了"四太说"（太易、太初、太始、太素），而
在这上面加太极，从太易到太极的"五运"思想，见载
于佛家澄观（737—837）的《华严经随疏演义钞第十
四》（见《大正藏》三六、一〇四中）之中。　继承了这种四
太、五运的思想，宗密提出了五重运转说（《原人论》），
而这与佛家所说的五阴、五位七十五法和五位百法的
思想相结合，以致形成了曹洞禅的五位思想。　所谓曹
洞五位，是说正中偏、偏中正、正中来、偏中至、兼中
到的"正偏五位"，用○和●这样的黑白来表示，则称
为《曹山五位图》。《太极图》五位生成思想的根据，也
许就是以这《曹山五位图》为契机，以五运思想为根据
的吧！　关于这种以圆圈为基调的表示，在前述宗密的
《阿梨耶识图》中便已有先例。　以上的思想尤其从同

时代年长六岁的邵雍那里蒙受甚多。　这不仅仅只是邵雍的五位思想，
然而在第二位的坎离图，第二位和第四位的先天、后天关系上，都可以
看到显著的思想影响。

　　（1）　第一位（太极）〔参照《太极图》〕（见上页）
　　《太极图》的第一位只是一个圆圈，与《图说》的首句对应，显示了
无极而太极的本体。　关于在这五字中冠以"自"、"为"二字，以"自
无极而为太极"七字见载于《周敦颐旧传》中的情况，前面已有论述。

即使省略了对这一事实的考究，"自"、"为"二字的有无也被作为与宋代新易学的主题有关的重要问题而被提出。 在此，就设定如下展开的图式，来证实这就是在历史中形成的生成论，然后想考察关于否定"自"、"为"二字的意义。

> (A) 自太易而为太极(《易纬》)
> (B) 自无极而为有极(《韩注》)
> (C) 自无极而为太极(《正义》)
> (D) 无极而太极(《图说》)

如上图，设定了（A）及（B）的图式，是因为在中国的传统思想中，与太极相对应的不是无极而是太易，与无极相对应的不是太极而是有极。（以下，尽可能简明地加以论述）。（A），是在《易纬》诸书中所看到的太易生成论。《易纬乾坤凿度上》有"二太"（太易、太极）和"四太"（太易、太初、太始、太素）；与《易纬乾坤凿度上》的"四太"说相同；《孝经纬钩命诀》中则有"五太"（太易、太初、太始、太素、太极）说。 据此，形成了以（A）图式表示的生成论，是以其文中论述的"有形始于无形"思想为根据的。(B) 始于《老子》、《庄子》的有无相对为用思想，在《老子王注》中，成为宇宙生成论，到韩伯《注》，则以有极中见无的思想（《一阴一阳章》、《太极章》）为媒介而成立。 其思想的根据在于《老子》的"有生于无"。(A) 中纬书的生成论与（B）中老庄的生成论相结合，这可以在《周易正义序》中八论之一的《论易之三名》中发现。 所谓易的三名，就是易简、易变、不易这三种意思。《正义》在这三种意思中，尤其主张易简。 而且把这一主张用"易之三义，唯在于有"来表明，把"然有从无出"作为其思想根据。 如对此加上"自"、"为"二字来表示的话，就成为"自无而为有"，在这中间导入韩伯的有极思想，则很容易地就可使之形成（B）的"自无极而为有极"这一宇宙生成论。 接着，在《正义序》中，以"有形生于无形"的思想为根据，举出了《乾凿度》的四太说（太易、太初、太始、太素）。这使（A）的"自太易而为太极"宇宙生成论的成立，不必待到前面所讲《孝经纬钩命诀》的五太说，在《系辞上》一阴一阳章、大衍章、太极章的《正义》中就可发现。 由于（A）、（B）两者同是以"有形生于无形"的思想作为根据，可以发现，把两者结合起来的（C）"自无极而为太极"的生成论在唐初《周易正义》就已形成了。 也就是说，《周敦颐旧传》中所见的七个字的首句是唐初形成的宇宙生成论。 在这七个字中削去"自"、"为"二字这一点，是宋代易学的新发展。 还有，可以认为《图说》第三分节的"太极本无极"也准于此，是从"太极本于无极"这六个字中削去一个"于"字的产物。

其次，想考察削去"自"、"为"二字和"于"一字的意义。(C) 的"自无极而为太极"是宇宙生成论，而从中削去"自"、"为"二字，就削去了生成论的表现，丧失了生成论的意义。(C) 的"太极本于无极"是宇宙本体论，而从中削去一个"于"字，就削去了本体论的表现，也就丧失了本体论的意义。 原来，在中国的客观实在观念中，可以称作宇宙生成论，称作宇宙本体论者，同属于存在论。 这可以从王弼无的思想和郭象无心冥物的思想都是假定了某种形而上学的存在，东晋末期以此为根据的本无义和心无义被作为不是真的实在，被"破邪"的事实中得知。 在这种中国的存在论中，丧失了生成论的意义和丧失了本体论的意义，同时也就丧失了存在论的意义。 丧失了存在论的意义而就获得了认识论的意义。 这里说的认识论，可理解为如般若空观中所见的"观"。 把在这样意义上的认识论的客观实在观念在儒家主体的基础上表达出来，就是（D）的"无极而太极"，或（D′）的"太极本无极"。 这是汉唐以来易学的新发展，说明这一主题的理论——宋代新儒学、所谓的宋学——得到了发展。 至少对于朱熹来说是这样理解的，所以他把周敦颐作为宋学的始祖而尊信表彰。 因此，朱熹不惜万言来说明这首句。 比如，说明"无极"这二字，认为，老聃的无极是无穷之意，正如"有名、无名章"中所见的那样，是把有与无分为二；而周敦颐的无极，是说道体的至极，则把有与无合为一（《文集》卷三十六,《答陆子静六》）。 不言无极，则太极就同为一物而不能成为万化的根本，不言太极,则无极沦于空寂而不能为万化的根本(同书,《答陆子美一》)。
这里恐怕被误解说有就认为是实有,言无就认为是真无,因而把之所以
并非真无、不是实有表达为"无极而太极"(同书,《答陆子静五》)。 朱
熹的这种说明,认为无极并非真无,太极并非实有,就是论述般若空观
的《肇论》中所说"非有并非真有,非无并非真无"(《不真空论》)的
"非有非无"理论。 此外,还有:"非太极之外复有无极"(首句《图说
解》)和"太极之本无极而有其体"(见《文集》卷三十六《答陆子静六》)这
样的论述。 在朱熹自撰的《隆兴府学濂溪先生祠记》(《文集》卷七十
八)中,明确地载着把周敦颐的根本思想作为体用一源,显微无间的理
论;认为因无形有理,故无极而太极;因有理无形,故太极本无极这样
的内容。 把这作为根本思想,实际上是程颐的理论,在《伊川易传·
自序》中就可看到。 由此观之,朱熹是用程颐的理论来说明周敦颐的
根本思想。 因此,如把朱熹所说的明确地表达的话,就是无极与太极
是体用一源。 太极的本体是无极,无极的体用是太极,无极与太极是
体用一源相即。 把太极和无极用显微理论来表达的话,在"显本微"
中,太极和无极是无间相即。 这一源无间虽意味着相即,但不是意味
佛家的相即,而是儒家的相即。 所以对此要引用儒家的前后的思想来
加以说明。

朱熹把首句解释为体用一源已如上所述,引用儒家的前后思想对这
一源相即加以说明的,有《太极图说解·后记总论第五》(《性理大全》
本)。 据其所云,在至微之理中,体用一源,体在先而用在后,因为举
其体则用之理已具,所以为一源。 在至著之象中,显微无间,显在先
而微在后,是因为即其事物,理之体便现出,所以是无间。 这种先后
论是朱熹的基本理论,也就是儒家的思想。 这是事理一致、体用一
源、体先用后、体立而后用的理论,是与静先动后,理先气后的理论相
联系的。

(2) 第二位(阴阳)

《太极图》的第二位,由中央的○和左右黑白相对的三圈组成。 中

央的○就是第一位，与第三位下面的○同样，是表示太极。 左右的黑白是表示阴阳。 从第三圈开始，表示左离、右坎之象，称《坎离图》。据朱熹说，阴阳的配置，上下分，则上阳下阴；左右分，则左阳右阴；前后分，则前阳后阴(《朱子语类》七四，"文蔚"，九四"德明")。 因此，把阴阳用黑白来表示的话，则阴为黑，阳为白；如把这配以动静、分为体用的话，则阳动为用，阴静为体；如左右相对的话，则左用右体。 这当是儒家的理解。 只要与前述作为佛家理解的宗密《阿梨耶识图》相对比，就可明白了。 宗密的图中不是用黑白，而是用朱墨。 朱表示觉(净法)，墨表示不觉(染法)；如配以体用，分为左右的话，则是朱左体、墨右用。 即使把朱改为白，把黑改为墨，也是左体右用，而不是左用右体。 因此，在儒家的理解中，阴阳的对立必须是白阳黑阴，左阳右阴，左用右体。

把这黑白相对而形成一圈，就表示了一阴一阳。 这里必须要有三圈，是把一阴一阳而生成的两仪、四象、八卦用三圈来表示，使它由中央的太极而变为阳动、阴静。 这正是根据邵雍的先天易、依从先天八卦的次序和方位的产物。 因为这就像是一阴一阳而生成八卦的先天八卦次序，在与第四位表示乾坤八卦的后天八卦次序(见《说卦传》)相对应的同时(见《熊氏经说》卷一《先天后天图》)，表示左离右坎之象，就像是据离东坎西说形成的先天八卦方位。 这里必须作左离右坎的必然性，是因为左阳右阴，阳变阴合，表示了对第三位五行的连续状况。 在这里可以发现从《先天图》所受的显著影响。 关于八卦的次序和方位，在后汉末道士魏伯阳撰的《周易参同契》中有曰："易谓坎离，坎离者，乾坤二用。 二用无爻位，周流行六虚(六位)"(见《通真义》七)；又曰："坎，戊，月精。 离，巳，日光。 日月为易，刚柔相当。 土旺四季，罗络始终，青赤白黑，各居一方，皆禀中宫戊巳之功"(见《通真义》九)。 据此，一阴一阳为坎离中爻，为阴中阳之真阳，为阳中阴之真阴。 它作为乾坤二用没有爻位，配戊巳之土而位中宫，是与四方的青赤白黑(木火金水)相对的。 根据《参同契》这一思想，即使说坎离无位，但作为方位，则为戊巳土之中宫。 因此，《参同契》的八卦方位无非就是依照《说卦传》八卦方位（后天方位）中的离南坎北说。 这一点在《周易参同契分章通真义》彭晓注中所载的《明镜图》中甚为明了。 也就是说，这八卦方位是后天方位，是主张离南坎北、震东兑西，而决不是离东坎西，乾南坤北。 所以，这第二位必须表示离东坎西之象，就不能认为不是依从邵雍的先天方位。

(3) 第三位（五行）

《太极图》的第三位，由连接第二位的交叉曲线，配置为四维及中央的五行以及连接它们的曲线，还有连接四维的下一个圆圈组成。 按此顺序来考察的话，首先，连接第二位的必须是交叉的曲线，这是表示阴（水）根于阳（离），而阳（火）根于阴（坎）；在《图说》中把这说成是"阳变阴合"。 接下去，叙述"生水火木金土"的五行，作为根据《洪范》五行的生成次序而成者，在朱熹的《解》中，称之为"生序"。 下面，"五气顺布，四时行焉"，是说根据五行之气，四时流行，而四时流行是根据《月令》五行的相生次序，《解》中把这称为"行序"。 因为是行序作为木、火、土、金、水而流行循环，图中就用连接这些部分的线来表示。 而再次从水到木，就用避开中央的土来连接而表示行序。 因此，如朱震的《周子太极图》（《汉上易卦图》上）中所见那样，把水、木与土联结起来，对于《图说》中叙述的行序也是欠妥当的。 下面，连接四维的下一圆圈表示太极，这毋须多言，这是把《太极图》的五位连贯起来的基本图。 连接四维和这个太极的四条线，表示了"无极之真"（下一圆圈）和"二五之精"（阴阳五行，用圆圈围起来的五行）的巧妙结合，说明了由这样巧妙的结合和凝聚而生成八卦、万物。 下一圆圈与四维连接而只不和中央的土连接，这在表示是基于寄生于四时的土的性格的同时，还表示，通过四线与四维相连接的五行，是太极、两仪、四象、八卦的四象。 所以在《图说》中说到，五气顺布而四时行焉。

在这五行图中最重要的一点，是五行把土置于中央，而配置四维。

这种配置，与前述《河图洛书》的五行方位不同。 在《河图》十数图中，是以一、六水北；二、七火南；三、八木东；四、九金西；五、十土中央；端正地配置于四正。 现在不仅把此朝四维之形倾斜，而且火、木的配置是相反的。 在《洛书》九数图中，四正以一水北，三木东，九金南，七火西，五土中来配置，四维以六水西北，八木东北，四金东南，二火西南来配置。 在此，即使水、火是与《河图洛书》相同，而金、木的配置也是相反的。 也就是说，用《河图洛书》的五行方位不能解释清楚这五行图中四维的配置。 所以，它是根据其他的原理来配置的。 首先，把水、火并列，是为了要用交叉曲线与第二位的坎离图连结。 阴阳的左右配置，由于是左阳右阴，所以就必须要左火右水。 下面把木、金并列而作左木右金，这又是以什么为根据呢？ 朱熹的《太极图解》中曰：

ⓦ阴盛故居右,ⓕ阳盛故居左。ⓜ阳穉故次火,ⓖ阴穉故次于水。ⓣ冲气故居中。

持阴阳的左右配置是左阳右阴，上下配置是上盛下穉之说。 然而，在《太极图说解》中曰：

以质而语其生之序则曰水、火、木、金、土,而水、木阳也,火、金阴也。以气而语其行之序则曰木、火、土、金、水,而木,火阳也,金,水阴也。

生序中，上阳下阴，水、火为阳，木、金为阴；而在行序中，左阳右阴，火、木为阳，水、金为阴。 用上阳下阴、左阳右阴来说明，这是甚为明快的，而更根本的一点，就是第三位（五行图）与第二位（坎离图）相连，被用图表示出来；也就是不仅仅在《五行图》中单独地形成四维图。 不考虑到这根本点，把《坎离图》称为《水火匡廓图》、把

367

《五行图》称为《三五至精图》(朱震图第三位)等等,加以分别揭载的清儒毛奇龄之说(见《太极图说遗议》)的杜撰性,在此也就毋须再论了。

以上是把从第一位太极开始,到第二位的阴阳,到第三位的五行的分化情况用图来表示。 如把阴阳作为气,把五行作为质的话,根据五行的成立来解说气和质,以生成八卦、万物的基本理论就可确立。 因此,从五行反向推溯本源,使之统一起来,就被说成:"五行一阴阳也,阴阳一太极也,太极本无极也。"(《图说》)就是认为,浑然一体中,所有都是无极的妙用。 朱熹把前面的分化称为"分",把后面的统一称为"合",来解释一理(太极),二气(阴阳),五行的分与合,而在这里说的是其"合"。"五行异质,四时异气而皆不能外阴阳,是五行只一阴阳而已","阴阳异位,动静异时,而皆不能离乎太极,是阴阳只一太极而已"。"至于所以为太极者,又初无声气之可言,无形象之可见……是性之本体",说的就是这种情况。

(4) 第四位(八卦)

《太极图》的第四位只是一个圆圈,这是意味《太极图》基本图的太极自不待言。 它被称作乾道成男、坤道成女,表示是后天八卦,以与第二位的先天八卦相对应。 把乾道成男置于左,坤道成女置于右是根据左阳右阴说。 关于乾道生成三男(震、坎、艮),坤道生成三女(巽、离、兑),这在《说卦传》中明载着。 据此,是把乾坤作为父母,得乾之气者为男,得坤之气者为女。 坤之初得乾之气为震(长男),坤之二得乾之气为坎(中男),坤之三得乾之气为艮(少男);乾之初得坤之气成巽(长女),乾之二得坤气为离(中女),乾之三得坤气为兑(少女)(见《正义》)。《图说》认为,像这样把乾坤作为父母而生成三男三女,使这种生成成为可能的,是由于无极的真(太极)与二五之精(二气五行)的妙合凝聚。 朱熹解作曰:"真以理言","精以气言"。

(5) 第五位(万物)

《太极图》的第五位与第四位相同,只是一个圆圈,称之为万物化生。 如果说在第四位是解释八卦的生成,那么,重此八卦而成六十四卦，因此，具有六十四卦在第五位便称为万物化生。 所谓万物化生，意味着万物生生变化无穷。 即是生生为易的思想吧！ 朱熹在《图说解》中注曰：“（第四位）乾坤男女，以气化者言也”；“（第五位）万物化生，以形化者言也。”还在《图说解》中解释曰：

> 气聚而成形……各以类聚而成形……阳而健者成男则父之道……阴而顺者成女则母之道。……是人物之始，以气化而生者也。……气聚而成形……则形交气感，遂以形化而人物生生，而变化无穷矣。

与图所示的第四位与第二位相对应一样，可以看到，图中也可见第五位与第三位的对应。

上面，关于《太极图》的五位，从构成要素和思想根据两个方面，主要依据《太极图说》，加以了考察。 整个五位中，变化在第三位终结，第四位、第五位尽管称八卦、万物，名称不同，但都以与第一位相同的圆圈表示。 如据朱熹所说，这意味着根据一理二气五行的分合来解释八卦万物的生成。 因此，用图示以及解明一理二气五行的分合，就是《图》以及《图说》的主题。 朱熹关于这一理二气五行的分合不惜万言以解释，在《文集》、《语类》中颇为详细，而关于这些的多数理论，是承受了程颐的思想。 除了前面说到的体用一源，显微无间的一源无间相即思想以外，还有把一阴一阳和阴阳分为形而上下，据此以区别道器的思想；将阴阳使之一阴一阳的气机而提出的动静一源思想；动静无端、阴阳无始之说等等。 关于一理二气五行的分合，由于已经论述过，在此就省略了。

四

以上是关于朱震《进周易表》中所见三易图学进行的考察。 之所以把这作为宋代新易学，这在对它们的解释中已作了论述。 总之，刘牧、朱熹《河图洛书》的象数论和邵雍《先天图》中八卦的次序和方位说，显示了易象数学中的新发展；周敦颐《太极图》的一理二气五行分合说，则显示了易义理学的新发展。 尤其是邵雍的先天易，充满了独创性，不仅给予周敦颐《太极图》以极大的影响，也赋予后象数易以决定性的根据。《太极图说》可以说也多有得于邵雍《先天图》之处，而给予无极和太极、太极和阴阳五行的分合以独创性的解释，成为了创造理气哲学的渊源。 这些三易图学，归根到底，是由朱熹集其大成，以作为构成宋学之资。

（今井宇三郎）

第二节　邵雍、张载的气的思想

以前，张岱年在《中国古典哲学中若干基本概念的起源和变迁》[1]这篇论文中，曾试图对气、太虚、天、道（天道）、太极、理、神、体用（质用、本体、实体）这八种哲学概念进行整理。 这正是中国把唯物主义、唯心主义的斗争作为思想史，试图在中国思想中抽出唯物主义系谱盛行的时期，张岱年在那篇文章中，特地把张载作为焦点，以论述他在思想史上的意义。 也就是提出，张载在思想史上最首要的功绩，就是对于中国唯物论的基本范畴——气，提出了更为详细的理论，将他置于"十一世纪中国唯物主义哲学家"的地位。 这篇论文还对与此有关的问题进行研究（论述中的中国古典哲学，指从周代开始到清代中期二千六百年的哲学）。 对于前面所讲的基本概念，虽采用看来与唯物主义者和唯心主义者的解释不同的体裁，但从把这些概念作为宋学的主要概念来看，最终关心的仍是阐明唯物主义者思想家张载和程颢、程颐及朱熹等被视为唯心主义者思想家的对立点。 该文通过对以上诸概念的解释，以阐明对气的概念加以考察的张载的思想和思考与气对立的理的程颐、朱熹思想的不同，这是相当富有启发性的试验。

虽然可认为，这种观点与在一些地方通行的把张载视为气一元论，把程颐、朱熹视为气二元论的看法，都具有相当的思想史研究意义，但如果返回到道学是怎样形成的这一点来考虑的话，进而必然要问，为何张载用气来理解世界而程颐要用理来理解世界呢？ 到朱熹时完成了左右后来思想史的理气哲学（即把理和气对立起来考虑的思想成为道学的根干），而如把这作为是从程颐开始的话，则必然要问，把理这一概念与气对立的必然性何在呢？ 这种必然性又如何与张载的气的思想联系起来呢？ 而站在这样的角度来看的时候，张载的气的思想的意义和位置不也就可以明白了吗？

通常，在宋学中说到气的思想，则就举出张载，由于邵雍和周敦颐，在他们现存的文献中很少看到，或者一点也看不到气这个概念，所以他们就不被视为气的思想家。 但是，是否是气的思想家这种议论，是以理的思想为前提的，在像前段所谈的那种情况下来考虑北宋思想史发展之际，这就成为比较不保险的议论。 在同样的意义上，把张载作为“气的哲学”者来认识的尝试，如理解“气的哲学”的方法是围绕着朱熹以后理气哲学的发展，是与“理的哲学”相对立的话，也是要注意的。 即使明清的“气的哲学”者们称扬张载，从这一点出发，可勾出“气的哲学”的谱系，但就这样来确定张载在思想史上的位置及其性质，也可以说是过于草率了。

让我们再回到中国思想史中宋学的中心问题——理是怎样形成的；或者说从道到理的发展上来。 在这样的意义上，抽掉与张岱年提出的那些概念的联系，就不能把气作为问题。 比如，可以称之为“朱子学哲学用语辞典”的陈淳的《性理字义》中，有道和理之项目却没有气的项目。 问题不是要问在宋学中新的气是什么，而是从与何者的关系上来论述气，用气来说明什么。

从这样的视角出发，想以邵雍和张载为中心，来考虑他们是从怎样的角度来对气进行思索的，这和理的形成又是怎样联系起来的。

気　的　思　想

一、《玄纲论》与《关尹子》

关于唐、五代的气的思想，已经论述过了，但想从明确邵雍、张载的出发点的意义上，来谈谈自己的一孔之见。

首先想谈谈唐玄宗之际道士吴筠（？—778）的《玄纲论》。它作为理解唐代道教方面确切的对象，被北宋真宗时张君房编纂的《云笈七籤》（卷一）收载，并被认为与邵雍也有关系。

《玄纲论》作为一本思辨性、理论性色彩浓厚的著作，与同时代的道教经典从与元始天尊等神的关系上来解释气者不同，继承了魏晋以来道家生成论的构造，认为从道发展为天地万物，只有在那里才存在人类。曰：

> 道者何也？虚无之系,造化之根,神明之本,天地之元。……混漠无形,寂寥无声,万象以之生。(《道德章》)

那万物生成的过程是怎样的呢？曰：

> 太虚之先,寂寥何有？至精感激而真一生焉。真一运神而元气自化。元气者,无中之有,有中之无,旷不可量,微不可察。氤氲渐著,混茫无倪。万象之端,兆朕于此。于是清通澄朗之气,浮而为天;浊滞烦昧之气,积而为地;平和柔顺之气,结而为人伦;错谬刚戾之气,散而为杂类。自一气之所,育播万殊……则生天地人物之形者,元气也;授天地人物之灵者,神明也。(《元气章》)

吴筠在《形神可固论》（见《宗玄先生文集》卷中）中，叙述了自然→虚无→大道→氤氲→气→天地→万物这样的生成顺序，但认为虚无是大道的无形相、无性能、无限定的性质，而自然是虚无超逻辑的、超因果分析的性质，所以没有对自然、虚无、大道之间生成顺序的明确的考

372

虑。 在《元气章》中，特地把虚无置换为"太虚"这样的概念，叙述了从"太虚"到"元气"的自化，直到"氤氲"的过程。 这中间所见的"至精"、"真一"、"神"，都是造化莫测的精妙性、神妙性的概念。"氤氲"与纲缊（见《易·系辞下》）同，是指气盛多而变动交杂的状况，是后来张载注重的概念。 在《元气章》的后半部分以气的性质来区分天地人物之说，是《淮南子·天文训》、《易纬乾凿度》等纬书中所见的看法，但在《天禀章》中，进而以禀受阴阳之气的状况，把人分为三种，均禀阴阳二气者为中人，各单纯禀承阳气、阴气者则为睿哲、为顽凶。与在《元气章》中所见的"一气——万殊"表达一起，是应当注意的想法。 在《玄纲论》中，如"天地自不能有，有天地者太极也"（《真精章》）这样说到"太极"与天地关系的，应当论述之处很多，而下面，则想谈谈关于它与人和道的关系。

吴筠问，从道中发展出来，从本来是与天地相同的气中产生的人，尽管天地是长久的，却为何有生死呢？ 这问题不用说，是从希求长生不死、希求神仙的道教本来的思考中产生出来。 为了实现这些，吴筠虽举出了守道、服气、养形、守神、金丹等，但在这里，他似是注重于怎样认识生死的理论的吧！ 在此，"神"与"性"、"情"这样的概念和气相联系，具有重要的意义。

　　本无神也，虚极而神自生。本无气也，神运而气自化。气本无质，凝委而成形，形本无情，动用而亏性。形成性动，去道弥远，故溺于生死，迁于阴阳，不能自持。非道存而亡之也……故生我者道，灭我者性（《同有无章》）。（译者按：原作《超动静章》，误。）

　　性动为情，情反于道。（《性情章》）

如果能够忘却此情，则可保持性、形、神、道这些相关的本来性；性如果能完全实现，则与道为一，便无生死之累。 把对道的顺逆，用性、情来对比，把生死与情联系起来理解。 还有，这生死被认为是佛教中的

"生死",即轮回。 吴筠虽然没有关于"性"的明确定义,但他说:

> 变性为情者为谁乎? 曰内则阴尸之气所悖,外则声色之态所诱。
> (《率性凝神章》)

所谓阴尸之气不好理解,或与道教中说的存在于人体内为害的三尸虫有
关系吧! 总之是道教的说明,但如章名"率性"一词所示,《中庸》一
书也是明显地被意识到的。 从汉代开始就有着性情的议论,在唐代中
期,以与佛教的交流为背景,在儒教方面,比吴筠稍迟的韩愈(768—
824)在《原性》中提出了"性三品说",分析了性、情;后来李翱
(772—841)在其《复性书》中,作了"情者,性之动也"的定义,详细
地论述了性与情的关系。 这些随着《中庸》、《大学》的显彰,在与宋
学的关联中常被言及,而在此可以确认,道教中也已经以这样的形式,
把性、情作为问题提出,在《云笈七籤》中,《连珠》(卷十九所收)等则
有着详细展开的性情论。

吴筠在把性、情进行对比的同时,把性、形也进行了对比。 他
以为:

> 人死者有形,不亡者有性,圣人不尚形骸,以其为神之宅,性之具
> 也。贵者神性。(《长生可贵章》)

但是又认为如无形、气,则无存神、性之所。 曰:

> 形气者为性之府,形气败,则性无所存。(《宗玄先生文集》卷中
> 《神仙可学论》)

"形者,神之宅也"的说法在《抱朴子·至理篇》已可见,重视形、气
与神、性的关系,可以说是道教的特征,故与守道、守神一起,还讲究

服气、养形。

下面，想来看看虽作为道家的书籍，但旨趣略有不同的《关尹子》。这本书假托为关令尹喜所作，他是与《老子》五千言成立的传说（参照《史记·老子列传》）有关者之一，《四库提要》推测系唐到五代的方士所作。正如南宋的陈显微在《文始真经言外经旨》的序中所指出的那样，认为与《首楞严经》等佛典有关，所以笔者也这样认为。在这中间，可以看到关于气的一些颇有兴味的见解。

"万物变迁，虽互隐见，气一而已"（《七釜篇》）。这是说，不管人类的认识如何，万物的变化都是由气而产生的。张岱年说张载明确了这样的想法，而应当注意的是，即使是片断的，但这里已有这样的说法了。在《关尹子》中，特地与生死问题相联系来解说气。认为生死是一气之聚散的想法在《庄子·知北游》中可以看到，而这里明确说出："生死者，一气之聚散耳"（《四符篇》），同时又追求超越生死。

> 气之为物，有合有散，我之所以行气者，本未尝合亦未尝散，有合者生，有散者死。彼未尝合未尝散者，无生无死，客有去来，邮常自若。（《七釜篇》）

在末尾的比喻里，把随着气的聚散的存在、现象作为"客"，这一点被认为与张载有联系，而这里客亭的比喻，则见于《首楞严经》。那么，所说的与气的聚散没有关系的无生无死又是什么呢？下面就让我们来看看吧！

> 譬如大海，能变化亿万蛟鱼，水一而已，我之与物，翕然蔚然，在大化中，性一而已。知夫性一者，无人无我，无死无生。（《七釜篇》）

总之，把生死看作是气的聚散，贯穿气之聚散者，被说成是"性"。

375

在《关尹子》中，还谈到心与性、情的关系问题。那里可以看到识、觉、象等的概念，可窥见与佛教心性论的关系。其中也有"情生于心，心生于性。情，波也；心，流也；性，水也"(《五鉴篇》)这样对心、性、情的分析，如果考虑到有前面所述的李翱《复性书》没有论述到性情和心的关系，这也是应当重视的说法吧！这里所用的水波的比喻，如溯其渊源，则可以联系到《大乘起信论》中水、风、波的比喻。岛田虔次氏曾这样指出："如借用《大乘起信论》的例子来说的话，因、果关系是风与波的关系，与此相对，体、用关系则可以说是水与波的关系。"[2]与此对照起来看的时候，这里以水波的关系来认识性、情，很明显就具有重要的意义。众所周知，朱熹的性情论是基于体用的理论，而程颐也是用水波的比喻来说明性、情的。

以上，虽然只涉及一部分关于与唐、五代的道教、道家有关系的气的书，但至少可注意下面一点：要问生死和超越生死，在这里被认为就是"性"。这种"性"的想法，不用说与佛教的佛性说有着联系。在说到与宋学关系的场合，言及韩愈和李翱关于性、情的分析，而说到道教道家的影响，这个"性"的想法却不太被作为问题。但是，吴筠以生死问题为背景把"性"和"情"进行对比；《关尹子》围绕着生死把"气"和"性"进行对比来认识，这都很明显是在思想史上应当注意的事情。

二、邵雍的气的思想

邵雍，字尧夫，谥康节，北宋中期(1011—1077)人。生于河南省共城近郊的苏门山百源。从三十多岁开始，居于洛阳伊水上称为安乐窝的一个庵中，自号安乐先生，过着闲居生活。生涯中不就官途。他从事思想活动，自认为这关系到儒学，悲于"道未传"(《伊川击壤集》卷十九《痛矣吟》)，为阐明"去圣千余五百年，今日谁能知此道"(同上，卷十二《仲尼吟》)而费尽心机。他的这种思想的根基，可以用"观物"这样的观念来认识。[3]如概括地说，所谓"观物"，就是考察天地万物

的生成发展和事物的状态，在这中间，有体系地来把握人类的存在及其
意义。

邵雍以"其必欲知仲尼之所以为仲尼，则舍天地将奚之焉？""其必
欲知天地之所以为天地，则舍动静将奚之焉？"（《皇极经世书·观物内
篇五》）来解说对天地万物发展根源的考察，把那种发展的根源理解为动
静。 即以动静→天地→阴阳刚柔→四时四维这样的动静交错来思考天
地的发展，天地间的万物就是由这四时（太阳、太阴、少阳、少阴）、
四维（太柔、太刚、少柔、少刚）而形成而变化。 而以日月星辰、暑寒
昼夜、性情形体、目耳鼻口相当于四时；以水火土石、雨风露雷、走飞
草木、声色味气相当于四维；在其交错中说明天地之体和变化感应，然
后在其中确定人类的位置。 在此之际，特地把万物的变化感应与目耳
鼻口——色声气味这些感官性对应联系，在具备目耳鼻口等感官的人类
能认识万物的色声气味方面，来认识灵妙性，因此，带有"人为万物之
灵"（《尚书·泰誓上》）这样的观念意义。 （以上，《观物内篇一》）

《观物吟》（《伊川击壤集》卷十七）从一气开始的发展中，说到了与
此相同的情况。

> 一气才分，两仪已备，圆者为天，方者为地，变化生成，动植类起，
> 人在其间，最灵最贵。

把动静→天地的发展作为是一气→天地，因此，动静似可以说是一气的
动静，而这里就包含有思想史性质的问题。 邵雍把动静作为根源，可
以说与宋代易学思想中"动静一源"说的问题有联系。[4]周敦颐《太极
图说》有名的开头：

> 无极而太极。太极动而生阳，动极而静，静而生阴。一动一静，
> 互为其根。

377

这中间——最初一句的解释暂且不论——所谓的动静，是"太极"的动静，而这种动静和阴阳有着关系。 邵雍在《观物内篇》和《击壤集》中没有说"太极"。 前面所引《观物吟》中说的"两仪"，虽是很明显地想到了《易·系辞上》的"易有太极，是生两仪"，但并未说"太极"。他的门人编集的语录《观物外篇》中，虽也可见到言及《易》的这一部分的例子，见到一些"太极"的用例，但邵雍的意图，或是想要摈斥把根源的"一"立为"太极"的情况吧！ 那么，动静是什么呢？

> 夫一动一静者，天地之至妙者欤？夫一动一静之间者，天地人之至妙至妙者欤？（《观物内篇五》）

这里的"一动一静之间"，后来蔡元定把它解作"太极"，恐怕并非邵雍的本意。 这个词不用说是基于《礼记·乐记》，但我以为，将它和围绕《易·复卦象传》"复其见天地之心乎"的议论联系起来看的时候，它的意义才会变得明确起来。 复卦☷，即所谓一阳来复，一阳复来初爻之象。 首先来看看程颐的有名的解释吧！

> 一阳复于下，乃天地生物之心也。先儒皆以静见天地之心，盖不知动之端乃天地之心也。非知道者，孰能识之？（《易程传》，又《近思录》卷一收录）

这里的先儒可认为是王弼的解释和详细解说王弼说的孔颖达《周易正义》。 顺便提一下，前面谈到过的吴筠也说："静者天地之心也，动者天地之气也"（《玄纲论·超动静章》）可以认为，也是考虑到了复卦的这些话。 邵雍认为造化最至妙的"一动一静之间"，就是从坤☷向复☷移动的瞬间，即一阳微微始动之际。 这是一气运动的开始，同时也是天地宇宙生成开端的瞬间。

邵雍以阴阳的消长来认识一年春夏秋冬这种自然运行，进而将其扩大，把宇宙生成发展的周期也用阴阳的消长来说明。即把一年十二个月，一月三十日，一日十二辰的关系，照样地移作元、会、运、世这样的宇宙时间单位。一元为十二会，一会三十运，一运十二世，一世三十年，这样，宇宙就以一元十二万九千六百年的周期循环，显示了这样宏大的循环的历史观。如探寻这种历史观的思想渊源，根据《易纬稽览图》、《汉书·律历志》中收载的《世经》等易数、天文历数的一般历史观念自不用说，还可以认为与道教、佛教劫说说的影响有关，而这都姑且不论，由于是用阴阳消长说来解说的，所以，作为前提的，就是一气的存在。

虽在《观物内篇》"色声气味"以外，未见有气字，但在《击壤集》中，除了前面所述《观物吟》的一气以外，还可见到用例。如："安乐窝中坐看时，一气旋回无少息"（卷二十《首尾吟》），这是说气的不断运动之例；"唯天有二气，一阴而一阳"（卷七《唯天有二气》），"为露万物悦，为霜万物伤，二物本一气……"（《卷十四《霜露吟》），说的也是一气、二气之例。还有，《观物外篇》中，也可看到："一气分而阴阳别，得阳之多者为天，得阴之多者为地"，"本一气也，生则为阳，消则为阴，故二者一而已"这样的例子。

如把阴阳的循环确定有春夏秋冬这样的秩序，那么，天地万物也就贯穿有同样的秩序原理。下面，就让我们来讨论邵雍的"道"。

> 天地人物则异也，其于由道一也。夫道也者，道也。道无形，行之则见于事矣。如道路之道，坦然使千亿万年行之，人知其归者也。（《观物内篇九》）

同样的内容在《观物外篇》中曰：

> 一阴一阳之谓道，道无声无形，不可得而见者也，故假道路之道而为名，人之有行必由乎道。一阴一阳，天地之道也，物由是而生，由

是而成者也。

道是万物之由这样的想法，在《庄子·渔夫》、王弼《老子注》中可见，道是无形的这种想法，也渊源于《老子》、《庄子》（吴筠同样把道作为无声无形，也可参照）。 从《外篇》中可见到解说道→天地（天→地）→万物这种由道到万物生成发展的内容，邵雍的"道"具有着浓厚的道家色彩这也就无须多言了。 另一方面，道路的道，是沿袭了《孟子·告子下》"夫道，若大路然，岂难知哉？"之说，这是朱子学批判道家、佛教说的道失之高远，强调道的平易性和日常性之际喜欢使用之词。 然而在这里引据的《易·系辞上》"一阴一阳之谓道"这句话，可理解为重新意识到了道与阴阳的关系。 出现"阳为道之用，阴为道之体"（《观物外篇》）这样的说法，也可证明这一点。 这不是单纯地寻求存在根源的一元性，而是意味着要从一阴一阳之所、变化循环之所中寻求"一"吧。 换言之，想要把世界的根源、始源作为问题，这自不待言，而思想家思索的重点则在于把握阴阳交错的形而下的世界、经验的世界；想要明确这个世界中，发展根源的思考不是很强烈了吗？ 而且可以认为，这种思考一方面是产生了根据阴阳对万物的分析，而另一方面，则产生了道的内在性主张。

首先是关于根据阴阳对万物的分析。《观物外篇》中，在进行阴阳性质对比的同时，可以看到为数甚多的试图以那种阴阳交错的变动来使万物类型化的议论：

水之族以阴为主,阳次之;陆之类以阳为主,阴次之;故水类出水则死,风类入水则死,然有出入之类者,龟、蟹、鹅、凫之类是也。

从其类也,水之物无异乎陆之物,各有寒热之性,大较则陆为阳中之阴,而水为阴中之阳。

马牛皆阴类,细分之,则马为阳而牛为阴。

等等。这样的分析今天看来，可认为是低级的，而在最终，则是要明确与天人万物的关系和对应，以把握人类的存在。

> 飞者食木，走者食草，人皆兼之而又食飞走也，故最贵于万物也。

而且，就是在这里，也可见到对于人类用气的不同来进行的说明：

> 人得中和之气则均刚柔，阳多则偏刚，阴多则偏柔。
>
> 不良之人，禀气非正；至良之人，禀气清明。（《伊川击壤集》卷十九《不善吟》）

只是"中和之气""禀气"这种概念作为从前被使用的东西，不是特别新见之物。

这样说，可以认为在努力把握万物人类的背后，在重视"道"及其根源性同时，则是对其内在性的重视。他关于道和天地万物、人的关系，是像下面那样考虑的：从根源性上来说，道为天地之本，天地为万物之本，在道之前，天地也成了物。而在另一方面，从其发展和内在性而言，则道尽之于天，天之道尽之于地，天地之道尽之于万物，天地万物之道尽之于人，因此，人类可以了解天地万物之道（《观物内篇》五）。这种对天地万物之道尽于人的了解，则与人类对具备天地万物这种思想的把握相对应。对于天地万物及人类存在的这种把握和了解的考察，就是最初已谈到过的"观物"；特别在它达到了对世界和本身存在的了解时，则以"乐物"和"反观"这样的观念来表达。在这里可以看到，对于天地万物生成发展和事物状况的考察是想要明确自身存在的本来面目及其意义的意识，换句话说，可以看到在外所见者，就照样可见之于内的意识。这种意识着眼于"观此以理"这种"观物"定义上的"理"，同时形成了"穷理"、"格物穷理"这种宋学重要的思考方式。

381

最后，想简单地涉及一下《击壤集》、《观物外篇》中关于"太极"、"神"、"性情"的议论。

关于"太极"，已经谈到过了，在《外篇》中可见"太极，道之极也"，"心为太极，又曰，道为太极"，这种把它与道视为同一的例子。但在另一方面，则有"万物各有太极"的说法，认为世界的根源内在于万物之中，看来，这是要照应前述的"道"的内在性的主张。 关于"神"，在《外篇》中有"道与一，神之强名也"，"太极一也，不动，生二，二则神也"等例子，但要给以一贯的解释是困难的。 可以看到，在以《易》为典据以外，被认为是根据了医书，把人体内的"神"作为问题的内容（顺便提一下，邵雍给《黄帝素问》以相当的评价）。 附带讲一下，也有着把"气者神之宅也"这种吴筠也使用的《抱朴子》以来的表达按原样引用的例子。 作为邵雍和道教的联系，在性、情的对比和"性"、"神"的相关说中也可以看到这样的说法：

> 任我则情，情则蔽，蔽则昏矣；因物则性，性则神，神则明矣。……不为阴阳所摄者，神也。

这里，吴筠的想法明显地占有重要地位。 当然，对于这种性情的辨别，也不是要否定宋学的方向。《击壤集自序》中有一节曰：

> 性者，道之形体也，性伤则道亦从之矣。心者，性之郛郭也，心伤则性亦从之矣。身者，心之区宇也，身伤则心亦从之矣。物者，身之舟车也，物伤，则身也从之矣。

这中间表示性、心、身、物关系的几句话，朱熹经常引用，尤其是关于性、心这句，受到赞赏。 而在这里，无疑也落有吴筠："形气者，为性之府，形气败则性无所存"这种想法的影子。 在这一节中，"心"被作为问题，在《击壤集》中，"心"这一概念多有所见，我想，这一点也是邵雍的特征吧!

三、张载的气的思想

张载,字子厚,十四、五岁之际定居于陕西凤翔郿县横渠镇,后被称为横渠先生。 1020—1077 年,与邵雍没于同年。 开始已经说过,作为北宋思想家,他的气的思想曾多次被提出,笔者也曾一度撰有拙稿。[5]

张载主张"太虚即气"。 也就是把"太虚"作为气;否定虚无、空无;认为气聚则为万物,气散则成"太虚"。 这尽管也有吴筠的影响,却意味着对"有生于无"(《老子》四十章),"虚霩生宇宙,宇宙生(元)气"(《淮南子·天文训》,《太平御览》作"元气")这种生成论的否定。 据他所说,有、无是形象的有无,有形、无形,可归结到人的眼能否认识,而特地把有形的东西作为"客"。 所谓"客",也包含有可被感官所认识的客体这样的意味,而因为是和把"太虚"作为气的"本体"相对,称作"客形",所以可以认为,只有"太虚"才是气的本来形态,因而所谓"客形"就成为其一时的、暂时性的现象物。"太虚",作为《庄子·知北游》中所见之词,在前述的《玄纲论》中也出现过,那是太虚空,是浩大的空间;也就是包含万物于其中的浩大空间,具体的就是天空的形象。 还有,佛教,尤其是禅家作为心性的类比,使用"虚空"、"太虚空"之词,而张载的"太虚"也有着与这些相联系的一面。"太虚"原是气散的状态,那气凝聚则成万物,因而它也就是气的原始状态,当然不是没有气的"虚"。 尽管是如此,而张载在另一方面,认为只有"太虚"是天的真实的状态,而它也就是本来的心的状态,圣人也就是至虚者;认为"太虚"投影于心,就是"虚心"。 这样,在他的"太虚即气"主张的另一面,"虚"具有着重要的意义,包含着"太虚是气"这样字面理解所不能解释的内容。

作为张载"太虚即气"论契机的则是佛徒幻妄说。 他说:"一出于佛氏之门者千五百年"(《正蒙·乾称》),应当再兴孟子以来不明的"绝学",试图正面向佛徒挑战。

> 圣人之意要乎莫先乎要识造化,既识造化,然后有理可穷。彼
> (指佛者)惟不识造化,以为幻妄也。不见《易》则何以知天道? 不知
> 道则何以语性?(《易说》卷三)

在他对佛教的批判中有幻妄、幻化、见病诸语，可推测，其批判是以
《首楞严经》为主要对象。《首楞严经》在今日的学术界中，被视为唐代
伪经虽几已成定论，但尤其是它作为明确了心性本体之书，不仅受到禅
家欢迎，而且在北宋也被士大夫们和有知识者相当广泛地诵读。 从王
安石有《楞严经解》，苏辙有《书楞严经后》(见《栾城后集》卷二十一)
的现象中，也可以推测出这一点。 在这《首楞严经》中说的把人生天
地自然作为幻妄的想法，典型地显示了一种佛教世界观，特别以《大乘
起信论》以来如来藏等心意识论为背景，是和重视天地生成、重视造化
的《易》的立场是完全相对立的。 正因为这样，张载在这里讲到"造
化"时，批判说是不知《易》。 在此同时必须注意到，这种批判集中之
处，是针对着"性"。"造化"问题（即气的问题）被意识到与"性"的
问题有着密切的关联。

佛教传入中国以来，佛教强调自己的主张时，与中国固有的思想进
行过几次论战。 这每一次都和当时的社会、政治形势有着深刻的关
系，而如果概括地说，就是"中国重视世间秩序，即礼教、伦常主义及
重视生生化育的现实主义和佛教出世主义的严重对立。"[6]在六朝时代
进行的神不灭的议论和围绕着因果报应及自然的论争，就是两者世界
观、人的观念的根本对立。 而且在这样的论争中，儒道背后存在着的
气的观念和佛教在超越现世意义上的气的观念常常发生龃龉。 但是另
一方面，儒道以佛性为中心问题，在吸收佛教的理论的同时，企图与之
相适应；佛教则作为中国的佛教，给儒教和道教在自己之中以一定位
置，构筑起了理论体系。 前面所述的韩愈和李翱的性情分析就是在儒
教中吸收佛教心性说的努力，而同时代华严宗第五祖圭峰宗密（780—
841）在《原人论》中，则试图从佛教方面给儒道二教以位置（详细请参

照第二编第二章《儒道的气和佛教》，镰田茂雄撰）。 儒、道在气中寻求万物和人类的本源，而由于宗密认为宇宙的本性是"真一灵心"，所以认为那只不过是由这种"灵心"起动的"阿赖耶识"而现出的境的世界，被纳入了心意识论之中。 此外，在道家和道教中，正如前面笔者一孔之见所述那样，也有论述气和"性"的关系、进行性、情分析的情况。

置于这样的思想史之流中，张载在排击佛徒幻妄说的同时，提出"性"的问题也就是必然的了，这意味着否定幻妄说，主张这个世界实在性的同时，企图对于佛徒依靠的意识论、心性论以某种对应。 我们认为把张载只作为一个气的思想家是不完全的，其理由也就在于此。那么，下面就来看看他是怎样地意识到佛者并构筑其思想的吧！

张载对于所说的"太虚即气"，曰："气之聚散于太虚，犹冰凝释于水"（《正蒙·太和》），把气的聚散与"太虚"的关系，用冰的凝释与水的关系来比喻。 这种水、冰的比喻，在《论衡·论死篇》"气之生人，犹水之为冰也。 水凝为冰，气凝为人"的说法中便已可见，而在别处，如《首楞严经》中也被采用。 那是在解说四大（地、水、火、风）和合而产生出各种各样的现象、形态，但这是在认为当此之际，考虑"大性"的本真是和合还是不和合、执着于任何一方都是不对的之时而使用的。 那以"水之成冰，如冰之还成水"（卷三）来比喻的，就是与形象的生灭始终在一起的真性问题。 也就是在说所有的存在物都处在这种变化中的同时，认为就像水和冰本来就有同一之性一样，这种"大性"的本真是一贯的；只是成为冰就不能照原样来发挥水的本性了。而且，张载还在其他的条中，把这水、冰的比喻在"性"的问题上使用。"天性在人，正犹水性之在冰，凝释虽异，为物一也。"（《正蒙·诚明》）后来朱熹批判张载所用的水、冰的比喻近于释氏（见《朱子语录》卷九九），张载在用这个比喻时，恐怕确是意识到《首楞严经》的吧！ 从另一个比喻——海沤的比喻中也可以窥见这一点。

> 海水凝则冰,浮则沤。然冰之才,沤之性,其存其亡,海不得而与
> 焉。推是足以究死生之说。(《正蒙·动物》)

这里,与水、冰的比喻一起,使用了海沤的比喻。 海沤的比喻在
《首楞严经》中出现过数次,在卷三中说:

> (此身)犹彼十方虚空之中吹一微尘,若存若亡,如湛巨海流一浮
> 沤,起灭无从……妙心常住不灭。

把海作为与浮沤的生灭无关的不生不灭之物,以比喻本心(真心)。 在
张载那里,正如从水、冰的比喻中可明显看到的那样,把海比喻"太
虚"。 这是在说作为气的原初状态——"太虚"是真实的同时,也意味
着如从冰之才,沤之性来说,尽管说冰、浮沤有生灭,然而,作为宇宙
的本性——"太虚"则是不变的。 而在这一条最后,认为此足以究"死
生之说"。 所谓"死生之说",是据《易·系辞上》之词,而死生问题
和"性"的问题有着联系。 关于死,他说道:"聚亦吾体,散亦吾体。
知死之不亡者,可与言性矣。"(《正蒙·太和》)还有"尽性然后知生无
所得则死无所表"(《正蒙·诚明》)。因为世界是作为气的聚散而存在
的,所以,人的生死无非也就是气的聚散。 说到死,也不是像佛教所
说的那样归于空虚,只不过是气散而已。 如气是实在的话,则就不会
亡失。 达到这样的了解时,就可说是能穷"性"。 在后一条中,认为
以穷"性"开始,就可知生死问题。 不是把生死问题单纯地只从气的
聚散这种立场来说明,而是从根本上与"性"的理解相关联。 其结
果,他下了这样的定义:"未尝无之谓体,体之谓性"(《正蒙·诚明》)。
"体"和前面的"吾体"一起明显地与作为气的"本体"的"太虚"相联
系。 也就是在作为宇宙的真实的"太虚"中来考虑"性"。

通过以上的检核探讨,想来可以推测,张载是怎样意识到《首楞严
经》所象征的佛教的想法而构筑其理论的,同时还可注意到,前面所述

《玄纲论》、《关尹子》的议论在这里也被继承了。 这也就是与生死相关联，把"性"作为问题。 尤其在《关尹子》中可见的：生死是一气之聚散，"性"中无生死这种想法，与把"性"的同一性和不生不灭比喻作海、把伴随着气聚散的存在、现象认为是"客"的想法一起，可看到与张载议论的联系。 如考虑到在《关尹子》本身之中就可指出有《首楞严经》影响的话，则可以把此视为是一线相联的了。

虽然孔子认为，"性"与"天道"，不可得而闻也(《论语·公冶长》),而现在，圣人则被作为谈性、天道之极者，这里明确地宣告"性"和"天道"的合一。 这也就是为了与佛教的心性论相对抗，想把气的存在论和心性论统一起来吧! 他把以前佛教徒也经常使用的《易·说卦》"穷理尽性"一词提了出来，特地来考虑"穷理"、"尽性"之间逻辑上的必然性，以此来对比儒佛立场的不同。 儒者是穷理尽性，而佛者是不知穷理而随意谓尽性者(见《正蒙·大心》《中正》)。在此，是主张根据解明气的存在（穷理），来考察"性"(尽性)。 这两者毫无疑问有着密切的联系，"穷理"最终的目的就是"尽性"，而由此出发，一方面产生了在中国宇宙论的历史上有着新贡献的气存在论；另一方面也就产生了对朱子学有很大影响的性论。 关于前者，山田庆儿氏有着杰出的考证研究[7]，认为具有日月五星左旋说，地自转说，甚至还具有一种地动说的可能性，使宇宙生成论和宇宙构造论划时代地统一。 而对于张载来说，这些考察最终的还在于努力来解明"性"。 在此，想以两者的联系为中心来探讨一下。

正如已经叙述过那样，张载用气的聚散来说明万物的存在，而在生成论中，认为是一气→阴阳→万物这样来发展的。 但是，在一气和阴阳之间，没有层次的不同，完全都是同时的，共同的存在。 他特地把不断的一气的运动称之为"游气"，将此和《易·系辞上》的"纲缊"，《庄子·逍遥游》的"野马"相关联。 而且认为，那种运动形态与伴随它的性质相对地就像：

阴＝凝聚、闭、降（重）、浊、静

阳＝发散、遂、浮（轻）、清、动

那样，分别具有阴阳的物理属性，由它们的感应而现出各种各样的现象并形成万物。 这样，把人类万物存在的多样性用阴阳来说明，因此，存在的万物就皆有阴阳，没有阴阳的存在物则是没有的。 而与此同时，从这中间就确立了存在者只是"一个"，而没有相同者的认识。"造化所成，无一物相肖者，以是知万物虽多，其实一物；无无阴阳者……"（《正蒙·太和》）。可以认为，这与邵雍把万物的多样性作为问题，用阴阳来理解它具有同一的倾向，而张载的这一认识，在着眼于个别和理解的方法上，明显地水平是不同的。 也就是提出了"气质"这个概念，把存在的多样性，不，与其说是多样性不如说是个别的不同的存在理解为"气质"的不同。

"一气"——"万殊"的想法已见于《玄纲论》之中，张载也继承了这一用语和思想，但他把一气在阴阳两端循环而生成万物的运动用"神"、"化"这样的概念来说明。"神"，虽所据为《易·系辞上》"阴阳不测之谓神"，但是，却试图把历来作为问题的"神"像他那样给以一定的位置。 基本上，所谓"神"是指一气在阴阳两端进行动静聚散运动的神妙性，也就是在阴阳两端循环不已、不可预测的一气的神妙性；所谓"化"，是由一气在阴阳两端的动静聚散而化生万物的运动。但是张载在这个"神"中，把"太虚"和"万物"进行对比，把"神"和"太虚"方面联系起来考虑，结果，"神"就变成意味着"太虚"的神妙性。 与"神者，太虚妙应之目"（《正蒙·太和》）相对，万物则被认为是"神化之糟粕"，"神之糟粕"。 所谓糟粕不是强调万物是由气运动变化而生的表现。 他说：

太虚为清，清则无碍，无碍故神。反清为浊，浊则碍，碍则形。（《正蒙·太和》）

"太虚——清——通"和"有形（万物）——浊——壅"相对称，前者是和"神"相联系的。

这里所用的清浊范畴，就那样作为分析人类气质的概念，当然包含着价值意识。 给"太虚"以清的性质就可以看到"太虚"方面有高的位置。 而进行这样的对比，无非还是因为最终意识到"性"的问题。

正如通过对水冰、海沤比喻的检核探讨可见的那样，张载把作为宇宙真实存在的"太虚"视作"天性"，但在另一方面，又批判像佛教徒那样只把虚空作为"性"，认为如不通过有无虚实的思考，就不能"尽性"。 而且认为"饮食男女"也是"性"，把这作为气欲的"攻取之性"并本之于气。 这样，把现实的多种多样人性用"气质"的不同来解说的同时，把"天性"和现实存在之物（客形）的性的关系也用"气质"来解说。 结果，就产生了"天地之性"、"气质之性"这样性的分析。

> 形而后有气质之性,善反之则天地之性存焉。故气质之性,君子有弗性者焉。(《正蒙·诚明》)

认为"气质之性"在现实的人间，而"天地之性"也即"天性"则在于"太虚"。 在现实的人间有着智愚，明和不明，这是由气之偏所致，而天原本则是不偏的。 如养偏气而把它返回到本来不偏的状态，即使气质变化的话，就可以实现"天性"。 还有，虽在对朱熹心性论有很大影响的作品中有"心统性情者也"(《近思录》卷一所收)这样的说法，但在主要的著作中，没有直接说到"情"。

这样看来，在气论中包摄性论大致是成功了。 而且，假使"天性"是通过使气质变化可以实现的，那么，"天性"本身不就只是因为与气质的不同就具有性格了吗？ 至少，通过检核探讨水冰、海沤的比喻而认识的"天性"，色彩浓厚地具有着不论气的聚散，也不论生死的不变不灭的性质。 也就是说，张载的"性"，虽然贯通着气的聚散，但却是和气的运动变化无关的，是绝对不变的。换言之，那不是可以看出，有着把它作为与气的状况无关的绝对之物的倾向吗？和气相对的"性"的普遍性，在《关尹子》中便已可见，而在张载那里，只有"太虚"才是支撑着"天性"的普遍性之物，从"太虚"和"神"的关系上来说，气的运动被理解为只是以"太虚"为根据的。关于"太虚"、"气"、"性"的关系，他说道："合虚与气，有性之名"（《正蒙·太和》）虽然认为"太虚即气"，但只有"虚"本身，在他的思想中才是占有最本质地位的东西。

在《朱子语类》（卷十九）中，也可见朱熹把"太虚"作为"理"的问答，像上述那样的"太虚"的性质，确实包含着和朱熹"理"的联系。当然，朱熹继承和发展了程颐的理的思想，必须要探求程颐的理的构造和意义。但是，如果可以认为张载也在那种思想的构筑中创造出了"理"的内容的话，那就是把"性"和"气"作为是统一的，就是摸索生死和超越生死真实性的结果。

（大岛晃）

第三节　程颢、程颐的气的概念

程颢（1032—1085），字伯淳，人称明道先生。程颐（1033—1107），字正叔，人称伊川先生。两人是仅相差一岁的兄弟，是在北宋道学中占有中心位置的学者。

作为道学的创始者，一般都举出周敦颐、张载、邵雍，再加上二程这"北宋五子"，但这中间对于后世道学发展以最大影响的，是此二人。如果可能设想有所谓"二程学派"的话，则后来以"道学"这样的称呼来统括的学派，几乎都可以被包摄在内了。就是陆王之学，或许也可认为是二程学派的一派，或是其旁流。

道学集大成者朱熹思想的代表性命题是"性即理"和"理一分

殊"，而这些都是根据程颐之说。　在这样的意义上采用二程之说，实际上在其他道学诸儒，甚至王守仁那里都可见到。　总之，他们多是在二程之说中来寻求自己主张的根据，来寻求正统性。　在检证这些儒者思想独创性的场合，与二程的思想异同，就常常成为问题。

　　而提到二程本身的思想，历来的态度，多是把朱熹那里的二程形象作为二程的实际形象，据此来对他们的思想进行分析。　确实，朱熹是二程的杰出的理解者，还有，因为道学史上朱熹占有的地位，二程专被作为朱熹的先达而被人想起，这也是必然的。　然而，朱熹的二程形象，包含着完全是朱熹解释的内容，在想要理解二程的实际形象时，把它作为参考尽管是重要的，但不能作为毫无疑问的大前提。

　　把二程的思想暂和朱熹对二程的解释区别开来，完全试图根据二程的文献来考究的著作，有市川安司博士的力作《程伊川哲学之研究》。[8]本文也是从和市川博士相同的方向，来研讨二程"气"的概念。　也许有人会对二程现存的文献多已经过朱熹的考订这样的情况担心，但从朱熹对二程资料的态度来看，似不会成什么问题！[9]

　　但是，在广泛地思考儒家的"气"的概念时，有一条不可逃避的极其重要的限制，对此必须先加以考虑。　这就是经书中的用例。

　　思想性方面重要的经书中"气"的用例，如大略地划分一下，可认为以下面两种为代表。　一是《易》的阴阳，另一则是《孟子》的"气"。　前者是贯通天地人的原理，与此相对，后者则主要是人的"气"。　充塞于天地间的"浩然之气"（《孟子·公孙丑上》)，在人的内部也广泛地存在着，这是值得注意的。　对《孟子》持否定性态度的儒者暂且不论，像道学诸儒那样，立足于对《易》和《孟子》共同重视的立场，虽认为两者"气"概念的龃龉可以作为问题，但在实际上，几乎没有进行两者的疏通。[10]在朱熹等人那里虽可以看到那样的论述，但至少二程好像几乎没有这样的用意。

　　而即使要疏通两者，这本来也是近于不可能的。　朱熹试验的结果，是以不能抹去暧昧性而告终，但在另一方面，朱熹把从阴阳之

391

"气"中产生的"情"来与《孟子》的"性"相对,从而完成了他的性说。 把"性"和"气"相对置,这本身在二程(尤其是程颐)那里也可以看到,但在二程那里,完全是想以《孟子》中的"性"和"气"为始终,因此,未能顾及与《易》的阴阳等关系。 二程把《易》的阴阳和《孟子》的"气"大体是分别地论述,可以说几乎没有想把两者以任何形式联系起来的想法。

可以认为,二程对于"气",几乎没有要求它具有统一理念的性质。 如看一下那些文献,会产生具有各种典据、由来的"气"杂然而现的感觉。 但从总体上来看,围绕《孟子》的"气"的论述比较多。恐怕在二程那里,如说到"气",就会在脑海中产生《孟子》的"气"吧! 而这种情况和朱熹的"气"(也就是强调与"理"相对的"气",具有阴阳的性格,它与《易》有着很深的关系)是对立的。

如果先谈谈结论的话,那就是:二程对于"气"没有表示出特别的关心。 尽管如此,还要在这里提出二程的"气",那是由于和朱熹的理气论的关系。 如果在二程那里不能明确地发现朱熹式的理气论的话,就必须把从二程到朱熹的思想史的变化在最根本性方面加以考虑。 本文虽不是把论述二程和朱熹之学的异同作为主题,但在根据二程的原始资料来考虑其"气"的概念的同时,也想把两者进行一些对比。 另一方面,二程在"气"的一些个别用例中,也呈现出可以说是有着特征的一面。 而这在考虑道学的形成方面,被认为是重要的。 总之,对二程"气"概念的探讨,作为具体工作而言,是根据二程的原始资料来考究;而作为展望而言,则涉及道学的形成和发展的两个方面。

一、程 颢

首先提出程颢的"气",而在这里必须要考虑在程颢的整个思想中,"气"占有怎样的位置。

程颢思想的中心,在于对万物一体的极为直接的提示。

比如,只要看一看"人与天地为一物也"(《程氏遗书》卷十一)、"学者须先识仁。　仁者，浑然与物同体"(《遗书》卷二上)等语，其中就有着把人与天地万物一体化的志向。　这种一体，虽以《中庸》的话为根据，也用"内外合一"这样的形态来表达，但这不仅单单是说内和外的合一，而是说心要把内外的差别也忘却(《答横渠先生定性书》，见《明道文集》卷二)。如把天地之化作为体的话，那么连"体"字也是多余的，这样的说法(见《遗书》卷二)也是根据同样的思想。　人与天地万物本来就是"一"，而不是因人与天地万物分离所以才说成两者合一的。　能求得把心的内外差别也忘掉的浑一之极，这也就是达到《孟子·尽心上》"万物皆备于我"这句话的境地。

　　这样的一体观，虽然程颢和同时代道学系统的儒者是相同的，但在程颢那里，用最直接的形态来解说它。　而且被视为与人一体的天地是时时刻刻地生生不息的。　以《易·系辞下传》的话为基础，在"天地之大德曰生……万物之生意最可观……人与天地一物也"(《遗书》卷十一)等说法中，这一点被明显地表示出来。　包括人在内的生生不息的天地这种想法，不用说是以《易》的生生不息论为根据。　关于在《易》中也有着特别强调生生不息之语的《系辞传》，程颢说："圣人用意深处，全在《系辞》"(《遗书》卷二上)。

　　像这样限于以《易》作为大至的根据，这生生不息的世界就成为以阴阳为原理的了。　这当然也可以理解为程颢说的万物一体境地，是由"气"的生生不息而贯穿着的。　但是，程颢并没有用"气"来解说万物一体。　还有，程颢不把自己本身可体会到的东西说成是"天理"，而且几乎也没有直接显示"天理"和阴阳关系的例子。　尽管程颢重视《易》，但大致也没有言及阴阳。　即使在说天地之时，也不是分析作为进一步构成要素的阴阳，而多是作为感觉可直接领会到的天地。　程颢的兴味是马上趋向于和眼前的天地的一体，似对那些天地构造的分析不太着意。　当然，虽也把天地的法则性视作阴阳，但这也只是停留在述说天地的形态问题。

　　此外，程颢严格地区别《易·系辞上传》说的"形而上"和"形而

下"，把阴阳作为"形而下"。 如据此，似可认为在阴阳之上还有
"道"，但在程颢那里，并没有明确地把"道"和阴阳作为层次不同之
物的说法。 此论一般被认为是程颐的看法，是难以解释的东西。 但恐
怕程颢是在阴阳的理想状态中发现了"道"，其意是包括到"形而上"
之中的吧！ 因为在程颢那里，比起阴阳的本身来，议论的重点更经常
放在阴阳是怎样的状态上。 还有，不把被认为相当于张载"太虚"的
"清虚一大"[11]作为"道"而视为"器"（见《遗书》卷十一），最终把
"清虚"只作为"气"，可认为也是同样的论调。 尽管这种议论是否基
于对张载"太虚"的正确理解还是问题，关于这一点，也必须和针对张
载"气"论的二程的批判意识联系起来加以认识。

程颢尽管重视《易》，但并不根据阴阳直接地来解说万物一体。 那
么，程颢是在怎样的感觉上来领会这种一体境地的呢？

程颢常常引用医书来解说万物一体。 而在那里也有着关于"气"
的值得注意的用例。 比如，他说：

> 医言手足痿痹为不仁。此言最善名状。仁者以天地万物为一
> 体，莫非己也。认得为己，何所不至？若不有诸己，自不与己相干。
> 如手足不仁，气已不贯，皆不属己。（《遗书》卷二上）

这里说的"医书"，不就是《黄帝内经素问·痿论篇第四十四》，特别是
其中的"痹而不仁"这一段吗？ 总之，其主要意思是要像自己的身体
那样，把万物体之于身。 如果说其中有什么欠缺之处，那就和手足麻
痹而感觉到不是自己的身体这种情况是相同的。 程颢说的这种一体境
地，达到了身体生理感觉那样程度。"气"是在身体中循环之物，如它
被阻碍，身体就会产生麻痹，以此为例，人体中的"气"和环绕天地万
物的气不也就可以看作是同化的吗？ 虽然关于医书中所见的人体内部
的"气"和《易》的阴阳的关系程颢什么也没有说，但在这样一些场
合，比起《易》来，医书中"气"的形象更具有优势。 还有，正如这段

引文中可见的那样，程颢是把"仁"作为表示万物一体境地的词来使用的，认为"切脉最可体仁"（《遗书》卷三），而即使看看在切脉时最能清楚地了解仁这样的说法，也就可以知道万物一体的境地是被理解为怎样的身体感觉了吧！

程颢在别处还有引用医书的例子。而医书在内容上和道教有着联系，不知是否是这个缘故，程颢进而也涉及了与道教有关系的文献，在其中，也可以看到有着关于"气"的重要说法。

程颢对韩维"道家有三住，心住则气住，气住则神住，此所谓存三守一"这样的说法，作了"其要只在收放心"（《遗书》卷一）的回答，带有好感地言及了道教的"三住"。还有，和这"三住"相关联，程颢的著作中虽未明确说明，但在提到"胎息之说"时，有着"若言神住则气住，则是浮屠入定之法"（《遗书》卷二下）这样的说法。这里缺少"三住"中的"心住"，而其依据的，恐怕就是《高上玉皇胎息经》（《道藏》卷二十四）的"神行则气行，神住则气住"之类吧！这里虽作为佛家的入定法而进行批判，但《云笈七籖》五十九所引《达摩大师住世留形内真妙用诀》中言及"胎息"的"若神行神住，即气行气住"等等，恐怕也是联系起来被考虑的。还有二程之语中，也有"胎息，气也"（《遗书》卷六）这样来解释"胎息"的内容。

"胎息"也好，"三住"也好，都和呼吸法有关系，以前医书中的"气"也是这样，是把人内部的"气"作为问题之物。这就可视为和论述人之"气"为主的《孟子》的内容有关联的问题。二程的话中关于两者的关系没有明确叙述的例子，如从与吕与叔养"气"之不足论相反，将此和道教的修养联系起来考虑的二程之语（见《遗书》卷二）等来看，总觉得可以认为，道教"气"的形象蒙盖了对《孟子》的"养气"论的解释。程颢没有积极地认识与道教的"气"的关系，从站在儒家立场的意识来说，也许是必然的。即使是说《孟子》的"养气"，也没有那种《孟子》具体的实际修养法的记述，而程颢对来源于道教的静坐问题很重视，由此，也可以推测到两者的关系。

在人中间的"气",如按人可向天地万物扩展这种程颢的万物一体观来说,可看作是能扩大到天地的规模的。 但是,程颢没有积极地论说天地之"气"与人之"气"的合一。 正如围绕《孟子》"养气"中的"气"的许多议论所明显可见的那样,程颢对"气"的兴趣,主要是在于怎样来调理它,是否可以感得万物一体这种修养法的方面。

当然,也有天地之"气"被人所接受这样的想法。《遗书》中虽未明确记作是程颢的话,但一般是归之于他的"生之谓性,性即气,气即性,生之谓也"(《遗书》卷一)这种"性"和"气"的相即论,从后面的内容来看,也是为了要论述人的素质是由接受"气"的方式所决定的!像这样人接受天地之"气",也就是"气禀"的说法,在程颢以前的文献中也可以看到,也许是说明人素质差别的理论的一种形式。 关于"气禀"和同样的天地之"气"及人之"气"的关系,在程颐那里也是一个问题。

如上所述,程颢那里万物一体的根本思想,在"气"的概念中没有直接的反映。 也就是说,程颢的思想与"气"的联系,现在还是不充分的。 实际上在程颢那里,没有明确地要把"气"进行统一解释的意念,在个别地方,存在着被认为具有道教的"气"的色彩这样的特征之点,但作为全体而言,"气"的概念并没有出现。

二、程 颐

程颐的思想,可以用"理"来表示。[12]因此,在论述程颐的"气"时,比起程颢来,就可更直接地把与朱熹说的"理"对立的"气"的异同作为问题。

在程颐那里,像朱熹那样的理气对立的论说已经存在,这是历来的一般见解。 近来,虽有着像前述市川博士的著作那样,对这种看法作出带有批判性结论的分析,但现在似还未能说是定论。

在程颐的思想中,确实包含着达到朱熹之论的充分可能性。 即使关于"气",朱熹从程颐的话中引出自己论述的情况也是所在多有,还有，朱熹自己在主观上，把程颐和自己的"气"概念几乎是视为同一的。但是，在另一方面，也存在着朱熹惮于引用及加以相当补充或改变的说法。重要的是从思想、文理的全体上来看，从构造上来领会两者的异同。

但由于把与朱熹的异同作为问题，就必须对朱熹的"气"进行考究。关于这方面的详细论述，由于有下一章《朱熹思想中的气》（山井涌），所以在这里只列举立论上必要的朱熹"气"论的两点特色。首先，第一点，朱熹的"气"，是和"理"一起，贯穿于整个宇宙论、人性论、道德论的原理。所有的事物现象，都可以还原到"理"和"气"这两根支柱上。这一般被称为理气二元论。第二点，这个"气"，是具有非常强烈的物质意义的概念。大体上"气"这个概念，原来包含有心和物这两方面的要素，因此，历来被作为说明心和物两方面事象的原理来使用。但朱熹把这"气"和完全没有物的意味的"理"对立起来，因此，可以说，"气"的物的侧面就被极大地强调了。然而在朱熹那里即使说到"气"，由于分别以各种不同来源的经书的用例作为典据，所以常常难以说是仅限于一种意义。但朱熹有着把"气"作为一贯的理念而提出意志这是确实的，如说到朱熹的"气"，就是指这样的"气"，也就是和"理"相对立的"气"。

这里所说的朱熹的"气"，完全是和"理"相对的"气"，而问题在于，这样意义的"气"，是否在程颐那里便已经存在了呢？

在程颐的文献中，几乎没有把"理"和"气"明确地对立的例子。两词并出的例子虽不能说完全没有，但没有可以说是对立者。如单单只从语言上来说，那可以说，程颐那里还没有理气论。而这就是怀疑在程颐那里存在理气论时的出发点。

但是，即使在语言上没有理气的对立，而在内容上有相当于此的论说的话，也可以说程颐那里存在理气论。历来把程颐的思想作为理气二元论的根据，实际上就是从这样的用例中求得的。一般作为程颐那里存在理气论的例证，有围绕《易·系辞上传》"一阴一阳谓之道"的解释及把人之"性"与"气"相对置这两条。下面想来看看关于程颐的"气",首先就从探讨这两点开始。

1. "道"和阴阳

首先,作为对《系辞上传》中一语的解释,有着这样的说法:"一阴一阳之谓道,道非阴阳也,所以一阴一阳道也。"(《遗书》卷三)并非把"一阴一阳"就那样作为"道",而是把"所以一阴一阳"作为"道"。而这更进一步与同是《系辞上传》的"形而上者谓之道,形而下者谓之器"相联系,认为"离了阴阳更无道,所以阴阳者是道也。阴阳,气也。气是形而下者,道是形而上者"(《遗书》卷十五)。把阴阳配属于"形而下",把"道"配属于"形而上"。而在这里,被作为"形而下"的阴阳就是"气"。与此相对,被作为"所以阴阳"而配属于"形而上"的"道"如现在假定可把它置换成"理"的话,则"理"和"气"对立,不是可以看作在程颐那里已经成立了吗?

但在程颐那里,"道"和"理"常常不是完全同义语。"道"也有着以前文献中用例的多彩性,比"理"包含有更多样的微妙含义。即使现在作为问题的那个例子,真的可以把"道"就那样地与"理"置换吗?这也还有疑问。

对于"理"用"所以"这个词在程颐那里也往往可见。而把"所以一阴一阳"作为其中之一,也不能说是不可能。在此之际,"所以"这个词具有怎样的意味,是个问题,而能否把它作为使"一阴一阳"得以成立的原因、根源,就有疑问。或者说,也可以被认为是从强调"一阴一阳"这种阴和阳的相互变易、感应的法则性本身的意识中产生的。关于这一点,像"道者,一阴一阳也。动静无端,阴阳无始。非知道者,孰能识之?"(《程氏经说一·易说·系辞》)等那样,阴阳不是经常以"所以"为媒介来解说的情况,也应联系起来考虑。

说起来,关于阴阳被说成"道"时,大致上是说阴和阳相互之间有着怎样的关系。比如:"道无无对,有阴则有阳"(《遗书》卷十五)这样的说法等等,也是把"道"看作阴和阳的相对关系。也就是说,在程颐那里，多数场合，只是在阴和阳之间的相互消长、感应或者说相对的关系上看到了"道"，而没有把阴阳和"道"作为二元对置，来进行议论。 还有，程颐对于"理"，一般使之具有重要意义，而与此相比，对于阴阳则没有加以一贯的注意。 与把"理"作为统贯天地人万事万象的理念相对，在阴阳方面，并没有给予可与之相对立那样的地位。 当然，从重视《易》的立场出发，也有根据阴阳来说明天地法则的议论，但那只限于在《易》本文的范围内，而不太有在这以外积极地论说阴阳的情况。

朱熹的"气"，如前面所列举的第二点特色所云，物质性的意味是很强的，而程颐说的阴阳，在表面上没有那样的性质。 把阴阳作为对天地万物适用的，如"盖天地间，无一物无阴阳"（《遗书》卷十八）这样的话，也不过是如说钻木取火那样，是说动极而生阳这种原理的普遍性。 也有把物的生死与"气"的聚散联系起来的论述（见《遗书》卷一下），这也是对自古以来论述的单纯的沿袭，并不是特别地说到"气"的凝结而形成物。

不用说，以"所以"作为媒介的"道"和阴阳的对置，在朱熹的思想中占有重要的位置。 但正如现在所见，在程颐"一阴一阳谓之道"的解释中作为阴阳的"气"，还不能充分看到朱熹理气论中的"气"所具有的基本性质。 可以说，朱熹是把程颐的这些话在原来意义上加以扩大，作为理气论的一种依据而使用的。

程颐"一阴一阳谓之道"的解释中，难以说已有朱熹理气论的明确形态，因此在下面，想来思考一下被作为显示了理气论存在例子的第二点——关于"性"和"气"的对立。

2. "性"和"气"

关于人心中善恶贤愚的由来，程颐说道：

> 性无不善，而有不善者，才也。性即是理。理则自尧舜至于涂人一也。才禀于气。气有清浊，禀其清者为贤，禀其浊者为愚。（《遗

书》卷十八）

可见"性"和"才"的对立，而"性"被认为与"理"是相同的，"才"则被归于"气"。"理"对"气"这样的图式，可看作是大致完成了。 同样的论述在《遗书》卷十九中也有，而这样的"气"，似可认为系《孟子》中"养气"的"气"。《遗书》卷二十一下，在说了"气有善不善，性则无不善"之后，程颐明确地指出，《孟子》的"养气"，使这"气"变得清明纯全。 程颐重视《孟子》的"养气"说，还在他对张载的《西铭》破例地予以赞赏以后，说："与孟子性善养气之论同功"（《答杨时论西铭书》，见《伊川文集》卷五），又说："《孟子》养气一篇，诸君宜潜心玩索"（《遗书》卷十八）这样的情况中表现出来。

程颐把"才"或者"气"来与"性"相对，而这个"气"也是《孟子》的"养气"的"气"。 依据于"性"、"才"、"气"等这些概念的性说全都是以《孟子》为典据，这在"孟子所以独出诸儒者，以能明性也"（《遗书》卷十八）等论述中确切地表现出来。 然而关于"才"，《孟子》中曰："若夫为不善，非才之罪也"（《告子上》），没有把不善的根据说成是"才"；对此，程颐作了"又恐失其本意"（《遗书》卷十九）的论断，这也可以认为是在对《孟子》进行批判的同时，又努力想要完全灵活地对待《孟子》中的话。

程颐与其他道学诸儒相同，在基本方面，彻底地把"性"作为善。这样，就必须寻求现实中所见人类的恶的根据何在。 如根据《孟子》的内容来寻求的话，想起"气"和"才"（尤其是前者），也就是很自然的了。 把"性"和"气"（或者"才"）相对立的一般作为二元论的议论，也是在心内善恶问题的范围内，大致根据《孟子》求到的东西，并不是把这贯穿于天地事象的全盘。

正如前面已谈到过的那样，朱熹以"情"来和《孟子》的"性"相对，而这是从阴阳之"气"中产生的。 朱熹也试图从天地阴阳的"气"来说明《孟子》的"气"，但《孟子》的"气"是和"心"这类层次相联系的概念，由于和作为阴阳的"气"完全不可疏通，所以在实质上多采取把《孟子》的"气"暂时除外这样的形式。但程颐完全是把《孟子》的"气"来和"性"相对，对于这种人的"气"和作为阴阳的"气"的关系，几乎是没什么顾虑的。

程颐说的人之"气"，很难特别作为物质性含义很强的概念来考虑，而另一方面，又说："浩然之气，既言气，则已是大段有形体之物。""气尽是有形体"（《遗书》卷十五），把"气"说成是有"形体"的。这都被说成是解释《孟子·公孙丑上》的"其为气也，配义与道"的前提，以用金作器这样的比喻联系起来的。这种金器的比喻，在《遗书》卷三也可见，那里说金不是"性"而应比作"气"。恐怕这些论述是认为，因为养"气"而配"义"、"道"，所以这"气"似必须作为具有实体之物。"有物始言养，无物又养个什么？"（《遗书》卷十八）这样的论述中，清楚地显示了这一点。还有，市川博士认为，这个"形体"是：具有"成为人的意识及行动的对象这样的意义吧！"[13]

程颐还说到"气质"的变化。其主要的例子在《遗书》卷十八、《遗书》卷二十二上、《论经筵第一札子》、《上太皇太后书》（《伊川文集》卷二）等处可见，而这个词在张载等人那里，有时也被分析为"气"和"质"来说明，还有张载和程颐的"气质之性"也是有名的。但由于被和"质"联结起来，所以在程颐那里也不能断定说这个字具有特别的物质意义。关于"气质之性"，程颐说："如俗言性急性缓之类"（《遗书》卷十八），可注意到是试图用气的急速或缓慢来说明的。

这样的"性"和"气"的对立，也和"一阴一阳谓之道"的解释相同，乍看起来以为是和朱熹的理气论相似的构图，然而在那"气"的概念等方面，似可看到程颐和朱熹之间的差别。而这种差别，与程颐不像朱熹那样把阴阳的"气"和性说中人之"气"完全一贯起来的情况有关。只有使之一贯，"气"才能成为和"理"并列的理念。程颐思想的中心，完全在于"理"，因而对于"气"就不能期待它具有作为统一理念的性质。

3. "气禀"和"气化"

程颐没有试图疏通《易》的阴阳和《孟子》的"气"。 但可以看到讲述天地之"气"和人之"气"有关系的例子。 其代表就是"气禀"和"气化"。

前面说到"才禀气",而这个"气",可以看到与天地之"气"有联系。 还有,根据"气"的清浊,决定"才"的善恶;禀"至清之气"而生者为圣人,禀"至浊之气"而生者为恶人的说法(《遗书》卷二十二上)也是同样的。 这种情况不仅限于道德的素质,他还说:

> 吾受气甚薄,三十而浸盛,四十五十而后完。今生七十二年矣,校其筋骨,于盛年无损也。(《遗书》卷二十一上)

关于肉体的素质也是如此。 人禀天地之"气",由此而决定其素质。在这里,人之"气"和天地之"气"似可看作是一贯的。 但这也只是和《孟子》的"气"及历来的"气禀"之论相联系,并不是把天地之"气"和"一阴一阳"之间联系起来。[14]至少可以认为,在程颐那里,似没有"气"聚结而形成肉体这样的想法;尽管同样使用"气禀"这个词,在程颐和朱熹那里,不能把其所表现的内容视为是完全同一的。

"气禀"还和"气化"有关系。 两者都是指人乃至物生成时"气"的作用。

所谓"气化",主要是相对"种化"而言,是只有"气"的作用才会产生的情况。 作为实例,举出了陨石和麟,河海洲中产生的生物(《遗书》卷十五),腐草中化生的萤,衣服中生出的虱(《遗书》卷十八)等。 此外,程颐的话中虽未明说,但认为在"气化"之后,还有"形化"(《遗书》卷五)。运用这种"气化"、"形化"论的著名著作,是朱熹的《太极图说解》,而在这样的场合,程朱之间意义上多少有着不同。

但是,这"气禀"和"气化",对朱熹"气"论的形成有着很大的作用也是事实。 朱熹经常使用这两者,以此两者为媒介,把作为阴阳的"气"和人之"气"贯穿起来。 然而在那样的时候,如前所述,成为把人之"气"以阴阳的"气"来说明这样的形式。 总之,朱熹试图通过这"气禀"、"气化",把程颐还未能认识的作为阴阳的"气"和人之"气"贯穿起来。

4. 道教的色彩

在程颐把天地之"气"和人之"气"联系起来方面,可认为也有着道教的色彩。 在此想就这个问题作一些论述。

首先,虽还不能说是作为典据,但作为对"气化"论有影响的著述,可举出《化书》。 程颐对引用"宋齐丘《化书》云"这样的话的提问,回答道:"莫无此理"(《遗书》卷十八)。此书一般认为是南唐道士谭峭所撰[15],《道藏》(卷七二四·一一〇七)中也收录,而现在《道藏》所收的《化书》中,有着和这里引用的话类似的文字(卷一·老枫),但未见有完全相同文字者。 总而言之,即使不能说是道教文献,也肯定是被作为与道教内容有关的文献,值得注意。 在和《化书》的关系中,也可考虑前面的"气化"、"形化"论。

具有道教要素,论述天地之"气"和人之"气"关系的例子,在别处也存在。 比如说:人的不善之心成为积习,这就会触动天地之"气"而生病。 还有,认为人之"仁气"作为"善气"感应,就使其人长寿;"恶气"则带来夭折(《遗书》卷十八)进而把人做恶事和天地的"恶气"相联系,甚至还说因此会遭雷击而死。(同上)天地之"气"和人之"气"被看作是对立的,因此认为这两者的交流是采取感应这样的形态。 人生之时受天地之"气",其后,天地之"气"和人之"气"完全分别存在,但是,似考虑到了两者的接触。 而成为有关这种"气"的形态问题的,是"真元之气"。

"真元之气"论,在《遗书》卷十五可以集中看到,由于这语录的性质,也就必须考虑和张载关学的关系。 所谓"真元之气",存在于人之内,"气"由此不断地产生出来,但由此生成的"气"不能和"外气"相杂,只能通过"外气"来涵养。 在这里,人之"气"和"外气"完全是分别存在的。 而且这"气"被认为只产生一次就消散的。 程颐在这里认为,散去的"气",以后不会再成为"气","气"消散后就决不会回复。"气"不是循环的,这一点和张载说的"气"不同。 所以有一种说法,认为这种"气"论包含着批判张载之意,在此似也无法断定。 还有,这"真元之气"和"气禀"或"气化"怎样才能够疏通也是疑问,关于这一点也没有任何特别的说明。

这些天地之"气"和人之"气"的关系,可以看到与道教文献中所见的"内气"和"外气"论很相似。 尤其是"真元之气",就在说它是人身内的"元气"这一点上,也可感到和道教"气"论的联系。 这样,在关于程颐的天地之"气"和人之"气"接触的议论中,也可看到道教的色彩。

此外,把与道教"气"的关系加以研究的,似还可举出"养气"论。 程颐言及的道教文献有《阴符经》和司马承祯的《坐忘论》等,而在这些中间,没有与程颐的"气"特别有关系的话。 但如果看看肯定"保形炼气"等处(《遗书》卷十八),就像前面程颢的情况那样,能怀疑在这"养气"论中,没有任何道教的"气"的形象吗? 程颐把"性"作为"理";进而说成"所谓理性是也"(《遗书》卷二十二上),使之与佛家的"理性"关联;可以说把"性"与佛家佛性的关系作为问题。 与此相对,在"气"的方面,则就必须要考虑到与道教的关系。 道教对于道学的影响,历来多被议论;而在二程的"气"中所见的道教色彩,可作为思考这个问题的一条线索。

5. 感应、盛衰、消长

最后,想补充一下程颐所说的"气"的基本性质。

天地之"气"和人之"气"的接触,多采取感应这样的形式。 而这种感应的作用,不但在两者之间,而且被广泛说成是"气"的一般性质。

关于"气"感应的论述,当然在《易传》卷四(元刊六卷本)的咸卦项可集中看到。 咸卦的彖传中作:"咸,感也。 ……二气感应以相与",而在其注中曰:"感通之理,知道者默而观之可也。"关于感应的性质,同书"九四"的爻辞注中是这样叙述的:

> 感,动也,有感必有应。凡有动皆为感,感则必有应。……所应复为感,感复有应,所以不已也。

认为感和应的相互作用可无限地持续。 这种运动受到怎样的重视呢? 这在下面的论述中表现出来:

> 天地之间,只有一个感与应而已。(《遗书》卷十五)
>
> 明道尝谓人曰:"天下事只是感与应耳"。先生(尹焞)初闻之,以问伊川。曰:"此事甚大,人当自识之。"(《程氏外书》卷十二,吕坚中所记尹和靖语)

感应适用于天下所有的事。 如从后面一条引用的材料来看,这样的想法是二程共有的。 感应也可以被说成是关于"气"以外的,但最多的例子,则是作为"气"的作用。 其具体的例子,除了前面天地之"气"和人之"气"的感应之外,还有杨容易感受阳气(《易传》卷三·"大过"卦九二爻辞注)等,作为多感受阴气之物,举出了苋陆(《易传》卷五·"夬卦"九五爻辞注);以及木石虽微,感受阴气这样的论述。(《遗书》卷十五)

程颐似是把感应作为是"气"作用的代表性内容,而其他的盛衰、消长也是重要属性。 这方面主要的例子有:

> (气)有盛则必有衰,有终则必有始……气亦盛衰故也。(《遗书》卷十五)
>
> 又如一岁之中,四时之气已有盛衰,一时之中,又有盛衰。(《遗书》卷二下)
>
> 在阴阳之气言之,则消长如循环,不可易也。(《易传》卷二·临卦象传注)

等等。 大致似可认为，这表明，程颐比起把"气"作为实体来，更强调它的作用方面。 这也许是基于"气"这个概念的本质的东西，在程颐那里，其代表就是感应，还有盛衰、消长。

程颐使用"气"的例子中，还可看到"气象"、"风气"、"血气"这些有"气"字的常用语，而可以认为，与其说这是特别地意识到"气"这个概念来使用，不如说这是作为一般用的常用语就那样使用的。 还有，这些词的用例在宋代以前虽不胜枚举，但可以看到在意义上多少有点差别。

以上，我们探讨了二程的"气"，但未能看到二程有着想把"气"作为一个统一的理念而提出的明确意念。 但是，在程颐那里，只要作为阴阳的"气"和性说的"气"完全贯穿起来，就会成为理气论的形式。 然而因此使"气"概念本身有些改变，那也不是多余的吧!

二程的思想被以程门四先生（吕与叔、谢良佐、游酢、杨时）为代表的门人们所继承。 门人们未必会彻头彻尾地信奉二程，但具有是二程门下的意识，这中间就逐步地形成了程子学派。 而在思想上到南宋朱熹达到了一个极限。 在这推移中，可以想象，对"气"的解释也多少会有变化。 二程思想本身就允许有一定的解释幅度。 对作为其思想一部分的"气"，存在着各种各样解释的可能性，也可以说是必然的。还有不采纳二程之处，可认为是受张载的"气"论的各种各样影响。这至少在朱熹那里是明显可看到的。 从二程到朱熹的"气"的发展，也包含它是否明确地采取发展形式的问题，而这方面的检核研究，则是今后的要求。

（土田健次郎）

注 释:

[1] 张岱年《中国古典哲学中若干基本概念的起源和演变》，载《哲学研究》1957 年第二期。

[2] 岛田虔次《朱子学和阳明学》第 3 页，岩波新书，1967 年。

[3] 参照大岛晃《邵康节的"观物"》，见《东方学》第 52 辑，1976 年。

[4] 今井宇三郎《宋代易学研究》第 437 页，明治图书，1958 年。

[5] 大岛晃《关于张横渠的"太虚即气"论》，载《日本中国学会报》第 27 集，1975 年。

[6] 西顺藏《佛教和中国思想》，第 181 页，大藏出版，1967 年。

[7] 山田庆儿《朱子的宇宙论序说》，见《东方学报》第 36 期，1965 年。《朱子的宇宙论》，见《东方学报》第 37 期，1966 年。

[8] 市川安司《程伊川哲学之研究》，东京大学出版会，1964 年。

[9] 关于二程的基础文献，大致被网罗在《二程全书》之中（此外，《续资治通鉴长编》、《宋会要辑稿》等中也散见有兴味深长的记载）。 这中间，《程氏遗书》和《程氏外书》为朱熹所编，而这两者对二程的原始资料是相当忠实的。 还有，朱熹与吕祖谦一起编修了《近思录》，其中对二程的文献进行了相当大胆的改变，而其基础资料不出《二程全书》所收文献的范围。

[10] 关于"利"等，程颐也试图疏通《易》和《孟子》的用例（《遗书》卷十九）。

[11] 有明确作为解释张载"清虚大一"的例子，但未明确说明是程颐之语（《遗书》卷二上）。

[12] 关于程颐的"理"，可参照拙稿《程伊川"理一"的性格》，见《哲学》第六十四期，1976 年。

[13] 市川安司，前引书，18 页。

[14] 关于五行，也有人为五行之秀气（《遗书》卷十八）、人生之时禀五行之秀气（《遗书》卷二十三）这样的话，这只是根据《礼记·礼运》"人……五行之秀气也"所言，程颐未进一步发展。

[15] 关于此书的成立，可参照比如张心澂《伪书通考》（1957 年修订，商务印书馆）第 1026 页所收的资料。

第二章

朱熹思想中的气
——理气哲学的完成

朱熹（1130—1200）字元晦，号晦庵。 南宋安徽省婺源县（旧新安郡地。 现在属江西省）人。 生于福建，且在福建渡过了大部分生涯。曾为地方官，最后终于秘阁修撰、提举南京鸿庆宫，但整个生涯中，在官的时间不太长。 朱熹是作为宋学（新儒学）的集大成者而著名的学者和思想家，其学说被称为朱子学，在中国的学术史、思想史上，占有极其重要的地位。 对朝鲜、日本的影响也非常大。

一、理 气 论

1. 气和质——物质性的根源

朱熹被认为是继承发展了始于北宋的新儒学，尤其是周、张、二程（一般这里还加上邵雍）的学说，集此新儒学（人称宋学，其中心部分也称道学）之大成。 这可以说是定论。 关于气的思想也可以这样说。

但不能只就气来论述朱熹的思想。 把理和气分离开只论述一方面，是不可能的。 因此才被称为理气哲学。 朱熹作为理气哲学理论的完成者，朱熹以后的儒家哲学，不论是信奉朱熹哲学，属于朱子学派的人；还是反对他的人（次章以下叙述的王守仁和戴震为其代表），都是以朱熹的理论作为基盘，作为出发点来构筑各自的哲学。

　　总之，朱熹根据理和气这两个概念来说明所有事物的生成、存在，在这上面建立了心性论和修养论。所有都根据以理和气为中核的理论构成体系。

　　气是像空气那样，用眼睛不能看到的气体状物；它是万物的物质性根源，是形成物的素材——朱熹这样认为。根源之气也可叫"一气"，"一元之气"，根据气中有阴气和阳气这两种类具有对照性格之气的传统的想法，朱熹也认为有阴阳二气。就生成论而言，认为这气回旋翻动，通过这样的运动的过程，就生成了以天地为首的天地间万物。也就是说，这种翻动加速的话，气摩擦，混淆者聚集在中央而成为地，气清者向周围扩散而成为天，成为日月星辰继续运动。气有阴有阳，因其组合方法的不同而生成万物的差异，它具有作为差别原理的意义，阴阳之气又进而生成木火土金水这五行。把这些和"气"相对，称之为"质"。阴阳有和明暗等相似的抽象的性质，五行则被认为是像木质、水质那样带有具体性的质；质是比气更接近于具有现实形态之物的某个层次上的东西，当然，也有"五行之气"这样的说法，就五行和气、质的关系而言，似还有尚不确定的部分。也有"气质"这样的常用语，这当然是合并了"气"和"质"的概念，往往作为意味"物（物质）的构成要素"的一个词而被使用。而且有："五行阴阳七者滚合，便是生物底材料"（《朱子语类》卷九十四,第十六条,周谟录)这样的说法，阴阳之气和五行之质被认为是形成物的素材。像这样，作为物质的素材在阴阳之气以外，又加上了五行，由于五行的观念与阴阳的并列在传统中就存在，所以可把它纳入生成论、存在论中，而同时可以认为，在阴阳这两种类的差别原理以外，又加上复杂的五种类的差别原理，具有根据这两者的组合容易说明万物多样性的意义。

　　上述的"气"或"气和质"的流行、交感，凝结而形成物，就叫"气化"。而一旦产生了有形之物，然后由于生殖等作用，就变成由物生物；而同时，气化的现象也与之并行进行。比如，在佛教中把这称为"化生"，化生的例子则是虱子。还有，现存之物都是由气和质为材料形成而存在，由物生物的场合，新产生的个体也是由气和质形成的。

以上朱熹关于气——质——物、一气——阴阳——五行——万物的想法，最直接地是继承了周敦颐《太极图说》的构想。只要把《太极图说》的太极——阴阳——五行——万物的"太极"置换成"一气"，这样就立即和朱熹的生成论图式相一致。但正像后面所述，朱熹不是把"太极"当作"一气"，而是把它作为"理"。《太极图说》中本身没有理、气的用语，周敦颐的原意和朱熹的解释之间，难免存在牴牾，恐怕周敦颐脑海中太极的概念，如要说适合于朱熹哲学理论的话，那也许是近似于"气"的东西。这姑且不论，由于朱熹把太极解释为理，所以虽说阴阳——五行——万物的生成过程是继承了周敦颐，但在关于根源的一气，并没有继承周敦颐，而当是接受了张载的说法。只是在朱熹那里，没有像张载那样，把《正蒙》中说的气的本态作为"太虚"的想法。

所谓阳和阴，是集中概括明和暗、动和静、男性和女性等对照性质而加以表现的两种性质，[1]在朱熹那里，阳气和阴气并不是作为这是阳气、那是阴气这样的二种类气，而被视为有固定性质之物。所谓阴和阳，是相对的性质，阴到阳、阳到阴是常常可以变化的，B 对于 A 是阳，而对于 C 也可以作为阴。因此，"阴中之阳"、"阳中之阴"这样的表达也就常常被使用。比如，在一般的想法中，火是阳、水是阴，然而，"火中有黑，阳中阴也；水外黑洞，洞地而中却明者，阴中之阳也。故水谓之阳，火谓之阴亦得"（《朱子语类》第一卷，第六十条，童伯羽录）就是这样的例子。而且，即使有阴气和阳气，它们都是气，阴阳二气同时也就是一气。

阴阳和五行的关系，不是阴阳个别地生成五行，是说阴阳二气可分为五（同上书，第四十八条，舒高录）；还有，五行相互成阴阳（比如木和火为阳，与此相对，水和金为阴）；五行分别可为阴阳（比如，有阴火、阳火）的情况（同上书，第五十条，程端蒙录）。认为这样交会的阴阳和五行（气和质）组合而形成万物。

2. 气和生命力

如追溯气思想的历史，则气本来就被认为是生命力、活动力，或是具有这些力，或者是作为这些力的根源，而不是作为物质的根源。 气充满天地之间和人体之内这样的想法自古就有；气造就天地这样的思想从《淮南子》时代开始就很明显，但宇宙万物皆由气造就这样的想法，却没有明确地成立。 它作为物质的素材在存在论中占有地位，是从宋学开始的。 也就是从张载、二程开始，由朱熹把它理论性地确定下来的。

但是，在作为万物的物质根源以后，本来的生命力、活动力这样的性格气仍然具有。《朱子语类》卷一第四十四条（辅广录）中，说明人的呼吸，有吐息之时，气在腹中生，吸息之时，腹中之气从腹出，这样人自生至死，气一直由身体内排出到身体外（吸息之时，外气不吸入体内，只是一时停止从体内排出到体外），如体内的气全部排出（没有外出的气了），人就死了这样的例子。 这是把气视为生命力的确切的表述。 尽管一生之中不断外出的气存在于体内何处，它是怎样形状之物，它怎样一呼吸就在腹中产生一呼的气这都还不明确，总之把那产生而外出的气比为生命之灯的燃烧，一旦产生的气、外出的气没有了，生命也就消亡了，因此，就变为由气来支持着生命。 只是作为呼气而外出的气与构成身体之气的关系不明确。 也就是构成身体的一般的气和作为生命力的气的相互联系不明确。

其次，正如后面所述，据朱子的说法气和物都是由"理"规定的，气和物体本身不是独自地决定它们的状态。 但运动变化造成物的，都是气的作用，如说到人，则人的感情、欲望、感觉、意志、思考、运动等等的能力也都是气具有的能力，因此由气构成的人的身体（包括心）被认为具有能力，认为不是理运动变化造就物，它也不具有那种能力。还认为理不具有使气做这些事的力，而只是把气作为跟从理运动变化之物。

总之，活动，是气的活动，气具有活动力。 因此，在朱熹那里，气

411

作为物质根源的同时，也是生命力和活动力或它们的根源。 这就是说，朱熹使传统观念作为生命力、活动力的气，增加了是构成万物形质的物质根源这样的新意义，提出了新的气概念。 还把阴阳、五行也作为构成物质的要素而纳入新的气概念之中。 尤其是五行，主要在各种物以五行相配，其势力循环交替的说明中被使用，明显地占有作为物质构成要素的地位。 以后，气、质、阴阳、五行的观念直到清末，几乎都未变动。

3．理和气

据朱熹说，万物的物质方面，是由气（或是气和质）构成的，但物不是只由气就成立存在的。 首先是有"理"，气才构成物，物才作为物而存在，才保持着物和物的关系。 也就是依从理，事物才成立、存在。"理"用朱熹自己的话来说，就是"所以然之故"，"所当然之则"，还有"不失条绪"，即作为"条理"，以及用"主宰"这样的词来作比喻说明的例子。

关于"所以然之故"和"所当然之则"，有这样的说明：比如，事亲当孝，事兄当悌，这就是"所当然之则"，为何事亲必须要孝，为何事兄必须要悌呢？ 这就是"所当然之故"（《朱子语类》卷十八第九十三条，周谟录），而仅仅如此自然不是对"所以然"，"所当然"的充分说明。 所谓"所以然之故"，因为有"所以是那样的原因"的意义，就成为事物存在的根据，成为据此事物才变为那样的条件，反过来说，就成为少了它，那一事物就不能成其为那样事物的本质性的条件。 所谓"所当然之则"因为具有"当然应该是这样的法则"之意，是说事物应当具有的理想的状态，特别是关于人来说，就是指人应当做的行为法则，也就是指道德的法则。 关于舟和车之理，朱熹自己有叙述"可在水中动"之舟和"可在陆上动"之车的理的例子（《朱子语类》卷四，第二十九条，曾祖道录）。 关于舟在水中动，最基本的，是物怎样才能在水中行走呢？ 这就是水中行走的原理，这也肯定就是舟的"所以然之故"。但即使不能追溯到可在水中行走的根据，而"可在水中动的东西"这本身就是舟所以为舟的根据，从具有可在水中动的机能开始，舟就有作为舟的可能性，所以，这也就是舟的"所以然之故"，还有，由于舟当然是可以在水中行动之物，所以可在水中动，也就是舟的"所当然之则"。在这样的说法中，"所以然之故"和"所当然之则"并不是个别的理，可以认为这两者是由观察事物的角度不同而产生的性质上的差异。

还有，上面解释为"条理"的理，比如，昼和夜的每日交替反复，一年中四季的巡回不违反春夏秋冬顺序而反复，这都是气的变化的条理，像这样的法则性、秩序性也就是理。

以上是朱熹的气和理的概略，总之，所有的事物都由理和气形成而存在。已经说过，事物的物质方面系由气（气质）造就；规定该事物状态的根据、原理和法则，事物中所具有的条理等，则是理。而且认为，事物一旦形成，那么在个别的事物中就分别附着着、寄宿着事物的理。

在由气形成事物之际，依从该事物之理，也就是因受该事物理的规定开始，该事物才成立；而成立的事物中就寄宿着该事物的理。关于个别的事物之理，不能，也不可以把"所以然之故"和"所当然之则"截然分为二，但事物形成时规定它的理，主要是"所以然之故"的理；宿于形成的事物中的理（如后面所述，在人那里，这种宿着的理就是"性"），主要的是"所当然之则"的理。还有，这个"所当然"，虽说对桌子，对舟也可以如此认为，而主要的则被认为是有关人的道德行为的东西，这也就很好地说明对于朱熹来说，这是何等重大的事。

个别的事物中宿着该事物之理。比如，个别的舟中个别地宿着舟之理，但那许多的"舟之理"都是同一的，是同一个"舟之理"分在各个舟中个别地存在着。朱熹把这种情况用"理一分殊"来表示。在这样的场合，个别的舟的差异（性能等个别的差别），则被认为是由于形成它的气质的不同。关于种类不同的舟的理是否也不同呢等问题，则省略了。总之，在说明事物的存在来说，有着理是其同一的原理，气

413

是不一致的原理这样的意义。

关于理和气的先后，朱熹说无理则无气，无气则理无所宿之所，本来理和气无所谓先后，但追究到终极，则不能不说是理在先。 还说："且如万一山河大地都陷了，毕竟理却在这里"(《朱子语类》卷一第四十条，胡泳录)，结果还是理在先。 理气相互依赖对方而开始存在是朱熹的原则说法，而理在气先当是朱熹的本音。 总之，朱熹的哲学一般被称为理气二元论，即使是二元论，但理和气的比重决不是平等的，明显地理作为根源之物比气更为优越。 笔者将其称为"理的哲学"。 还有，说理先气后时的"先后"，可理解为包含着作为生成论的时间先后和作为存在论的逻辑先后这样双重的含义。

如要再附带说明一下的话，那就是上面虽称之为"理的哲学"，但朱熹的"理先气后"论决不是无条件的单纯的理先气后论，这也是必须注意的。 以同时存在作为原则，而又有着理先气后的特征，这可以看作是朱熹思想的调和、折衷的暧昧性，同时也可看作是它的复杂性、深奥性。

4. 形而上和形而下

朱熹严格地区别形而上的理的世界和形而下的气的世界。 关于《易经·系辞传上》的"形而上者谓之道，形而下者谓之器"的说法，因为把"形而上"、"形而下"作为"形以上"、"形以下"之意，所以这就是在说超越形者和属于形者；没有持形可能性者和有此可能性者；总之，就是说无形的世界和有形的世界。 而朱熹如用无形、有形这样的说法，会把理和物（相当于道和器）分隔开所以不好，所以就用"器亦道，道亦器"的表达以强调道和器有着区别但又是不相离之物(《朱子语类》卷七十五，第一百六条，周谟录)，但形而上和形而下的区别是严格存在的。 根据朱熹的解释，道就是道理，也即是理；器是一个个的有形之物，所以结果是和气相联系。 气不是有形的，但因为是有持形可能性的东西，所以还是形而下者。 而理因为是"簐净洁空阔底世界，无形迹"(《朱子语类》卷一，第十三条，沈涧录)的观念性的东西，所以无论

414

到何处都与有形的世界没有联系，也就是形而上者。

　　与上述"形而上、下"那句话同样经常成为问题的，是《易经·系辞传上》的另一句话："一阴一阳谓之道"，对此，朱熹的《本义》中作了"阴阳迭运者，气也，其理则所谓道"这样的说明。 如上所述，朱熹把"道"解释为理，所以不能顺当地把"一阴一阳"的形而下的气"谓道"，因而采用以"一阴一阳所以为道"这样意义来解释的程颐之说，在此补上"所以"两字。

　　这样使形而上、形而下与理和气相适合，明确地分为二（尽管在区分上，大致认为两者相即不离）是朱熹思想模式的重要特色。 也就是说，形而上和形而下的区分，是一般地概括观念之物和具象之物，抽象之物和具体之物，普遍之物和个别物体等对立的两种物的概念，这样的一分为二，正如上、下这两个字所示，所有上的方面被认为有高的价值，这就是朱熹的思考方法。

二、人性论——本然之性和气质之性

　　朱熹注《孟子·告子上》的"性"字曰："性者，人生所禀之天理也。"（见同篇·第一条，集注）又曰："性者，人之所得于天之理也"（同上，第三条，集注）。 正如在前一节中已经谈过，在所有的事物中宿有该事物之理。 人也无例外，所以所有的人中都宿有人之理。 所宿的人之理就是所谓人的性。 因为人之理就是人之性，因此，有名的"性即理"的命题就成立了。 这是人的本来的性，被称为"本然之性"（此外，还有"本原之性"，"天地之性"，"天命之性"，"义理之性"等等）。 其内容有仁义礼智。 仁义礼智虽被认为不是"人之理"的全部，但在朱熹作为"人之理"（人的所当然之则）来考虑的诸项目中，当是被举出的最重要的项目吧！

　　上述作为"即理"的本然之性，仁义礼智之性，并不是说就以那样纯粹的形式存在，就那样发现（作用显现在外）。 必须要通过宿于人的身体中——宿于心中（把性和心联系起来是传统的思考方法）——才开始成为现实的人性。因此,性受到人的身体(气质)的影响。心当然也是由气质形成,这个被认为依于人的气质的性,受气质影响的现实的人性被称为"气质之性"。

"本然之性"由于是作为"人之理",理一分殊,因此,所有的人都是共同的,完全没有个人的差别,而由于气中原就有清浊、精粗、纯驳、厚薄、正偏等等程度的差别;接受它的各人的气质中也有各种各样个人的差别;因此,受其影响,"气质之性"也因人各异。还有,"本然之性"作为人之理,所以是纯粹至善的,完全不包含恶的要素,而"气质之性"则不是如此,所以恶的要素由此而出。上述所谓对本然之性的气质的影响,作为妨碍(一般说是"蔽")本然之性的顺当地发现的负的价值而显现。气质如只由清、精、纯……等上等的气来造就,则本然之性就不受任何恶的影响,在这样的场合,气质之性也就是纯粹至善的(如有完全是那样的人,就是圣人),而在一般的场合,气质多少有着差别,遮蔽本然之性,由此就产生恶的可能性。不是说气质之性全是恶,但在气质的性中有着恶的要素。

还有,关于性,朱熹说:"有物则有性,无物则无性"(《朱子语类》卷四,第三条,杨若海录),而另一方面又说:"未有此气已有此性,气有不存而性却常在"(同上书,第四十七条,录者不明)后一例子中说的"性",不用说是指理之性(本然之性),在此所见的性和气质还有与物的关系,正是和前一节中的理气先后关系相应的。

通过以上论述看来,在朱熹的人性论中,有着性的两个方面,其中"本然之性"正如文字所述,是本来的性,是本物的性,它无论在善恶这样的道德价值方面,还是在存立的先后方面,都优越于"气质之性"。与其相对,"气质之性"作为"本然之性"的障碍物,作为恶之源,无疑是被否定的。因此在舍弃"气质之性"这一侧面的形态中,"性即理"的命题便可确立,性善说也可确立(根据朱熹的解释,《孟子》的性善是关于本然之性的论述,《论语》的"性相近"是兼言气质之性)。而朱熹的这种人性论是从其存在论(既是理气二元论,又是重点

416

置于理上的理的哲学）中导出又与之极相适应的人性论。 这种情况也就表示，朱熹的哲学体系是整理得非常整然的。

还要附带说明一下，恶之源虽被认为是在于“气质”或“气质之性”，而其结果，则被归结到基于气质的“情”和“欲”。 关于性、情、欲、心等相互的关系，朱熹喜欢邵雍说的“心为性之郛郭”和张载说的“心统性情”，并经常使用。 心是由气质造就之物，那里宿着性，“性即理”，是性的容器；还有，性为心之体，情从其中发出为心之用；心包含着性和情两方面——这就是朱熹的看法。 欲，传统上被认为是情（七情）的一种，而据朱熹的说法，欲是情激烈作用的产物。 情和欲并不就是恶，而在它发抒方法不适当的场合就产生恶，结果还是把情和欲偏向于朝恶的方面理解。 性和情、欲的关系，本然之性和气质之性的关系，可以说完全和理与气的关系是对应的。 在这个意义上，朱熹对于情欲是否定的。

三、修养论和气

据以上所述，由于朱熹认为在人的气质方面，更具体地说，是情、欲（而情欲的出处是心）中有趋向恶的可能性，所以作为修养法就是说要“变化气质”，要“居敬穷理”，还有，要“存天理去人欲”。

所谓“变化气质”，是说由于构成身体的下等气质蔽住本然之性，妨碍它顺当地发显，所以通过变化气质除其碍害，就可以回复本然之性的本来光辉。 为此，作为具体的方法而提出的，就是“居敬穷理”和“存天理去人欲”。“居敬”的“敬”，是说集中心思不妄思妄动那样的心的状态，“居敬”，是在那样的精神状态中保心。“穷理”，是说一一地穷知事物之理。 所谓事物，虽说从字面上看，包括与宇宙，自然，人事等有关的所有的各种事物，而关心的主要对象还是五常、五伦这样的人伦、道德之理，以理解那样的理与本身相联系为主要着眼点。 目标是居敬和穷理相结合，摆正心的状态，控制气的影响，以完全回复本性。 所谓“存天理去人欲”，是要克服私心、私欲，除去恶的情欲，在合于理的正确的状态中保持心；而如果从心中把私欲的要素清除掉的话，心就自然会合于理。 而所谓"天理"，是人从天得到的理这样的意义，而专就人而言，是指道德的理。 而这种"存天理去人欲"的工夫，在居敬和穷理两个侧面中，主要对于达成居敬，被认为是必要的。

四、朱子学中的理和气

以上，以气为中心，全面地涉及了朱熹理气哲学的理论，总之，在此理论体系中，气的概念占有非常重要的地位。 气是支撑此理论体系的两根支柱中的一根；如少了这一根，从一开始就不能成为体系。

最典型地显示理和气关系的是人性论，朱熹认为，气质说始于张、程，这是对儒学的大功绩；孟轲的性善说只说本然之性而完全不说气质之性，就难以进行种种议论。 此外，还认为，性恶说和善恶相混等说，如气质说早出的话，也就成为没有什么必要的议论了；韩愈的三品说虽好，只是缺少了气(《朱子语类》卷四，第六十三—六十五条。王力行、万人杰、潘时举录)，强调在人性论中，气的概念是必不可少的。 尽管如此，气质之性仍被认为完全是第二义的性。 而且它不是性的本质的部分，只是起着为了说明性的个性差异和产生恶的可能性的作用。

在作为存在论的理气论中，尽管也给予气以非常重要的地位，但理起主要作用，气只起次要作用。 前面已经谈过，朱熹的思想中，比起现存之物来，更重视应当存在的理想之物；比起形而下世界来，更重视形而上世界，由于采取这样的思考方法，也就产生了这样的理气论（理哲学的理气论）。

总之，在朱熹那里，基本完成了以上所述的理论——宋代的理气哲学，在朱熹以后，关于理气的关系，被发展为主张更多地考虑理的独立性和理对于气的统制力之说；强调理气不可分关系之说；气不受理的规定，气是独立存在并运动着的说法等等各种各样的说法。 在这中间，比起气来更重视理的程度越来越强，成为完全保守的思想，具有所谓道学先生严格主义的倾向。 因为正是规制人的欲望、感情、意志和行为的称之为理的这个范畴，强烈地拘束着人。

　　朱熹本身的哲学，虽不是那样极端的理的哲学，理气关系中也包含着复杂的一面，但朱子以后的朱子学中，却表现为更单纯明快的理的哲学，而且认为朱熹本身就具有那样的思想的倾向是很强的。　尤其是反对理的哲学的人们硬把朱熹的哲学作为单纯的理的哲学来指责、加以非难攻击的倾向很强。　朱熹的哲学被那样理解，可以认为是和朱子学在元代以后，在科举考试的制度中占有官学的地位也有关系。　但是，朱熹本身的朱子学和朱熹以后的朱子学有着不同之处，有必要把这两者明确地区别开来加以考虑。

（山井涌）

注　释：

　　[1]　关于根据气、阴阳、五行等的朱熹的宇宙论，山田庆儿氏《朱子的宇宙论》（《东方学报》第 37 期，1966 年）中有着非常详细的论述。　在这杰出的论考中，特别对阳和阴、气和质等等关系，都以气的稀薄化和浓密化的原理作了合理的说明，而且以非常明确的形象对这些现象作了描述。　只是气的清浊、精粗等等差别，全部都只用稀薄和浓密来说明是困难的，朱熹在任何地方都以明确的形象合理地来考虑吗？　因为有不明确之点，在那里就有只能暧昧地加以说明之处。　还有，在山田氏的这篇论文在五行发生的顺序等方面也对朱熹的想法进行了详细论述。　此外，这位山田庆儿氏的《朱子的气象学》（《东方学报》第 42 期，1971 年）中，详细论述了朱熹根据阴阳理论对诸天然现象的说明。

第三章

明代哲学中的气

——王守仁和左派王学

一、王守仁的气

王守仁（1472—1528）字伯安，号阳明，守仁系其名。 是明代的儒学者，同时，作为行政官员、军人，也留下了很大的业绩。 他的思想随着年纪变化，年轻时也学习过佛教和道教。 他的思想以对朱子学的疑问为一契机而发展，最后以提倡良知说而完成。 因为把良知作为思想的根本，所以又被称为心学。 良知说以外，还提出了心即理说和知行合一说。

1. 气的意义

在要对气进行论述时，首先想列举一些用例来看看王守仁是在怎样的意义上使用气这个字，其意义和历来的气的意义有何不同。

（1）私欲客气,性之蔽也。（《传习录》卷中,《答陆原静书》）

（2）虽怒,却此心廓然,不曾动些子气。（同上,卷下,三十五条）

（3）孟子亦曰,形色天性也。这也是指气说。（同上,卷下,四十二条）

（4）今人存心,只定得气。（同上,卷上,二十九条）

(1) 的客气，是一时的元气。 此文后有曰："私欲客气，一病两痛"，欲望和气是密切相联的。(2) 说即使怒，没有感情也就不动气，这里的气意味着是感情性的。(3) 的气，是指形式这种身体的要素。(4) 的气，意味着情绪、气氛。 从 (1) 到 (4)，是气与身体的要素，心的作用有关而被使用的例子。

　　(5)（人）有气质之偏焉，偏于柔者，矫之以刚。(《王文成公全书》卷七《矫亭说》)

　　(6) 凡人情好易而恶难，其间亦自有私意气习缠蔽在。(同上，卷四《答黄宗贤应原忠》)

(5) 是把每个人生来就具备的性质作为气；(6) 是把因习惯环境等自然使身中具有的性质作为气。 气质、气习的气，不是应当有的姿态，是就与种种不同的现实的人的姿态关系而言的。

　　(7) ……自然日夜滋长，生气日完，枝叶日茂。(《传习录》卷上，一百十六条)

这段文字是把想要为善之志用树木成长来作比喻的一部分。 在这比喻中，气意味着生命力，成长的根源之力。 以上，是联系人来论述时可看到的气的用例，下面想联系世界的生成来看看关于气的用例。

　　(8) 风雨露雷，日月星辰，禽兽草木，山川土石，与人原只一体，故五谷禽兽之类，皆可以养人，药石之类，皆可以疗疾。只为同此一气，故能相通耳。(同上，卷下，七十四条)

这个世界上所有之物乃为一体。 这种万物一体的根据，就在于人和自然界之物，全都是由同一气所组成。 像这样把气作为万物的根源，不只意味着气仅仅是物质性的根源，而且它还被认为是生生流转的世界的生命力。 以上，王守仁的气的用法和历来的用法基本是相同的；即使有些不同，也是与朱子学中使用的气是一致的。

2. 理和气

在朱熹那里，气多是在和理的关系中被论述，把气单独地作为问题的情况比较少。 在王守仁那里，也是把气和理的关系作为问题。 正如所述的那样，王守仁的思想随着时代有变化，对于气的想法因年代而不同，这当然也是可以预想到的。 因此，想在和理的关系中，来看看提倡良知说前后对于气的想法的不同。

> 无善无恶者,理之静;有善有恶者,气之动。不动于气,即无善无恶。是为至善。(《传习录》卷上,一百二条)

这条资料，是前期——按照山下龙二氏的说法，以49岁作为前期和后期的分界线——的资料。 据这条资料，则理是至善的，气则具有善恶两方面的可能性。 这样的理气说和朱熹相当接近。 在修养论中，前期和朱熹同样，"存天理、灭人欲"，这样的主张是相当频繁出现的。人欲虽不等于气，但正如前节已叙述的那样，是把人欲和气连接起来加以考虑的。 把理和气对立的看法，在修养论中就表现为严格地区别天理和人欲。 前期的王守仁虽然否定朱熹，而另一方面，也有着这样和朱熹相同的倾向。 那么，确立了良知说，在明确地摆出了自己立场的后期，理气说又是怎样的呢？

王守仁的思想，完成于良知说，而良知又是以理来说明，理和良知是相互通用的。 在后期，理也是作为至善的而被重视。 而另一方面，关于气则曰：

> 学者信得良知过,不为气所乱,便常做个羲皇已上人。(同上,卷下,百十一条)

这样，就与良知相对立。 还有"存天理去人欲"这样的修养论，虽不像前期那样地论说，但依然还言及。 认为良知等于理，虽和气相对立的倾向有所减少，但在后期也依然可见。 可是，这里所列举的资料，是和朱熹的理气说相近者，不能把这里的结论无条件地适用于阳明思想的全体。

如这样看来，王守仁似也属于和朱熹同样的"理的哲学"的范围。而由于到主张不是把理而是把良知作为自己思想的根本时，王守仁才完成了自己的思想，所以他的哲学当称之为"良知哲学"。 在甚至可将那个时期的哲学称为"理的哲学"那样地重视理之际，提倡良知说，乃是由于想把历来用"理"表述得不确切的内容用"良知"这个词来表述。这个"良知"中"理"以外的要素和"气"有没有关系呢？ 如果是有的话，那么，提出良知说以后关于气的想法，就可以想象与前期的想法有了变化，也就和朱熹的想法有着差异。 因此想把后期气的见解置于良知说中再进行一次探讨。

3．良知和气

首先，想把良知中理以外要素的资料列举出来看一下。

> ……谓之良知。是乃天命之性。吾心之本体，自然灵昭明觉者也。凡意念之发，吾心之良知无有不自知者。(《王文成公全书》卷二十六《大学问》)

良知，是有着明知我心意念善恶作用者。

> 这良知还是你的明师。(《传习录》卷下，六十五条)

在这句话前面，还曰："良知原是完完全全的。 ……是非只依着他更无有不是处。"所谓明师，有着针对变化的现实判断是非，决定此时此地应有行动的道德判断主体的意义。

气 的 思 想

> 七情有著,俱谓之欲,俱为良知之蔽。然缠有著时,良知亦自会
> 觉,觉即蔽去,复其体矣。(同上,卷下,九十条)

现实的人有着私欲,因此良知为之所蔽。 但被蔽的良知自己觉察到
此,打破私欲之蔽,就是可发挥出本来作用的本体。

> 人孰无根,良知即是天植灵根,自生生不息。(同上,卷下,四十
> 四条)

良知是不断生长出来的生命力。 即使说是生命力,但与其说作为肉体
生长的根源,不如说作为道德行为的活动力、热情根源的意义更加
浓厚。

理的概念中所不能包括的良知的内容,有觉察善恶,判断应当怎样
行动的主体,这乃是心的作用。 还有所谓热情、活动力,也是心的作
用。 如果把良知说置于心即理说的延长线上,并以此为结论来考虑,
上述的情况,也就是一种必然的归宿。 心在朱熹那里被认为是"气之
精爽者"(《朱子语类》卷五),是属于气的。 知觉、判断、热情这些心的
作用也就当然地属于气。 在良知说中,心和理被视为一体之物,并以
心为媒介把理和气联系起来。 以上的资料中,良知和气是被间接地联
系着,而下面的资料中,两者的关系被直接作为问题提出:

> 良知一也。以其妙用而言谓之神;以其流行而言谓之气。(《传
> 习录》卷中,《答陆原静书》)

这话是对关于道家的元神、元气、元精问题的回答。 在这里,良知的
流动作用一面,用气来表现。 良知和气并非二物,而是一体。 在这一
节列举的资料中,没有把理和气直接地联系起来论述的情况,而是以良
知、心这些为媒介来论述理和气的关系。 几乎没有把理和气的关系直

接地作为问题的文字，下面的句子是为数很少的例子中最为完备者：

> 精一之精，以理言；精神之精，以气言。理者，气之条理；气者，理之运用。无条理则不能运用，无运用则亦无以见其所谓条理者矣。（同上）

如以"理者，气之条理；气者，理之运用"这句话来考虑理气关系的话，可以认为理气是一体的不同侧面。但下面"无条理则不能运用"这句话，不能不解释为理和气不是一体的不同侧面，而是两个东西，有着相互依存的密切关系。在其他的资料中有曰：

> （心）以其条理而言，谓之理。（同上，卷中，《答顾东桥书》）

这句话中的心，如从前后的文理来看，可以换一种说法，称之为良知。而在已经列举的资料中，良知的变动被称之为气。从这两条资料来看，可以说，理是良知的条理，气则是良知的运动。在王守仁那里，理气的关系不是两样东西的相互依存的关系，而是把良知的不同侧面分别作为理、气的理气一体关系。

> 凡人信口说，任意行，皆说此是依我心性出来。此是所谓生之谓性，此却要有过差。若晓得头脑，依吾良知上说出来，行将去，便自是停当。然良知亦只是这口说、这身行，岂能外得气，别有个去行去说？故曰，论性不论气不备，论气不论性不明，气亦性也。性亦气也。但须认得头脑是当。（同上，卷下，四十二条）

王守仁在继承了朱熹的性即理说的同时，还同意程颢的性即气说。像朱熹那样区分理和气，在主张性即理时，不能又主张性即气。而如站在王守仁理气一体的立场上，则认为性即理的同时，也可以说，性

425

即气。

他对于"信口说,任意行,皆说此是依我心性出来"是否定的。由于这心性和良知是同义,所以可以认为,他对把心的运动、把行为就那样地视作良知之用的说法是否定的。 在这句话后面有曰:"然良知亦只是这口说,这身行,岂能外得气别有个去行去说?"这就是说,否定把身体的运动就那样完全地作为良知之用的想法;而把良知和气划开一条界线后,担心良知和气的分离,认为良知与气分离就什么也干不成。也是把性即气作为问题的《答周道通书》(同上,卷中)中有曰:

性善之端,须在气上始见得,若无气,亦无可见矣。

本性等于良知,就是善,这要通过气方能见得的想法和朱熹的性善要在四端之情中方始可见的想法是相同的。 朱熹在把理与气严格区别的同时,又认为理不能离气而存在,主张两者不即不离的关系。 良知与气大致区别的同时,又认为良知离了气便无法运动的想法,和朱熹的不即不离是相同的。 还有,关于性即气,也有着"但须认得头脑"这样的前提。 这个头脑,指的就是良知。 在明确地认识到良知时,性即气就是被肯定的。 像这样性即理、理气一体,在良知中是被肯定的,但在把人的恶作为问题时,就不能无条件地肯定气,而成为近于区分理和气的朱熹的不即不离关系。

我们已谈了有关于人的理气关系,而关于生成这个世界的理气关系又如何呢?

良知是造化的精灵。这些精灵生天生地,成鬼成帝。(同上,卷下,六十一条)

使天地万物创造变化的精灵,这就是良知。 这宇宙的生成变化、生命力,被认为就是良知本身。 而在朱熹那里,"所以"生成变化的原因则

是理。 创造万物使之变化的运动，和所以然的理，即作为生成根据的
理是被严格区别的。 进而，就是分为形而上和形而下，把我们目所能
见的现象的世界作为形而下的气的世界，而把所以生成变化作为形而上
的理。 作为宇宙圣灵的良知，具有很强的、作为处于这现象世界背后
的潜在物的性质。 如硬增强它的这种性质的话，就变得和朱熹的理相
近。 但是，作为世界根源的良知，是包含着生命力活动力的浑一体，
如从认为理是不运动的、运动的是气这种朱熹的立场来说，它是理气的
混同体。 由此也可以看出王守仁理气一体的想法。

如把以上关于良知说中气的论述归纳一下的话，对于气的看法和朱
熹以及和自己的前期都是不同的。 认为良知的运动属于气，理气不是
相对立的，在良知中被视为一体。 王守仁把理气视为一体；而朱熹则
严格区别，分之为二。 下面，我们就来探讨一下产生这种不同结果的
过程。

4．气和恶

朱熹严格地区别理和气，与此相对应，则区分性和心，而认为性即
理。 理被作为形而上者，把它和所有有形体、运动区别开来，把后者
从属于气。

> 人所禀之气,虽皆是天地之正气,但滚来滚去,便有昏明厚薄之
> 异。盖气是有形之物,才是有形之物,便自有美有恶也。(《朱子语
> 类》卷四)

人所受之气，是"天地之正气"，本来之气并不是恶。 但作为有形之
物，即作为形而下的现象世界显现时，就存在着善恶两个方面。

> 心是动底物事,自然有善恶。(同上。译者按:当为卷五)

心是运动的。 心运动，则成为感情、意志、行动而显现。 这样的心的

运动中，有善和恶两个方面。 心和气本身并不是恶，而其发动显现时，则存在善恶。 朱熹把理和形体、运动严格地加以区别，视理为形而上者，这是因为在我们可以直接看到听到的现实世界——特别是人类社会中，存在着善和恶。 为了把理作为绝对正确的东西，所以要把形而上和形而下严密地区别。 因为认为性即理，心即理的场合，理就变成有善恶的了。

在理和气，心和性没有区别的王守仁那里，恶是怎样被说明并成为研究问题的呢?

> 性之本体，原是无善无恶的；发用上，也原是可以为善，可以为不善的。其流弊，也原是一定善，一定恶的。(《传习录》卷下，百八条)

这段文字叙述了从无善无恶的本体中产生善恶的过程。 在其发动显现活动时，存在着善恶两方面的可能性，而进一步发展，就成为可以明确区分的善恶。 无善无恶的本体在发动时，为何生出善恶? ——这未能加以说明，而本体作为现象显现时，存在着善恶的想法则是明了的。

> 盖心之本体，本无不正；自其意念发动而后有不正。(《王文成公全书》卷二十六《大学问》)

这一段文字和前面的文字相同，把心的本体作为至善者，认为在其发动的意念中有着善恶。 本体发动为用之时有善恶的想法，当是从心的微动，意念，感情，进而是行为中有着善恶的状况中导出的。 因为现实的世界中存在着善恶这样的事实，所以朱熹把至善的理和形而下的世界区别开来。 与此相反，王守仁则把理气视为一体。 那么，是不是说王守仁不寻求至善之物呢? 决不是那样。 良知就是至善的，它是当为之理，一贯被重视。 在求得至善之物，求得应当具有的世界这一点上，朱熹和王守仁都没有不同。

　　像以上那样，就产生了寻求至善之物，认为从体到用，从形而上到形而下的世界，有着善和恶，但不能完全使理和运动区别开来；还有在心性论中，不能把性（等于理）和心相分离；理气一体，心即理这样与朱熹不同的结论。　关于产生这样相反结论的理由，王守仁本身没有任何论述。　因此，除了从他整体的思想中间接地进行推论以外，别无他法。　主张理气一体，是因为要提倡良知说，在良知说中，以心为媒介，理和气便被作为一体了。　在此之前，朱熹则把理和气相区别。　从这种情况来考虑的话，大致可以认为，把理和气分离是为了除去良知中作为气的要素——心，使心和理相分离。　但王守仁对朱熹的区分心和理进行了彻底的批判，而对理气分离则未加批判。　即使在主要讲究理气一体的后期，也可发现几处分离理气作为对立物的场所。　这些事实说明，对王守仁来说，心和理的关系是中心问题，理和气的关系则是次要的；还有，把理气分离，那就会使心和理分离——他自身并未意识到这一点。　因此，虽不能进一步地说是为了不让心和理分离，就不能区别理和气，但可以说，在讲究心和理一致的良知说中，比起理气分离来，理气一体是更为适合的。

　　像朱熹那样把理和气，心和性分离的时候，对恶的问题比较容易说明，但像王守仁那样，把心和理、理和气作为一体之物时，说明我们心的运动，说明现实世界中存在的恶就成了问题。　与恶有密切关系的是情欲。　朱熹把情欲属于气。　王守仁也把情欲属于气。　而因为气意味着良知的动的方面，情欲就被认为是良知的运动。

　　　　七情顺其自然之流行，皆是良知之用，不可分别善恶。但不可有可著。七情有著，俱谓之欲，俱为良知之蔽。（《传习录》卷下，九十条）

所谓七情，是指喜、怒、哀、惧、爱、恶、欲。　这些情欲，都是良知的作用。　但不是无条件地作为良知的作用，而被附加上"顺其自然之流行"这样的条件。　不是顺其自然流行而有所著（着）时，情欲就成为私欲，成为良知之蔽。

> 至善者,心之本体。本体上才过当些子,便是恶了。不是有一个善,却又有一个恶来相对也。故善恶只是一物。(同上,卷下,二十八条)

至善的心的本体，稍有些过当时，就成为恶。 善和恶本质上不是对立的二物，而是相对的东西。"善恶只是一物"这句话，就是这个意思。前一条材料以"著"与否，后一条材料以过与不及来说明善和恶。 说明的方法稍有差异，但认为善恶没有本质的差异，是相对的，不同则是两者共同的。 如把善恶作为本质不同的东西时，就成为有恶的情欲和善的情欲两种东西，这就不得不使善的情欲生自良知，而使恶的情欲生自良知以外的东西。 但王守仁那里，尽管有着附加的条件，但把整个的情欲都作为良知之用，主张心与性，理与气的一体，所以不可能像朱熹那样在心、气中寻求恶。 因此，尽管用善恶是相对之物来说明恶，但不可否认，在主张心即理、理气一体的良知说中，对恶的说明是困难的。

5．理、气和实践

理气一体和理气分离在理论的说明上，两者是不同的，而在实践方面，又如何反映呢？ 下面就想来看一看。

如首先从前一节中作为问题的两者对于情欲的态度来论述的话，朱熹把属于气的情欲和理对立的倾向很强。 但这未必意味是要否定情欲。 情欲在合于理之时，也是被肯定的。 而在另一方面，王守仁把情欲作为良知（即理）之用。 但这也不意味把所有的情欲作为良知之用而肯定。 而是严密地区别正当的情欲和并非如此者。 哪怕心中微有私欲之动，也一定要把它彻底地除去。 强调动机纯粹性的王守仁，决不是暧昧地来认识善恶。 主张理气一体、善恶一物的想法，并不是和暧昧地对待善恶相联系。 正因为如此，才继承了朱熹的"去人欲、存天理"的想法。 在不是无条件地肯定情欲、严格地区分其善恶这一点上，两者是近似的。

但是，朱熹否定把恻隐、羞恶、辞让、是非四端就那样地作为理，而把四端所以是那样的根据作为理。 把属于气的感情（即使是善的感情）和理加以区别。 由于善的感情只有在四端中才是那样，当然要与一般的情欲相区别。 在朱熹那样把性和情欲分别为理和气，把性作为形而上，情欲作为形而下的场合，与性相比，情欲往往被作为较低级的东西。 王守仁把四端作为属于气之物，作为良知运动。 即使对于情欲，也把它作为良知之用，不认为在情欲以外，有着至善的东西。 在这一点上可以说，理气一体就成为重视情欲。 这种对情欲的重视，和要在日常生活中应当发挥良知的实践倾向是密切相联的。 像朱熹那样区分理和气之时，情欲被作为低级的东西而受轻视，有着陷入观念的形式主义的可能性。 与此相反，浑然地认为理气一体时，产生轻易地肯定情欲的可能性就很强。 事实上，在王学左派中就出现了那样的弊端。

在朱熹的修养论中，穷理这种知性的修养法占有重要的位置。 与此相对，王守仁比起知性来，有着更强的重视人的意志感情的倾向。 认为人类不能做得正，不是因为不知道什么是正确，而是由于缺乏意志。 在回答"为了行孝难道没有必要学习也可称作孝行规范的细目吗？"这个问题时，认为，想要对亲人行孝纯粹是以心为主，如有其心，自然会知道孝的细目（《传习录》卷上，三条）。 由于把对亲人的孝心作为感情意志，所以知就可以从正确的感情意志中导出。 这样，与其说王守仁把行为的出发点是置于知性，不如说置于感情意志的倾向更强。 而这个感情意志，也是属于气。 知性倾向很强的朱熹与理深深地相联系，与此相对，行动性的王守仁则与气相联系。 但即使说是意志感情，那也不是全部的感情意志，而是伦理上正确的东西，所以比较正确地应当说，是和理气一体之物相联系吧。

《传习录》卷中，有《答顾东桥书》。 此书的内容是反驳朱子学的见解。 其中王守仁引用了舜不告双亲而娶妻、武王不葬父而举兵的例子，认为舜和武王都不是根据他人和书本，而是根据自己的良知来进行判断的。 舜、武王的传说可以讲是一种例外。 通过引用例外的传说，乃是为了强调我们面临事实所具有的特殊性、变动性，如用另一种说法，那就是强调不能对应被抽象、被一般化的行动规范的侧面。 在王守仁那里，伦理的正确性与各个不同场合个人的决断有关。 不是根据形式的行动规范来判断某人行动的善恶，而是根据所谓动机，根据行为的内容来判断。 只有在决断、动机中存在的正确性，而没有与主体关系分离的客观的正确性——这是王守仁的想法。 朱子学中穷理的理，是从具体的事例中抽象出共同的东西，使之一般化，作为一种客观的行动规范；与此相反，决断、动机，则是与一个个具体的时间和地点相联系的，与抽象化相反的东西。 王守仁是强调日常行为的特殊性、变动性的，而这些性质，比起具有法则性质的理来，是更近于气的性质的。

但像王守仁那样强调行为的特殊性、个别的判断根据状况而不同之时，就产生了伦理能不能成立这样的问题。 因为要使伦理成立，共同的基础是必要的。 王守仁把这共同的基础置于何处呢？ 在以竹园所作的譬喻中，把个别的判断的不同比作各种竹的枝叶的不同（同上，卷下，九十三条）。 枝叶的细小处虽各竹不同，但在竹的枝叶这一点上，大体还是相同的。 也就是说，尽管个别的判断不同，但作为是从同一良知中所出的，并没有什么妨碍，这就是竹子的譬喻中所要说明的。 在这里，良知被作为共同的基础。 这个良知是超越时间、地方而同一的，是不会因人而不同的普遍之物。 在王守仁那里，可以说伦理的普遍性的基础是建立在良知上的。 还有，良知是心，心则是区别人与他者的最独特的东西。 因此，良知是普遍性与个别性兼备之物。 其普遍性是理的属性，个别性则是气的属性。 因此也可以说，良知是理气一体之物。

结 语

气所意味的内容，朱熹和王守仁几乎是相同的，并没有与历来气的概念不同的王守仁独特之处。 与朱熹的差异不是气的意义，而是在气和理的关系上表现出来。 理和气的关系，王守仁在倡导良知说之前和之后有着差异。 在前期和朱熹的理气说相近，而到了后期，在良知中，理气则成为了一体之物。 理气一体是他对于气的代表性见解，但后期的理气关系也未必是一贯的。 根据问题的情况有所不同。 良知之用虽是属于气的，但有时却把气作为与良知相对立之物。 在关于自然界生成变化的气中，不是作为对立之物，而在气被称为情欲意味是身体之物时，或者理作为当有的形态，气意味着现实的形态之时，则与"理气一体"相异。 因为在现实的人间世界中存在着善恶，不能无条件地肯定气，它就变成与理有对立关系之物了。 像这样与恶的问题有关时，气的见解就发生了微妙的变化。 还有，在王守仁那里，一般恐怕并不像良知和理那样，把气作为中心问题来对待。 但这并不意味在王守仁那里气不受重视。 虽没有重视气的直接的表现，但从思想整体中导出重视气的倾向是可能的。 朱熹作为形而下之物与理区别的意志、感情这些心的运动，这种作为宇宙生命力的东西，在良知说中有着重要的作用。 而这些是属于气的。 在王守仁那里，心是根本。 其结果，是重视气。 而这里被重视的气，与其说是一般的气，不如说是理气一体的气。

二、王畿的气

王守仁殁后，王学分成了左派——良知现成派；右派——良知归寂派和正统派——良知修证派这三派。 归寂派、修证派这二派，近于朱子学，失去了作为王学的特征。 左派发展了王守仁晚年的思想而提倡现成良知，在明末的思想界中最为有力，成为了王守仁以后王学的主流。 右派中有罗洪先（念庵）、聂豹（双江）；在正统派中有钱德洪（绪山）、邹守益（东廓）、欧阳德（南野）。 而在成为主流的左派中，则有王畿（龙溪）、王艮（心斋）、罗汝芳（近溪）、李贽（卓吾）。 即使在王学左派中，大致也没有把气作为思想的中心问题。 这中间，作为王守仁的高足而有名的王畿（1498—1583）较为谈到气。 以下就想来看看在王畿那里的气。

1. 气和神

在理气哲学的完成者朱熹那里，理气以相对的形式频繁地被论及。 到王守仁，不像朱熹那样论及，但是把理和气联系起来加以考虑。 在王畿那里，也说：

> 理乘乎气，气承乎理，不可得而离也。（《王龙溪全集》卷八《孟子告子之学》）

把理和气大致作为一体之物，这似是继承了王守仁思想的文字。 但是，在论及理气关系时，除了下面这样的资料外，为数不多：

> 理是气之主宰，气是理之运用。（同上）

这和前面列举的王守仁所云"理者，气之条理；气者，理之运用"（《传习录》卷中，《答陆静原书》）几乎是相同的文字。 不同的只是"条理"成了"主宰"。 这句子中的理，从具有条理性质之物变化为主宰这种具有主体性作用之物。

> 人之所以为人，神与气而已矣。神为气之主宰，气为神之流行。（《王龙溪全集》卷十七《同泰伯交说》）

前一条资料中"理是气之主宰"而在这里，理被换成神。 在王畿那里，屡屡不是把理和气而是把神和气相对来作为问题。 神和气取代了理和气而受到重视，但是，神和气有着怎样的关系，是在怎样的关系上被使用的呢？

良知之主宰,即所谓神,良知之流行,即所谓气。(同上书,卷十五《书庐野永思卷后语》。译者按:此语出于《易测授张叔学篇》,引者误。)

神和气不是孤立之物,而是相对于良知的两个侧面而被命名的。 把与万事万物相对应作为主宰者的良知作为神,而把成为意志、感情、行为而显现的良知的作用作为气。

乾为心,心属神,所谓性也。坤为身,身属气,所谓命也。(同上,卷十六《书查子警卷》)

心、性属于神,身体、命属于气。 既有把两者作为对等之物的场合,也有把神置于气更上位的场合,而通常是把神置于上位。 但认为神和气都在良知中有着其根源则是一贯的。

吾儒致知,以神为主,养生家以气为主,戒慎恐惧,是存神功夫,神住则气自住。(同上,卷一《三山丽泽录》)

儒家和道家的不同,在于神和气中以何者为主。 儒家以神为主。 神是属于心和良知者,所以致知也就成了存神。 而这也就是复性。 神存,则气自会涵养。 与儒家以良知为出发点的情况相反,道家的养生始于气的涵养。 如从王畿的致良知的结果可使气得以涵养的立场来看,道家的养生是本末颠倒之物。 以上是关于神和气的考察,而下面,则想来看看气与良知的关系。

2. 良知和气

良知是人生灵气,医家以手足痿痹为不仁,盖言灵气有所不贯也。(同上书,卷四《东游会语》)

王守仁把良知作为理气一体之物，而说明良知时专用理来说明。 与此
相反，王畿不是用理而是用灵气来说明良知。

> 天地灵气，结而为心。（同上书，卷五《南雍诸友鸡鸣凭虚阁
> 会语》）

贯于天地的灵气，凝集为心者则是灵气。 灵气是贯于天地万物者，是
万物一体的根据。

理被换说成神，良知就变为不是用理而是用气来说明，这就显示了
良知所具有的伦理规范色彩的减弱，但并不是完全没有这方面的色彩。

> 天地灵气，非独圣人有之，人皆有之，今人乍见孺子入井，皆有怵
> 惕恻隐之心。（同上）

灵气的作用，就表现为怵惕怜悯之心。 在这里被认为是伦理性的东
西。 但不是合乎某种行动规范者，而是要让良知的作用就那样自然地
发挥。 这也不是不要用心，而是强调自然的作用这种状况。 像这样不
是要使之合乎规范，而是要重视自然状态的灵妙作用的想法中，气比理
更为适合，因此，良知就被用灵气来说明。

结 语

王守仁也有涉及"养生"、"元气、元神、元精"这种道家说教之
处。 可以说主张三教一致的王畿更加发展了王守仁道教的侧面。 这种
倾向在把神与气作为一体，把良知用气来说明的方面也有表现。 在说
神、气一体时的气，是对于良知的作用方面而言的，而在说天地灵气时
的气，则被认为是贯穿天地万物的实体。 这灵气，可以说是把王守仁
作为万物根源的一气的想法进一步发展更积极地加以主张的产物。

（上田弘毅）

第四章

清代思想中气的概念

第一节　戴震思想中的气
——气的哲学的完成

戴震（1723—1777），字东原，安徽省休宁县人。是清代中期著名的经学家，考证学的大家；而且作为杰出的思想家和哲学家而为人所知。

清代的考证学者一般是几乎不涉及哲学的（用当时他们的话来说是义理之学）。这就是说，在基本上，他们对于那些思想的乃至理论问题是淡漠的。因而在他们的著作和文集中涉及所谓义理问题的论述非常少。他们的学问所关心的不是义理问题，而是要阐明以经书为中心的古典。如说要阐明古典，当然要包含古典中丰富的思想，但在思想方面却不太被涉及，而是巨细不分地说明这以外的，尤其是古典中记载的所有事实。或者说，不是不关心思想方面，而是认为思想方面，也就是义理问题多被朱子学所包括，因而把精力专注于这以外的部分——这样说也许比较正确。

总之，对于思想问题、义理问题直接地加以关心，并大加论述的考证学者是很少的。 在这样的意义上，戴震是一个那种数量很少的例外的学者。 而且，他是在整个中国思想史中也极为少见的具有理论分析力和体系构成力的理论家。 还有，在作为理论的内容是反对朱子学而有着鲜明批判态度的特异哲学这一点上，戴震也是很具有特色的。

一、戴震的气的哲学的渊源

戴震的哲学理论的最大特点，就在于它是气的哲学这一点。 而他就是这种气的哲学的集大成者。 也就是说，戴震继王夫之、颜元、李塨、程廷祚（如只列举清初以来的人的话）之后，完成了他们的气的哲学理论。 戴震是否直接地接触过这些人的著作并受到影响尚不清楚。 胡适虽然推定戴震通过程廷祚而受到颜李学的影响，[1]但这也不是确定之事。 但程廷祚的哲学理论和戴震多有相似之处（与以前的气的哲学理论相比，程廷祚也最近于戴震），从这一点来说，虽存在着可把戴震视为继承发展了程廷祚哲学的可能性，但也没有可确定的根据。 还有，如试将颜元等与戴震相比，在气的哲学、欲望肯定论、对朱子学的批判等方面，尽管可以找到两者相同的要素，但两者治学的方法完全不同，很难设想颜元等的思想对戴震的影响。

追溯到王夫之以及他以前的思想家，戴震受到某人影响的可能性当然还是存在的，但这种继承或影响的关系也并不是清晰的。 但是，明代中期以来，确实存在着气的哲学的谱系，[2]戴震立于其顶点，完成了此理论，这也是明显的事实。

还有，如要说到影响的话，给予戴震思想形成以影响的，就不仅是上面所述的气的哲学者的思想，必须要考虑到，以戴震所说的"六经孔孟"为首，到戴震所反对的老庄和其他诸子思想，以及以程朱、王守仁为首的宋学、明学的各种思想都对戴震的思想以影响。 如在这样的意义上来说，对戴震思想的形成具有最大影响力的，恐怕就是朱熹，如要再加上一条的话，可以认为是朱熹和《孟子》。

二、戴震的气的理论

戴震把自然界的形态说成是"气化流行，生生不息"。 这是他乐于使用的表述（见《孟子字义疏证》第十六、第三十二条等）。所谓"气化流行，生生不息"，就是说气不停地翻卷运动，不断地产生物，而产生的东西则把生命持续下去（或者说，使之发展下去）。 说气翻卷运动产生物并使物的生命持续下去，是理气哲学一般的非常基本的想法，甚至可以说连朱熹和这样的想法也没有什么不同。

但是，朱熹决不采用这样的表述。 强调"气化流行、生生不息"，不只仅仅单纯是表明上述的想法，在这之上，还有强调气的运动的意义。 也就是看到不受理制约的气本身的运动，把不断的运动流行作为气的本质的特性，认为比起静止来运动方面有更大的价值；而且表明了极其尊重生命（再扩大一些来说，是尊重自然）这样的思想。 这和朱子学认为气的存在和运动必定是由理来规定；认为静比运动更为重要（"主静"说）；强调比起生命和自然来，存在着价值更高之物（理、理法、义理、道等等）等情况形成了显著的对照。 这确切地显示了气的哲学的基本特性。 像这样，把"气"置于宇宙所有存在的根柢上，因而尊重活动和生命（换句话说，是自然），这种倾向可以说贯穿于戴震的整个思想。

"气"作为戴震哲学的中核，是最为重要的概念，但关于这个"气"是什么，戴震本身也并没有什么说明。 可以认为，这是被视为即使不加以特别的说明也可以一开始便自明的东西。 也就是可以认为，在宋代以来的理气哲学中，关于气是什么，这是常识性的、可以共同理解的，戴震也依从之。 作为相当于"气"的其他词，戴震使用的有"阴阳"、"五行"、"阴阳五行"等，但这些也是普通的常识性的用词之例。只是似乎没有在朱熹那里可见的、把阴阳和五行说成是气和质、认为只在物的生成和存在阶段分别适用的想法。 还有，与气相关联，包括着气这个字的形气、气质、气禀等词，也是和朱熹那里使用方法并无改变地在使用着。 在此之际，不加以特别议论和说明而使用的原因，也是因为这并非宋学以来一般常识用语范围以外的东西。

总之，在戴震那里，"气"作为"阴阳"以及"五行"，它遍布宇宙，翻卷运动；所有之物都由气（也就是阴阳五行）构成形质（人则是肉体）。 如换一种说法，可以认为是由气（阴阳五行）分化而形成万物的。

由此而言，戴震说的气的概念，认为由气构成宇宙万物物质方面的基本想法与朱熹等相比，几乎没有变化。 但是，气在戴震的哲学理论体系中独被重视，如何用气来解释人的问题（尤其是人的性和情、欲等等），对气和理的关系如何考虑——在这些方面，则是很有其特征性的，关于这些方面的戴震的想法，可以说与朱熹的想法有着形成对照般的不同。

三、理和气——自然与必然

《易经·系辞传上》的"形而上者谓之道，形而下者谓之器"，"一阴一阳谓之道"这两句话，可以说宋代以来谈论性理问题的学者，恐怕是全都举出论述过。 关于这句话的解释，由于在朱子学中，把"道"理解为"理"，所以，前一句话可理解为："形而上者（形而上，就是超形态的世界、属于无形世界之物，无持形可能之物）为道；形而下者（属于有形的世界之物，有持形可能之物）为器（即个别的物体）。"关于后一句话，"一阴一阳"者，因为是和气的变化、运动有关系的状况，所以如从朱子学的立场来说，不能将此称为道（理），众所周知，朱熹采用程颐说，认为"所以一阴一阳道也"，增补的"所以"一词是不可缺的。 也就是说，一阴一阳的变化不是道，这种变化的根据，或者说原因才是道。 依从着道才会有一阴一阳的变化。

关于上举的前一句话，戴震把"形而上"作为"形以前"，"形而下"作为"形以后"的意义。 在气生成物时，气化流行（即阴阳五行翻卷运动）的阶段，因为处于有形物生成以前的无形的形态，所以这被作为"形而上"，而且"道"有着"行"的意义，因此"形而上者……"就有着"物成形以前气化流行的状态为道，与之相对，成形以后的状态为器"这样的意义。 关于后一句话，则认为"一阴一阳"即"气化流行"（而且是"生生不息"）这就是"道"，没有要增补"所以"这个词的余地。（以上见《孟子字义疏证》第十七条）

上述的朱熹和戴震之说作为对《系辞传》的解释，哪一个是正确的暂且不论，而这种解释的不同，确切地显示了两者哲学（尤其是关于"理气"的想法）的不同。

如看一下关于"形而上"、"形而下"的论述，则戴震所说的形而下自不必言，就是形而上者，如照朱熹的说法也是要归入形而下的。 朱熹说的形而上，即"理"的世界在戴震那里是没有的。 即使看看关于"一阴一阳"的论述，朱熹考虑的"所以"这种"理"的世界在戴震那里也是没有的。 也就是说，戴震考虑的，都是与物以及形相联系的气的世界，超越形和物的世界——对于朱熹哲学来说最为重要的部分——则是欠缺的。"理"这个概念，在戴震的哲学中虽也具有重要的意义而存在，但形而上的"理"，作为"所以"的理在戴震那里是没有的。

那么，如要说戴震的"理"是什么，则《孟子字义疏证》的开卷劈头就有着"理者，察之而几微必区以别之名也"这样一句似为"理"下定义的话。 这里有着"所谓理，是意味着在观察事物之时，到最细微之处都准确区分的词"这样的意义，进而又继续作了"是故谓之分理；在物之质，曰肌理，曰腠理，曰文理；得其分则有条不紊，谓之条理"这样的论述。

开头似定义那样的文字包含有较为难解的内容，这里暂不作探讨，总之，戴震所谓的"理"，可理解为是指分理，条理，秩序性，明晰性，准确无误的正确性等等内容。

戴震使用了"实体实事"和"纯粹中正"，以及"自然"和"必然"来作为相当于气和理的关系的词。 也就是把气，以及因气而成立的自然物，在现实中之物称之为"实体实事"或"自然"。 而作为"自然"

之物，皆有"失"（总之是某种缺陷），没有这种"失"的正确的状态称之为"纯粹中正"或"必然"。比如，情和欲，是生来就具备于身体中的心的作用，分别都是一种自然（实体实事），而感情表现方面的过度，不应发怒而发怒，或追求欲望的实现而伤害他人等等，就叫有"失"。因此，如没有这样的歪邪和偏颇，得其中正的情和欲能够发抒和实现的话，这就是情、欲的必然（纯粹中正），它只能存在于理得以实现的状况中。还有，说到"自然"，认为如把有失的自然就那样置放，反而会损坏这种自然，所以去其失，到达必然的状态，才能使自然完善，在此意义上，必然是自然的致极（或者是极则），强调自然和必然是一致的，并不存在自然以外的必然。

但是，戴震说的"必然"并不是普通所谓"必定成为那样"的意义。一般"必"这个副词有表示"必须……做""有……做的必要"的情况，这个"必然"在此也有"必须那样"的意味。因而，是和"当然"等相当接近的概念。然而，由于"当然"是朱子学的用语，而且这作为表示"理"的性质（虽不是全部）的词，所以，持反对朱子学立场的戴震就避免用"当然"而用"必然"了。

自然以外没有必然，这就是说，气以外没有理。如像朱熹那样把"理"作为具有"所以然"，"所当然"（尤其是"所以然"）的性质，那就无论如何也不能不把理作为与气不同的存在（据第二章《朱熹思想中的气》所述，朱熹虽也主张理气相互依存，相即不离，但最终认为理的存在是先于气）。而戴震完全不认为有规定气存在的理，如上所述，是把理作为称呼气（事物）"必须如此"、最理想最正确状态的名称。总之，理是作为气的某种状态的名称，所以理离开气就不能成立。完全认为气在先，理只有即气才存在。这就是之所以为"气的哲学"的原因。

四、性、情、欲和理气

朱熹认为人之"性"有理性（本然之性）和与气有关的性（气质之性）这样二种，而且建立了以前者为主的性论。如根据这种区分的话，戴震只把"气质之性"这方面作为性，"本然之性"则完全没进入戴震性论的余地。

关于性，戴震曰：

> 性者，分于阴阳五行以为血气、心知，品物，区以别焉。举凡既生以后所有之事，所具之能，所全之德，咸以是为其本。(《孟子字义疏证》第二十条)

所谓"性"，是一个个事物本来所具有的素质，它是从阴阳五行中分化出来而成为血气心知之物，由此而生成万物个性之物。这里说的性虽也包含人以外之物，但毫无疑问是以人性为主来考虑的。

总之，如上所述，根据戴震的说法，人性的实体是"血气心知"。这个词原来是据于《礼记·乐记》中所云"民有血气心知之性"，而所谓血气、心知概括而言就是肉体和心。关于血气和心知的关系，戴震本身并没有加以任何说明，但血气是由气（阴阳五行）所形成，心是血气的一部分，也许由于是极其特殊的部分，所以特地和血气并列的吧！还有，称为心知者——由于特别意识到知这种心的机能，因此"心知"不是"心的知"——还不如说是"具备知的心"之意吧！也就是说"心知"不是意味"知"的机能，而可理解为是指"心"这种器官。同样，在《礼记·乐记》中有"耳目鼻口、心知百体"这样的话，可知这里也是把"心知"作为和耳目鼻口等并列的器官。而且可以认为，"耳目……百体"所有都是相当于血气之物。

性的实体是血气、心知，说到血气、心知中固有的运动：血气的运动是情、欲；心知的运动则是知。这情、欲、知三者归根到底都是气的运动，而以上的"性"、"血气"、"心知"、"情、欲、知"如按戴震的区分，则都应作为"自然"、"实体实事"。如前所述，自然中存在之物必然有失。情之失是"偏"，欲之失是"私"，知之失是"蔽"（也有把情和欲一起讲成"情欲之失在私"的场合）。这所谓的"私"，就是利

443

己性，也可说是只为了实现自己的欲望而不顾及他人的欲望；所谓"蔽"，可以说是认识和判断上有误，不正确。

去"私"之失（去失——这是他的说法），必须要靠"恕"或者"絜"（《大学》中称"絜矩之道"）；为此，还必须要"节"欲。而没有"私"之失的状态（也就是得到"理"的状态）就是不仅使自己的欲望，也使他人的欲望同样得以满足（以这样的想法为前提，戴震认为所有的人的欲望是同样的——比如，所有的人都追求生存而恐惧死亡等等。把这一点在此附带说明一下还是必要的吧！）

还有，他认为，欲望的满足，在"私"的状态，在破坏、不顾及他人之欲的场合，就是"不仁"；而在去私，在自己和他人之欲同样可满足，实现了理的场合，就是"仁"。这也就肯定达成了"善"。在这样的场合，为了节欲，去私，达成善，戴震就特别强调"知"（情、欲、知的"知"）的必要。而且认为人之所以为人，就在于具有"知"这一点。

但是，"知"也有"蔽"之失。他认为要去蔽（解蔽——这是《荀子》的用语，他也使用），就要靠"学"。而如果没有蔽，正确无误的认识和判断就可实现，这就是"神明"，而如果是这样，也就得到了关于知的"理"。

如上所述，人基于"自然"之性，可以达到至善，实现"理"，具有杰出的素质。在这样的意义上，人性是善的——这就是戴震的性善说。由于认为性是"自然"，本来是有失的，所以就和朱熹所认为的性本来是纯粹至善的性善说大相径庭。在朱熹那里，认为"性即理"，仁义礼智这种完善的德，即所谓德性是人生来就具有的，所以人在修养、学问上的努力就具有回复到这种性之初（复性、复初）的意义；而在戴震那里，认为生来所具有的那就是性，作为出发点的性决不是完善的东西，所以把善和理作为与性、欲这种"自然"相对的"必然"，因此它是处在人的努力最终可达到之点的东西。这样，在戴震的性说中，人性虽是生来就有，但不能说就是善。他强调在知达到最高度的神明，由这种明知引导，情欲得以最正确地抒发时，才实现完全的善。因

444

此，性本来不是善，而是有着到达至善的可能性，具有可以实现善的杰出的能力，这样，才认为"性，善也"。 应当说这是不完全的性善说，然而限于只以气来解说性，所持的性善说成为这样的形态也确是必然的结果。

在朱熹那里，"本然之性"是万人同一的（都是纯粹至善），人性的个人差别被归之于气质的不同；而在戴震那里，作为只以气来论述性的必然结果，就认为人性本来决不是均一的，而是由于每个人所受之气的偏全、厚薄、清浊、昏明等的差异，产生了种种的不同。 即使性有着个人间的差别，但所有的物都分为类（如人类、犬类等），同类者是相似的，所以其差别不是像与其他类不同那样的很大的差别。 在这样的意义上，人性与人以外的物性是不同的，它有着特别杰出之处（尤其是具有"知"这一点），"性善"就是说"人性善"。《论语·阳货篇》的"性相近"，是说人和人同类相似；而关于"上知与下愚不移"，他认为，知愚和善恶是不同的问题，知愚只不过是单纯的程度的差别，即使愚也不妨碍性为善。 下愚不能移为上知，这一点使戴震的性善说难以自圆，对此，他提出，《论语》中的"不移"不是说"不可移"，认为虽有移的可能性，但不努力学习，所以在实际上是不移。

五、情欲肯定论——欲和理

在朱子学中，虽不认为情和欲完全都是恶，不是要主张完全地抹杀情欲，但由于认为情欲是恶的根源，不能否认有着很强的否定情欲的倾向。 这在朱熹一章中已作了论述。"存天理去人欲"的主张，也是把"人欲"作为恶的欲望，即意味着私欲的词，虽说"去人欲"未必就是否定欲望，但"存天理去人欲"的主张，很大程度正是情欲否定论。戴震对朱熹把理和情欲作为对立之物，讲求"无欲"的主张进行了非难和抨击。 戴震对朱熹欲望观的这种评价，有把朱熹过分推向欲望否定论之嫌，并不完全妥当。

根据戴震以气的哲学为基础的性论，血气、心知也好，作为其运动

445

的情、欲、知也好，都是性，都被认为是性中本来固有之物。 如否定
情欲的话，性本来就不会成立。 情欲中有私，情欲如有私的话，就陷
入不仁之恶。 也就是说，在戴震那里，情欲也可以成为恶的根源。 但
是，情欲同时也是仁即善的根源，如没有情欲的话，在没有了不仁
（恶）的同时，仁（善）也不会成立——这一点是戴震所强调的。 这
样，就如前所述确立了比起恶的可能性来更重视善的可能性的性善说。
还有，戴震强调，欲望与生命的维持和保全有着关系，在此意义上，对
于人是不可缺的。 而且如上所云，认为理和善只有基于情欲方可成
立，所以情欲决不应当抑制，而应当大大地抒张，积极地予以肯定。

戴震从这样的情欲肯定论的立场出发，自然要对朱子学对立地看待
理和欲的情欲观进行攻击，对朱子学情欲观的攻击，戴震有如下的说
法：世间一般是"尊者、长者（年长者）、贵者"，总之，是高贵者，有
权者，站在强者立场的人宣扬理，来责备"卑者、幼者、贱者"，即卑
下者，无力者，站在弱者立场的人们。 在这样的场合，实际上只不过
是他们随心所欲的独断的意见。 即使在没有任何理的场合，高贵者、
强者也把这称作为理，以这种理作借口来对卑下者、弱者时，就把即使
对不正当的理也要依从作为"顺"。 因此作为卑下者、弱者，就只能依
从这种无理的要求，即使想要用正当的理与之对抗，也不会被认为是
理，还会被视作"逆"的行为而受到非难。 卑下者、弱者这种"饥寒呼
号"、"男女哀怨"的人的情欲，被理所压杀，而另一方面还要被扣上无
限的罪名。 甚至有"人死于法犹有怜之者，死于理，其谁怜之？"这样
极切的论述（《孟子字义疏证》第十条）。

产生上述那种社会毒害的根本原因，他认为是从宋儒（当然是认为
以朱熹为中心）把理作为一种存在物，把它作为由天所授而宿于人心的
想法中产生出来的。 由于那样认识理，因此就固执地相信自己独断的
意见也是从心之理中所出，是合于理的，并把这强加于人。 还有，认
为宋儒受老庄思想和佛教的影响，采纳这些学说来解释儒家的经书（六
经、孔、孟），所以才会形成上述那样对理的理解。 这样，宋儒关于

446

"理"以及"理和欲"的想法，就引起了蹂躏压制世间人情欲的毒害。就是说其谬误不仅是在学说的范围内，还波及了社会生活和政治的领域（正如《孟子》所云："生于其心，害于其政；发于其政，害于其事"）。关于情欲观的议论，当然要涉及社会和政治问题，这里的看法可理解为具有对作为官方学术的朱子学的作用从正面加以批判的意义。

从罗钦顺、湛若水等开始的气的哲学的整个谱系中，气的哲学者未必就是情欲肯定论者，但持"气的哲学"立场的人中间，情欲肯定论者较多则是事实。还必须注意，在气的哲学完成者戴震那里，表现出了非常明显的情欲肯定论。在探讨戴震哲学理论体系时，可以看到，由于他只用气来解释性，就把情欲视为性中固有的本质的东西，这就必须肯定情欲——这是非常合乎情理的发展，所以可以说，气的哲学的立场本来就有着必须采取情欲肯定论立场的理论上的必然性。站在气的哲学的立场，而不采纳情欲肯定论，则是理论上欠彻底的结果。虽然，在不采纳性善说的场合，情况稍有不同，但即使在那样的场合，必须把情欲视为性中固有之物这一点也是没有例外的。

至于肯定情欲的主张是否必须像戴震那样与对朱子学的批判乃至与社会批判联系起来，这倒不一定如此。但是，积极的情欲肯定论的主张必然具有某些与朱子学相反的东西。气的哲学论者，多少有些差别，但都在某些点上批判了朱子学。在戴震那里，它在理和情欲这个重大的关键点上表现了出来，而且采纳了一种社会批判的形式，使它成为非常有特征性的表现方式。朱子学作为官方的学术，是具有规制一般人士精神生活的实质性力量的学问，在这样的意义上，上述最后一点就具有特别引人注目的价值。总之，气的哲学在它发展的顶点，就成为了这样的形态。

六、客 观 主 义

王学讲求在自己的心中寻求理。这也就是要求不是尊崇知性的认识，而是通过实践行为来实现理。这种寻求的方法，确是主观性的。

朱子学中则讲求格物穷理。 理存在于事物之中，要求知性地来认识理，所以这种寻求理的方法是客观的。 但同时又认为心是具有众理、应于万事之物。 由于心由与万物共通的气构成，心中的理在根本上与万事万物之理是一理，因此，认为心可以认识万事万物之理。 戴震认为，在讲"心具众理"（比如《孟子·尽心上》第一条集注）时的理和讲"性则心之所具之理"（同上）时的理是否完全相同，是很难明确的，而特别提出"理具于心"这一点上，对朱熹进行了非难。 在戴震的气的哲学中，完全没有理在心中，它与理的认识和实现有关系那样的想法，由于他明确地讲"理在事物"（《孟子字义疏证》第六条），所以寻求理就在于客观，这是非常彻底的。

如前所述，戴震认为，情欲之理，就是不仅使自己的情欲，也使他人的情欲得以满足；也就是使天下之人同达于情同遂于所欲时实现之理。 达于情，遂于欲的本身，是极其个人的、主观的事，但不仅要这种个人的、主观的满足，而要把使普遍的、客观的情欲的满足作为理想。 在知性的理的认识中，他也引用了《孟子·告子上》的"心之所同然者，谓理也，义也"，认为如把"同然者"作为理，那么，未"同然"者就不是理，只不过是"意见"。 还有，这所谓的"同然"，不是一个人说"然"，而是指天下万世之人都认为"是不可易也（即绝对正确）"。 （见《孟子字义疏证》第四条）由于把没有任何错误的、正确的认识、判断作为关于知的理，而这种正确性的判断的基准，是要在万人俱认为"然"的普遍性承认中求得，也就是采取了明确的客观主义的立场。

这和戴震作为经学领域中被称为考证学的学问大家，尤其是作为关于考证学方法的理论家，主张根据确实客观的证据来导出没有误讹的结论的实证方法有着很大的关系。

在侯外庐编的《中国思想通史》等书中，对被作为唯物主义者的戴震，一般给予高的评价，但如与王夫之、颜元等相比，评价就显得低了，这主要是由于如下两点：第一，戴震的思想缺乏像王夫之那样的

"变化、发展"的想法；第二，在戴震那里没有像颜元那样的"实践"的契机，是"直观"性的。评价的高低，由于是根据这样的评价标准，今天在此就不想涉及了，而戴震那里缺乏"变化、发展"的观点和"实践"的要素，则是事实。

关于上面所说的第一点，比如对六经孔孟的理解，尽管有着追寻这以后汉儒的解释、魏晋南北朝的解释、宋儒的解释等时代的变化的情况，但并不是把这种解释的变化从思想史、学术史上来理解，只是以能否得六经孔孟之真这样的尺度来分析。而作为领会六经孔孟之真的方法，是从整个六经孔孟字义的一贯性开始着手进行（当然，不仅仅是如此），一下子就把经书和自己联系了起来。侯外庐等指出的不是这一点，这里所举，是我理解的例子。还有，在戴震广泛的学问研究领域中缺乏史学（虽有地理沿革等研究），这也是他学问的一个特色。总之，气的哲学中，可认为运动、变化、发展等，本来是应当附随在一起的重要的事情，缺乏这样的观点的事实，也许可以视为在戴震那里，作为气的哲学，也还残留着欠缺之处。

关于第二点，戴震那里的确缺乏实践的要素。在关于知和行方面，他认为知如不正确，行就会错误，就会产生危害，首先强调的也还是"知"的重要。他明确说："重行不先重知，非圣学也"（《孟子字义疏证》第四十三条），虽然必须要重行，但还是把知放在更优先的地位。在"去失"的努力方面，为了去情欲之私，戴震那里没有试图进行"恕"、"絜"等那种修养努力的形迹。在"学"方面大加努力是确实的，但这不是为了要解除"知之失"的"蔽"而进行修养的努力，而是专门学问研究上的努力，和所谓的实践（行）没有关系。还有在理和欲的论述方面，其论调虽非常激烈，却看不到为解决社会矛盾而进行实践努力的迹象。在缺乏主体性实践契机的意义上，戴震也可说是相当倾向于客观主义的。

清代的考据学就其基本性格而言，和与实践（尤其是修养的实践）深有关系的宋明理学是不同的，是在与那种实践相脱离的情况下成立的。 它是客观地、实证地追寻以经书为首的古文献记载中事实的学问。 关于气的哲学是否必然地与这种客观主义或考证学相联系，由于不是那样的例子很多，还不能如此简单地断定，但是，因为气的哲学把基于气的客观世界的存在作为前提，而来寻求被认为是合乎此客观世界的理的情况是很普通的，所以可以说，成为客观主义是合乎情理的结果。 阿部吉雄氏把江户时代的日本儒学分为主理派和主气派，指出，主理派（理的哲学）多是讲求义理，与此相反，主气派（气的哲学）博学的倾向则很强[3]，可以说这也是合乎情理的结果。 虽不能把"气的哲学"和考证学直接地联系起来，但气的哲学作为论证考证学的哲学也不是不适当的。 关于这一点，清末最后一位考证学者王国维（1877—1927）说道：戴震（以及可以称之为他哲学继承者阮元）的思想，代表了国朝汉学派（清代考证学派）一般的思想，也代表了我国国人的一般思想（《静庵文集·国朝汉学派戴阮二家之哲学说》），这一论述是很有代表性的。

（山井涌）

第二节　桐城派中的气
——以诗文论为中心

序：文人的教养——文化帝国中的文学和政治

与桐城派诗文论中的"气"论这一本文的主题相关联，在这篇序中，首先想从"优种选举原则"这一观点来说明在旧中国（以下略称为中国）诗文和政治有着密切的关系；接下去，想阐明以诗文为中心的中国"文学"观的普遍性；以作为本论的开场白。 序章本身虽和"气"论没有直接的关联，但可以从整体的状况中来把握中国诗文的形态。

中世纪欧洲教会的法学者认为："最终的决定者不是'数量'，而是根据在其之上的'质'的判定。"这种质的概念就是"健全性"（Sanitas），他们断定，在司教和院长的选举中，"健全性当由优者决定，而不是由多数者决定"，"票是不算数的，倒是应当估量重要性"。事实上的居上位者的专断被用"健全性"这种宗教的、神秘的概念掩盖了起来。这被称为"优秀决定原理"（Saniorität prinzip）。[4]

中世纪欧洲的基督教王国和官僚制度完备的宋代以后的中华帝国，从表面上看，这种支配原理是极为相似的。马克斯·韦伯早就指出，担负着家产官僚制度的中国士人威信的源泉，在于这些文人的教养。他们不是官僚组织运营方面熟练的专家，而是具有古典教养的，把教养贵族仪态的程度作为最高德性来尊重的外行。[5]这些文人的教养就是（1）四书五经全文，约四十五万字的全部背诵；（2）通晓历史，在内容、文体方面能作出优秀策论的能力；（3）作诗赋的能力，这三点既是起点，也是终结。虽把科举称为选举，而在中国，就是以上述的三种能力为基准，在整个广阔的中华帝国疆域内来"选举"官僚的。

如用欧洲中世纪教会法学者们的说法，中国统治阶层的"选举"就是把作为上述的三个条件的"文的重要性"作为质的概念，是和"诗文当由优者决定，而不是由无文的多数者决定"这样的原则相联系的。这和我们今天说的选举性质完全不同，这种"重文"的特殊的中国"选举"法，可暂称为"优种选举原则"。所谓"种"，不用说，就是《史记·陈涉世家》中"王侯将相宁有种乎？"的种。中国的统治阶层之所以具有统治阶层的资格，优种之所以具有优种的资格，就在于这种教养资格。上述的三种教养的内容，和作为被选举的三个必要条件——经义、策论、诗赋完全相对应，无文的一般大众事实上被剥夺了被选举的权利。这样，会做诗文的能力就成了社会威信的源泉。"优种"不仅靠诗文（即学问）来接近权力，而且诗文、学问也成了权力的表象。[6]

如上所述，统治阶层的"选举"是采用诗文。与此相对应，在中国，文学的中心也就在于诗文——这是众所周知的。[7]文是根据其文体和典雅的程度来定义的，而这里的文，通常被称为古文，它从唐代韩愈提倡开始到被五四文化革命运动所否定为止，历时一千年以上，尽管有曲折，但总之它是主流。这种古文的内容根据姚鼐所说可分为十三项，根据曾国藩说则可分为十一项，[8]而不论根据何者，都是从皇帝和官僚的政治论、经济论、学问论等开始，到关于自然景物、建筑物、书画等的记述，或墓志铭、碑、传记、书简、送别之辞等，几乎包括了各种人事。

中国的文学状况，和古代希腊、罗马以诗和戏剧为中心，兼及用散文写就的历史、传说、传记、裁判所中的辩论、哲学著作、书简等，而不包括虚构的故事的状况相同；也和 17 世纪、18 世纪法兰西（包括德意志）把用散文写的戏剧，学问的方法论，哲学的护教论，神学的辩论，僧侣的说教，政治家的回忆录，世界历史，母亲给女儿的信等涉及所有话题的散文形式作为文学的倾向大致相同。这种状态据加藤周一氏所云，包括古典希腊、罗马、中国，17 世纪、18 世纪法、德这三者，可恰当地称之为"中法"型的文学概念。[9]而决定文学的质的，是文体（或散文）的质，正如在法国把所有用杰出的法语写的文章都作为文学那样，这一点在中国也完全是类似的。

中国的诗文，正如已经说过的那样，是旧中国价值体系基础的形式化，具有一方面是创立"优种"，另一方面是作为"纯"文学这样两种机能。以下的论述中，想具体地考察这种诗文两重性（政治性和文学性）的状况，及与"气"论有怎样的关联。

一、诗文论中"气"的发展
——孟轲、曹丕、刘勰、朱熹等场合

在进入"清代桐城派的诗文论中的'气'论"这一本文的中心问题以前，在这里作为预备性的考察，想对诗文论中传统的"气"论，它的古典事例进行若干探讨。

把诗文论和"气"的关联从正面提出加以论述的，限于管见所及，是非常少的，其中杨增华《从"养气"说到"风骨"——中国古代文学

理论批评中作家的个性和作风问题》一文[10]值得注意。 下面想把对我们的论述是必要的部分概括地予以介绍，以导入这预备性的考察。

中国的古代，最初把"气"作为哲学上的概念提出的，是道家，尤其是齐稷下的宋钘、尹喜学派。 他们从云气、地气、气息中提出了"气"的概念，把"气"作为天地万物的本原，理解为是存在于自然界和人体内的一种物质性的东西。 认为人的生命也是从这种"气"的精华（气之精）中产生，体内这种"精气"充溢，则人的思维（思）、知惠（知）也就必然旺盛（以上宋、尹的气论系根据《管子·内业篇》）。 这种哲学理论也就是文学理论中"养气"说的滥觞，给予后来的作家和批评家以很大的影响。

最早把这种"养气"说援用到文学批评和文学创作方面的，是儒家的孟轲。《孟子·公孙丑上》有名的"浩然之气"章的逻辑，据杨增华所说，是沿袭了宋、尹的"气"和"思"的理论，把它改说成"气"和"志"的关系，进而以儒家的仁义之说来加以粉饰。 孟轲"养气"说的目的，是提高个人的道德修养，追求意志和思想的涵养，因为作家才思修养的高下被认为直接与作家的文学创作和鉴赏能力的高下有着关系。

继承孟轲这种"养气"说，尤其是"气"论，构想了独特文章论的是魏文帝曹丕（187—226）。 在《典论·论文》中，所谓"文以气为主"的"气"，就是"文气"，即文章的风格，接下去"气之清浊有体，不可强力而致"的"气"，是指作家的气质、个性。 总之，曹丕的看法是，作家的个性气质（"气"），决定文章的风格（"气"）。 杨增华将此称为"文气说"。 曹丕的"文气"说进而被刘勰（464—520）所继承，作为"风骨论"而更加精练了。 以上是杨增华文章的骨架。 李树尔《论风骨》一文，与杨增华同样地追溯了从孟轲、曹丕到刘勰的文章论中的"气"论，论述了风骨的根本在于"气"。

据郭绍虞《中国文学批评史》所云，刘勰《文心雕龙》中有三种"气"的用法，《体性篇》的"气"是才气；《风骨篇》的"气"，近于语气、语势；而《养气篇》的"气"，近于"神"，即大家熟悉的神气[11]。

才气、语气可以自明，所以想就"神"作若干说明。 所谓"神"，在
《易经》中有曰："阴阳不测之谓神"，是作为表达自然运动灵妙性之
词，而进一步是指可领会得到宇宙自然规律的优秀之人的灵妙的心的运
动。 因此，这里的"气"似也可理解为被对象所触发而产生的作家的
灵感吧!

下面，时代上稍有跳跃，想简单地涉及一下朱熹（1130—1200）的
诗文论。 因为桐城派原本就信奉程朱之学，因此，先明确一下朱熹诗
文论的轮廓，也不能说是多余的吧! 首先，根据《诗经集传》，来探求
一下他的诗论的逻辑，大致如下：人静的天性被在这以外的对象所触发
而动，这就是性之欲。 由欲而生思，生言。 咨嗟咏叹产生出自然的音
响节族，这就产生了诗。 但人心所感有正邪是非。《诗经》中的诗并非
全都"思无邪"。 因此，读诗者必须看到教训，为政者则必须看到劝善
惩恶之意。 如朱熹的诗论(《诗经》论)可概括为上述那样的话，在这里
就很容易可以看到他的哲学（广义的理气论）在诗论方面的应用。 也
就是上述的逻辑也可以像下面那样理解：人的静的天性(见《礼记·乐
记》)是本然之性宿于气质（肉体）之中者。 与此相对，通过气质而发
现的人性是气质之性，构成气质的气有着清浊精粗的各种差异，由此而
产生贤愚的差别。 因此，诗中也必然会有邪有正。 也就是说，以朱熹
的人性论为基础，就会导向诗的内容和评价的多样性。 正因为如此，
就像要除去基于气质的情和欲以存天理那样，在诗论中首先也要求作
者，其次是读者正心，并摒斥淫奔之诗。 这样，这种判断正邪的基准
与其是在于人类自然声音的发露，不如说是在于在政治、社会方面占统
治地位的价值体系。

此外，文章论方面也同样回溯一下理论的发展。 把周敦颐"文所
以载道者"(《通书·文辞》)的思想加以推衍，认为文与道的关系和车与
其所载之物的关系是相同的，不载物的车和不载道的文都是没有用的，
提出"文章皆从道中流出"(《朱子语类》卷八)。 也就是说，不能明道的
诗文，对于朱熹只不过是虚饰，他的诗文论归根到底，就是认为诗文必

须从属于道德和政治。

上述从孟轲—曹丕—刘勰这一系统得以明确的诗文论中的"气"说，就是认为首先要把"气"作为构成天地万物的原理，而"气之精"宿于人，如其充溢的话，"思"、"知"这种人的精神活动（也包括诗文）就变得更为活跃。换句话说，把个人资质（"气质"，即才能）的高下，或者动"神"之"气"（由杰出的构思和直感支撑着的作家的创作冲动）在"语气"（语势）中的表达，是那种诗文论的根本所在。因此可以说，诗文论中的"气"说是以研究作家"气"（才能）的作家论和以研究包括表达、形式的风格（即文气）、语气（语势）的文体论为中心的。但是随着道学的确立，在上述的作家论、文体论以外（比如在朱熹那里可看到的），诗文的政治效用问题被强调起来。在那里，艺术的至上性问题，创作的想象力问题，写实性和虚构性的问题等等都没有被论及。也就是说，在中国，文艺、艺术论原则上只不过是形成体制的程朱学的"侍女"，恐怕这一状况在我们考察桐城派诗文论中的"气"时，也会成为极其重要的一个角度吧！

二、义法和气——方苞

经过以上预备的考察，我们可以进入到作为正论的桐城派诗文论中的"气"论了。只是在这之前，我想有必要对桐城派的情况作若干说明。下面，首先想略述桐城派这个文学派别是怎样产生的；接下去，则想言及作为其鼻祖的方苞的诗文论中的"气"。

"桐城"这个词的形成状况，姚鼐的《刘海峰先生八十寿序》中有很好的说明：

> 曩者鼐在京师，歙县程吏部、历城周编修语曰，为文章者有所法而后能有所变，而后大雅。盛清治迈前古千百，独士能为古文者未广，昔有方侍郎，今有刘先生，天下文章，其出于桐城乎？（《惜抱轩文集》卷八）

三人谈话之时，恐怕是在乾隆三十年（1765）吧！ 此时姚鼐34岁，两年前刚成进士，程晋芳47岁，周永年35岁。 可以很容易地想象，在天下秀才猬集的京师，充满活力的这三个人的意气恐怕是高昂的，谈话偶尔从古文涉及安徽省桐城县出身的方苞、刘大櫆时，程、周二人对与方、刘二人同县的姚说，如君有大成就的话，天下的文章就皆出于桐城啰！以对作为新科进士的姚进行鼓励——这就是上述姚鼐一文的真相吧！

但是，根据这话当然不能马上推衍成桐城派这个名称。 这完全只不过是朋友间的戏言，这段话为一般人所知，桐城派这个称呼变得有名，是由于上面所引的写于乾隆三十年的姚鼐的那篇文章。 进一步认为有着方苞、刘大櫆、姚鼐这样桐城派的谱系，把他们确定为桐城三祖的，是方东树的《书惜抱先生墓志后》（见《仪卫轩文集》卷六）。 方东树绝口称赞方苞学殖深，其文厚重，为地之德；刘大櫆才情优，其文若风云，为天之德；而姚鼐博识，其文清精，为人之德。 认为继承唐宋八大家者，非此三人莫属，确定了桐城古文的谱系。 姚鼐没于惜抱轩是在嘉庆二十年（1815），时代已进入了19世纪。 从上面的叙述中，可以明确桐城派的成立及其谱系的简况。 而下面的论述则想阐明桐城派的理念、思想以及待研究的"气"论。

已经说过，桐城派的开山之祖被认为是方苞。[12]现在想来探讨在他的诗文论中，"气"的概念怎样被运用，占有着怎样的位置及与已经谈到的传统的诗文论中的"气"有怎样的关系。

方苞主张的核心在于他的"古文义法"。 他说的古文不是《太史公自序》中说的古文。 韩愈把与当时流行的骈俪之文相对的先秦两汉之文称为古文，欧阳修、曾巩等继承了韩愈之说，形成了唐宋古文八大家。 方苞沿袭了这样的传统，直接而言，要尊崇韩愈、欧阳修之文；在原理上，则主张"六经、《语》、《孟》，其根源也"要从《左传》、《史记》求其义法。 （《集外文》卷四《古文约选序例》）

而关于义法，方苞有如下的说法：所谓义，就是《易经·家人卦》的"言有物"（说得真实）；所谓法，就是《艮卦》的"言有序"（说得有

秩序）。 义为纵，法为横，以此为始，以成文体。（《望溪文集》卷二
《又书货殖传后》）仅从这说明可能颇难以理解，总之，义可以认为是文
的思想内容的理法，也就是说以《春秋》、《史记》的义（可见《史记十二
诸侯表序》）为根底，而不违反程朱之义理。 法是文外在的形式的法
则，也就是说以唐宋八大家古文之法为宗。

　　方苞所谓古文的义法，大致如上所述。 那么，这义法和诗文论中
的"气"有怎样的关联呢?《集外文》卷二《进四书文选表》的凡例中，
有关于这个问题的概括得比较好的文字。 其大略如下:

> 文之清真者,惟其理之"是"而已;文之古雅者,惟其辞之"是"而
> 已。而依于理以达乎其词者,则存乎气。气也者,各称其资材,而视
> 所学之浅深以为充欠者也。欲理之明,必溯六经,而切究乎宋、元诸
> 儒之说;欲辞之当,必贴合题义,取材于三代、两汉之书;欲气之昌,必
> 以义理洒濯其心,而沈潜反复于周、秦、盛汉、唐、宋大家之古文。*

作为方苞诗文论中心概念的义法和"气"的关系，不仅可以这样说明，
如用比文字更明快的简略图示的话，就成为如下的状况:

这里特别应当注意之处，第一，是把"理"和文章的清澈性、纯洁性置
于等同地位。 也就是说，朱熹理气论中的理被文章的清真性这种形象
象征化了，失去了所以然、所当然等等的哲学意义。 第二，"气"比起
作为形成物的原质这种哲学意义来，不如说更确切地意味着"资材"，
即人的资质。 总之，在这里，朱熹定义的哲学意味大为减少了，只是

---

　　*　原引与方氏原文略有出入，此据原文摘录。 ——译者注

在把"理"和"气"对照，借用理气论的框架时，才稍可见到哲学性理气论的残渣。

朱熹原来的理气哲学，从人性论开始直到宇宙论，是想要解释世界的构造。因此，朱熹直接在评价、解释和世界构造没有关系的文艺作品时，他只关注自己的哲学思维，而未能马上以理气论来解释诗文。但是，把"理"和人性，把"气"和情相联系的人性论的基本构造，就为以后的儒学者留下了一是被以"气"为基轴的传统的作家论（比如六朝时期），一是被以义理为基轴、意味论性质的文体论所引用的余地。像这样把某种学问的哲学性稀释，使其合理的思维广泛地适用于世俗的诸种现象，比照宗教的"世俗化"[13]（Secularization）概念，在这里也可相应地称作为哲学的"世俗化"概念。上面所引用的方苞的文章论，在此意义上，就显示了宋学的哲学理论世俗化的一种形式。恐怕除了死硬的道学者的哲学论，像这样的世俗化现象在我们下面的论述中还会频频出现。

三、神气音节说和"气"

刘大櫆[14]由于他很高的文名，由于他把方苞的古文义法传给了姚鼐，因而占有了桐城派三祖的中间位置。但正如章炳麟严加评论的那样：

> 桐城派所称刘大櫆,殊无足取,他们竟以他是姚的先生,并且是桐城人,就凭意气收容了。(《国学概论》。译者按,见第四章)

认为他文"清宕"但学识不深，也有把方苞——姚鼐作为谱系而把刘大櫆排除在外的情况（姜书阁《桐城文派评述》）。一反这种通常说法，对刘大櫆甚加评价，始于郭绍虞的《中国文学批评史》。据其所云，刘大櫆起到了把方苞的义法进一步具体化并转给了姚鼐这样重要的作用。

我们探讨刘大櫆文章论中的"气"论，想先谈神气说，其次是音节说，最后是字句说。他的文章论，详见于《论文偶记》(《孙敏堂丛书》所收)。这是一篇总共八页的小论文，下面的引文皆据于此。

这里所说的"神气说"和曹丕、苏辙的"文章气为首"之说以及文章以理为第一的俗儒之说不同，而是假以来称呼刘大櫆所主张的"行为之道，神为主，气辅之"之说。已经说过，"神"、"气"的概念在刘勰那里也可以看到。刘大櫆援用之而作了"神者气之主，气者神之用"这样的规定。所谓"神"是赋予人类的灵妙的精神运动这虽没有变化，但承受了这种天赋的灵感，把它表现为浩瀚、飘逸、高奇、静谧的则是"气"。也就是说，把"神"这种莫测的东西变换为可以把握的概念的关键，就是"气"。可以注意到，这个"气"虽然近于朱熹说的"志"(在心发动的这方面)，但是朱熹的理气哲学中"气"的意义则非常淡薄，不如说是沿袭了曹丕、刘勰之流的，道学确立以前的古典的用法。这样说的话，这里的"神气"可以说是把某瞬间的闪现以具体的影像描述出来的心理过程。曹丕、刘勰、苏辙等"神"、"气"概念的重点是在以才气闪现为中心的诗人的天资气质，倾向于天才论，与此相对，刘大櫆是把在闪现中印象变化的整个心理过程作为问题来研究，而这一点就导出了下面的音节、字句说。

他说"盖音节者，神气之迹也"，神气首先表现为音节，也就是格调的高低。所以说"神气不可见，于音节见之"，因为"音节高则神气必高"，这反过来也是成立的。这样，刘大櫆就叫弟子们在熟读高吟老师方苞指定的古人优秀文章时，要读出并感受到音节(即"神气")的高低。"神气"这种无从把握的抽象概念，由于导入了音节说而一举变为具体了。

不仅如此，刘大櫆还进一步论述道："字句为音节之矩"，"音节无可准，以字句准之"。他的说明是这样的：

> 一句之中，或多一字，或少一字；一字之中，或用平声，或用仄声；同一平字仄字，或用阴平、阳平、上声、去声、入声，则音节迥异。

这就是他字句说的大略。

从以上神气、音节、字句这样一组的说明中，我们对他在"神气者，文之最精处也；音节者，文之稍粗处也；字句者，文之最粗处也"这句话中所说的"精处"、"粗处"这些词的意义也就可以明白了吧！"精处"就是抽象的玄妙处之意，"粗处"就是如字句音节等具体处之意。"神气"这个难以把握的概念，以音节、字句说为中介，被完美地具体化了。 刘大櫆的此说虽因为非常明快而且具体而被批判为"末事也"，对此，他有如下的反驳：

> 近人论文，不知有所谓音节者，至语以字句，则必笑以为"末事"。
> 此论似高实谬。

总之，要熟悉古人之书，如能做到"古人之音节都在我喉吻间"，"合我喉吻者，便是与古人神气音节相似处"那样，文章才算成功。 但不用说，不能就那样地模仿古人的一字一句，同样当然的，就是必须要"创意造言"。

而这种神气音节字句说在下面一点上，和学问、政治相关联。 也就是要使音节字句具有高度的风格，刘大櫆说，首先就要修习作为正统教学的程朱之学，而另一方面，还必须掌握当时渐盛的考证之学。 学与文相适应，正如本文序章中所述的那样，是"重文"的"优种"必须的条件，已谈到的方苞也不例外。 他说："盖人不穷理读书，则出词鄙倍空疏"，就表明了中国"优种"的一般观念（这里的"读书"和下文的"书卷"一样，就是通过读书而掌握考证之学），但接着这句话后，有曰："人无经济，则言虽累牍，不适于用"。"经济"不用说，就是"经世济民"，也就是我们说的政治，因此可以认为，这句话就是明确表示：文章最终必须具有政治的效用。 但是看看他下面的叙述，他的文章观似也未必就是单纯的传统式的文以载道的文章观。 他说：

> 故文人者,大匠也;神气,音节者,匠人之能事也;义理、书卷、经
> 济者,匠人之材料也。

应当注意,这里不是士人,而是"文人"。 义理、书卷、经济是为了达
成神气、音节的手段,这一点,即神气说是他思想的核心这一情况也应
注意。 尽管他的老师方苞两度推荐,但他在科举、在官途上都不得志
(有妨碍者),以一介野人而终。 因此,他不把自己视为追求权力的士
人,而是视为背离权力的文人(后世因此而称其文为学识不足)。 而
且,他视神气音节为高,视义理、书卷、经济为低。 他以神气说为中
心的诗文论,不是可以视为他自己生平状况的如实反映吗?

四、阴阳柔刚说和"气"——姚鼐

姚鼐[15]继方苞、刘大櫆之后为桐城派三祖之殿。 他的诗文论的特
点是背后有着"天人合一说"(郭绍虞的命名)的阳刚阴柔的"气"论。
他的阳刚阴柔说,在《惜抱轩文集》卷六《复鲁絜非书》中详有记载,
大略如下:

> 天地之道,阴阳刚柔而已。文者,天地之精英而阴阳刚柔之发
> 也。惟圣人之言,统二气之会而弗偏。……其得于阳与刚之美者,则
> 其文如长风之出谷……如决大川……如君而朝万众,如鼓励勇士而
> 战之。其得于阴与柔之美者,则其文如升初日,如清风……其于人
> 也……暟乎其如喜,愀乎其如悲。……且夫阴阳刚柔,本二端造物
> 者,糅而气有多寡进绌,则品次亿万,以至于不可穷……刚不足言刚,
> 柔不足言柔者,皆不可以言文。*

阴阳刚柔,不用说,是《易经·系辞传》中可见之语。 所谓阴阳,

---

* 原引文与原文略有出入,今据原文抄录。 ——译者注

就是阴和阳二气；所谓刚柔，就是把万物的性质，以男性的刚和女性的柔为例来加以区别。 易的思想是与此阳刚、阴柔相联系，在这种二气的变化交错之中，所谓朴素辩证地来认识世界现象的思辨。 姚鼐把《易》中产生、作为中国思想基干的阴阳柔刚原理导入了诗文论。 原来，二气的流行是属于形而下的世界，宋儒则认为在二气的背后有着形而上的"理"。 但是，姚鼐论文言及"理"的情况是很少见的，而是想在阴阳柔刚二气的变化交错中来解说文。 这种倾向是沿袭了孟轲、曹丕、刘勰等人古典的文章论，同时，文章论的这种自然（natürlich）性质也是把形成天地自然和人的形质同作为"气"的朱子学本身的自然（naturlich）性质的反映。 在诗文论中运用刚柔思想，比如在《文心雕龙·体性篇》中有"气有刚柔"等把作者的资质分为二的原理。[16]但姚鼐在援用从《易经》到宋儒的"阴阳柔刚"哲学思想和解说作家论中"柔刚"的《文心雕龙》时，自然地倾向于形而下的世界——作品论和作家论（参照上面的引文），而没能进到文章的形而上学。 在此，他不说"理"，而从下面所述的天人合一说立即进入到作成文章的手法中来展开论述，也是必然的。

从上面引用的文字中可见，他认为得阳刚或阴柔之美便可成文，因此，必须把获取的方法手段给予作家。 针对这种要求，他提出了"天人合一说"（正如所述，这是郭绍虞的提法）。 现在来看看下面一段文字：学文之法无他，唯在多读多作，日积月累耳。 不可望借他人之力而速成。 为士人者，若非天启，不能尽其神妙（见《惜抱尺牍》卷六《与陈石士书》）。 这见解是很有兴味的。 这就是说，天赋的才能加上进一步学问的积累这种苦行主义，还必须要由"天启"所给予的乐观主义来支撑，天的恩赐与人的努力相一致时，必定能开拓出灵妙的文章的境地。 如果达到了这样的境地，也就无所谓取得方苞说的文之"义法"了。《惜抱轩文集》中他说的意思大致如下：意与气合则为辞，由辞而生音乐的和声和旋律。 意与气应时而变，未必有定则（卷六，《答翁学士书》）。 也就是说，根据作家所具有的"意"（构想）和"气"（气质）可自由地决定形式（王气中把姚鼐这里的"气"说成孟轲"浩然之气"的"气"）。[17]下面的话则很好地表明了天与人、道与文（艺）的合一：

> 文者,艺也,如道与艺合,天与人一,则为文之至。（同上,卷四《敦拙堂诗集序》）

这样，就开拓出了越过"义法"的义法境地。姚鼐虽然继承了方苞，但未必强调义法的理由就在于此。

上述的阳刚阴柔说和天人合一说如换一种讲法的话，就是，人是禀受天地两气的存在，人通过一天天努力学习的积累，一定能把阴阳两气中最美的东西吸收为己有，由"天启"的作用而产生出真正的文字。如这种说法没有大问题的话，那毕竟就是把曹丕、苏辙一派认为诗文系由天赋的才气（即天才）来承担的说法，根据宋学的说教来加以补充完善，也就是在方苞那里已得到确认的宋学理气论的世俗化。总之，在下面的论述中可以看到，姚鼐基于阴阳柔刚说的诗文论被曾国藩等所继承。还有，姚鼐在《古文辞类纂》的序目中说："神理气味者，文之精也，格律声色者，文之粗"也，则是继承了刘大櫆的精粗说。

毫无疑问，桐城派是信奉程朱之学的。而姚鼐生活的时代，正是汉学的全盛时期，风行把汉代的马融、郑玄奉为金科玉律而排斥宋学的形而上学。但他取法刘大櫆的义理、书卷、经济之说，把学问分为义理、文章、考证三部分，提出三者皆不可废(同上,卷六《复秦小岘书》)。这是信奉宋学的桐城派屈服于汉学吗？不，未必如此。他虽认为考证如补充宋君子之缺失是可以的，但以不能跨越宋代君子为条件(同上,《复蒋松如书》)。[18]不必说阎若璩的《尚书古文疏证》，就在倾向"实事求是"这一点上，汉学也开始动摇了宋学得以成立的基础，要想挽回这样的趋势无论如何也是不可能的。在姚鼐对于汉学的这种折中的态度中，桐城的保守性格出乎意料地被呈露了出来。他敏锐地直感到正统学问的危机，想提出宋学（义理）来阻止汉学，以恢复宋学的权威（这就是正统的权威)。 桐城派超出了单纯的文学派别的范畴而具有那样的影响力,正是由于他的主张是和正统知识人的保守倾向以及保全正统权力的策略是相一致的。

五、"世俗化"的进行和向三祖的复归
——在方东树、梅曾亮、曾国藩那里

桐城派的实际集大成者姚鼐在各地书院讲学、培养弟子的四十年间,有四大弟子,这就是江苏省上元县的梅曾亮和管同,安徽省桐城县的方东树和姚莹。 在此,想谈谈作为桐城派第一流的理论家而为人所知的方东树和作为创作家而闻名的梅曾亮的"气"论。 尽管他们的诗文论都没有超出三祖的范围,不足以详论。 但是在简略介绍他们立论的过程中,当可以明白,为何要把曾国藩作为桐城派中兴之祖的理由。

三祖以"气"为基轴的文艺论主要集中在诗文论。 而方东树[19]在《昭昧詹言》(是短文的断想集,没有理论性的展开)中,则有这样的论述:"大约古文及书、画、诗,四者之理一也。 其用法取境亦一。"(见第一卷·通论)这个立论是大胆的。 通常,是把诗文作为同一种形态,而对此再加上书画把四者作为同一的原理,三祖也从未讲过。 方东树接着说,"凡古人所为品藻此四者之语,可聚观而通证之也","凡诗、文、书、画,以精神为主。 精神者,气之华也。"这很明显地突破了传统的诗文论的范围,成为所谓一般的艺术论(而方苞、姚鼐也以艺术,艺这样的词来指古文)。 因此,他认为,画论中的气韵说也适用于诗文,说:"读古人诗,须观其气韵。 气者,气味也;韵者,态度风致也。"

青木正儿氏在谈到方东树的诗论时说:"在诗论中提出气韵说,特为珍奇。"[20]确实,气韵说作为画论,在六朝时期谢赫的《古画品录》中,还有张彦远的《论画六法》中表现艺术作品强有力生命感的概念而被使用。[21]但是,桐城派的诗文论在方东树那里,从文艺论扩大到艺术论,把诗文书画作为同一的艺术范畴,那么,采纳画论中的气韵说也

就是必然的了。

梅曾亮[22]同样也是如此。 请看下一段文字："文生于心，器成于手，手主形，心主气。 书画摹印之事，心手兼之"(《柏枧山房集》卷一)这是回答摹印件信中的一节，必须考虑到这种情况的特殊性，但他以为文和书画摹印几乎是以相同的原理组成的，这是不是可以推测，此时一般已把诗文书画理解为同一范畴了呢？ 当然，梅曾亮并非没有以气为基轴的文章论，比如，认为能成文章者就是一气。 如要想得到这气，必须要求之于古人。 如能把周秦汉唐宋人文之佳者皆背诵出来，就最好了(同上,卷三)。 梅曾亮的这些说法，都不是桐城派古文学入门常识以外的东西，我们在三祖的论述中已可看到。 还有，关于读古人的诗文，要像"夫气者，吾身之至精者也，以吾身之至精，御古人之至精，是故浑合而无有间也。"(同上)所说的那样，这也是在刘大櫆那里可以看到的熟悉的方法。 总之，方东树、梅曾亮两者的诗文论，只是祖述三祖，并无超越三祖的发明。 当然，可以看到有从诗文论向艺术论扩散的倾向。 因此，曾国藩的出现就有其必然性。

桐城派中曾国藩[23]的使命，就是把方东树、梅曾亮等向一般艺术论扩散的桐城派诗文论向三祖，尤其是向姚鼐的说法复归。 这也就是他被称为桐城派中兴之祖的原因。 王先谦《续古文辞类纂》的序中，有这样一段话，殆可见其一端：

> 道光末造,士多高语周秦汉魏,薄清淡简朴之文,为不足为。梅郎中、曾文正之伦,相与修道立教,惜抱遗绪,赖以不坠。

大概是写于道光二十六年（1846）初头（此时曾国藩三十六岁）的《答刘孟容书》中，曾国藩大致有这样的说法：

> 立天之道曰阴与阳;立地之道曰柔与刚;立人之道曰仁与义。斯二气者,流行而不息,以生万物。人得其全,物得其偏。圣人者,既得

其全;常人亦得其全,然气质构之,习染蔽之。盖学问之事自此兴也。
学者何? 复性而已矣。(《曾文正公文集》)

这样的说法,好像是理气论的模范解答,而不是诗文论。 但是,
把阴阳、刚柔、仁义作为基本范畴的这种宋学的世界观,也就是姚鼐诗
文论的基本范畴。 由此可见,如果曾国藩基本的哲学思维构造是如上
面引文所述的,那么,其诗文论不也就必然地会和姚鼐的诗文论相接
近吗?

事实上,姚鼐确实给予曾国藩以很深的影响。 在道光二十五年以
前,曾国藩开始接近宋学之际的书简中说道:"天下万事万理, 皆出乾
坤二卦"(《曾文正公家书》,道光二十二年九月),"姚郎中绪论, 诚有可
取者"(《曾文正公文集·答刘孟容书》),以笔者管见,他用乾坤(也就
是阴柔阳刚)来解释世界各种现象的方法,与其说是取自《易经》,还
不如说主要是从姚鼐的见解中开始接触到的。

确实,在曾国藩的文章论中,可以显著地看到姚鼐的影响。 因
此,下面想列举若干资料来确认这一点。 在咸丰九年 (1859) 的书简
中说:

> 昔姚惜抱先生论古文之途,有得于阳与刚之美者,有得于阴与柔
> 之美者。(《与张廉卿》)

在翌年的日记中说:

> 吾尝取姚姬传先生之说,文章之道,分阳刚之美,阴柔之美,大抵
> 阳刚者气势浩瀚,阴柔者韵味深美。

曾国藩基于姚鼐的这种文章论,选出了庄周、扬雄、韩愈、柳宗元四人
为阳刚的典型;选出了司马迁、刘向、欧阳修、曾巩四人为阴柔的典

型。 这既意味着忠实地继承了姚鼐的阴阳刚柔说，同时也意味着把这作为从古代到曾国藩为止文章家的判别标准，或者说是文章的鉴赏规范。 曾国藩如何地多取自姚鼐，我们还可以看看另一个例子。《圣哲画像记》（咸丰九年，见《曾文正公文集》）从古代到清朝将近三千年的时代中，选出了三十二名中国文化的代表者来加以赞美，其中也包括姚鼐，把他和文王、周公、孔孟等举为同格，而且根据姚鼐的阴阳柔刚说，对西汉的文章作了如下的叙述：

> 西汉文章，如相如子云之雄伟，此天地遒劲之气，得于阳与刚之美者也，此天地之义气也。刘向、匡衡之渊懿，此天地之温厚之气，得于阴与柔之美者也，此天地之仁气也。

明显地表现出了对姚鼐的倾倒和在理论方面、创作方面对他阴阳柔刚说的继承。

还有，如细致地探讨一下曾国藩的文章论的话——虽然曾国藩自己并没有明说——可以看到，刘大櫆神气音节说的影响也是相当大的。 比如，认为古圣的精神笑语都宿于字里行间（《曾文正公文集・致刘孟容书》）这样的见解，还有，文章雄奇行气为第一，造句次之，选字又次之。 文章雄奇本质之处（精处）在于行气，其具体之处（粗处）惟在造句选字。 余好古人雄奇之文，此以昌黎为最，扬子云次之（《曾文正公家训》咸丰十一年正月）这一段文字，都是对刘大櫆之说的推衍。 正如已说过的那样，刘大櫆的神气音节说，是在神气——音节——字句这组合中间，特别强调以字句来治学问。 不仅如此，还把神气作为精处（曾国藩是把行气作为精处），把字句作为粗处（曾国藩也把字句为粗处），进行对比。 这是神气音节说中的卓见，姚鼐也继承了这一点。 曾国藩则继承了刘大櫆的神气音节说和姚鼐的阴阳柔刚说，以此作为自己诗文论的核心，因此而再次复活桐城三祖的精神。

刘大櫆的文章论是在穷理、书卷、经济三者紧密相联的体系中展开的。 姚鼐的文章论也是在义理、文章、考证三者的关联中进行论述。 穷理和义理，书卷和考证，可以看作是同义的，所以，两者的不同在于经济和文章。 而曾国藩是这样论述的：

> 有义理之学,有词章之学,有经济之学,有考据之学。义理之学,即《宋史》所谓道学也;在孔门为德行之科。词章之学在孔门为言语之科。经济之学在孔门为政事之科。考据之学,即今世所谓汉学也,在孔门为文学之科。此四者阙一不可。(《曾文正公日记钞问学》,咸丰元年七月)

学习孔门四科的这一段文字，在下面两点上深有意味。 首先，说明曾国藩学问门类体系完全是在折中刘大櫆和姚鼐的基础上确立的。 如上文指出的那样，合并两者组合中的相同部分，加上不同的部分，马上就可得出曾国藩四种学问的体系。 其次有意思的一点，是曾国藩的四种学问，由姚鼐的三种学问加上刘大櫆的经济而形成。 姚鼐没后已半个世纪以上，时代进入了咸丰同治，再向中华帝国多灾难、内忧外患的政治时代发展，因此就必然地提出经济（也就是政治）的要求，这正是时代状况的如实反映。

结语:理气诗文论的终结——吴汝纶

叙述关于近代中国疾风怒涛时代的事，就让别的史书去做吧！ 而如果要把曾国藩的时代用一句话来概括的话，那就是面对西欧的冲击，传统的中国尽全力以抵抗，在这中间摸索独自道路的过程。 不用说，中兴后的桐城派的命运也和这怒涛翻卷的时代有着很深的关系。 正如大家所知，曾国藩在和太平天国军的血战过程中，在他的麾下汇集了可称为保守能动派的众多豪彦。 其中最负盛名的，据姜书阁的说法，是俞樾、王闿运、吴汝纶这三人。 姜书阁对此三者有大致如下的评论：

俞樾系清末汉学大师，未必是文章大家，对桐城派几乎没有影响；王闿运好诗词骈俪文，作品不着边际，完全不足取；吴汝纶曾东渡日本，思想较二人为新，其影响也大，严复、林纾出于门下，影响就更大（《桐城文派评述》）。　总之，桐城派的正统系由曾国藩——吴汝纶所承继。　因此，在这里想提出吴汝纶，简单地介绍其文章论中的"气"，以作为结束。

吴汝纶[24]的文章观，在《桐城吴先生文集》卷四《与杨伯衡论方刘二集书》中比较明确概括地表现出来。　据其所云：

> 夫文章以气为主，才由气见者也，而要必由其学之浅深，以观其才之厚薄。

这"气"的概念，似可理解为"才气"。　也就是说，吴汝纶在这里是依从曹丕、刘勰等所用的古典的"气"的用法。　还有，根据学问的深浅来看才气厚薄的见解，我们也是屡见不鲜的。　因此，他在说："今之所谓才非古之所谓才也""今之所谓气，非古之所谓气"时，头脑中当然是把"古之才"，"古之气"作为规范，其文章论也必是不出古典、传统范围之物。　他说，在今日"好驰骋之为才"，"能纵横之为气"，也就是认为今日的文章自由奔放，没有规律格调。　吴汝纶还说：吾桐城望溪的文章，学作"六经子史百家传记之书"，其中经学造诣特深，因而气韵一自经学出。　海峰同样也穷极"六经子史百家传记之书"，其中史学造诣特深，故气韵一自史学出。　这封信尽管说的是桐城二祖的特殊情况，但把桐城始祖作为金科玉律的复古精神首先引人注目。　其次，使用了方东树艺术论基本范畴的"气韵"一词也引人注目。　总之，可以认为吴汝纶是没有从根本上受过西洋思想洗礼的传统的桐城派的殿军。　所以，桐城文派的整个思想庞杂混存，产生出了如上的见解。　文章论本身也完全是古老传统性的。　由于桐城之文显著的复古性，就从新时代的潮流中脱落了。　在这样的意义上，继他之后作为桐城派正系的严复、林纾作为西洋思想的导入者，则是历史的讽刺。 与清朝命运的终了一起，也迎来了桐城古文的终结。

桐城派诗文论的核心是古代、传统的"气"论；其背后是以"载道"为前提的程朱之学；支撑着这种"道"的王朝本身的覆灭，"重文"的"优种"存在的意义也就丧失了。 而濒死的桐城古文完全被打倒，则是由胡适、陈独秀等人的五四文化革命运动，在这混沌之中，产生出了新的世界观，新的文章论。 而关于这一状况的叙述，就让别的论文去进行吧！ 在此，想介绍一下陈独秀对桐城古文派的批判，以作为本文的结束。

1917 年 1 月，《新青年》上发表了胡适的《文学改良刍议》，同年 2月，发表了陈独秀的《文学革命论》（第二卷第六号）。 陈独秀在此文中，主张根据西欧文明在政治、宗教、伦理道德、文学艺术的领域中真正的革命经验，以构筑今日庄严灿烂的文化；我们中国也要兴起建设国民文学、写实文学、社会文学的文学革命军，对桐城派之文作了大略如下的尖锐批判：

> 归（有光）、方（苞）、刘（大櫆）、姚（鼐）之文，或希荣慕誉，或无病而呻，满纸之、乎、者、也、矣、焉、哉。每有长篇大作，摇头摆尾，说来说去，不知道说些什么。此等文学，作者既非创造才，胸中又无物，其伎俩惟在仿古欺人，直无一字有存在之价值。虽著作等身，与其时之社会文明进化无丝毫关系。……吾国文学界豪杰之士有自负为中国之虞哥〔雨果〕、左喇〔左拉〕、桂特〔歌德〕、郝卜特曼〔豪普特曼〕、狄铿士〔狄更斯〕、王尔德，向十八妖魔（明前、后七子和归、方、刘、姚十八人）宣战者乎？予愿拖四十二生的大炮，为之前驱。（译者按：〔〕中为译者注）

由此可知桐城派的命运和作为其中核的"气"论的凋落。 总之，桐城派的"气"论，中心是孟轲、曹丕、刘勰等古典的"气"论，对宋学派的"气"论没有大发展，而是倾向文章论。 因此这种"气"论也就和桐城古文的凋落有着同样的命运。

（三石善吉）

注　释:

[1] 胡适《戴东原的哲学》，载《国学季刊》二卷一期，1925 年。

[2] 关于气的哲学的谱系，请参照第三编总论注 [2]。

[3] 阿部吉雄《日、朝、明主理派和主气派的系谱及其特征》，载《朝鲜学报》第 14 辑，1959 年。

[4] 以上引文见町田实秀《多数决原理的研究》，有斐阁，1968 年，第 20、70 页等。

[5] 见马克斯·韦伯著，世良晃志郎译《统治社会学》I，创文社，1965 年，第 239 页以下。

[6] 关于"优种选举原则"，可参照三石善吉《正统知识人和古典——关于曾国藩》，见《汉文教室》112 号，大修馆。 还有，关于外行和内行，马克斯·韦伯以外，可见 W. Rupert, *The Prefects*, Oxford, U.P., London, 1964 年等。

[7] 关于在中国，小说的地位，可见吉川幸次郎《中国散文论》，筑摩书房，1966 年。

[8] 《古文辞类纂》的类目及曾国藩对其的态度，可见《曾文正公日记钞·文艺》咸丰十年三月条。

[9] 加藤周一《文学的拥护》，《岩波讲座文学》4。

[10] 杨增华《从"养气"说到"风骨"——中国古代文学理论批评中的作家个性与作家风格问题》，《中国文学批评论辑》，津文出版社。 还有李树尔《论风骨》也是同书所收。

[11] 郭绍虞《中国文学批评史》，上海新文艺出版社，1955 年。 这是大有裨益之书。

[12] 方苞（1668—1740），字灵皋，号望溪。 桐城人。 康熙四十五年进士。 巧于古文，年轻时即有令名。 因戴南山事件下狱（康熙五十年十一月到五十二年二月），特赦出狱后锐气稍敛。 乾隆二年官至礼部右侍郎。 有《望溪全集》。

[13] 关于世俗化，比较容易得到的有山本新《汤因比和文明论的争论点》，劲草书房，1969 年。

[14] 刘大櫆（1698—1780）字才甫，号海峰，桐城人。 方苞认为其有文才，推荐其应词科，经学；有反对者，结果科举上未能得志。 晚年为县教谕，数年，辞去，不再出故乡。 有《海峰集》。

[15] 姚鼐（1731—1815）字姬传，号惜抱轩，桐城人。 乾隆二十八年进士，官至礼部郎中。 为四库馆修纂官。 后辞官主讲江南钟山、扬州梅花书院四十余年，嘉庆二年赴鹿鸣宴。 授四品衔。 有《惜抱轩全集》、《古文辞类纂》等。

[16] 中国人从古代到现代都未能放弃阴阳分为二的原理，而从性格研究史上来说，阴阳二元论是属于"性"的，作为古代的思维，其衍延的幅度意外地大，有着到十世纪还能残存的必然性。

[17] 王气中《桐城派在中国文学史上的地位和作用》，见《桐城派研究论文集》第 10 页。 安徽出版社，1963 年。

[18] 桐城派确立时期最大的论敌是戴震和章学诚，两派的争执是个有兴味的问题，这里就不能论及了。 参见郭绍虞前引书第 581 页等。

[19] 方东树（1772—1851）字植之，号仪卫轩，桐城人。 诸生。 据说其学有三变，先从姚鼐为古文家而知名；次四十岁以降埋头朱子学的研究，著《汉学商兑》（道光五年），拥护宋学；晚年耽于禅学。 有《方植之全集》。

[20] 《青木正儿全集》第一卷（春秋社，1969）所收《清代文学评论史》（引用的是其第 515 页所载）裨益颇大。

[21] 参照福永光司《中国文明选·艺术论集》，朝日新闻社，1971 年，第 281 页以下。

[22] 梅曾亮（1786—1856）字伯言，江苏上元人。 道光二年进士，官至户部郎中。 钟山书院时为姚鼐门人。 咸丰元年主讲梅花书院，有《柏枧山房集》。

[23] 曾国藩（1811—1872）原名子城、字伯涵，号涤生，谥文正，湖南湘乡人。 道光十八年进士。 咸丰二年一月开始与太平天国军作战，后又讨灭捻军。 历任两江、直隶总督，授一等侯爵。 桐城派中，地位最高，影响力最大。 有《曾文正公全集》。

[24] 吴汝纶（1840—1903）字挚甫，桐城人。 同治四年进士，曾为内阁中书，也是曾国藩认为有文才的幕客。 曾国藩、李鸿章上奏文字多出自他手。 光绪二十四年，为北京大学堂总教习，加五品卿衔，辞去，而代之以赴日本视察教育制度。 与日本学者交。 有《桐城吴先生全书》等。

第四编

近代革新思想中的气的概念
——从清末到五四

总　　论

　　中国的近代，以 1840 年的鸦片战争为分界线，开始了激荡的过程，而动乱的预兆，在被夸为清朝全盛的乾隆时期的末叶便已萌现了。

　　爆发性的人口增长和地主、富商的兼并土地，促进了下层农民的流民化；大臣和珅蓄财八亿两这样的事实，象征着官界的腐败和榨取的强化；鸦片贸易使现银大量外流，银价暴涨，更加速了这样的事态。与嘉庆之世开始同时，在华中一带爆发了猛烈的白莲教徒反乱（1796—1805），袭击了都城北京的天理会反乱（1813），在华南兴起了白莲教徒的反乱（1832）等等，以后不断的农民的反乱，激烈地动摇了清朝封建体制的基础。

　　鸦片战争对于本身已面向不断崩溃的封建体制从外部给予一击，资本主义世界的强行侵入，在殖民化的同时，进一步激化了内部的矛盾，成为半封建化的契机。以后历经百年的中国革命，就在这半殖民地、半封建的状况中，一直肩负着反帝国主义、反封建主义这样两个历史课题。太平天国（1850—1864）就是对于这课题最初的全国性反应。连勉强生存也受到威胁的破产农民试图打倒封建体制，在此过程中也和欧美侵略势力进行斗争的这次运动，可以说显示了这以后中国革命的原始形态。

　　日益激化的欧美、日本的侵略，使中华民族陷入了灭亡的危机。如果要挽救亡国灭种的危机而求得生存，就必须要通过本身的变革以抗外。洋务—变革—革命，清末的改革运动不断深入地发展，而推动其发展的，与其说是外来的侵略，不如说是内部积聚起来的，反抗榨取和压迫的人民的运动。对此持怎样的态度呢？如没有正视这些的思想，要肩负起现实的历史性任务是不可能的。对于清末"气"概念的性质，也不能脱离这样的历史状况来考虑。

气 的 思 想

如把清末的思想状况大致划分一下的话，可分为朱子学、考证学、公羊学以及以太平天国为首的人民运动的思想。 这最后的部分，与其说是作为抽象的思维，不如说是打倒王朝体制运动的直接表现，而它也是以其他思想为根基而确定的，所以在考虑"气"概念性质时，难以作为直接的对象。 当然，他们残留下来的文献中也不是没有"气"这个字，比如，洪秀全说："天人一气理无二，何得君王私自专？"(《原道救世歌》)，"（人的灵魂）皆禀上帝一元之气以生以出"(《原道觉世训》)，把"气"作为平等思想的根据。 这种用法，可以看到是和后来康有为、谭嗣同等的"通气"是相通的，但只是极少数的例子，当然不能以此来论述其全部。

从数量方面来说，对于清末读书人来说，统治的思想依然是官方之学——朱子学，论"气"最多的也是朱子学者。 然而，朱子学首先最主要的是作为应付科举的学问。 朱子学作为读书人完全一般性的常识，因此，既不能引起知性的兴味，也不具有与现实交锋，达到新发展的锐气。 如果说到它对于现实的态度，则只是回复孔孟之道，主张墨守祖宗之法，连对于未曾有过的危机的危机感都丧失了。 在这中间，遵守程朱之学，同时却在现实中推进洋务运动的曾国藩的思想值得注意。把太平天国视为"开辟以来名教之奇变"，号召为唐虞三代以来"君臣父子、上下尊卑"这种名教人伦而战(《讨粤匪檄》)的曾国藩，在借西欧列强的武力镇压了太平天国以后，立即以兵器为中心开始引进西洋机器，其目的无非是为了维护在内外危机中支离破碎的传统秩序，在这一点上，他的哲学一点变化也没有。 但是，他认为：

> 先王之道，所谓修己治人，经纬万汇者何归乎？亦曰，礼而已矣！
> (《圣哲画像记》)

认为应当维持的传统的核心是"礼"，这是以前把宇宙和人类统一于理的朱子学的调和观念在现实中已经无能为力的反映。 这时的中国，对于他来说，本来调和的，有秩序的世界已经不存在了，所有的只是必须要用"礼"这样的强制力量来再建的分裂和混乱的世界。

考证学对于激荡时代的反应也完全是无力的。排斥空理空论，通过严密的文献考证以追求古代典籍的原形原意的实证主义学风，在古代典籍的研究方面有很大的贡献，戴震完成了气的哲学，在思想方面也有杰出的成果，然而经过了乾隆、嘉庆的全盛期后，就堕入了非政治的、没有思想的玩弄文献之中。清朝考据学最后的硕学章炳麟，批判公羊学派对孔子的恣意解释，倾向于革命运动，但他激烈的种族革命的主张却未必一定是从考证学中导出的。从他把古代典籍的研究作为辉煌的中华民族文化的传统——国粹之学以形成"国学"来看，也可以明白这一点。

朱子学、考证学都失去了实践性之际，为了打破这种危机而登场的思想，就是清末的公羊学。由庄存与、刘逢禄复兴，龚自珍、魏源赋予其生命的公羊学，用经世致用的精神、用基于春秋三世说的"变"的要求，写下了中国近代思想史的第一页。他们大胆改革现状的主张，与洋务的开始——西学的流入相结合，从洋务论（西洋机器的引入）发展到变法论（进行以议会制为中心的政治制度的改革）；进而以日清战争的失败为契机，发展成包括广泛的下级官僚、乡绅阶层的变法运动（要求君主立宪制）。其指导思想就是由康有为完成的公羊学说。

在以上那样的思想状态中，"气"的概念也就带上了这个时代特有的色彩。随着近代科学的流入，生成论的"气"概念，作为正面议论的情况基本上消失了，当然，比如像郑观应的《道器》所说：

盖道自虚无,始生一气,凝成太极,太极判而阴阳分……

以这样的话为首，作为定型的理论，依然继续存在着，但这几乎只不过是一种衬词。倒不如说，应当注意的是把这作为接受近代科学时的比喻这一点。严复在介绍作为宇宙生成论的星云说时说：

477

> 日局(太阳系)太始,乃为星气,名涅菩剌斯,布濩六合……日局
> 始乃一气,地球本为流质。(《天演论·导言二》按语)

就是这样的例子。

在围绕引入西洋机器展开的议论中,不是"气"概念的本身,而是
"气—阴阳—形而下—器"系列中的"器"被提出成为中心。详细的情
况待由另章论述。这"道器论"是为了保存现有秩序,而把引入"西
学"视为当务之急的正统的知识人,想把这种异己的东西与传统的学问
相调和,以在其内部占有地位的拼死试验。

清末的"气"概念中,最注目的,是不把生命原理的"气"作为个
体的,而是用来表现社会各种力量动向的用法。早在魏源那里,就有
这样的论述:

> 人者,天地之仁也。人之所聚,仁气积焉;人之所去,阴气积
> 焉……天子者,众人所积而成……故天子自视为众人中之一人,斯视
> 天下为天下之天下。(《默觚下·治篇三》)

指出只有"人气"才是左右天下兴亡的东西。在变法运动中由康有为
等倡导的"民气"、"元气"、"通气"也建立在同样的想法之上。(参照
第二章)这和单纯的传统的民本主义是明显不同的。以太平天国为首想
从根本上推翻王朝体制的人民运动为一方;而另一方,随着欧美资本主
义的侵入,以上海、香港等开放港口为中心,中国内部也不断产生着资
本主义的萌芽,他们也感到王朝体制的桎梏,要求自己参与政治。历
来非主体的、被动的人民,把自己作为"国民","中国人民"而形成的
动向,已成了不可逆的潮流。对"民气"的注视,就是对此潮流的敏
感的反应。民权的要求,不久通过 1911 年的辛亥革命,看到了一个
果实。

1916 年以后,以"民主和科学"作为口号推行的新文化运动,对作

为"专制和迷信"根源的传统的一切进行了激烈的批判，而在其中，"气"概念也作为迷信的观念而被否定。　陈独秀在作为《新青年》创刊宣言的《敬告青年》中有这样的论述：

> 士不知科学,故袭阴阳家符瑞五行之说,惑世诬民;地气风水之谈,乞灵枯骨。……医不知科学,既不解人身之构造……惟知附会五行生克寒热阴阳之说……其想象之最神奇者,莫如"气"之一说,其说且通于力士羽流之术;试遍索宇宙间,诚不知此"气"之果为何物也!

经过五四运动，新文化运动的主张在社会中已确立了。　其后，虽还产生了东西文化论争、人生观论争等倡导复活传统的形而上学的小逆流，但也只不过是极小的一部分。

那么，"气"的概念是否完全消灭了呢？　哲学的"气"概念确实不被使用了，但作为生命原理的"气"，深深地浸透到了生活用语之中；还有，"阴阳相对论"则在中国人的思考中继续根深蒂固地存在着。毛泽东在 1956 年 11 月的中国共产党第八届中央委员会第二次全体会议的讲话中，作为对辩证法观点的说明，有这样的论述：

> 中国古人讲,"一阴一阳之谓道"。不能只有阴没有阳,或者只有阳没有阴。这是古代的两点论。(《毛泽东选集》第五卷)

当然不能以此作为毛泽东思想的全部，但恐怕这种说明在中国人的思考中最容易引起共鸣也是事实吧！

（丸山松幸）

第一章

洋务、变法思想和道器论

一、"西洋的冲击"和"道器论"

在清末改革思想中，"道器论"作为关键性的论题而呈现出来，毫无疑问，是以"西洋的冲击"，产生了"西学"（即西洋机器）导入不可避免的请求为直接契机。

继鸦片战争、太平天国运动、第二次鸦片战争以后，道光、咸丰时期的动乱，迫使清朝的当政者们认识到了清朝统治体制的危机和西洋军事技术的卓越性。以太平天国为顶点的农民起义，秘密结社的反清活动等想要一举推翻现存体制的斗争总算被镇压了以后，在现存体制方面的中心课题，就是怎样来挽救已经病入肌体的体制危机，一句话，就是如何实现"自强"。同治以降，不问当局者还是局外者，对于所有凡是关心政治的人来说，"自强"可以说是不可动摇的目标。当然，同样是为了"自强"，而在方法上则存在着尖锐的对立，其最大的争论点，就在于"西学"导入的是非。比如，同治五年（1866），当提出在北京的同文馆中附设算学馆，招聘外国教师的动议时，山东道监察御史张盛藻在同治六年正月甲申（1867年3月5日）所上的奏文中说：

若以自强而论,则朝廷之强,莫如整纪纲,明政刑,严赏罚,求贤养民,练兵筹饷诸大端,臣民之强,则惟气节一端耳。

认为只有"学尧舜之道,明体达用"才是根本,"机巧之事"不能养此"气节",加以激烈地反对。(《筹办夷务始末》卷四十七)

但"西学"的导入对于现场的当事者是绝对的要求。应当怎样理解作为原则而不可否认的中国固有的"道"与作为现实必需的西洋的"器"之间的关系呢?怎样提出使这两者没有矛盾的观点呢?这作为"西学"导入的根据,是必不可少的。"道器论"首先就是作为探求调和"中学"与"西学"理论根据的论调而提出的。

然而,如果说"道器论"只具有为导入"西学"辩护的意义,那么,随着现实事态的进展,"敲门砖"被抛弃,它在思想史上就不会留下任何的痕迹。"道器论"更本质的意义在于,这是受到"西洋冲击"而迫使其对自己本身再确认的传统的中国,想要经受住这样磨炼的拼死试验。

"西洋的冲击",首先是以"船坚炮利"这种比什么都具体的"器物"表现出来。我们即使说这是夷狄的"器物",那么,它也是本身可以掌握,从掌握的瞬间开始,就能使那些性能为我所有的"器物"。但是,还有并非单纯以模仿便能掌握的内容,它们以"算学"为首,是在与传统的技术、学问完全不同的"学问"基础上产生出来的。具有这种性质的"东西",与两次鸦片战争把孤立自足的中华帝国强行拖入世界的事态相呼应,不容回避地把传统中国确立的原理——"道"拖到了与"西学"决斗的场所。所谓"道为本,器为末",无论是要强调"道"的优先性也好,或是要在"古已有之"的"道"中包摄"器"也好,这里的"道"都已经不是过去的状态,而是通过这样的决斗而被迫解释的东西。

本文就是想根据这"道器论"发展的踪迹,从一个侧面来探讨"气"的概念。

无须赘言，"道器论"的出典是《周易·系辞传》的"一阴一阳谓之道"，"形而上者谓之道，形而下者谓之器"，其解释则大致是根据程颐"离了阴阳便无道，所以阴阳者是道也。阴阳，气也。气是形而下者，道是形而上者"的说法。形而上的"道"和形而下的"气（即阴阳）"、"器"，尽管不同，但它们必须是对立统一的。

二、魏源的"道"论

最早主张导入西洋军事技术者，是以"师夷长技以制夷"为目的而编撰《海国图志》的魏源（1794—1857）。他在此书的《筹海篇》中，提倡设制译书馆、造船厂、兵工厂、训练新式水师。他是钦差大臣林则徐的同志，本身也有在浙江和英军作战的经验；他还作为下级官僚，在治水，盐政，漕运等实务方面留下了杰出的政绩。他以对现实的透彻认识和经世致用之学，作为对付这种前所未有危机的办法。在论述"道"时，也常常贯彻着这种面对现实的志向。

> 曷谓道之器？曰"礼乐"；曷谓道之断？曰"兵刑"；曷谓道之资？曰"食货"。道形诸事谓之治；以其事笔之方策，俾天下后世得以求道而制事，谓之经；……曾有以通经致用为诟厉者乎？以诂训声音蔽小学，以名物器服蔽《三礼》，以象数蔽《易》，以鸟兽草木蔽《诗》，毕生治经，无一言益己，无一事可验诸治者乎？乌乎！古此方策，今亦此方策；古此学校，今亦此学校；宾宾焉以为先王之道在是，吾不谓先王之道不在是也，如国家何？（《默觚·学篇九》）

魏源以为应当研究的问题，不是抽象的"道"，更不是关于经书的烦琐考证，而是完全和在现实中具体化的礼乐、兵刑、食货相联系，最终表现在治国方面的"道"。所谓：

> 世言王道无近功，此不知王道之言也。（同上，《治篇二》）

托玄虚之理,以政事为粗才,而不知腐儒之无用亦同于异端。(同上,《治篇一》)

就是对于把抽象地议论"道"者的严厉批判。

但在说"道之器为礼乐"时,这礼乐也不是固定的东西,而是历史的变迁之物。"五帝不袭礼,三王不沿乐"——在圣王的时代,所有的礼乐都是变化的。古代和今日,天、地、人、物皆无相同者。即使说"道形于诸事谓之治"这种"治"的具体内容相异,也就是必然的。如果说"治不必同,期于利民",那么,"道(即是治)"的实现,就必须从最现实、最具体的关于人民生活的认识开始。出于同一《治篇五》的如下论述,明确地表明了他关于古和今的想法:

故气化无一息不变者也,其不变者道而已。势则日变而不可复者也。天有老物,人有老物,文有老物……古乃有古,执古以绳今,是为诬今;执今以律古,是为诬古。诬今不可为治,诬古不可语学。

这里说的"气化",是包括从天地万物到人之所为具体事物的生灭变化,所谓"势"是这种变化的趋势。而如果把"道"作为"不变者"的话,那么这些术语和宋学以来的用法就几乎没有变化。但这里的"道"就如同讲"柞薪之木,传其火而化其火,代嬗之孙,传其祖而化其祖"时的"火"、"祖"那样。"火"、"祖"即使是同一的,但先前之物并非就是过去的"火"和"祖"。在这种变化中,就有作为不可逆转历史过程的"势"存在。这样,"道"的不变性(即普遍性),可以说就是建立在完全地舍弃古代显现的事物的具体性、实体性之上的了。

宋儒专言三代,三代井田、封建、选举必不可复,徒使功利之徒以迂疏病儒术。君子之为治也,无三代以上之心则必俗,不知三代以下之情势则必迁。……读黄、农之书,用以杀人,谓之庸医;读周、孔之书,用以误天下,得不谓之庸儒乎? 靡独无益一时也,又使天下之人不信圣人之道。(同上)

所谓"圣人之道",不是三代制度的复活再现,而是要以三代以前之"心"来处置现实的"情势",以实现治国安民。 如果"道"被抽象为"心",那么经书中记载的圣人的事迹也就失去了作为规范的意义。不,如把它作为规范墨守,反而违反"道",要"误天下"了。

像这样把"圣人之道"从经书的教条中解放出来,必然地,围绕着以什么来作为三代以前的"心",就会有各人各样的解释,换句话说,就是允许主体性的思考。 现在,人们不是依据经书,而必须用本身的力量来谋求自己信奉的"圣人之道"的实现。 魏源"道"论的最大意义就在于此。

这种确认人类主体性的倾向,也贯穿于"天人"的问题中。 很显然,朱子学中的"道"是"所以为阴阳者"(即天地自然的根源),同时也是"所当然之则"(即规范),因而就保证了"圣人之道"(由经书所示的既成道德)的普遍性。 如果想要从这中间脱却的话,就必须把"道"所有的规范性与天地自然相分离。

一阴一阳者天之道,而圣人常扶阳以抑阴;一治一乱者天之道,而圣人必拨乱以反正;何其与天道相左哉? ……惟不顺天,乃所以为大顺也。(同上,《学篇四》)

据魏源说,就像冷的东西加火,即使变热了,但除去了火,又会变冷;而热的东西加冰,使它变冷,如除去冰,就不会再热起来那样,"自然常胜者阴!""故道心非操不存,人心不引自炽。 政教之治乱,贤奸之进退亦然。"如放任而顺其自然,必定是"助其虐"。 这样,人类的所作所为倒不如说应当与天道逆行,只有这样,才能成为"参赞裁成"

的人类的主体性行为。

以上我们可以看到这样思考的理论：在魏源的思想中，几乎不把形而上的"道"作为问题，专门关注"器"，即具体形象化的礼乐、兵刑等；直视着"气化"，即显示出不断变化的不可逆转历史过程中的现实；想要依靠对于这种现实的人的主体性行为，实现"道"的现显——"治"。面对空前的危机，已经非政治化了的考证学和墨守祖法并正统学问化了的朱子之学这两者都被否定了，可以说通过把握"微言大义"以求"经世致用"的清末公羊学，正是在这里构筑起了它的基础。这种理论不久在19世纪末康有为的思想中，采取极限的形态表现出来。

但在上述魏源的理论中，前面所述的"道器论"——"中学"和"西学"的尖锐对立还没明确地表现出来。其原因在于，第一，导入"器"，即"西学"还只是他个人的主张，暂时还不是作为现实的迫切要求而被提出。鸦片战争虽说以事实上的失败而告终，但林则徐等主战派几乎没有失败感。战败的责任大部分当归之于穆彰阿等投降派的妨碍和破坏，在广东的战斗，绝对感觉不到溃灭性的失败。由于有三元里人民的抵抗等，回避决战的不如说倒是在英军方面。即使认识到了舰甲的坚固、炮弹飞越的距离和命中精确等"夷之长技"，但还没把此作为具有决定死活意义的东西也是必然的。

第二，还没有明确地认识"西学"所具有的异质性。在当时一般只把它视为单纯的"奇技淫巧"的潮流中，就是敢于称其为"夷之长技"的魏源，也只是认为招"西洋工匠、西洋柁师"，优选"闽粤之巧匠精兵"习之，那是很快就可以掌握的（《海国图志·筹海篇》）。

也就是说，西洋机器的导入还不是现实的事情，况且自身确立的原理还未受到挑战。"器"威胁到"道"，不得不考虑含有这种异质之物是否也具有普遍性的情况，那是在第二次鸦片战争失败，使中国不可回避地，被强制地处于"万国并立"中一国的地位；与此同时，摄取"船坚炮利"成为紧迫要求以后的事。

三、洋务论中的"道"、"器"

经历了英法联军进入北京，圆明园的破坏，咸丰皇帝蒙尘这样屈辱的过程，第二次鸦片战争以批准天津条约，缔结北京条约（1860）而告结束，在此基础上，取代过去司掌"夷务"的理藩院和礼部，设置了办理与诸外国外交的总理各国事务衙门（1861），接着在次年——同治元年，附设了教授外国语言文字的同文馆。清朝的"洋务"以屈服于列强之力的形式开始了。

另一方面，与朝廷不同，曾国藩、李鸿章、左宗棠等督抚们也在各地推进"洋务"。在镇压太平天国的过程中，受到现代装备的英法军支援的这些人，亲眼看到了西洋兵器的优越性，为了取之为"今日御侮之资、自强之本"，积极地致力于导入。李鸿章在上海设立外国语言文字学馆（1863）、江南机器制造总局（1865），开始翻译洋书，制造洋式枪炮，左宗棠在福州设置船政局（1866），着手导入造船、操舰的技术。

但是，不单单要购入洋式机器，还要自己动手制造——"取西人之长技"时，他们必然再次领会到这里的困难性。其中最大的难关就是算学（数学）。算学正如"洋人制造机器火器等以及行船行军，一自天文算学中来"所说的那样，是"西学不可不急为肄习者"，而它既不是无学的工匠可掌握的"机巧之事"，也不是从传统的学术中可简单类推的东西，而是有着一贯的精密的体系。正如《周礼·考工记》被作为经术是由于"匠人习其事，儒者明其理，明理而用宏"那样，"今日之学，也学其理，乃儒者格物致知之事"，也是必须的。前面所述，在北京同文馆中附设算学馆，延聘西人向正途出身的青年教习算学的提议，确实成了从"夷技"到"西学"这种认识的转变，并将它与"中学"相对立的契机。正因为如此，才引起了以大学士倭仁为首的保守派的激烈反拨：

窃闻,立国之道尚礼义而不尚权谋,根本之图在人心而不在技艺。

今复举聪明隽秀,国家培养而储以有用者,变而从夷,正气为之不伸,邪气因而弥炽,数年以后,不尽驱中国之众咸归于夷不止。

(以上见《筹办夷务始末》卷四十六—四十七。同治五年十一月庚申、十二月戊申,六年二月己亥的各上奏之文。)

认识到"西学",尤其是算学的独特的价值,提出当把它与"中学"并列而加以学习的最早的著作,恐怕是冯桂芬(1809—1874)的二卷《校邠庐抗议》了。这本在1861年,太平天国骚乱的高潮中写的书,显示了以后洋务论的原型,同时,冯桂芬后来也成为曾国藩的幕僚,生活在现实的洋务运动中。

他的改革论以选用人才为首,在所有的方面都展开,但主张"要以三代圣人之法为宗旨",即以"复古"为根本。三代圣人之法尽管二千余年间被以近功小利为事者视为"疏阔"而不顾,已"荡荡泯焉",但在历经世变的今日,确实是在所有方面都足以拯救时弊的东西。由于"古今异时异事",把所有都复古是不可能的,而"去其不当复者,用其确当复者"则是必要的(《校邠庐抗议序》)。

这里所见的理论,可以说完全是继承了前面所述的魏源把"圣人之道"从经书中解放出来以改革现状的主体性思想。从正面树立"圣人之道"以防备保守派非难的同时,在另一方面则提出"法苟不善,虽古先吾斥之;法苟善,虽蛮貊吾师之"(同上,《收贫民议》),以破坏成法,这是清末改革论共同的逻辑。

但由于以"三代圣人之法"为前提,使"西学"与之对立,所以大胆地导入西学的主张,也就必须限于一定的范围。冯桂芬尽管主张西洋的"算学、重学、视学、光学、化学等皆得格物之至理",以不知此为"学士之羞",学西洋诸国的富强必须"法后王",但还是认为:

如以中国之伦常名教为原本,辅以诸国富强之术,不更善之善者哉?!(同上,《采西学议》)

把"西学"只是置于补"中学"之小欠缺的地位。 他虽然列举了西洋对于中华的优点,但认为这中间的大部分都是可能用复古来挽救的,"道在反求而无待于夷,然则有待于夷者独船坚炮利一事耳"(《制洋器议》)。 这虽是后来被发展为"中体西用论"的原型,但其意义可以说是完全不同的。 张之洞等"中学为体,西学为用"的主张,是在把所谓的"用"全都让给"西学"以后,想要顽固地保持"体"——传统秩序的存在。 而在冯桂芬那里,"中学"依然是"中华之学",相对于"夷狄之学"有着不可比拟的价值,其地位一点也没有动摇。 这种自信,可以说反而把想要大胆改革现状的主张视为是可能的。

但"洋务"不会仅限于"船坚炮利一事",这是必然的。 现代军事技术的导入,不久,它的波纹就向铁道,通信,矿工业,商业,轻工业的"现代化"扩展开来。 现实的"洋务"的进展,人们对西洋认识的加深,"西学"也就不会只停留在弥补"中学"小欠缺的地位,而是浸透到所有的领域之中。 这样,把"西学"置于"中学"(即圣人之道)之外,就明显地变得无理了。 如果中华之学,在可能性上,当具有施行于全世界而不能违背的普遍性;而在现实中,它的有效性却被压缩到了极小的范围之中;那么,这样悬殊的价值就必然被怀疑。 经过了所谓的同治中兴,到光绪初年,这种矛盾变得越发明显。 我们在王韬(1828—1987)的改革论中,可以看到这种典型的例子。

王韬长期在香港从事经书的英译、英文书的汉译工作,也曾渡英,实地见闻过西洋,是当时最深刻地了解西洋文化的一个人。 他的改革论,正如一篇文章题为"变法"所示的那样,超越了单纯的洋务论,已经接近了"尽废古来制作"的变法论。

第一章　洋务、变法思想和道器论

至今日而欲辨天下事,必自欧洲始! 以欧洲诸大国为富强之纲领,制作之枢纽,舍此无以师其长而成一变之道!(《弢园文录外篇·变法中》)

一变的内容,以导入西洋机器强兵为首,兼及取士、练兵、学校、律例,但他以为:

且此之所变者,特其迹焉而已。治国之道,固无容异与往昔者也。(同上,《变法自强上》)

这是因为:

此皆为器,非道也,不得谓治国平天下之本。

那么,所谓的"道"又是什么呢?

孔子之道,人道也。人类不尽,其道不变。三纲五伦,生人之初已具,能尽乎人之分所当为,乃可无憾。圣贤之学,胥自此基。(同上《变法上》)

孔丘之道,无非就是三纲五伦,他强调,只有这才是"不可变者",是人类的普遍性。 但在现实中,孔子之道只不过行于中国。 对于这个难关,王韬想用"数百年之流,道必大同","必化天下诸教之异同而归于一源"(同上)这样的大同思想来突破,但以此来消除"中学"和"西学"所具有的价值矛盾是不可能的。 面对滔滔流入的"西学",如想要保住"中学"的优越性,不是把二者并列,而必须求得在"中学"之下结合"西学"的理论。 这种结合的尝试,就是"西学之本自中国之学出"的附会说。

四、变法论中的"道"、"器"

这种附会说，早在前面谈到的附设算学馆之议时，恭亲王奕䜣的上奏文中，就有"查西术之借根（代数），实本中术之天元，彼西土亦目为东来之法"的说法，可视为源头。而进入了光绪时代，在改革论者之间，一下子变为被广泛主张之说。比如曾纪泽《出使英法日记》、张自牧《瀛海论》、《蠡测卮言》、汤震《危言》、郑观应《盛世危言》、陈炽《庸书》等，而他们的论据千篇一律都是相同的。也就是说，今日被称为"西学"者，实际上就是"中学"。机器始于三皇之世，其他的各种科学也都可以在文王、周公、诸子的书中见其端绪。老聃消失于西面的流沙，或幽厉之际畴人的子弟与其技术一起流徙西域，传到了西洋。此后，虽同承圣人之教，然"中国所守者，形上之道；西人所专者，形下之器。中国自以为道而渐失其所谓器，西人戮力于器，有时暗合于道者"（《危言·中学》），因此，今日学"西学"，无非是"以中国本有之学还于中国"（《盛世危言·西学》），只有这样本末兼备，方可全圣人之学。在此未曾有过的危机之际，只有"求形下之器，以卫形上之道"才是所以救中国之法。

这种理论，不用说，是中华意识的一种表现，如仅仅这样把它提出的话，也可以称之为姑息的折中论或夜郎自大的诡辩吧！但在现实中，正是这种理论，在为导入"西学"广开道路的同时，也提出了与在"器"中占压倒性优势地位的这种"西学"相对立，作为"道"之学的"中学"最终究竟是什么的问题。"道器论"成为洋务、变法思想的中心课题，就在此思路上。

他们作为"守形而上之道"的"中学"，由于"物由气生，即器由道出"，"道为之本，器为之末"，所以比"西学"占有更优先的地位，但这决不是现实中传统的四书五经之学，传统的学问首要的目的就在于科举，它既不能"艾安国家"，又不能"怀柔远人"，"一旦业成而仕，则又尽弃所学，学非所用，用非所学"（《盛世危言·考试上》）。他们所说的"中学"，既不是埋没于古书，忘却经世致用的考证学，也不是"循于空文，高谈性理"的朱子学，因为这些东西都是挥舞着拥护"中学"的旗号，"不自议振新而惟以用事为议；不自愤积弱而惟以变夏为愤"（《危言·中学》），对于现实的"朝章、国计、民生等重大者"没有任何效用的。

这种对现实"中学"的批判，显示出他们所谓的"中学"显然是被理想化了的。以最完整的形态展开这种光绪前十年间道气论的，就是《盛世危言》中的《道器篇》。在那里，被认为"列圣相传之大道，而孔子述之以教天下万世者"，就是《中庸》所说的"致中和，天地位焉，万物育焉。"中与和，在"喜怒哀乐之未发，谓之中；发而皆中节，谓之和"这样的意义上，是伦理的根本；而在"弥纶宇宙，涵盖古今，成人成物，生天生地"的情况中，也是宇宙的原理。然而，正如"非举小不足以见大，非践迹不足以穷神"所说的那样，是只有通过事物现象才可以把握的。具体而言，如果把西方人的"器"即"一切汽学、光学、化学、数学、重学、天学、地学、电学"作为"博"的话，那么"道"就是"约"，也就是贯通这一切的集约的原理。"中学"的真正意义正在于此，因此与"西学"相结合，方始"本末兼赅"。换一句话来说，所谓"道"可以说是从作为"器"的客体中抽象出来的主体的原理。

如果"道"（即中学）在这以前是被理想化了的话，那么，对照这种理想，既存的政治、经济、教育制度也就难免成为批判的对象（但伦常名教除外。因为站在正统立场，只有这才是其"主体"。在变法论中，彻底批判伦常名教的只有谭嗣同，而其根底上是"器先道后论"）。"西学"的范围从西洋的机器到西洋制度的迅速扩大也就在这个时期。郑观应《道器》篇末记载了对改革的期待："博采泰西技艺"，"设大小学馆以育英才"，"开上下议院集众益"，"精理商务，籍植富国之本，简练水陆，用伐强敌之谋"，清末的改革论，成了从洋务向变法的一大转折。

以上，我们仅限于"道器论"进行了探讨，而在清末的改革论中，"形而下（即气）"的概念，可以说被收敛为"器"的概念，要指出气的概念在思想史上的特征是非常困难的。 但是，"气"概念并没有完全消失。 比如，把鸦片战争中人民的抵抗称为"民气不可遏抑"，把设立众议院称之为"君民一体之义，天人一气之原"，像这样模糊的说法，虽用过去的观念难以理解，但确实存在着，并在表现推动时势的民众力量的场合常常被使用。 在此意义上的"气"的概念，后来被康有为等在哲学方面提出，而这就让下一章去进行论述吧!

（丸山松幸）

第二章

变法运动中的气

一、意识情况

不管愿意与否，不得不承认自身并不是世界（天下），只不过是世界中一国的中国，敏锐地感觉到，问题还不仅如此，甚至已到了危及存在的地步；怎样理解现状，是否应当改变，这种在以前已进行并不断高涨的从古今东西思想中探求的努力，想打破现状确保与列强并列位置，是这个时期各种变革思想中共同的意识。这些思想产生的群众运动之一，就是变法运动。

因此，在这个时期中，即使有像康有为（1858—1927）那样，认识到中国现状的危机，以把孔丘当作创教者、改制者为中心，试图将能应付这种现状的思想体系化的人，但比如以"理、气"这种哲学概念为基础、也可说为对象的思想，或因问题缺乏切实性，或被视为是已确定的问题，几乎都没有发展。当然，朱子学依然是官方许可的学问，"理、气"还是其重要的议题，但这已堕落为只是为了科举的学问。在成为清代学问主流的考证学方面，它或只被视为日常生活行为的基准，或是作为世俗之物受到反拨，在考证学全盛期以后，朱子学的议题几乎丧失了可作为学问课题之处。

然而，正如从苏舆编集《翼教丛编》（1898）等情况可知的那样，可以说朱子学的信奉者——朱子主义者在现实中还存在,他们意识中考虑的中心,就是从他们的角度对现状的批判——尤其是对有志于变革者的批判。 也就是说,对于议论哲学概念来说,这是一个过于激荡的时期,即使有这种议论,也可以认为,不会有足以代表这个时期"气"概念的独特的东西。

但"气"这个概念也并非完全不被使用。"气"除了像"气……"、"……气"这样司空见惯的用法以外,存在着在概念上被使用的例子——这也是事实。 但那些为数不多的例子,正如前所述,也常常是和现实的要求相联系而展开,由于不能被认为是各人思想的中核,所以也就不能以各人思想中的"气"这样的方法来论述。

在上述的前提下,想从分别以不同角度与变法运动相关联的康有为、谭嗣同(1865—1898),梁启超(1873—1929),严复(1853—1921)等戊戌变法前后的各篇论文中提出的"气"概念的事例,来探讨它在他们共同的意识中是如何存在,如何展开的。

二、通　　气

康有为在《上皇帝第六书》(1898)中,再三地强调变法的必要性,而且说,变法不全面也只能招致灭亡,认为要根本变革祖法;梁启超在《变法通议》(1896)中,认为要保国、保种、保教,就要诉诸于主体的变革;严复在《原强》(1895)的最后,援用了梁启超的主张,认为变法为急务;显示了他们共同的危机意识。 他们想要进行变法,是因为必须从物质和心理两个方面打破固旧依然的社会、政治体制造成的闭塞状态,也就是必须像谭嗣同所说的那样"冲决罗网"(《仁学上》,1897)。正因为如此,就离不开对中国未来的展望。 康有为说:

> 生闻,言事有越职之禁者,所以定名分也。闢门有传言之典者[1],所以采刍荛也。定分以靖臣下之心,采言以通天下之气。(《上清帝第一书》,1888 年,重点为引者所加,下同)

要求从民间积极选用人才，广开下意上达之路以安定天下。　又说：

> 夫中国大病，首在壅塞，气郁生疾，咽塞致死，欲进补剂，宜除噎疾，必血脉畅通，气体乃强。……同此兴作，并为良法，外夷行之而致效，中国行之益弊者，皆上下隔塞不通民情所致也。（《上清帝第二书》，1895 年。译者注，一本作"第三书"）

把中国通弊之因，比作噎咽（即咽喉塞阻）之病，认为除去此病，当可为健康之体；还有，尽管中国和外夷有着同样高度的文明，有着同样的优秀方法，但中国的弊病日益加剧，是由于上下意志疏通被阻碍之故，建议要像除去噎疾使之通气那样，疏通上下的隔塞。　谭嗣同也同样认为：

> 吾愿各府州县，就所有之书院概改为学堂、学会，一面造就人材，一面联合众力，官民上下，通为一气，相维相系，协心会谋，则内患其可以泯矣，人人之全体其可以安矣。（《论全体学》）

也就是要改革旧式的学校，变为形式和内容都新的学校，变为讨论国政的机关，如培育人材，集中众智，则国内的安定就是可期待的——也是主张要使上下相通。　严复指出，各人只为了追求和保全私人的利益而集中精力，因此中国社会就出现了分解的现象，力主必须要通过提高民力、民智、民德，讲求在西欧社会中可见的，能把公和私直接联系起来的手段（《原强》）。　这和前两者相同，也是属于为了国家富强，要通气，以谋求疏通社会全体的想法。　还有，像梁启超所说：

> 觇国之强弱，则于其通塞而已。（《论报馆有益于国事》1896 年）

这样概括的表达。　这在另一方面则是要强调鼓舞、伸张民之气风、民之元气的方法。　也即梁启超所说：

一国中大多数人,对于国家之尊荣及公众之权利,为严重之保障,常凛然有介胄不可犯之色。若是者,谓之民气。民气者,国家所以自存之一要素也。(《新民说》,1902 年—1904 年)

把为了国家的光荣和人民的权利,即使面对武力也不退缩的意气称之为民气,视此为国家存立的要素。 认为要使民气发挥力量,就必须培养民力、民智、民德。 谭嗣同则说:

……故华人慎勿言华盛顿、拿破仑矣,志士仁人,求为陈涉、杨玄感,以供圣人之驱除,死无憾焉。若其机无可乘,则莫若为任侠,亦足以伸民气,倡勇敢之风,是亦拨乱之具也。(《仁学下》)

译成现代汉语:不要说成为华盛顿、拿破仑等,就像陈涉、杨玄感,也可起汉唐先驱那样的作用;如这不可能的话,那么作为任侠之徒也好,因为可以伸张民气,倡导勇敢之风。

从以上可见,康有为、谭嗣同、梁启超、严复共同的认识,就是整个中国丧失了可应付新事态的能力,其原因,是由于对作为整体机制来说是必要的内部机能已不能有效地起作用,所以内部物和心两方面的环流处于闭塞状态,而对此没加注意;或者说注意了而被不加关心地放置着。 其根本,是由于"气"处于被塞阻的状态,所以必须要通过"通气","伸张民气",来促使内部的环流,使内部的机能有效地发挥作用。 可知,在这里,"怎样使之通",即"通"是他们共同的重要议题。而从他们政治思想总体上来看时,这和要形成国民统一国家的志向是有联系的。

三、元　气

在现实的,或者说实践的思想家梁启超说的"元气"中,强调的是一般"气"概念中活力的方面。 这和前面引用的梁、谭说的"民气"密切相关。梁启超说：

> 爰有大物，听之无声，视之无形，不可以假借，不可以强取。发荣
> 而滋长之，则可以包罗地球，鼓铸万物，摧残而压抑之，则忽焉萎缩，
> 踪影俱绝。其为物也，时进时退，时荣时枯，时汙时隆，不知其由天
> 欤？由人欤？虽然，人有之则生，无之则死；国有之则存，无之则亡。
> 不宁唯是，苟其有之，则濒死而必生，已亡而复存；苟其无之，则虽生
> 而犹死，名存而实亡。斯物也，无以名之，名之曰元气。(《国民十大
> 元气论·叙论》，1899)

也就是说，由于系无声无形之物，不能强下定义。但如使它盛行，则
就会生出地上存在的所有之物；如压抑危害它，则就会无影无踪。它
因时代而反复盛衰，不知是人为的还是自然的，但它决不只和人的生
死、国之存亡有关系，不如说它是对此起决定性作用的称作"元气"之
物。还有，发荣，就是使之兴盛之意；鼓铸，原是铸造货币之意。还
有，他说：

> 所谓精神者何？即国民之元气是矣……若夫国民元气，则非一
> 朝一夕之所可致，一人一家之所可成，非政府之力所能强逼，非宗门
> 之教所能劝导……语曰，国于天地，必有与立，国所与立者何？曰民
> 而已。民所以立者何？曰气而已。(同前)

总之，对人类和国家的生死存亡起决定性作用的是"元气"，即（国
民）精神，而这不是靠特定的个人、国家、政府、宗教等从外面倡导或
强制可以轻易地奋起的。因此，就必须要有把国家置于此基础上的
民，要激扬使之为这样的民的"气"。民之"气"，就是国民的"元
气"，就是国民的精神。
　　与此相对，康有为的"元气"论更有原理性，正如下面所见，是把

"元气"理解为整个物质界和精神界的根源之物。康有为说：

> 夫浩浩元气,造起天地。天者,一物之魂质也,人者,亦一物之魂
> 质也,虽形有大小,而其分浩气于太元,挹涓滴于大海,无以异也。孔
> 子曰："地载神气,神气风霆,风霆流形,庶物露生"[2]神者有知之电
> 也[3],光电能无所不传,神气能无所不感。神鬼神帝,生天生地[4],全
> 神分神,惟元惟人。微乎妙哉,其神之有触哉！无物无电,无物无神。
> 夫神者,知气也,魂知也,精爽也,灵明也,明德也,数者异名而同实。
> (《大同书·甲部绪言》)

从"元气"这种太元中生成天地,地中有神气（即电气）,它成为风和
雷而到处传布,产生出各种各样之物。人是其中有神（即有知之电）
的存在。这里所说的魂质,和物质是不同的,它是任何一种具有实质
之物,加上质这个字而已。神是有知之电,在只有物才有电、神存这
一点上,可证明"元气"的物质性。还有,把神的灵妙作用改置于电
中这一点,可以知道,对于由西欧自然科学而得知电的作用,是何等的
惊异。他还说：

> 万物之生,皆本元气。人于元气之中,但为动物之一种。(《大同
> 书·壬部,去类界爱众生》)

还有,《大同书》的全文发表是在康有为死后的 1935 年,其中一部分,
发表于 1913 年,但作于 1885 年的《人类公理》可认为是其原型,《大同
书》的基本理想产生于这变法运动期间,所以在此引用,也不会有什么
障碍吧！

在谭嗣同的"元气"论中可看到同样的性质。也就是把"元气"
视为整个物质界和精神界的根源。他说：

元气细缊[5]，以运为化生者也，而地球又运于元气之中，舟车又运于地球之中，人又运于舟车之中，心又运于人身之中。元气一运无不运者，人心一不运，则视不见，听不闻，运者皆废矣。(《石菊影庐笔识·思篇八》，1894)

在重视心的作用这一点上，被视为是所谓的唯心论。 但由于它也和(天地的)"元气"密切地混合，遍行各处，存在进行化生这样的客观事实；另一方面，由于心的状态，有着看不到这样的现实，使事物停滞(即产生阻塞)的情况，这也并不是否定"元气"的物质性质。 心的重视，是和对《仁学》中"心力"——人心之力及其传布——的重视有关系的。 这里说的舟车，也可作为国土之意，但不明确。

而康有为在《春秋董氏学》(1896)卷四《春秋口说第四》中引《春秋繁露·重政篇》：

是以《春秋》变一谓之元，元犹原也，其义以随天地终始也。

注此曰：

隐元年何注：变一为元，元者，气也。无形以起，有形以分，造起天地，天地之始也。

还有，在《礼运注》(1901—1902?)[6]中，注"是故礼必本于太一"曰：

太一者，太极也。即元也。无形以起，有形以分，造起天地，天地之始。《易》所谓[7]"乾元，统天者也"。天地阴阳，四时鬼神，皆元之分转变化万物资始也。

这里，虽然康有为的思想中似还可看到古典解释的各种影响，但上面所述完全可以理解为是在十九世纪末——二十世纪初的中国社会中康有为思想的展开。

总之，"元气"即是"作为元的气"，由于元是"气"，所以便可以认为，只有"气"才是天地万物的根源。还有，它作为本原的理论，是涉及物质和精神两方面的，由于是事物生成的根源，所以可认为与梁启超说的关系到生死存亡的元气是同质之物。

四、气

从上一节中的例子可见，在梁启超、康有为、谭嗣同那里所见的"元气"，一般都可以改换成"气"，并被认为是所有事象、事物的根基（只是在严复那里没有相当的可举之例）。那么，关于"气"，又是怎样被理解的呢？ 康有为说：

> 夫天地者，生之本，万物分天地之气而生，人处万物之中得天地之一分焉。故天地万物皆同气也。(《中庸注》"致中和，天地位焉，万物育焉。")

这和上一节中所见的他的"元气"相同，只是把"元气"改换成"气"。 又说：

> 天地之间，若虚而实，气之渐人，若鱼之渐水。气之于水，如水之于泥，故无往而不实也。(《春秋董氏学》卷六"气化")

也就是说，天地之间，由"气"而充实。 又说：

> 若无吾身耶，吾何有知而何有亲？吾既有身，则与并身之所通气于天，通质于地，通息于人者，其能绝乎？其不能绝乎？其能绝也，抽刀可断水也；其不能绝也，则如气之塞于空而无不有也，如电之行于

气而无不通也,如水之周于地而无不贯也,如脉之周于身而无不彻
也。山绝气则崩,身绝脉则死,地绝气则散。(《大同书·甲部绪言·
人有不忍之心》)

据此,似可认为,康有为把"气"作为充满天地的实体,作为生成造就
包括人在内的事物、现象之物,因而是使万物一体化之物。

谭嗣同的见解大致与此相同。 他说:

天以其混沌磅礴之气,充塞固结而成质,质立而人物生焉。(《石
菊影庐笔识·思篇十》)

指出,"气"作为实体而存在,是生成万物者。 而所谓"磅礴",《庄
子·逍遥游篇》中有曰:

将旁礴万物以成一

这个"旁礴"有着混同万物之意和广被万物之意这样对立的解释,而在
这里,是取前者。 谭嗣同还说:

夫浩然之气,非有异气,即鼻息出入之气。理气此气,血气亦此
气,圣贤庸众皆此气,辨在养不养耳。得养静以盈,失养暴以歉,气行
于五官百骸,形而为视听言动,著而为喜怒哀乐。推而究之,齐治均
平,所由出也。(《石菊影庐笔识·思篇二十八》)

这虽是和孟子的"浩然之气"有关联的特殊的情况,但认为养不养
"气"不仅对生理现象和精神现象有重大的影响,而且是理想政治成功
与否的关键;如果完全地养气的话,就具有着主体方面正确调整这些现
象的可能性,在这一点上,尽管表面上精神主义很明显,但还是把

"气"作为物质性的实体,这并没有改变。

严复谈到"气"的地方非常少:

> ……万物皆始于简易,终于错综。日局始乃一气……(《天演论》上,《道言二·广义》,1896 年)

如这里所说,万物在由单纯之物向复杂之物进化之时,似也是把"气"作为根源来考虑生成的。 这里说的"日局",就是太阳系之意。

关于梁启超,则没有可以考虑的类似事例。

以上,以康有为、谭嗣同为中心,列举了关于"气"的事例,而在此,想来看看康有为、严复著作中可见的对朱熹"气"论的评论。 他们的"气"——正如前面所见的那样——是万事万物中共有的物质性的东西,他们的论述是气一元论,所以,必然地就要否定朱熹的"气"论。 因此,下面就不再进一步地探讨,仅列举作为参考的例文。

首先,康有为说:

> 盖盈天下皆气而已,由气中自生条理。(《孟子微》卷二,1901 年)

又说:

> 告子生之谓性[8],自是碻论,与孔子说合。但发之未透。使告子书存,当有可观,王充、荀悦、韩愈即发挥其说。程子、张子、朱子分性为二:有气质,有义理,研辨较精。但分为二者,盖附会孟子。实则气全是气质,所谓义理自气质出,不得强分也。(《长兴学记》,1891 年,见自注)

也就是认为,告子的性说虽为碻论(碻即搞、确之意),但不完全;认为存在着王充——荀悦——韩愈这样的发展系统。 另一方面,认为想要附会孟子的程子、张子、朱子这一系，他们的分析研究稍精，但他们把性分为气质和义理是错误的。认为性完全就是气质之性，由此而生出义理之性。这是和认为"气"中间自然地生出条理的《孟子微》（见前）相同的观点，是"气的哲学"的立场。此外，据李泽厚氏所云，康有为在《万木草堂口说抄本》（北京大学图书馆藏，未见）中，认为物皆自"气"始，然后才有理，明言朱子的理在气先之说为非。[9]

严复在《天演论下·论十三》的"论性"案语部分，有如下的叙述：

> ……宋儒言天，常分理、气为两物。程子有所谓气质之性。气质之性，即告子所谓生之谓性，荀子所谓恶之性也。大抵儒先言性，专指气而言则恶之，专指理而言则善之……朱子主理居气先之说，然无气又何以见理？……

这和康有为对朱子的评论相同，也是从气一元论的立场出发的。

五、"气"概念的位置

以上，根据非常有限的少量资料，试图对康有为、谭嗣同、梁启超、严复等思想中见到的"气"的概念进行了探讨，他们共同之处，是把"气"视为在所有事物、现象中存在，由"气"本身的变化而使一切都不断变化的根源之物；它是基本的物质存在，不仅是物质世界，而且是把精神世界也统括在此根源上的存在。在此意义上，可以视为是"气"一元论的展开。但是，正如前所述，他们的这些"气"论，并不是被作为基础，或者说并不是被作为他们学问的主要对象来展开的，只不过是他们整个思想构成中的一部分。

但是，在他们对历史和现实的要求中展开的诸论文中，"气"当然不是完全没有意义的。正如已指出的那样，他们共同的主题，就是"通"。除去妨碍阻塞物、心两方面环流的东西使之"通"，是根本的救国方策,正因为如此,变法才是必要的。 在这样的意识中,说到作为万事万象唯一根源的"气"时,"气"确实就被视为是万人万物所共有的,因此,万人就被视为同质的存在。 进而使共有之"气"相"通",就可造就国民一体感,即作为统一国家国民的自觉。 在这样的基础上,来进行对变法维新新政府的展望。 此外,由于共有之"气"的本身时时都在变化,把产生万事万象的生成论作为根据之一,他们想从这方面来说明要适应历史的进化发展,应当进行变法。 当然,在这一点上,公羊学的历史进化思想是最重要的根据。

如要确定"气"在他们共同意识中所占的位置,大体就是这样。可以认为,在最终,还是和"通"这一共同的主题相联系的。

附:以　　太

以太,这个自然科学中使用的术语,成了谭嗣同《仁学》的思想中一个重要的概念。 由于它和"气"概念有着非常类似的样态,动辄就把"气"作为以太,或可把以太视为是谭嗣同"气"概念的延伸概念。[10]由于已接触过谭嗣同的"气"概念,对于以太也必须有所论述,想把它与"气"概念相关联作若干的探讨。

> 遍法界、虚空界、众生界,有至大、至精微,无所不胶粘、不贯洽、不筦络而充满之一物焉。目不得而色,耳不得而声,口鼻不得而臭味,无以名之,名之曰"以太"。(《谭嗣同全集·仁学》第九页)[11]

如上所述,以太充满于可想象的所有世界中,是胶粘所有一切,在一切中贯流,联系相互脉络的物质;是既非常大,又非常精微的物质;是无形、无声、无臭的物质;也就是说,是不仅使物质的世界、也使精神的世界得以存在的根源性的存在。 即如:

> 至于原质之原,则一以太而已矣。(《仁学上》十一)

所说，是原素中的原素。它不仅使人的肉体成为个体，而且还是使夫妇、父子、兄弟、君臣、朋友，到家庭、国家、天下的各种社会政治关系得以成立，"粘砌而不使散去者"（《仁学上》一）。由于被认为是所有事物、现象的根源，所以使人感到和前面例子中所说的谭嗣同的"气"的概念是同质的，还有，就逻辑上说，在实体论中，以太也许确实可以相当于谭嗣同的"气"。

但是，应当注意到，在他的著作，特别是《仁学》中，没有用"气"来说明以太，也没有用以太来说明"气"之处。也就是说，这种情况产生了在他的意识里，是否有着"气"和以太有机联系这样的疑问。张德钧氏在屡屡论及"气"的《石菊影庐笔识》和《仁学》之间，插入《兴算学议》（《上欧阳瓣蘁师书》二）以及《思纬壹壹台短书》的时期，把前期作为是唯物主义的，后期是唯心主义的[12]。据此，则谭嗣同本身断绝了前期意识，殆是以现实生活中的挫折为契机而发生的。现如从此说，根据谭嗣同的想法来考虑的话，那么，在他本身的意识中，"以太＝'气'"是不能成立的。当然，在《石菊影庐笔识》等著作中，谭嗣同给予张载、王夫之等以很高的评价，所以，在张载→王夫之→谭嗣同这一"气的哲学"的谱系中，领会谭嗣同的思想；把他写入，是有道理的，但对这种断绝的意识，对以太和"气"的相互关系缺乏说明的情况加以注意也还是必要的吧。

如前面引用的那样，原质之原，只是一个以太，"一故，不生不灭。"（《仁学上》十一）在不生不灭中唯一根原的存在，是因为不间断地反复生灭，而不生不灭之物；由此，产生了所有事物的变化。

以太之动机，以成乎日新之变化。（《仁学上》十九）

换句话说，由于作为不生不灭唯一根原存在——以太的存在，事物日新的现象才会产生，这不是在"气"概念中，由于气化，即由于本原性的"气"的变化产生出万物万象的生存论。或许，依照"气的哲学"的谱

系，当更深地领会，但未见气化论的生成论则是事实。 总之，谭嗣同
在这里强调，事物是日新的；由于必须要日新，那么，作为其根据，"以
太之动机"也就是必要的了。

不生不灭的以太，当然就无始无终。 他认为：

> 以太者,亦唯识之相分。(《仁学上》二十六)

所谓相分，是唯识论说的四分中的一种，是心的客观的方面。 因此这
也就是说，与那种实在、非实在没有关系，超越了现实的心的立场的存
在，就是以太；超越了时空，永远不生不灭持续着的唯一根原性的"或
物"就是以太。 这些对于谭嗣同来说，似也是尚未详加说明，还没有
完成的东西。[13]在这里，应当注意的是，在"气"概念中可见的物质的
性质完全失去了。

还有，对于以太来说，具有"通"这种媒介体的特色，这是首要的
性质。 确实，这是谭嗣同思想中以太的重要性质。 然而，正如前引
《大同书》甲部的文字中，有"电之行于气而无不通"这样的说法可见
的那样，"气"虽然不是没有媒介体这样的性质，但这完全是次要的。

谭嗣同说：

> 仁以通为第一义。以太也,电也,心力也,皆指出所以通具。

又说：

> 以太也,电也,粗浅之具也,借其名以质心力。

这是在《仁学》卷上开头所见的仁的定义。 以太、电、心力是媒介作
为仁的最重要内容"通"的手段；以太、电是为了使心力实体化的东
西。 也就是说，努力要实现仁的"第一义"——"通"的人的主体的

心，把吸引力作为力，为了使之传达到每个人，成为每个人的心力，使之激奋，就把以太作为媒介体。 这里和以太并列的电，正如前列举的康有为的话中可见的那样，是取代了表示神这种灵妙作用的传统概念的电气，由西欧自然科学成果而得知的奇异的力、媒介体和传达手段。

通过上面所述，可以知道，谭嗣同那里的以太，和"气"并不是同质的，或者说，要断定与"气"同质还是有很多疑问的。 但从《石菊影庐笔识》等所见的"气"概念中，确实可以创造具有极其相似性质的以太的概念，这也是不可否认的事实；但是单从逻辑上着眼而把以太置于"气"概念延长线上的做法，如进一步考虑他的思想的话，则未必可以说是得当的。

作为现实的问题，谭嗣同在前面列举的仁的定义以后，列出了"通"的四义，即中外通，上下通，男女内外通，人我通。 如果说，这不仅显示了他自身的"通"的内容，而且是对变法运动时期人们共同的主题——"通"的内容的出色归纳的话，那么，以太虽说和"气"不同质，但却是和"气"一样地产生万物一体感，和"通"相联系的有着同样的思想形式、起着同样作用之物。

此外，康有为用"以太"来说明"不忍之心"（《孟子微》卷一），严复也把"伊脱"作为"最清之气"的表现（《天演论·下·论九·真幻》），但似乎仅仅如此，并非把它作为一个问题。 严复的"最清之气"，是最纯粹的"气"之意，与所谓"气的清浊"论没有关系。

（有田和夫）

注　释：

[1] 阐门……。 正如《尚书·舜典》有曰、"阐四门，明四目，达四聪"，是广开进贤之路的意思，阐，即辟，意味着天子，阐门，表示天子的居所。 所谓传言之典，是指上书必定要传供上览的规矩。

[2]《礼记·孔子闲居》。

[3] 康有为《中庸注》中，注"地载神气"，作"神气即电气也"。

[4]《庄子·大宗师》"以鬼为神，以帝为神"，似就意味着作为万物生成根原的情况。

[5]《周易·系辞传下》有"天地絪缊，万物化醇，男女媾精，万物化生"，殆本于此。

[6] 关于《礼运注》的制作年代，有疑问。 请参照拙稿《康有为》，载《讲座东洋思想

気 的 思 想

2》（东京大学出版会）第 236 页。

[7] 《乾卦·彖传》中有："大哉乾元，万物资始，乃统天。"

[8] 《孟子·告子上》。

[9] 李泽厚《康有为谭嗣同思想研究》第 74 页。上海人民出版社，1958 年。

[10] 比如，冯友兰氏认为，谭嗣同用"以太"来代替中国古典唯物论中说的"气"，或者说是用"气"来解释"以太"（《论谭嗣同》，载《中国哲学史论文二集》，上海人民出版社，1962 年）。

[11] 《谭嗣同全集》，北京三联书店，1954 年。

[12] 《谭嗣同思想述评》，见《历史研究》1962 年第四期。

[13] 章太炎评《仁学》，就以为它确实是杂糅的（《太炎先生自订年谱》光绪二三年、三十岁项）。

508

附论　西洋文献中"气"的译语

欧洲的中国研究，始于 16 世纪。 这以后，欧洲诸国的中国学讲座和研究者徐徐增加，各自夸耀本国的传统和研究方法，到现在，各国轮流，几乎每年召开全欧洲的中国学会。 还有，欧洲的"中国学"Sinologie，有着比日本人一般所想的更广泛的意义，即使说中国思想的研究，就不止是儒家的思想，还包括中国的佛教，中国的民间信仰，道教等的研究。

美国的中国研究，以法国，还有德国中国学的影响为基础出发，而形成正规完整的研究体制，则是第一次世界大战以后的事情。 但是，现在，在研究者的数量，研究主题的广泛性、研究设备的充实性方面，都取得了决不亚于欧洲的长足进展，已形成了独自的中国学。

因此，在这里如要对照欧洲（包括苏联）和美国的所有出版物，举出"气"的译语，那就是无止境的，也是几乎近于不可能的事。 因此，想列举被认为在欧美的中国研究史上，留下了很大业绩的学者的翻译和解释。 基本按时代顺序排列，是因为这样也可以看到对"气"的理解的进度。

德 国 的 译 语

一、 Wirkungskraft

这个译语，是奥托·福兰阁在《关于孔子的理论和中国国家宗教历史的研究》（Otto FRANKE, *Studien zur Geschichte des Konfuzianischen Dogmas und der chinesischen Staatsreligion: das Problem des Tsch'unts'iu und Tung Tschung-schu's Tsch'un-ts'iu fan lu*, Hamburg, 1920, p.187）中，著者在翻译《春秋繁露·五行相生》"天地之气，合而为一，分而为阴阳"的文中出现的。 奥托·福兰阁是建立了德国中国学的历史学家，思想家。 作为气的译语的 Wirkungskraft，是"活动力、影响力"这样的

509

意思。 同一《五行相生篇》中"邪气"的翻译（p.190），则采用 üble Stimmungen（不快之心的状态）这一译语。 但关于这个"气"，从同样使用 Wirkungskraft（但在那里是复数形式）而加的注释来看，可以认为，著者基本上是把"气"作为"活动力，影响力"的意义来理解的。

二、 Lebenskraft

在艾士宏《西铭》译注（后面还要谈到）第 40 页注 3 引用的卫德明《孟子》(Helmut Wilhelm, *Mong Dsi*, Vol. Ⅱ, p.29) 中所见的译语。 用这个译语（生命力之意）来作为《孟子·公孙丑上》"夫志，气之帅也；气，体之充也"的气。 卫德明以《易》的研究而著名。

三、 Odem

这是在葛禄博和艾士宏共著的《朱子通书解》(W.Grube und W.Eichhorn, *T'ung-šū des Čeŭ-tsi*, Leipzig, 1932, p.97) 中所见的译语，关于选用这个译语的理由，在同页的注 1 中有如下说明：

> 我以为,把这个术语(气)用我国(德语中)Schöpfungsodem(天地创造的气息)中的 Odem 来表达,在大多的场合是妥当的。加贝伦茨氏(Gabelentz)在他的 *Sing-li-tchinthsiouani*(原题未详)in: *Zeitschrift für die Kunde des Morgenlandes*, Bd.Ⅲ 中,把"气"最终地译为 Materie,但在我看来,Materie(物质)这个词,从作为一般的德语的意义和内容来说,似不能正确地表达出中国思想史上"气"的意义。〔译者按:此段引文中(　　)里的译语,俱系日方引用者所加,此从日文译出。〕

艾士宏在同书第 8 页的注中，把"气"译作为：die Materie，在第 28 页中，把"志气"译作为 die Energie。 从文章的前后关系上来说，由于"气"的意义有所不同，用这样不同的翻译是理所当然的，但艾士宏把气的基本意义确定为 Odem，这从他在《张载西铭——对北宋精神史的一个贡献》(Wernr Eichhorn, *Die Westinschrift des Chang Tsai : ein Beitrag zur Geistesgeschichte der nördlichen Sung*, Leipzig, 1937) 第 7 页的注 1 中使用了同样的译语，在第 27 页中把"正气"译作 der rechte, Korrekte Odem 的事实中也可以察觉到。

这个德语中的 Odem，如译成日语的话，则是"气息、呼吸"，实际上是诗的用语，而不是日常普通使用的单词。 一般在指"气息、呼吸"时，现在德语中使用的是 der Hauh, der Atem，实际上这个 Atem 古代的别形就是 Odem。 把现在不太使用的 Odem 来作为"气"的译语，有着艾士宏的苦心。

或许正是这个原因，他在《周敦颐——十一世纪中国学者的生涯》(*Chou Tun-i: ein chinesisches Gelehrtenleben aus dem 11.Jahrhundert*, Leipzig, 1936.〈Repr.1966〉) 中，与 Odem 并列，有 Lebenskraft（生命力）这样的译语，引用了"在中国人的想法中，大地之气作为幽微之流，由北向南运动，只有在异常的时候，才朝相反的方面运动"这种中国人的说法，以进一步更好地明确"气"的内容。

法 国 的 译 语

如看一下法国的中国学者现在还在使用的顾赛芬氏编《中国古典语法译辞典》（即《汉语古文词典》）(F.S.Couvreur, *Dictionnaire classique de la langue chinoise*, 3éme édition, 1911)，在"气"的条下，载有如下十种译语（356—357 页），而在每种的后面，附有被认为是包含着这一法语意义内容的常用语。 在这些常用语中，选出只表示 F.S.顾赛芬氏解释的内容，将其译成中文，就成如下所示：

① Air atmosphérique（地球上的大气）——天气（天的状态）。

② souffle du vent 风气（风吹出之息）。

③ Haleine（福井氏注曰：自然地呼吸时出的呼气。 在这一点上，和前面"风气"的气 souffle 是造成性之物不同。）——出气（呼吸）、断气（停止呼吸），《易·文言传》中可见的"同气相求"的气与此相当。

④ Vapeur（蒸气）、émanation（发散）——水气、雾气、香气的气与此相当。 这里也包含着"二气"（二个原理）、"六气"（六种动因）的气。

⑤ gaz（气体）、fluide（流体）——电气。

⑥ esprits vitaux（精气）、vigueur（力量的强度、效力）、energie（精力、气力）——精气（肉体所具有的力）、血气（血和精气、气质、肉体的组织。《论语·季氏篇》"血气未定"的血气，就是气质）、虚气（无力状态）、性气（身体自然的力量强度）、意气或志气（意志力）、神气（精神之力，立论之力，文体的力量强度）。

⑦ impatience（欠缺忍耐心）、colère（发怒）——相当于忿气、怒气、生气、发气、出气、淘气的气。

⑧ disposition ou sentiment de l'âme（精神的某种倾向，或者精神上的某种意识）——气性、义气（正义感）、李白说的气义（性格的宽大性）。

⑨ manière d'être（存在状况）、apparence（外观）——好气色（好神色）、圣人之气象、气度（举止）、福气、笔气（物的写法或人特有的文体）、语气（表达方法）。

⑩ intelligence（分析理解能力）、vaison（理性）、principe intellectuel（知的原动力）——灵气、神气、相当于《礼记·祭义》"气也者，神之盛也"，《礼运》"知气在上"的气。

顾赛芬在《春秋和左传》（Tch'ouen ts'iou et Tso tchouan, tome 1, 1914. pp.145—150）中，在翻译《左传·庄公十年》所谓"长勺之战"时，把"勇气"翻译成 l'ardeur des combattants（兵士们的力量强度）。

在对道家思想、道教的研究中作为先驱者的戴遂良（Léon Wieger）在《道家理论的教父们》（Les pères du système taoiste, Paris, 1913）中，把《列子·天瑞篇》的"积气"译作"轻的蒸气"（见 79 页）、《庄子·齐物论》的"大块噫气"则译作"自然界无限大的气息"。

如果试看一下提高了法国中国学在世界的声誉、对现在的研究者都还有很大影响的马塞尔·葛兰言（Marcel Granet）的著作，可以看到有如下的译例。 在他的论文集《中国社会学的研究》(*Etudes sociologiques sur la Chine*, Paris, 1953) 中所收的《高等研究院宗教学部门年报（1920—1921）》中，把"元气"译作 le souffle original (p.205)、把"气"译作 souffle (p.206)、把"精气"译作 le sperme (p.209)；在《古代中国的舞蹈和传说》(*Danses et Lègendes de la Chine ancienne*, Paris, 1926) 中，把"气、酷烈也"的"气"译成"发散之物"(tome 2, p.486, note)；在《中国的思想》(*Pensée chinoise*, Paris, 1934) 中，把《左传·昭公元年》的"天有六气"的六气译作 Six Influences（六种感化力）p.378 和 Six influences célestes（天降的六种感化力）p.382；把《周礼·天官·疾医》"以五气、五声、五色、眡（视）其死生"的"五气"译成 les 5 Exhalaisons (k'i)（五种发散物）p.396。最后，这《周礼》的例子，殆是根据《郑注》"五气，五藏所出气也"，进行的翻译。

"气"有着多种意思，由于从其在文章中的前后关系和联结的词语来说，表达出的意思是不同的，当然就会产生像上面那样各种各样的译语，但气作为法文的译语来说，"气息"是最妥当的翻译，近来，一般则用 le souffle。 葛兰言著作中的情况已如上所见，H. 马伯乐 (Henri Maspero，他在中国语的音韵研究、道教和古代史研究方面有杰出的建树) 的论文集《道教和中国的诸宗教》(*Le Taoïsmeet les religions chinoises*, Paris, 1971) 中，气的确定的译法为 le souffle。 比如，把"行气"译成为"回转气息"；把"咽气"译成"吞入气息"(p.507) 就是如此。

出版过佛教学论文集和中国学论文集这样两本书，通晓佛教学和中国学，被视为现代欧洲东洋学泰斗的戴密微教授在《临济录译注》(Paul Demieville, *Entretiens de Lin-tsi*, Paris, 1972) 中，把"吸冷气"译作"吸入冷空气"后，对"冷气"加注，作了这样的说明：

为了大声说话或阅读而吸入(接着就吐出来)的新鲜气息 le souffle frais；或由于寒冷引起疾病(如，伤风等)的空气。

顺便提一下，荷兰已故戴闻达教授的《老子》法语译注（J.-J.L.
Duyvendak, *Tao Tö King: Le Livre de la Voie et de la Vertu*, Paris 1953）中，
也把《四十二章》的"冲气"译为 le souffle vide，也就是使用了 le souffle
一词。 戴闻达是荷兰中国学界权威学者，此译注《老子》（还加上《老
子》本文的校订），用戴密微教授的话来说，是现代最高的译注。

英 国 的 译 语

作为英译语，首先来看看高本汉教授（Bernhard Karlgren）的《中日
汉字分析字典》（*Analytic Dictionary of Chinese and Sino-Japanese*）是妥
当的。 在它第 120 页的 No s.333 and 331[a] 中，"气"的英译语有如下
数例：

① breath, air, vapour, stream; vital fluid, temperature, energv; anger

但是，必须注意到，这一英译，是参考了翟林奈（Lionel Giles）和
法语译文开头列举的顾赛芬的译文而产生出来的。 高本汉曾跟法国的
汉学家沙畹（Edouard Chavannes）学习过，所以参考顾赛芬的法语翻
译，可以说是必然的。

与上述翻译不同，一般采用的"气"的英译语，有如下两例：

② ether

葛瑞汉在其《二位中国哲学家——程明道和程伊川》（A.C.Graham,
Two Chinese Philosophers, London, 1967）的第一部《程伊川的哲学》
中，对于"气"采用了 ether（大气以外的媒介物）这一译语，有如下的
说明（第 31 页，取大意）：

> "气"这个词,含有多种概念,相当于英语中各种各样的词;而
> 反过来说,英语中没有可译之词。和抽象的"理"这一词不同("理"
> 表示血管或木纹只是比喻)"气"是实在的具体之物。它是人喉中
> 的气息。"气"的标准对等语,就是卜道成(Bruce)提倡的 ether。采
> 用这个词的理由,与其说是由于它妥当,还不如说是由于用它来表

514

示"气"没有风险,反正它表达的内容狭隘,也许就可以少一点招致
误解的可能。

总之，这 ether，可以说只不过是简便的译语。

③ material force

在作为中国学的入门书而最常被使用的狄培理编的《关于中国传统
的资料集》(De Bary〈ed.〉, *Sources of Chinese Tradition*) 中，注释《淮
南子·天文训》"宇宙生气，气有涯垠"(第 192 页)，伯顿·沃森 (Burton
Watson) 教授把"气"译成 material force，叙述理由如下:

> 在本书中,把"气"译成 material force 或者 vital force,是为了强调
> "气"所具有的能动的性质。"气"在中国的宇宙观和形而上的思考中
> 占有重要的地位。它有时意味着有生命的物体内气息;有时意味着
> 遍及宇宙、布满天空的空气或意味着太空;此外,根据文章的前后关
> 系,有时也指构成所有万物的基本要素。

住在美国的华人研究者中最为活跃的陈荣捷教授，在英译的王阳明
《〈传习录〉和其他王阳明著述》(Wing-tsit Chan, *Instruction for Practical
Living and Other Neo-Confucian Writings by Wang Yang-ming*, U.S.A.1963)
的第 44 页，把"元气"译成 the prime forcé，把"先生曰，只是一件，流
行为气"的气译成 force，把"论气不论性"的气，译成 material force。

李约瑟则有把气译成 Subtle spirits 之处。

与李约瑟教授同为中国科学专家的席文 (Nathan Sivin) 教授，在
1968 年九月于意大利科莫湖召开的第一届道教国际会议上，发表了《关
于中国化学的理论和实践的诸考察》(*Reflections on Theory and Practice
in Chinese Alchemy*) 这一研究报告，在其中，把"气"解释为circulatory
system of the body (肉体具有的循环体系)。

结　　语

　　列举了德语、法语、英语对于"气"的代表性译例，再加上日语译文，也许可以明确欧美的学者是怎样理解"气"的了。 对于日本人来说，由于"气"已经变成了日语，想要改变其概念，客观地进行分析，再决定"气是什么"，这是件困难的工作。 通过参考的方法，欧美人的翻译，也许会起到意想不到的作用。

　　把"通过参考的方法"作为特别附加的条件，实际上是有理由的。这就是"如能充分理解把译语作为那个国家的词语的话"这样的意思。如引用英文译语为例来说明这一点的话，那就是，即使知道气的译语是force，如果读者把 force 改译成"力"这个日语，变成想到"原来，气是力啊"等等，并要加以判断时，以英译文作为参考的价值就要减半了。为什么呢？ 因为英译者考虑气的概念，当是想定若干与此概念相近的英语，从其中选出最为妥当的词 force。 因此，读者也就有把 force 作为英语来理解的必要。 如译成日语，即使同一个"力"，在英语中也有power, strength, might, ability 等类似词存在，它们和 force 有哪些不同呢？作为英语，只有在英语的体系中才是可以理解的。 这样，也就确实可以理解 force 这个英语的概念了。 正因为如此，气的英译语 force 在理解"气"时，起着作为参考资料的作用。 把它改译为日语的"力"，就成为通过"力"这个日语来考虑"气"的结果，这样，就成为只不过是气→force→力这样的词语替代了。

　　法文翻译中也同样，如不判明在说 Souffle 时法国人是怎样考虑的，也就不能确切地判明把气译成 souffle 的理由。 即使同样被译成日语的"气息"，souffle 和 haleine（德语中的 Odem 和 Hauch）也存在着细微的差别——我想稍微指出的也正在于此。

　　因此，我所加的日本译语，也完全是为了便利的措施，希望读者根据该国语的同义语辞典来把握译语的概念。

　　这里没有列举的俄语和意大利语的译例，就这一点而言，道理也是相同的。　苏联有《史记》的译注和敦煌文书研究等中国研究；意大利在罗马、那波利、米兰、威尼斯等有中国学的讲座，当然不会没有"气"的译例。　然而，即使知道意大利语中"气"译作 sofflo，但它在意大利语中占有怎样的位置？　它作为意大利语在怎样的场合使用等等。　如对此不清楚，也就不能确切地理解，因此，也就不能作为分析"气"的参考资料来加以利用（至少对于我来说是如此。）事实上，在法语中把"风气"译作 souffle du vent（见前），而在意大利语中，就有不使用相当于这个 souffle 的 sofflo，而说成是 alito di vento 的场合（cf.S. Mariotti, *Vocaborario Francese-Italiano*, Milano 1961）。　这样，就成了在意大利语中，alito 和 sofflo 有那些差别的问题，而问题又产生问题，以我现在的力量来解释，是无法做到的。

　　最后，我认为，在规定"气"的概念时，比起现代欧美语的译例来，作为更有效果的线索，则是梵文的汉译之例。　中国人本身在把梵文的佛典翻译成汉语时，如果使用了"气"这个词的话，这就可看出中国人本身对"气"的解释。　在这样的场合，如果有异译经典存在，那就更有效，通过这些不同时代或不同译者的对照，以接近"气"的本质，这不是可能的吗？　用这种方法得出的结论，在本书第二编第二章的拙稿《儒道佛三教中的气》中已作叙述。　如能同时加以参照，则甚以为幸。

（福井文雅）

跋

汇集了十多个关心中国哲学用语概念变迁者，形成了共同研究的态势。其中年龄参差不一，以四十余岁为主，包括从三十岁前后到六十岁者。

明确中国哲学用语的概念，这是一个古老而又新鲜的研究课题。中国哲学的研究者，从开始研究的当口，几无例外，都对仁呀、道呀、性呀等用语概念的不清感到烦恼。无论读《论语》、《孟子》，还是读《老子》、《庄子》，这都是同样的。汉代以后，训诂学盛行，但训诂没有解决确定概念的问题。在宋学中，概念的分析取得了飞跃性的进步。朱熹门人陈淳（1152—1217）的《性理字义》，就是试图整理朱子学理论体系中主要哲学用语概念的作品。日本的伊藤仁斋（1627—1705）的《语孟字义》，清戴震（1723—1777）的《孟子字义疏证》，从批判朱子学的立场出发，探讨、修正了以《论语》、《孟子》为中心的用语概念。可以说这些都表现了概念明确化的努力。他们都是想要追求各种用语的"真的"语义，但都没带着究明语义的"客观性"的观点，尤其是没有用概念"变迁"这种思想史的理解方法。

明确哲学用语的概念，以及追踪这些概念的变迁，是思想史研究的基础工作，而这项基础工作，对于我们来说，也是现在的重要研究课题。

开头我们写道：汇集了关心这个研究课题者。但对这个问题关心的，当然不只有我们这些成员，同样关心这个问题的人，还有许多。计划这次研究的，是东京大学中国哲学的有关人员，还邀请了若干其他大学的研究者——为了相互联络和共同讨论的方便，仅限于在京者——建立了研究的组织。

可作为研究对象的哲学用语有许多，各分担者根据各自的关心，选择词语进行研究，而在这中间，特地选出作为全体人员共同研究对象的词语，对此进行名副其实的共同研究，汇总研究成果，以形成论集——
这是最初确定的目标。"生和死"，"公和私"，"理和气"，"利"及其他
种种词为候选者，经过甲论乙驳的讨论，到最后落实到了"气"。"公
私"、"利"等虽然也有很大的魅力，比如，什么是"公"或"私"？怎
样评价"利"？——在这方面，有着各种各样的看法，因时代，因个人
而不同的思想在发展着，因此，作为共同研究的题目也是有兴味的，但
预测到"公"、"私"、"利"等概念并不那样变动；还有，对于在二、三
十名人员分担、进行共同研究的基础上，作出统一报告没有自信。
"气"作为哲学用语而具有真正重要的意义是在宋学中，但作为自古就
经常使用的词，概念也有相当的变化，所以可以作为从中国思想史的所
有时期和各种角度来研究的问题，通过追述气概念的变迁，可期待描述
通过气概念的变迁而见到的一种思想史。在这样的意义上，就作出了
对"气"进行共同研究是最为合适的结论。在宋代以后的理气哲学中
"气"必然和"理"相对，但在此之外，和"气"相对的概念却未必是
"理"，故不能把"理和气"作为一组，而只能单独地提出"气"。

确定了研究计划的大纲以后，由于各大学大学院博士课程的在学生
俱乐部诸君的参加，加入了二十多岁的人，全体参加人员的平均年龄就
变得很年轻了。此外，由于研究时间达三年以上，在这期间，有的因到了
退休的年龄而退休；年轻助手和大学院学生诸君有的转出，有的到他处就
职；有的由于离开了东京转到远方而脱离了这个工作；有的远行也就中止
了这项工作；还有因学习博士课程而新加入的成员；总之，有着各种各样
的变动，结果，与这项研究有关系的人员，前后一起，达到了约三十人。

在三年的时间里，除了每月召开例会以外，每年中还有一、二次共
同住宿，在这期间，全体人员逐次发表分担的研究，由全体人员进行讨
论。这虽还难以说已进行了充分的共同研究，但我以为也有着相当的
效果。汇集这样磨炼的结果，由约二十名撰写的人执笔，再编辑而成
的，就是本书。

但是，大致地整理研究成果用口头形式发表，以听取他人的意见，

和汇总写成论文的形式，当然有着很大的不同，因为写成段落，还要加上和口头发表不同的内容；还有，执笔者一直到了期限，最大限度地使用了所有的时间才写成的情况也是常有的，所以，尽管说如能汇集写成的作品，再次经过共同讨论予以修改为好，但这只是理想的说法，在现实中，毕竟还是不能指望的。

因此，就不谋求对写好的东西再进行最后的共同研讨、统一意见。当然也不是完全不谋求，因为采取了撰写各编总论的负责人要在阅读本编内各分担者原稿，尽可能使之统一的基础上来撰写总论的原则，所以还是进行了某种程度的调整，当然也是不充分的。

总之，说起来，要统一、调整等是不可能的，即使共同地致力于概念的变迁这一问题，也确实存在没有抹煞因各自关心的方法和研究角度的差异而产生各种研究个性的情况。 而反之，也有如果一定加以修改，并非不能统一的场所，对此也不加以调整，就产生了使不同见解那样残存着的情况。 这虽是作为由多数执笔者而成的论集难免之事，但坦率地说，现在确实在考虑，最好要再经过一次由全体人员共同讨论的阶段。

还有，卷末的《索引》中，考虑到利用本论集者的方便，除了人名、书名（也包括篇名和个别诗文的题名）等固有名词以及认为是必要的事项（如"天人合一"，"五行相生说"，"性即理"等，主要是所谓中等项目程度的哲学用语）以外，还收录了包含有"气"这个字的重要用语（"元气"，"气质之性"之类的哲学用语）。 其制作，是以东京大学文学部助手大岛晃、麦谷邦夫两君为中心，承蒙大学院生山田和夫，山本仁，高山节也三君之劳，而这项工作的整体则由户川芳郎氏监督，经过再次的共同住宿才完成的。 以上诸君，不用说，都是我们共同研究的成员。

东京大学出版会编辑部负责本论集的门仓弘氏，从规划本书出版的开始，就一直给予了各种关照。 我们的原稿写得相当不清楚，给他添了非同一般的麻烦。 最后，对于门仓弘氏的辛劳，对上述参加制作《索引》的诸位的努力，谨代表本研究的全体成员，表示谢意！

（山井涌）

参 考 文 献

吉益东洞《古书医言》(《东洞全集》，思文阁，1970 年)。

浅井正封《气名》(东大图书馆藏)。

杨上善注《黄帝内经太素》(人民卫生出版社影印，1955 年)。

顾观光重辑《神农本草经》(人民卫生出版社影印，1955 年)。

《重广补注黄帝内经素问》(顾从德重雕版，国立中央图书馆影印)。

《四部备要》本《素问王冰注》、《灵枢经》、《难经集注》。

南京中医学院编《黄帝内经素问译释》(上海科学技术出版社，1959 年)。

陈璧琉、郑卓人合编《灵枢经白话解》(劭华文化服务社，香港)。

小曽户丈夫、浜田善利《意释黄帝内经素问》(筑地书馆，1971 年)，又《意释黄帝内经灵枢》(筑地书馆，1972 年)。

柴崎保三《黄帝内经素问新义解》全十二卷(东京高等针灸学校1967—1976 年)。

薮内清编《中国的科学》(世界名著，中央公论社编，1975 年)。

人 名 索 引

1 本索引名字的排列，依首字汉语拼音字母顺序，同音字依笔画数由少到多排。

2 以中国人名为主（从名不从字、号），日本、欧美人名缩一字排。

人 名 索 引

531

书 名 索 引

1 本索引的排列，依书名首字汉语拼音字母顺序，同音字依笔画数由少到多排。

2 同一本书不同篇章，也依照首字拼音字母的先后次序排列。

K

书 名 索 引

541

事项·用语索引

主编者简历及执笔者一览表

主编者简历：

小野泽精一

    1919 年   生于东京都。

    1943 年   东京帝国大学文学部中国哲学中国文学科毕业。

    1970 年   东京大学教养部教授。

    1980 年   二松学舍大学文学部教授。

    1981 年   逝世。

    主要著作：《中国古代传说的思想史考察》，1982 年版，汲古书院。

福永光司

    1918 年   生于大分县中津市。

    1942 年   京都帝国大学文学部哲学科中国哲学史专业毕业。

    1970 年   京都大学人文科学研究所教授。

    1974 年   东京大学文学部教授。

    1979 年   京都大学人文科学研究所教授。

    1982 年   关西大学文学部教授。

    1986 年   北九州大学外国语学部教授。

    主要著作：《道教思想史研究》，1987 年版，岩波书店。

山井涌

    1920 年   生于兵库县。

    1942 年   东京帝国大学文学部中国哲学中国文学科毕业。

    1971 年   东京大学文学部教授。

    1981 年   大东文化大学文学部教授。

    主要著作：《明清思想史研究》，1980 年版，东京大学出版会。

执笔者一览表（按执笔顺序）

姓　　名	生年	日文原书出版时之职	目前之职
小野泽精一	1919	东京大学教养学部教授	1981 年逝世
户川芳郎	1931	东京大学文学部助教授	东京大学名誉教授，1992 年退休
前川捷三	1942	茨城大学教育学部讲师	茨城大学教授，已退休
泽田多喜男	1932	东海大学文明研究所教授	2009 年逝世
今井宇三郎	1911	追手门学院大学文学部教授	2005 年逝世
福永光司	1918	东京大学文学部教授	2001 年逝世
细川一敏	1947	弘前大学人文学部讲师	弘前大学人文学部教授，已退休
关口顺	1945	埼玉大学教养学部讲师	埼玉大学教授，已退休
蜂屋邦夫	1938	东京大学东洋文化研究所助教授	东京大学东洋文化研究所教授，1999 年退休
麦谷邦夫	1948	东京大学文学部助手	京都大学人文科学研究所教授，2013 年退休
福井文雅	1934	早稻田大学文学部教授	2017 年逝世
镰田茂雄	1927	东京大学东洋文化研究所教授	2001 年逝世
加纳喜光	1940	日本东洋医学会会员	茨城大学人文学部教授，2006 年退休
山井涌	1920	东京大学文学部教授	1990 年逝世
大岛晃	1946	东京大学文学部助手	2015 年逝世
土田健次郎	1949	早稻田大学文学部助手	早稻田大学文学部教授 2020 年退休
上田弘毅	1944	山形大学教养部讲师	山形大学教养部教授 2011 年退休

姓　　名	生年	日文原书出版时之职	目前之职
三石善吉	1937	筑波大学社会科学系助教授	筑波学院大学校长，2012年退职，已退休
丸山松幸	1934	东京大学教养学部助教授	东京大学教养学部教授，1995年退休
有田和夫	1934	东京外国语大学外国语学部助教授	东京外国语大学外国语学部教授，2004年退休

译者注：以上情况，承蒙山井涌教授曾在百忙中函示，特此致谢！

图书在版编目（CIP）数据

气的思想:中国自然观与人的观念的发展/(日)
小野泽精一,(日)福永光司,(日)山井涌编;李庆译
.—上海:上海书店出版社,2023.4(2024.6 重印)
（经典力量）
ISBN 978-7-5458-2246-5

Ⅰ.①气… Ⅱ.①小… ②福… ③山… ④李… Ⅲ.
①气-研究-中国 Ⅳ.①B2

中国版本图书馆 CIP 数据核字(2022)第 220770 号

责任编辑　吕高升　　胡美娟
封面设计　郦书径

气的思想
——中国自然观与人的观念的发展

[日]小野泽精一

　　福永光司　　编　李庆 译
　　山井涌

出　　版　上海书店出版
　　　　　（201101　上海市闵行区号景路 159 弄 C 座）
发　　行　上海人民出版社发行中心
印　　刷　上海雅昌艺术印刷有限公司
开　　本　640×965　1/16
印　　张　37
字　　数　474,000
版　　次　2023 年 4 月第 1 版
印　　次　2024 年 6 月第 4 次印刷
ISBN 978-7-5458-2246-5/B·123
定　　价　148.00 元